EXPOSITION UNIVERSELLE

RAPPORTS

DES

DÉLÉGUÉS LYONNAIS

PUBLIÉS

Par la Délégation ouvrière.

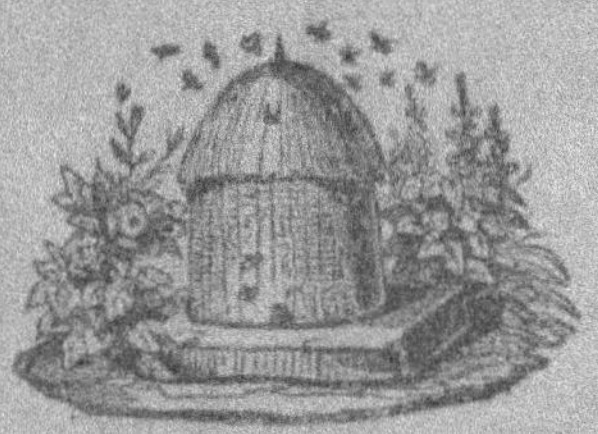

LYON

IMPRIMERIE L. BOURGEON

12, RUE MERCIÈRE, 12.

1873

RAPPORTS

DES

DÉLÉGUÉS LYONNAIS

RAPPORTS

DES

DÉLÉGUÉS LYONNAIS

PUBLIÉS

Par la Délégation ouvrière.

LYON

IMPRIMERIE L. BOURGEON

92, RUE MERCIÈRE, 92.

1873

A NOS LECTEURS

Dédié aux nombreux ouvriers de diverses professions qui nous ont donné un mandat à l'occasion de l'Exposition lyonnaise, dédié aussi à tous les hommes de bonne volonté qui désirent voir les travailleurs arriver au bien-être par l'observation et l'étude des faits industriels et économiques, ce livre, comme ses aînés de 1862 et de 1867, doit avoir la valeur d'un événement, en ce qu'il émane directement de la classe ouvrière. L'importance de ce fait est facile à saisir.

En relatant les divers bouleversements sociaux, politiques ou religieux que de grands pays comme le nôtre ont eus à subir dans le cours des siècles, les historiens ont avancé avec raison qu'on aurait pu éviter ces bouleversements si l'on en avait recherché soigneusement les causes et si l'on avait prêté une oreille attentive aux doléances de ceux qui avaient à souffrir de certains priviléges, de certains abus; de même nous affirmons qu'on aurait grand tort aujourd'hui de ne pas s'occuper activement des vœux, des besoins qui sont exprimés au nom de populations entières par l'organe de leurs délégués.

Il est évident que ces obscurs artisans courbés sur un labeur de tous les jours n'en sont pas moins, à certains moments, les maîtres de la destinée d'une nation. Il importe donc à tous de savoir ce que pensent ces hommes qu'une loi injuste, qu'une mesure impolitique, qu'un gouvernement de combat peuvent pousser au désordre, à la violence et au crime.

Il s'ensuit qu'étudier de près et attentivement toutes les rumeurs, tous les bruits qui s'élèvent de cette fourmilière immense qu'on appelle la classe des travailleurs est un devoir pour les hommes qui ont à cœur de servir la justice et de contribuer à la prospérité et à la véritable grandeur de leur pays.

On conviendra donc qu'à ce point de vue ce livre offre un certain intérêt. Toutefois, nous devons prévenir nos lecteurs que l'œuvre qu'ils ont sous les yeux est forcément incomplète sous le rapport de la syntaxe, du style et de l'enchaînement des idées. Cela se conçoit sans qu'il soit besoin de l'expliquer ; les ouvriers, du reste, sont les premiers à reconnaître cette lacune ; c'est pourquoi ils insistent tant sur la nécessité de répandre de plus en plus une sérieuse instruction dont ils ont été en grande partie déshérités. C'est donc sur le fond seulement et non sur la forme de ce livre que nous prions nos lecteurs d'arrêter leur attention.

HISTORIQUE

DE LA

DÉLÉGATION OUVRIÈRE DE 1872.

Pour rendre hommage à la vérité, nous devons dire que l'idée d'une Exposition universelle à Lyon fut d'abord très-mal accueillie et vivement combattue par la classe ouvrière. Loin de trouver les encouragements et l'appui qu'ils recherchaient, ses promoteurs, alors qu'ils sollicitaient l'adhésion des travailleurs dans les cercles et les sociétés populaires, furent presque unanimement repoussés. Ils firent de vains efforts pour rendre leur projet sympathique, leurs feuilles de pétitions restèrent à peu près vides de signatures ouvrières. L'écho des plaintes des ouvriers de Paris, plaintes relatives à la cherté des subsistances pendant l'Exposition de 1867, résonnait encore aux oreilles des ouvriers de Lyon. Mais l'idée était excellente et les craintes mal fondées. L'année de l'Exposition universelle fut une année de prospérité exceptionnelle pour toutes les branches de l'industrie lyonnaise. Le prix des subsistances n'augmenta pas sensiblement. Les finances de la ville furent considérablement améliorées par l'augmentation des revenus de l'octroi, et en dépit des prédictions les plus fâcheuses, l'Exposition universelle de 1872 eut la plus heureuse et la plus brillante réussite.

Nous n'entendons pas, bien entendu, parler de l'opération au point de vue financier, nous n'en connaissons pas les résultats, mais bien au point de vue du progrès, au point de vue moral. Aujourd'hui qu'il nous a été donné d'assister à cette épreuve, à cette grande fête du travail ; aujourd'hui que nous avons pu admirer ces merveilles de la production et du génie des travailleurs, qui étaient là entassées comme en un trophée immense, splendide, des victoires pacifiques du travail et de la puissance intellectuelle de l'humanité, nous pouvons nous faire une idée de ce que cette Exposition aurait pu être, sans les obstacles sans nombre qui l'ont assaillie dès le début de sa mise en œuvre, dont les principaux ont dû nécessairement naître des catastrophes terribles, effroyables, qui pendant près d'un an ont accablé notre malheureuse patrie. Ce qu'il a dû falloir de courage, d'ardeur, de persévérance et de zèle infatigable aux promoteurs, aux organisateurs et même aux exposants pour triompher d'une semblable situation, eux seuls pourraient le dire. Nous leur en témoignons hautement et sincèrement notre admiration ; leur courageuse initiative, leur invincible ténacité ont été au-dessus de tout éloge.

Les expositions universelles, nées d'une idée mercantile et d'intérêts essentiellement industriels, sont devenues une nécessité de la vie sociale des nations, et à l'insu de tous elles préparent les voies de l'avenir. A chacune d'elles on peut constater un nouveau pas fait, une nouvelle étape franchie dans la voie du progrès, et nous avons la conviction qu'elles seront pour une bonne part dans l'émancipation radicale de la classe ouvrière. Un immense effet moral se produit fatalement à chacun de ces grands concours du travail. Les nombreux visiteurs s'intéressent de plus en plus au sort de ces pionniers inconnus de l'industrie, de ces créateurs de chefs-d'œuvre qu'ils admirent, et tout en s'extasiant à la vue de ces richesses enfantées par le travail, ils calculent la somme de bien-être et de jouissances qu'elles produisent, et ils se pénètrent bien vite de cette vérité, qu'une grande injustice sociale préside à la répartition de cette somme.

D'autre part, à l'aspect grandiose de ces apothéoses de leurs œuvres, les ouvriers se sentent grandir, ils acquièrent le sentiment de leur valeur ; ils se disent, avec un légitime orgueil : voilà ce que nous avons fait, c'est l'œuvre de nos cerveaux, de nos bras et de nos mains, c'est le fruit de nos sueurs. Et puis, étonnés, surpris, ils se demandent où vont toutes ces merveilles qu'ils prodiguent si abondamment et avec tant de peine ; hélas ! ils savent déjà que la part qui leur est laissée est si infime, qu'elle suffit à peine à leur subsistance de chaque jour, juste de quoi remonter la machine, pour qu'elle puisse reproduire le lendemain. C'est alors que leur conscience se révolte contre une pareille iniquité. Eh quoi! se disent-ils, sans nous, rien de tout cela n'existerait; c'est nous qui produisons tout, c'est nous qui, au péril de notre vie, allons fouiller jusque dans les entrailles de la terre pour en rapporter les immenses richesses à la surface, c'est nous qui nous consumons en labeurs incessants, et il ne nous est rien laissé de toutes ces splendeurs ; c'est nous, ouvriers, qui avons créé, décoré et meublé ce beau salon, et pourtant nos meubles sont vermoulus, nous couchons sur des grabats, les murailles de nos habitations sont capitonnées par des lézardes ; c'est nous, ouvriers, qui avons tissé ces riches étoffes, et nous sommes à peine couverts de haillons; par quelle perversion de l'équité peut-il en être ainsi? Peu à peu de nouveaux horizons s'ouvrent à leur esprit. Ils découvrent les causes d'abord inexplicables qui produisent ce phénomène monstrueux et acquièrent bientôt la certitude qu'à la suite de nombreuses évolutions économiques, les droits du travail sont totalement méconnus; alors la revendication de ces droits devient l'objet et le but de leurs constants efforts.

C'est ainsi que les Délégations ouvrières appelées à visiter les Expositions de Londres et de Paris, laissant au second plan les questions professionnelles et techniques, ont hautement constaté cette absence de justice dans la répartition du bien-être social, et tout en commençant l'œuvre de la revendication, elles se sont mises ardemment à rechercher les moyens pratiques de conserver au travail la part qui lui revient légitimement dans la production, part qui tend à lui échapper toujours de plus en plus. Mais ces moyens, que pourtant on entrevoit, sont difficiles à saisir, et signaler les abus, ce n'est pas toujours les détruire ; nous avons affaire à forte partie. Nous sommes constamment entravés par la masse des improductifs qui a un intérêt contraire au nôtre ; le capital, qui nous étreint de sa main puissante, paralyse souvent nos efforts. Les lois et les pouvoirs qui se succèdent nous sont de plus en plus hostiles.

Mais tous ces obstacles seraient vains et disparaîtraient promptement au souffle bienfaisant de la justice sociale, comme le brouillard se dissipe aux rayons du soleil, si nous n'avions à lutter contre nous-mêmes, si nous n'avions à lutter contre nos préjugés, contre la routine, la méfiance, l'excès de nos besoins et la crainte de la misère, toujours prête à frapper à notre porte lorsqu'elle n'en a pas déjà franchi le seuil; nous avons surtout à lutter contre notre défaut d'instruction, et au fond, il faut le reconnaître, c'est l'ignorance qui est la cause de nos plus grands torts. La connaissance de nos devoirs et de nos droits, pour beaucoup d'entre nous, est plutôt un instinct vague, mal défini, qu'un fait consciencieusement acquis par le raisonnement et l'expérience. Avouons aussi que les hommes d'initiative ont été sacrifiés sur l'autel de l'égoïsme. Il est des instants où l'on serait tenté de croire que le *chacun pour soi* est devenu la loi suprême des générations présentes.

Malgré toutes ces difficultés, nous avons le devoir absolu de poursuivre l'œuvre de revendication. C'est à nous à soutenir de toutes nos forces les hommes d'initiative qui se produisent, à les couvrir de notre corps plutôt que de les abandonner au moment du danger. Nous devons sans cesse lutter pour vaincre notre ignorance. La connaissance exacte de nos devoirs et de nos droits nous conduira infailliblement à la découverte d'un monde nouveau, objet de nos aspirations. C'est cette connaissance qui sera notre boussole et qui nous donnera la force et le courage qui nous sont nécessaires pour y aborder.

C'est dans ce but et pour donner à cette œuvre une nouvelle activité que la Délégation ouvrière de 1867 fit un appel chaleureux aux corporations lyonnaises. L'Exposition universelle de 1872 lui parut une occasion favorable de former une nouvelle Délégation dont la mission serait identique à celle de ses aînées. Cet appel, réitéré plusieurs fois, fut entendu ; toutefois ce ne fut qu'à la date du 28 mars 1872 que la nouvelle Délégation put arriver à revêtir une forme, à prendre un corps. C'est à cette date que les premiers délégués, réunis au nombre de dix-sept, formèrent un bureau provisoire. Dès la deuxième séance, les délégués, au nombre de vingt-trois, signèrent une demande en autorisation que les membres du bureau furent chargés de présenter à la préfecture, conformément à la loi.

Dans cette demande nous exposions nos motifs, dont les principaux étaient que nous désirions pouvoir nous réunir le plus souvent possible pour discuter en commun des questions de salaire, et *surtout rechercher les moyens qu'il y aurait à appliquer, dans l'intérêt général, pour que les ouvriers ne puissent plus avoir besoin de recourir aux grèves.*

Nous devons dire qu'en l'absence de M. le préfet, empêché par la session du Conseil général, M. le secrétaire fit un accueil favorable et très-bienveillant à nos délégués qui n'eurent qu'à se louer des encouragements qu'ils reçurent de sa part. Ce qui n'empêcha pas à la préfecture de faire une enquête ridicule sur tous les signataires de la demande en autorisation. Cette enquête fut ensuite continuée sur tous les délégués qui furent plus tard élus par les corporations. Il avait fallu du temps pour faire ces enquêtes ; ce ne fut que vingt jours après notre

demande que nous reçûmes notre autorisation, et encore avec des réti-
cences qui contrastaient singulièrement avec l'accueil que nous avions
d'abord reçu. C'est ainsi que, confondant arbitrairement nos réunions
privées avec les réunions publiques, il nous était interdit de discuter
des questions d'économie sociale sans en avoir préalablement averti la
préfecture.

Si nous n'avions pas été mus par le sentiment des graves intérêts
dont nous étions chargés, nous aurions purement et simplement renvoyé
à M. le préfet son autorisation, injurieuse pour notre dignité ; nous re-
connûmes que, dans l'intérêt de tous, il était de notre devoir de courber
la tête, sauf à rechercher et à trouver le moyen de tourner la difficulté
dans le cas où elle se présenterait. C'est ce que nous avons fait, et jamais
nous n'avons déposé d'avertissement préalable. Une fois possesseurs de
l'autorisation préfectorale, nous dûmes penser aux voies et moyens. Il
fallait arriver à couvrir les frais de bureau et de déplacement, soit pour
la réception des délégués étrangers, soit pour les études professionnelles
de nos propres délégués. La plupart des corporations, formées d'hier,
étaient encore très-pauvres ; il leur était impossible de pourvoir aux frais
de la Délégation, et puis nous caressions l'idée de publier nos rapports
à un grand nombre d'exemplaires et de ressaisir ainsi, par la voie de
la presse, la liberté dont on n'avait pas craint, sous le gouvernement de
la République, de nous priver injustement, alors nous aurions trouvé l'occasion de protester énergiquement contre une situation que n'avait pas
osé nous faire l'empire, d'odieuse mémoire. A cette fin, nous résolûmes
d'adresser des demandes de subvention à la Chambre de commerce, à
la Commission départementale et au Conseil municipal. La Chambre de
commerce nous répondit par un refus formel, fondant son refus sur ce
que l'Exposition était locale; que, par conséquent, il nous était loisible
d'y faire des études à temps perdu. Nous devons dire que la Chambre de commerce s'offrit toutefois à concourir aux frais d'impression des
rapports, si nous les faisions imprimer. La Délégation ouvrière fut d'autant plus étonnée de ce refus, que les considérations par lesquelles il
était motivé ne répondaient nullement aux considérations qui avaient
motivé la demande ; les véritables motifs étaient donc sous-entendus.
Peut-être aussi que la Chambre de commerce n'avait pas eu lieu d'être
satisfaite de la Délégation de 1867.

La Commission départementale nous répondit qu'il lui était interdit
par la loi de disposer des deniers du département ; elle nous conseilla
de nous adresser au Conseil général.

Nous fûmes plus heureux auprès du Conseil municipal. Nous croyons, en cette circonstance, lui rendre la justice qui lui est due, en publiant à cette place un extrait *in extenso* de la séance dans laquelle il nous alloua la somme de 10,000 fr. pour subvenir aux charges que nous nous étions imposées.

EXPOSITION LYONNAISE. — DÉLÉGATIONS OUVRIÈRES. — ALLOCATION MUNICIPALE.

Rapport du citoyen Maire.

Citoyens,

Une Commission ouvrière s'est formée au sujet de l'Exposition lyonnaise, en vue :

1° De favoriser les études professionnelles pour le plus grand nombre des travailleurs, par des séries de visites à l'Exposition ;

2° De profiter de cette circonstance pour faire en commun des études se rattachant au salaire des ouvriers, afin de prévenir les grèves;

3° D'inviter et de recevoir les délégués étrangers.

Tel est le but que s'est donné la Commission et qu'elle expose dans la pétition ci-jointe qu'elle vous adresse pour solliciter votre concours.

Ce but est des plus sérieux et des plus dignes d'encouragement.

L'initiative que prennent les ouvriers lyonnais a déjà été réclamée à l'Administration elle-même, il y a quelque temps, de la part d'un cercle d'ouvriers étrangers qui avaient demandé que la ville de Lyon réduisît, par son intervention, les frais de séjour des ouvriers qui visiteraient l'Exposition. Mais après avoir étudié cette question de concert avec M. l'Architecte en chef de la ville, pour rechercher s'il était possible de procéder à quelque installation dans les bâtiments municipaux, l'Administration reconnut que cette possibilité n'existait pas, qu'elle devait se borner à assurer de toute sa bienveillance et de sa coopération, à aider en ce qui dépendrait d'elle, les Délégations ouvrières qui se rendraient à Lyon pour se livrer aux études résultant de l'Exposition.

Une occasion favorable se présente à nous de témoigner cette bienveillance et d'apporter cette coopération dans des limites déterminées et praticables, à une œuvre qui a droit à nos vives sympathies et qui répond à nos sentiments.

Il s'agit, en effet, dans cette grande exhibition du travail et de l'intelligence, de ménager un accès aux hommes qui, par la similitude de l'occupation, la conformité de la situation, la communauté des vues, peuvent être considérés comme les camarades et les amis qui ont été les principaux instruments et les exécuteurs des ouvrages admis à l'Exposition, ne venant pas, d'ailleurs, rechercher simplement une satisfaction de curiosité, mais un sujet d'examen et d'étude, afin de préparer à leur tour d'autres merveilles peut-être encore plus parfaites et faire faire ainsi un pas en avant au progrès et à la civilisation.

Il s'agit encore, et c'est là une noble tâche que s'est donnée la Commission, qui fait le plus bel éloge de ses inspirations et la recommande le mieux à notre intérêt, il s'agit en rapprochant les ouvriers les uns des autres, en les mettant dans le cas de se voir, de se communiquer leurs idées, de trouver les moyens, comme ils le disent eux-mêmes, d'échapper aux interruptions du travail, à ces grèves funestes, aussi nuisibles à leur intérêt personnel qu'aux chefs d'industrie et à la paix publique.

La cité lyonnaise, toujours si heureuse de voir le progrès se développer, les ouvriers s'entendre avec les patrons, de manière que la situation de ces intéressants travailleurs soit améliorée et assurée, ne peut que prêter un appui énergique à un pareil programme et s'efforcer, en ce qui la concerne, pour qu'il soit réalisé.

Les dépenses à faire dans cette circonstance, qui devront s'appliquer à des objets multipliés et à un grand nombre de personnes, ne seront pas sans importance. Je vous propose d'y affecter une somme de 10,000 fr. qui serait prélevée sur le crédit des dépenses imprévues. Les fonds ne seraient remis que successivement, et sur le vu d'états de frais réguliers.

Pour le Maire de Lyon,

L'Adjoint délégué : Bouchu.

Le citoyen Bouvatier, rapporteur, conclut au nom de la Commission des finances, à l'adoption des propositions de l'Administration.

Le citoyen Castanier a remarqué que l'Administration, dans son rapport, propose d'imputer l'allocation demandée sur le crédit des dépenses imprévues. Il croit qu'elle devrait être prélevée sur le crédit de 100,000 fr. ouvert au budget en vue de l'Exposition.

Quant à la somme de 10,000 fr. proposée, il la trouve insuffisante, eu égard au nombre des délégués qui s'élève à 103, ce qui ne fait que 100 fr. environ pour chacun.

Le citoyen Bouvatier répond que les délégués ont paru se contenter de cette allocation.

Il ne s'agit pas, d'ailleurs, ajoute-t-il, de payer les frais de voyage des ouvriers qui se rendront à Lyon, ainsi que cela a eu lieu pour les Expositions de Paris et de Londres, ces frais sont à la charge des villes qui envoient et non pas de celles qui reçoivent.

Les représentants des délégués à Lyon n'auront à pourvoir qu'aux dépenses de réception et d'installation.

Pour le moment, la somme paraît suffisante pour couvrir ces dépenses. Si, plus tard, une nouvelle allocation était reconnue nécessaire, le Conseil aviserait.

Le citoyen Farrenc fait remarquer que les cent trois délégués dont il est parlé dans l'état joint à la demande sont ceux des corporations lyonnaises. Il ne s'agit pas de leur donner une subvention pour leur temps perdu, mais bien de leur aider à supporter les frais imprévus d'installation, de réception, d'impressions, de mémoires, etc., etc., frais qui seront considérables et en rapport avec le nombre des délégués étrangers qui viendront visiter l'Exposition.

Le citoyen Valet ne voudrait pas que le Conseil votât à la légère une somme aussi importante que celle demandée par l'Administration.

Il a eu l'occasion de traiter cette question avec quelques membres du Cercle des mécaniciens du cours Lafayette (1), et il en a profité pour leur demander leur avis. Ces citoyens lui ont répondu qu'ils voulaient rester complètement étrangers à cette Commission. Pour les Expositions antérieures, ils ont pu remarquer que les services rendus par les délégués étaient loin d'être en rapport avec l'importance des sommes dépensées. En somme, les mécaniciens pensent que les résultats obtenus jusqu'à ce jour ne justifient pas la faveur que le Conseil semble disposé à accorder à cette nouvelle tentative.

Le citoyen Manillier fait observer que ceci est un fait purement isolé ; que ce n'est pas parce que le Cercle des mécaniciens du cours Lafayette veut rester en dehors, qu'il faille négliger les autres corporations.

Les délégations ouvrières envoyées aux Expositions de Paris et de Londres ont publié des ouvrages et ont rendu de très-grands services, et la Municipalité a le devoir de les encourager dans la limite de ses moyens.

Le Conseil ne doit pas écouter l'avis d'une corporation exclusive au détriment des autres corporations réunies pour faire un travail d'ensemble. Il ne doit pas, en un mot, se rallier à ceux qui se tiennent dans l'isolement, mais à ceux qui veulent centraliser.

Le citoyen Rossigneux fait observer que la Commission des finances a été d'avis, il est vrai, de voter une somme de 10,000 fr., mais à la condition de ne donner d'abord que 1,000 fr. et de ne mandater le reste qu'au fur et à mesure des besoins constatés.

Le citoyen Castanier persiste à croire, d'après ce qui a été dit, que l'allocation proposée serait insuffisante.

Le citoyen Président répond qu'il est bien entendu que si la somme de 10,000 fr. ne suffisait pas, le Conseil serait appelé à voter davantage.

Les citoyens Gerin et Manillier se disent satisfaits de cette déclaration.

Le citoyen Castanier explique que puisque tout le monde paraît d'accord sur le principe de l'allocation, il ne reste plus qu'à décider sur quels fonds elle sera prélevée. Quant à lui, il persiste à penser qu'elle doit être imputée sur le crédit de 100,000 fr. inscrit au budget en vue de l'Exposition.

Le citoyen Bouvet rappelle que, dans la séance du 2 mai, à propos d'une

---

(1) Le citoyen Valet faisait erreur : c'est du Cercle des travailleurs sur métaux, siégeant Grand'Rue-de-la-Guillotière, qu'il a voulu parler. Le Cercle du cours Lafayette adhérait à la Délégation et avait des délégués parmi elle.

(Note de la Commission de rédaction.)

observation faite par le citoyen Manillier relativement aux délégations ouvrières, le Conseil avait paru entendre prélever sur les 100,000 fr. affectés à l'Exposition les subventions qui pourraient être accordées à ces délégations.

Le citoyen Président déclare que l'Administration ne voit pas d'inconvénient à ce qu'il en soit ainsi.

La discussion étant close, le Conseil, appelé à se prononcer, prend la délibération suivante :

Le Conseil municipal,

Vu le rapport par lequel le citoyen Maire expose qu'une Commission ouvrière s'est formée à l'occasion de l'Exposition lyonnaise, en vue :

1° De favoriser les études professionnelles ;

2° De faire en commun des études se rattachant au salaire, afin de prévenir les grèves ;

3° D'inviter et de recevoir les délégués étrangers, et propose au Conseil de voter, pour venir en aide à cette Commission, une allocation de 10,000 fr. qui serait prélevée sur le crédit des dépenses imprévues ;

Oui, en ses conclusions, la Commission des finances, par l'organe du citoyen Bouvatier, rapporteur ;

Considérant que la Commission des délégués, dont le but est des plus sérieux et des plus dignes d'encouragement, a droit à toutes les sympathies du Conseil ;

Que la somme demandée par le citoyen Maire ne sera peut-être pas suffisante, mais que le Conseil pourra toujours être appelé à l'augmenter ;

Considérant qu'il y a lieu d'imputer cette somme sur le crédit de 100,000 fr., inscrit au budget de l'exercice 1872, en vue de l'Exposition ;

Délibère :

Il est accordé une allocation de 10,000 fr. a la Commission ouvrière formée à l'occasion de l'Exposition.

Cette somme sera prélevée sur l'article 46, chapitre II du budget de 1872, et mandatée par l'Administration au fur et à mesure des besoins constatés de ladite Commission.

A cette libéralité du Conseil municipal, l'administration joignit la faveur de nous fournir une salle au Palais-des-Arts (jusqu'à ce jour, les délégués s'étaient réunis d'abord au siége de la Société des ouvriers maçons, et ensuite au Cercle professionnel des ouvriers bronziers et ferblantiers du cours Lafayette), et nous mit ainsi à même de recevoir dignement les Délégations ouvrières étrangères à notre ville que nous nous préparions à accueillir fraternellement. De nouvelles invitations leur furent adressées par la voie de la presse française et étrangère.

Nous fîmes aussi des démarches auprès de M. le directeur de l'Exposition universelle, à l'effet d'obtenir des entrées gratuites, soit pour nous, soit pour les délégués dont nous aurions l'honneur de recevoir la visite. M. Tharel nous fit l'accueil le plus gracieux, référa notre demande à son administration, il nous promit de l'appuyer de toutes les forces de son pouvoir, et à quelques jours de là nous reçûmes une réponse dont nous sommes encore émus; nous nous faisons un devoir de la livrer à la publicité.

Lyon, le 24 juin 1872.

A Messieurs les Membres du bureau de la Délégation ouvrière.

Messieurs,

J'ai reçu la lettre par laquelle vous m'avez fait l'honneur de m'adresser une demande tendant à faciliter l'entrée à l'Exposition pour les délégués ouvriers de Lyon et pour les délégations étrangères.

Je considère et je suis en cela l'expression de la pensée unanime des membres de mon Conseil, que les Expositions, œuvre démocratique avant tout, n'accomplissent leur mission qu'à la condition que ceux qui les dirigent poursuivent comme un devoir l'idée de répandre, en le mettant à la portée de tous, l'enseignement qu'elles renferment dans leur sein. C'est vous dire, Messieurs, que votre demande a trouvé auprès des organisateurs de l'Exposition l'accueil favorable qu'elle méritait et la plus sympatique adhésion.

J'ajoute que la direction de l'Exposition en particulier et tout le personnel qu'elle a sous ses ordres se feront un plaisir de conduire dans leurs études et d'aider dans leurs travaux les délégués ouvriers qui viendront appuyer de leur cordial concours notre tâche parfois si laborieuse, en montrant par leur présence que nos efforts n'auront pas été stériles, et en cherchant, en retour, à en répandre le bienfait auprès de ceux qui, moins privilégiés, n'auront pu voir de leurs yeux le spectacle grandiose de ce que peuvent le travail et l'union chez une nation éprouvée, mais dont la richesse et l'énergie inépuisables ont voulu s'affirmer au lendemain de revers immérités. Afin de simplifier le travail et de donner la plus ample satisfaction à vos désirs, je vous propose les résolutions suivantes:

L'administration de l'Exposition mettra à la disposition de chacun des délégués régulièrement élus, et faisant partie du Comité central lyonnais, une carte permanente qui vous sera remise, et sera naturellement gratuite.

Chaque fois que l'arrivée d'une délégation ouvrière, dont vous voudrez bien de même vérifier les pouvoirs réguliers, vous sera signalée, nous opérerons de la même manière à l'égard des membres de cette délégation.

Je vous serai reconnaissant, Messieurs, de vouloir bien faire part de ces résolutions dans votre plus prochaine réunion, afin que, si elles vous paraissent les plus convenables dans la pratique, je puisse me mettre immédiatement en mesure d'en assurer l'exécution.

Veuillez agréer, Messieurs, l'expression de mes sentiments de parfaite considération.

Le Directeur de l'Exposition ,

THAREL.

Ajoutons que le bureau de la Délégation reçut une invitation particulière aux places réservées pour assister à la fête de l'inauguration de l'Exposition universelle.

Pendant ce temps, les délégués des corporations locales commençaient à affluer. Toutefois, il est triste de penser que quelques corporations, que nous distinguons parmi les plus intelligentes, se laissant entraîner par des considérations sans valeur et subissant une influence malsaine, aient cru, de propos délibéré, devoir s'abstenir de s'unir à nous. Nous ne discuterons pas les motifs futiles de ces abstentions, résultat de délibérations prises trop légèrement; seulement nous ferons observer que ces corporations se sont privées gratuitement d'études professionnelles qui leur sont essentiellement nécessaires et dont l'Exposition universelle leur offrait les moyens plus qu'à d'autres, et qu'elles ont privé la Délégation ouvrière de leurs lumières. Sans avoir la prétention de faire la leçon à personne, nous nous croyons pourtant suffisamment autorisés pour pouvoir rappeler à nos frères de ces corporations oublieuses de leurs devoirs qu'il n'est pas de trop d'unir les efforts de tous pour lutter contre les obstacles sans nombre qui s'opposent à notre émancipation, et que l'union des travailleurs est le devoir qui s'impose le plus impérieusement à tous.

Malgré les mauvais conseils et autres tentatives qui furent mises en œuvre pour faire échouer la Délégation, malgré les calomnies des journaux réactionnaires, elle faisait son chemin; le nombre des délégués atteignit le chiffre 140; nous songeâmes alors à notre organisation définitive, un règlement fut discuté et adopté. Il fut adjoint au bureau un délégué à la correspondance qui devait être en permanence et salarié en temps opportun. Le bureau devait être soumis à la réélection tous les mois. Il fut également institué, par le règlement, une commission de quinze membres qui prit la dénomination de commission d'initiative. Elle avait pour mission de régler les ordres du jour, de formuler un programme et de préparer les éléments d'un rapport d'ensemble sur les questions sociales, en s'inspirant des discussions qui auraient lieu dans les assemblées générales de la Délégation. Mais, malheureusement, cette commission se renouvelait réglementairement par moitié tous les mois.

Nous avons le devoir de signaler les abus de cette organisation, afin qu'éclairés par l'expérience que nous en avons faite, les Délégations ouvrières de l'avenir ne tombent pas dans les mêmes errements. Par le fait de ces élections qui se reproduisaient si souvent et auxquelles il fallait consacrer toute une soirée, nous avons gaspillé un temps précieux à constituer des commissions d'initiative sans cohésion sérieuse. Il eût été plus sage de former tout de suite une commission ouvrière homogène, permanente, comme cela avait été fait en 1867. Cette commission aurait eu à sa charge toute la partie de la direction matérielle et des rapports extérieurs de la Délégation. C'est ainsi que, n'ayant nul souci de tous ces embarras, les délégués auraient pu s'occuper plus activement de l'objet de leur mission, et nous n'aurions pas eu ces séances longues et ennuyeuses souvent mêlées d'incidents ridicules et fâcheux. Quelques-uns d'entre nous croyaient sincèrement que la Délégation arriverait à jeter les bases ou tout au moins à planter le premier jalon d'une grande fédération ouvrière en France comme elle existe en Angleterre, dont le but unique aurait été le maintien des salaires à la hauteur des besoins des travailleurs; mais pour cela il aurait fallu qu'elle fût complètement dégagée de tout autre intérêt. Elle se fût mise alors à étudier cette question avec toute l'attention qu'elle comporte, et nous vous présenterions aujourd'hui un projet sérieux, consciencieusement élaboré, au lieu de travaux isolés, incohérents, et sans utilité pratique.

Notre erreur provenait de ce que nous avions considéré notre Délégation comme une association durable, au lieu de la considérer comme une association éphémère, limitée à des travaux déterminés d'avance comme ceux d'un congrès. Les délégués ont une autre excuse : c'est que, pour la plupart étrangers les uns aux autres, ils avaient besoin d'apprendre à se connaître.

Cependant la commission d'initiative formula son programme, programme qui était à peu près la reproduction de celui de 1867, et était ainsi conçu :

QUESTION INDUSTRIELLE.

1° Établir une comparaison entre les produits français et les produits étrangers, en indiquant si le produit français est supérieur ou inférieur au produit étranger ;

2° S'enquérir de la provenance des matières premières et signaler, autant que possible, dans les industries où ce mode sera applicable, le prix de revient et le prix de vente ;

3° Mentionner ce qu'il y aurait à faire pour soutenir la concurrence, sans que ce soit au détriment de l'ouvrier ;

4° S'enquérir des nouveaux moyens de production ;

5° Signaler les noms des ouvriers qui auraient exécuté les travaux les plus remarquables.

QUESTION SOCIALE.

1° Demander aux délégués des sociétés coopératives de la France et de l'étranger des renseignements sur leurs moyens d'action ;

2° Établir une comparaison entre les sociétés coopératives françaises et étrangères en indiquant si les sociétés coopératives françaises sont supérieures ou inférieures à celles étrangères ; rechercher la cause de la prospérité des unes et celle de la décadence des autres ; enfin s'intéresser à tout ce qui se rapporte à la coopération ;

3° S'enquérir des salaires, chacun dans sa spécialité respective ;

4° Rechercher les moyens de maintenir les salaires à la hauteur des besoins du travailleur sans recourir aux grèves, et en général tous les moyens qui peuvent améliorer son sort.

Ce programme fut adopté à l'unanimité, et chaque délégué fut tenu de le remplir dans la mesure du possible.

Les légères critiques auxquelles nous nous sommes livrés dans l'intérêt général une fois admises, qu'il nous soit permis de signaler aussi ce que la Délégation a produit de bon et d'utile. Alors qu'il fut question de la formation d'un jury de récompenses pour les exposants, nous crûmes qu'il était de notre devoir de réclamer, au nom de la dignité des travailleurs et des droits de la Délégation ouvrière, une place dans ce jury, et de pouvoir ainsi donner notre avis au sujet des récompenses à accorder aux coopérateurs, nous fondant sur ce que personne n'était plus compétent que nous pour prononcer un jugement équitable. Nous fûmes renvoyés de saint Pierre à saint Jacques sans pouvoir aboutir ;

nous dûmes renoncer à ce projet en nous fixant au dessein bien arrêté de publier les noms de ceux que nous aurions reconnus le plus méritants, et même de leur envoyer un diplôme d'honneur si nos moyens nous le permettaient. Mais ce projet fut suspendu par une délibération du Conseil municipal, délibération par laquelle la ville prenait à sa charge la dépense des médailles à accorder aux exposants, à condition, toutefois, qu'elle se réservait le droit d'en donner d'égales à leurs coopérateurs. Quant à ce dernier projet, le Conseil municipal l'abandonna dans une délibération ultérieure, sur la proposition que nous lui adressâmes de ne distribuer aux coopérateurs qu'une seule espèce de récompenses ou médailles. Nous fîmes immédiatement une démarche auprès de l'administration municipale pour réclamer le droit de donner notre avis sur les coopérateurs méritants, afin que ces récompenses ne fussent pas livrées à l'arbitraire ni l'objet de la faveur des maîtres, mais bien le prix d'un mérite véritable. Appuyés énergiquement par M. Jame, promoteur principal de l'Exposition, nous eûmes la satisfaction de voir notre demande agréée en obtenant le contrôle que nous demandions. Ce contrôle, nous l'avons exercé dans la mesure du possible; nous ignorons complètement si les coopérateurs ont reçu ou recevront les récompenses qui leur ont été attribuées; dans tous les cas, les noms de ceux que nous avons pu signaler seront inscrits à la suite de nos rapports, et nous avons la conscience, en revendiquant un droit, d'avoir rempli un devoir et franchi, nous aussi, une nouvelle étape dans la voie du progrès.

Mais nous allions bientôt ressentir les tristes effets de la situation équivoque que nous avait faite l'administration préfectorale. Depuis quelque temps, nous étions devenus l'objet des attentions peu amicales de la réaction. Les journaux nous accusaient sournoisement d'appartenir à l'Internationale; une fois que la ficelle du nouveau pantin fut tirée, la police ne nous laissa plus ni trêve ni repos. M. Brunel, qui nous avait été d'abord très-favorable, nous fit moucharder *incognito* par des délégués de la préfecture, que nous prîmes en flagrant délit et que nous flanquâmes à la porte. Monsieur le secrétaire général se mit en colère et nous menaça de nous imposer la présence d'un de ces aimables personnages. Il faut dire aussi que le préfet avait été changé, mais nous étions tombés de Charybde en Scylla, de Pascal en Cantonnet. Dès son arrivée à Lyon, ce dernier s'était mis entièrement au service de la réaction, c'est à son zèle pour la servir que nous avons attribué tous les désagréments que nous avons subis. Il faut croire que nous nous ressentions aussi un peu de son manque de bienveillance pour le Conseil municipal et pour la Mairie centrale.

Nous devons à la vérité de dire que M. le secrétaire général ne mit sa menace à exécution que du jour où nous reçûmes la visite des Délégations ouvrières étrangères à notre ville; nous ajouterons, pour l'édification de l'opinion publique, qu'en dehors de nos séances de réceptions, ces délégués, et principalement ceux de Bordeaux, furent l'objet de la sollicitude la plus touchante de la part d'émissaires inconnus. Ils furent constamment suivis ou plutôt *filés*, comme on dit techniquement, depuis la gare le jour de leur arrivée jusqu'à la gare le jour de leur départ.

Au temps de l'empire on réclamait la liberté comme en Autriche. Nous sommes obligés, sous la République, envahie par les valets d'un système aux abois, de réclamer la liberté comme nous l'avions sous l'empire. Mais patience, ces cerbères d'une civilisation pourrie, vermoulue, ne tarderont pas à venir nous lécher les mains; nous avons un moyen efficace et puissant pour les apprivoiser, ce moyen c'est le suffrage universel.

Mais malgré cette inquisition administrative, que rien ne pouvait justifier, nous eûmes le plaisir de serrer la main à des frères, délégués par les ouvriers de Bordeaux, de Châlon, de Nantes, de Nîmes et de Paris, et malgré la présence insolite de la police qu'on avait eu l'écœurante idée de nous imposer, nous discutâmes quand même tous les intérêts qui se rattachent à notre condition sociale. Nous exposâmes hautement nos griefs, nous en dressâmes le bilan, ce qui nous permit d'émettre nos vœux et nos aspirations. Espérons que nous recueillerons quelques fruits de ces précieuses séances, les meilleures que nous ayons tenues et dont nous conserverons un long souvenir.

Mais ces séances n'étaient pas très-goûtées dans certains lieux, tout le monde n'en éprouvait pas le même plaisir que nous, et le moment était proche où nous allions nous en apercevoir; le glas de la Délégation avait sonné sans qu'elle l'entende. La presse, cette presse que l'on connaît, se mit encore à s'occuper de nous; sans doute, les journalistes de cette espèce avaient reçu un mot d'ordre de la police; de là recrudescence des taquineries. Chaque jour, depuis près d'un mois, on annonçait notre dissolution à Paris, à Bordeaux, à Marseille, à Toulouse, etc., et enfin notre arrêt de mort fut prononcé le 15 novembre. Depuis longtemps on cherchait une circonstance qui fût l'ombre d'un prétexte., ce prétexte on l'avait enfin trouvé, parce que nous avions eu la témérité de protester contre les bruits de dissolution qu'on faisait courir et d'inviter nos délégués d'être exacts à nos réunions.

Du reste, nous soumettons à nos lecteurs notre arrêt fatal :

                                              Lyon, le 15 novembre 1872.

A Monsieur Muriat, président de la Délégation ouvrière:

         Monsieur,

Le *Petit Lyonnais* de ce jour contient une protestation contre l'annonce publiée dans divers journaux, de la dissolution de la Délégation ouvrière près l'Exposition. Cette protestation est signée par vous et par M. Moreau, en qualité de présidents de ladite Délégation, et par M. Dupré, délégué à la correspondance.

Le même journal renferme, en outre, un avis signé par vous et par MM. Moreau et Dupré, en la même qualité, annonçant que la Délégation ouvrière près l'Exposition a commencé ses travaux, et publiant le programme des questions que les délégués sont appelés à traiter, programme qui comprend des questions industrielles et des questions sociales.

J'ai l'honneur de vous rappeler que l'autorisation accordée par une décision de mon prédécesseur du 23 avril dernier, pour la formation de la Délégation ouvrière, a restreint l'action de cette Délégation aux facilités à procurer aux ouvriers lyonnais et étrangers, pour l'accès de l'Exposition et l'étude de toutes les questions techniques, et que la décision préfectorale précitée a *expressément réservé l'autorisation de tenir des réunions où seraient traitées des questions d'économie sociale*, ces réunions devant faire l'objet de demandes spéciales présentées trois jours à l'avance.

Il n'a été accordé aucune autorisation de cette nature.

En l'état, et surtout en raison des avis que vous avez publiés dans le *Petit Lyonnais*, je crois devoir vous faire observer que la Délégation ouvrière n'ayant été autorisée qu'*en vue de l'Exposition* et celle-ci devant être fermée le 17 novembre courant, la Délégation se trouvera dissoute de droit à partir de la même date et qu'elle ne pourra, dès lors, fonctionner ultérieurement sans enfreindre la loi et sans encourir les conséquences répressives de cette infraction.

         Agréez, Monsieur, l'assurance de ma considération très-distinguée,

                                          Le Préfet du Rhône,

                                              J. CANTONNET.

Nos présidents coururent de nouveau à la préfecture pour réclamer le temps de collationner les rapports et de les faire publier. M. le préfet répondit qu'il n'en voyait pas la nécessité; on objecta ensuite que le travail sur les récompenses n'était pas encore terminé. M. le préfet répondit que cela ne nous regardait pas, que nous n'avions pas le droit de nous en occuper; sur cela, nos présidents protestèrent contre une tyrannie dont l'empire n'avait jamais donné l'exemple; il leur fut répondu *que ce qui était bon sous l'empire ne valait rien sous la République*, et ainsi pendant deux heures; enfin nos présidents, dont l'un, heureusement pour nous, était membre du conseil d'arrondissement, finirent par obtenir la faveur de deux séances, toujours en présence de la police, afin de pouvoir mettre la Délégation à même de ranger ses affaires et faire son testament.

Une Commission de rédaction fut immédiatement nommée par la Commission d'initiative dans la première de ces séances; elle présenta un projet de rapport général sur la question sociale; dans la seconde séance on prit différentes mesures à l'effet de régler la dissolution ou plutôt la liquidation de la Délégation, et on approuva le projet de rapport général à l'unanimité, sauf quelques restrictions exprimées plutôt par la crainte que par différence d'opinion.

C'est ainsi que se terminèrent les travaux de la Délégation ouvrière de 1872. Nous avions tout lieu de compter sur une meilleure fin quand un arrêt brutal est venu dissiper nos illusions.

LA COMMISSION DE RÉDACTION.

ÉTAT GÉNÉRAL DES RECETTES ET DÉPENSES

RECETTES

Allocation du Conseil municipal	10,000 fr.
Inscription des délégués de chaque corporation	68 »
Mises de fonds de plusieurs délégués	3 80
Total des recettes	10,071 80

RÉCAPITULATION.

Recettes	10,071 80
Dépenses	10,071 80

Le Trésorier : POLLIEN.

DÉPENSES

Visites collectives à l'Exposition	641 fr.
Pilotage des délégués étrangers	600 »
Frais de bureau (journaux, correspondance, etc.)	308 40
Déplacements et délégations diverses	473 10
Frais généraux d'impression (rapports, diplômes, circulaires, cartes personnelles, programmes, statuts, etc., etc.	5,603 »
Allocation au secrétaire permanent	1,059 »
Enquêtes et correspondances au sujet des coopérateurs	64 80
Frais imprévus et indemnités aux délégués	1,262 50
Total des dépenses	10,071 80

TABLEAU DES DÉLÉGUÉS

Apprêt de soieries, châles et moires : J. Lavial, Bouteille, Mérel.

Apprêt de tulles : E. Delauzun, L. Poncet.

Bijouterie en fin : Condamin.

Bijouterie imitation : Elysée Bailly, Claude Boyer.

Bijoux (gravure sur) : Degabriel, Froment.

Bronze : Pollien, partie mécanique ; Jaricot, monteur ; Ract, brunisseur ; Gaillard, ciseleur; Chambaud, ciseleur d'orfèvrerie ; Rattier, facteur d'instruments.

Chapellerie : Jamay, Petit-Jean.

Charpente : Dussoud, Castaignet.

Chauffeurs-mécaniciens : Th. Muller, P.-A. Carrié.

Chenilleurs : Caminet.

Cuirs et peaux. — Tannerie et corroierie : Edouard Barbeirac, Domergue, Soubrand, Desmule. — *Peausserie :* Fleury, Belous, Decœur, Mollet.

Dorure sur bois : X. Tabaret, Paput.

Ébénisterie : Jean Mas.

Ferblanterie : Constant, Illaire, Keller.

Garniture de parapluies : Deschamp.

Guimperie : Moreau, Dentroux, Mésonnier.

Lithographie : Gaillard, Chighizola.

Maçonnerie : Nony, Gasnier.

Marbrerie et Sculpture : Alexandre Gilly, Boutin, Antoine Mottet.

Menuiserie : Thevenet, Bousson.

Monteurs de métiers : A.-L. Desmard, Mazuy, Pathod.

Passementerie dorure : B. Hilaire, Maxime Janet, Josserand.

Passementerie nouveauté à la barre et à la main : Emile Fleuret, Biscornet, Bal, Isidore Augier, B. Bauzin, Fourneyron.

Peignes à tisser : Privat, Grisard.

Serrurerie : Frédéric Mérique, Coiny.

Tailleurs d'habits : Saunier, Chantemesse, Marceau.

Tailleurs de pierres : Michel.

Tapisserie : Castiglioni.

Teinture : Fourneau, Rabier.

Tissage. — Taffetas unis : Louis Poncet, Baud, Décrand, Convert, Salomon. — *Articles robes façonnés et armures :* Rykébus, Douillet, Naudot. — — *Articles confection :* Mathé, Fouillat. — *Ameublement :* Allard, Simon, Bocon, Vuillerot, Guérin, Guillaud, Deloche. — *Articles gilets, velours armures et velours façonnés :* Michalet aîné, Bes, Dornon. — *Satins unis :* Fleury Audiffret. — *Gaze et Grenadine :* P. Moulin, Peyrard. — *Foulards façonnés :* Marin, Journet, Amblet. — *Châles laine, Tapis et Bourrettes :* André Dupré, Jean Parent. — *Velours, articles modes :* Bénier. — *Velours unis :* Muriat, Berne, Charret.

Tulles à la chaîne et circulaires, et Ganterie sur étoffes : J.-B. Fontaine, Jean Vidal, Abel Demilly.

Typographie : Regard, Perréal.

Cercle des Travailleurs : Jas, Michaloud.

Cercle des Chefs d'atelier : Frédéric Brunet, Jean-Baptiste Poullet.

Délégués des conseillers prud'hommes ouvriers : Gadoux, Loye, Saint-Maurice, Dronier, Cuzas.

AU CONSEIL MUNICIPAL DE LYON

Nous adressons ici nos remerciments empressés au Conseil municipal pour l'allocation qu'il a votée dans le but de rendre possibles les délégations ouvrières à l'Exposition lyonnaise.

Aux précédentes Expositions de Paris et de Londres, la Chambre de commerce et la Commission municipale votèrent aussi des allocations afin de favoriser la formation des délégations ouvrières. Un Conseil municipal librement élu ne pouvait manquer de reprendre pour son compte la tradition des administrations antérieures ; il ne pouvait refuser aux délégués des travailleurs lyonnais le moyen d'étudier séparément les produits qui figuraient à l'Exposition et d'examiner ensemble les conditions qui sont faites aux producteurs dans la société moderne ainsi que les améliorations à y apporter.

Enfin, le Conseil municipal ne pouvait rester indifférent devant le refus fait par l'administration et les divers jurys de l'Exposition d'admettre les ouvriers coopérateurs de travaux remarquables à l'honneur de la publicité et de la récompense.

Nous sommes heureux de le dire, le conseil municipal n'a failli à aucune partie de la tâche qui lui était offerte, et il a mis le comble à son zèle démocratique en votant une allocation qui permit de donner aux ouvriers coopérateurs, sous forme de médaille ou de diplôme, une preuve ostensible de leur mérite. La Délégation ouvrière lui en témoigne à nouveau sa reconnaissance.

AUX TRAVAILLEURS

Chers Concitoyens,

Chargés par vous de continuer l'œuvre des délégations ouvrières, pratiquée en 1862 et 1867, nous avons accepté cette honorable et difficile mission avec le sentiment de notre incapacité à la bien remplir; mais vous nous aviez investis de votre confiance, il fallait y répondre et ne pas déserter le devoir que nous imposait votre mandat; c'est ce que nous avons essayé de faire.

Pour traiter la question sociale, nous nous sommes surtout inspirés des principes vraiment démocratiques mis en lumière par la Délégation lyonnaise de 1867, en y ajoutant quelques considérations politiques que les circonstances nous permettent et nous imposent en même temps de développer.

Si les idées que nous avons émises dans ce travail sont bien les vôtres, et nous n'avons aucune raison pour en douter, il nous incombe à tous de les propager activement de proche en proche parmi nous.

Le nombre et la force n'ont jamais suffi au peuple pour se faire dans la société la place qui lui appartient légitimement; pour arriver à ce résultat, il faut que le peuple ait pleine et entière conscience de son droit, et cette conscience, il commence sérieusement à l'avoir. Il s'agit de persévérer dans cette voie et de nous encourager les uns les autres à poursuivre énergiquement la revendication de nos intérêts trop longtemps méconnus.

Pour cela, nos deux meilleures armes sont l'instruction : débarrassée de tous les faits surnaturels, l'instruction qui ne s'appuie que sur la science et sur la raison, et le bulletin de vote avec l'intégrité du suffrage universel. Tâchons d'entrer de plus en plus en possession de la première. Quant à la seconde, ne la laissons pas émousser par la réaction aux abois. En un mot, affirmons la République avec ses conséquences pratiques. Arrière l'apathie et l'indifférence ! Jamais plus qu'aujourd'hui la vigilance n'a été nécessaire, car les principes de justice et de liberté sont à la veille de triompher définitivement.

Revenons à notre point de départ, l'Exposition lyonnaise. Nous regrettons que son importance ait été amoindrie par les tristes événements de ces dernières années ; ce qui fait que les études professionnelles des délégués ont dû forcément en souffrir. Nous voulons espérer que les futures expositions nous dédommageront de cette lacune. A propos de ces expositions, nous formulons le vœu que les corporations ouvrières, de mieux en mieux organisées, pourvoient elles-mêmes, autant que possible, aux dépenses nécessitées par la pratique des Délégations. Ce moyen, dont l'application n'a été faite qu'incomplètement jusqu'ici, sera la meilleure preuve de notre puissance, de notre volonté.

On ne peut se dissimuler, cependant, que les délégations comme celle de Vienne, qu'on organise en ce moment, entraînent des dépenses énormes ; et pour dire toute la vérité, il faut avouer que, dans certaines corporations, par exemple, dont les membres sont peu nombreux, il est impossible de réunir la somme voulue pour subvenir aux frais nécessités par un délégué seulement ; c'est le cas ou jamais, pour les sociétés ouvrières, de faire acte d'abnégation et de solidarité, car, on le sait, l'Assemblée de Versailles a refusé toute subvention aux travailleurs dans le but de faciliter l'envoi de leurs délégués dans la capitale de l'Autriche.

Si nous voulions faire un rapprochement peu favorable pour les élus du 8 février, nous rappellerions que le Conseil fédéral suisse ne craint pas d'employer les fonds de l'État à faire visiter cette Exposition à de nombreux délégués (87). Il est vrai que la Suisse ne se préoccupe, dans cette affaire, que d'augmenter les connaissances industrielles de ses ouvriers et de leur permettre par là de mieux lutter contre la concurrence étrangère ; la République helvétique n'a pas, comme un éternel cauchemar, le vain fantôme de l'Internationale devant les yeux, elle n'est pas affolée de terreur au spectacle de travailleurs recherchant les moyens de faire donner à tous les intérêts dont la société se compose une satisfaction basée purement et uniquement sur la justice, sans priviléges pour personne.

Pour atteindre le mieux possible ce résultat, nous répéterons encore et toujours qu'il nous faut un gouvernement complètement et sincèrement républicain. Les travailleurs des villes et des campagnes l'ont déjà compris.

Donc, quand on a le droit et le nombre pour soi; quand on comprend l'importance d'une chose et qu'on veut cette chose même, il est facile de l'obtenir.

INTRODUCTION

L'Exposition lyonnaise, dont la réalisation fut décidée au commencement de 1870 et qui, par suite de nos terribles catastrophes, ne put aboutir que fort difficilement, devait néanmoins provoquer chez les travailleurs le désir de continuer la tradition des Expositions de 1862 et de 1867, en ressuscitant le principe des délégations ouvrières, car c'est par l'application de ce principe que les innovations et perfectionnements apportés à l'industrie peuvent être étudiés par des hommes compétents, qui communiquent ensuite à leurs collègues, au moyen de rapports professionnels, les renseignements qui sont utiles à chaque industrie. Il était très-important aussi de faciliter les mêmes études aux délégués des ouvriers étrangers à notre ville. Grâce à l'allocation votée par le Conseil municipal de Lyon et à la décision prise par l'administration de l'Exposition de recevoir gratuitement les visites des délégués, le désir de reconstituer les délégations ouvrières devint une réalité.

Ainsi que nous l'avons fait pressentir plus haut, les rapports des délégués diront à nos lecteurs quelle a été l'importance, le mérite, l'utilité des produits exposés à ce concours de l'industrie. La plupart de ces rapports contiendront aussi les appréciations personnelles de leurs auteurs sur la question sociale, et l'ensemble de ces rapports constituera ce qu'on pourra appeler avec raison les cahiers du travail de 1872. Nous avons à résumer ici tous ces travaux épars et à faire une appréciation d'ensemble sur cette même question sociale que les enquêtes officielles cherchent à amoindrir avec tant d'empressement et avec si peu de succès.

Malgré le parti pris évident avec lequel on procède en ne faisant pas participer les ouvriers eux-mêmes à toutes ces enquêtes qui trouvent toujours que tout est pour le mieux dans le meilleur des mondes possible, nous déclarons ici que nous ne choisirons pas le moment où la patrie a besoin du concours de tous les citoyens, afin de recouvrer au plus vite ses forces vitales si étrangement et si inconsidérément affaiblies ; nous ne choisirons pas ce moment, disons-nous, pour jeter un cri de haine à ces classes d'hommes qui ont détenu jusqu'à présent dans leurs mains le pouvoir, la richesse, l'instruction sans avoir l'air de se douter que, au-dessous d'eux, des millions d'êtres croupissaient dans l'ignorance et la misère ; mais nous n'en examinerons pas moins en toute vérité et en toute sincérité si la classe des industriels et des capitalistes n'avait pas d'autre rôle plus équitable à remplir que celui de pousser tous les gouvernements sur la pente de l'arbitraire et de la restriction en ce qui concerne les améliorations légales que nos devanciers ont réclamées et que nous réclamons, à notre tour, comme indispensables.

En traitant ce sujet, scabreux par sa nature, nous y mettrons sans doute quelque peu de vivacité, mais nous éviterons d'employer le langage de la violence ; en cela nous croirons faire acte de bons citoyens. Nous aurons, en outre, à définir du mieux que nous pourrons les besoins les plus pressants de notre époque et à chercher à prévenir, s'il est possible, de nouveaux malentendus entre le travail et le capital en exposant sous son vrai jour la situation qui est faite aux ouvriers, laquelle appelle une réforme radicale dans les lois qui s'occupent du droit de réunion et d'association. Notre espoir est de voir cette réforme mieux comprise qu'elle ne l'a été jusqu'à présent ; nous basons notre espérance, d'une part, sur l'intérêt qu'a la société tout entière à fermer, comme on dit, l'ère des révolutions, et, d'autre part, nous confions notre cause à l'intelligence et au zèle de tous ceux qui sont en communauté d'idées avec nous.

Et, en effet, quelle cause plus émouvante et plus digne d'intérêt que la nôtre ? L'histoire du Travail est celle d'un procès sans fin dont l'une des parties, toujours condamnée, ne cesse de demander la révision. La Révolution a bien, il est vrai, annulé les sentences prononcées par quelques privilégiés, sentences qui condamnaient le peuple à l'ignorance et à la misère à perpétuité ; mais la féodalité industrielle n'a pas tardé à remplacer la féodalité nobiliaire, ce qui prouve que les principes éternels de justice et d'égalité proclamés en 1789 sont loin d'avoir porté tous leurs fruits. La revendication de ces principes reste donc à poursuivre, et ce n'est pas nous qui abandonnerons l'œuvre tentée par nos prédécesseurs.

Pour établir les griefs du travail, est-il besoin de rappeler que, de tout temps, la part qui lui a été faite n'a jamais pu être discutée par lui librement? Et sans parler des temps antérieurs à la Révolution, combien n'a-t-il pas fallu endurer de vicissitudes, du côté des ouvriers, et combien a-t-il fallu de tâtonnements, du côté des gouvernements, pour en arriver à voir reconnaître aux travailleurs le droit de s'entendre dans les questions de salaires?

Cette dernière satisfaction donnée aux ouvriers par l'empire n'a certes pas été dédaignée par eux; mais le gouvernement qui avait égorgé la République était condamné à ne donner de liberté que juste ce qu'il fallait pour qu'il n'eût pas à en souffrir au point de vue politique. Aussi se serait-il bien gardé de compléter jamais la loi de 1864 sur les coalitions, loi avantageuse pour nous sous certains rapports, mais qui offre cette monstrueuse anomalie de reconnaître aux ouvriers le droit de s'entendre, de se coaliser, tandis que le Code pénal, articles 291 et suivants, interdit à plus de vingt personnes le droit de se réunir pour traiter n'importe quelle question.

Il est évident qu'on ne peut pas appeler cela de la logique, et il est non moins évident que la classe ouvrière ne peut rester plus longtemps privée du droit de s'organiser comme elle l'entend, d'autant plus que les intérêts de n'importe quelle branche de notre industrie nationale n'auront à souffrir de cette organisation, car les ouvriers, n'en déplaise à leurs détracteurs, auront bien vite acquis, s'ils ne les possèdent déjà, tout le bon sens et toute l'intelligence nécessaires pour ne demander que la réalisation des choses possibles.

De bonne foi, n'est-il pas étrange qu'un grand pays qui se dit et qui se croit à la tête des nations civilisées soit mis en interdit par quelques lois restrictives que l'Angleterre, l'Amérique, la Suisse ont le bonheur de ne pas connaître? Ce qui est bon pour tous ces pays ne serait-il donc pas également bon pour la France? Nous ne pouvons nous empêcher de considérer cette fin de non-recevoir autrement que comme une injure au bon sens du peuple français. Et si quelqu'un voulait sérieusement soutenir le contraire, nous demanderions à voir de près quel intérêt il a à parler ainsi, et nous sommes persuadés que, sous ce prétendu amour de l'ordre, nous trouverions caché un intérêt tout personnel.

Donc réclamer bien haut la liberté politique et sociale qui est, quoi qu'on en dise, le gage le plus certain de la prospérité publique; rappeler aux ouvriers que le sort de la question sociale est lié à celui de la

République ; rappeler encore aux ouvriers qu'ils doivent sans cesse étudier les moyens de solidariser leurs intérêts, afin d'atténuer ce que le chômage naturel ou forcé a de désastreux pour eux et pour leurs familles ; faire appel aux publicistes et à tous les hommes de bonne volonté, afin qu'ils nous prêtent de plus en plus le concours de leur talent et de leur influence ; en un mot, répondre au programme que la Délégation ouvrière s'est imposé : tel est le fond du travail que nous allons aborder.

RAPPORT SOCIAL

La Délégation lyonnaise à l'Exposition de Paris 1867 avait rédigé, pour
que chaque délégué le remplisse, un programme concernant la question industrielle et la question sociale que la Délégation ouvrière de
1872 a cru devoir conserver, à fort peu de chose près. Ce programme,
qui forme la base du présent livre, est ainsi conçu pour la question
sociale :

1° Demander aux délégués des sociétés coopératives de la France et de l'étranger des
renseignements sur leurs moyens d'action ;

2° Établir une comparaison entre les sociétés coopératives françaises et étrangères en
indiquant si les sociétés coopératives françaises sont supérieures ou inférieures à
celles étrangères ; rechercher la cause de la prospérité des unes et celle de la décadence des autres ; enfin s'intéresser à tout ce qui se rapporte à la coopération ;

3° S'enquérir des salaires, chacun dans sa spécialité respective ;

4° Rechercher les moyens de maintenir les salaires à la hauteur des besoins du travailleur sans recourir aux grèves et en général tous les moyens qui peuvent améliorer son sort.

Le rapport social de la Délégation de 1867 a été fait avec beaucoup
d'exactitude et, disons-le, de talent. Nous ne saurions trop louer nos prédécesseurs des délégations précédentes de l'impulsion qu'ils ont com-
muniquée à la classe des travailleurs. Mais les conditions dans lesquelles
se sont produits les rapports de 1862 et 1867 sont changées au point
de vue politique. Aussi avons-nous cru qu'il fallait surtout nous appliquer à bien faire comprendre que la liberté doit être aujourd'hui de droit
commun, et qu'elle est inséparable du régime républicain. L'Empire ne
pouvait laisser dire que la question sociale dépend en grande partie de
la question politique. Nous sommes libres aujourd'hui de prouver le
contraire, et c'est ce que nous ferons.

Quant aux paragraphes indiqués ci-dessus, nous les traiterons tous,
mais nous nous réservons la faculté d'en modifier l'ordre à notre gré et
de les faire rentrer dans le cadre du paragraphe 4, duquel ils dépendent en réalité :

*Rechercher les moyens de maintenir les salaires à la hauteur des besoins
du travailleur sans recourir aux grèves et en général tous les moyens
qui peuvent améliorer le sort du travailleur.*

A l'énoncé de ce paragraphe, on s'aperçoit bien vite que c'est la question sociale tout entière qui apparaît ici. Le malheur a voulu que cette question sociale, aussi vieille que le monde, ne reçût, par le fait de la Révolution française, qu'une modification, au lieu d'une solution immédiate que l'on croyait peut-être avoir trouvée à cette époque.

En effet, 1789, en établissant la liberté du commerce et de l'industrie, donnait un essor tout nouveau à ces deux branches de l'activité humaine et de la richesse nationale; en même temps, la proclamation des Droits de l'homme était une garantie de l'indépendance qui allait être désormais le lot de tous les citoyens ; ainsi, grâce à leurs nouveaux droits politiques, les ouvriers allaient donc pouvoir étudier librement les conditions du travail, et évidemment il devait sembler que de la libre entente de tous allait surgir une ère de justice sociale inconnue jusqu'alors.

Inutile de dire qu'une profonde déception a suivi de si belles espérances ; car si la Révolution a posé le principe de la liberté et de l'égalité, on peut dire que les quatre-vingts années qui se sont écoulées depuis n'ont pas amené à beaucoup près la réalisation de ces deux mots sublimes ; cela peut s'expliquer, sinon se justifier : les classes laborieuses, ignorantes jusqu'à l'excès, devaient servir de marche-pied à la bourgeoisie, et une fois au pouvoir, celle-ci devait se faire la part belle et se prémunir contre toute espèce de surprise que l'avenir aurait pu lui réserver; aussi ne manqua-t-elle pas de suivre religieusement cette ligne de conduite.

DES CLASSES DITES SUPÉRIEURES.

Il ne nous sera pas difficile de prouver que les lois modernes qui, sous une forme ou sous une autre, ont voulu réglementer la liberté du travail n'ont abouti qu'à permettre au petit nombre, les capitalistes et industriels, de s'entendre, tandis que le grand nombre, les ouvriers, étaient dans l'impossibilité d'en faire autant. Il s'ensuit que l'égalité devant la loi était une chimère tout comme la liberté, puisque la réglementation qu'on a faite de celle-ci a eu pour résultat d'en entraver presque entièrement l'exercice. Et, par ce fait, la Révolution dont le but était d'affranchir et de fortifier les faibles, a été reniée et outragée dans son principe comme dans ses effets.

Cette étrange situation a inspiré à un certain nombre d'auteurs et d'orateurs de remarquables ouvrages et de fort bons discours; nous prolétaires, qui sommes appelés à recueillir les bénéfices de ces travaux, nous nous plaisons à leur donner ici, à eux ou à leur mémoire, un témoignage public de notre reconnaissance, et nous constatons que tant de talent n'a pas été dépensé en pure perte; mais, toutefois, les idées de justice et de liberté n'ont pas encore réussi à triompher. Nous devons alors examiner à qui en revient, selon nous, la faute.

Aux hommes qui ont recueilli en grande partie l'héritage de la Révolution, parce qu'ils ont pris dans la société la place qu'occupaient autrefois les privilégiés de la naissance, on a reproché un égoïsme allant parfois jusqu'à la cruauté; mais on n'a pas assez insisté, croyons-nous, sur le sans-façon avec lequel ils ont capté le patrimoine de liberté qui nous était commun à tous. Ainsi, d'une part, les capitalistes et industriels, et, d'autre part, les ouvriers, devaient se considérer les uns et les autres comme des alliés, et, en conséquence, les premiers, plus instruits et, par suite, plus responsables de leurs actes, devaient faire participer largement leurs associés naturels aux bénéfices de l'exploitation industrielle et leur dispenser une large et bienfaisante instruction.

Au lieu de cela, qu'ont-ils fait? Non contents de s'emparer des premières places de l'Etat et de toutes celles qui donnent le pouvoir et l'influence; non contents de thésauriser et de faire peser la plus lourde partie de l'impôt sur le menu peuple, ils se sont avisés de l'écraser de leur dédain; puis, lorsque des aspirations de bien-être et de justice apparaissaient, on montrait à ce peuple les barrières ou lois restrictives qui lui signifiaient: « Tu n'iras pas plus loin. » Oh! sans doute, il y avait bien, par ci par là, pour des hommes dénués de courage et de dignité, ou bien pour ceux par trop abandonnés du sort, quelques adoucissements : l'aumône étendait sa main lourde et énervante sur eux, et le tour était joué; on était forcé de s'extasier sur la générosité de ces nouveaux maîtres.

Nous nous empressons de reconnaître qu'il y a d'honorables exceptions relativement aux agissements que nous signalons; mais tel a bien été l'esprit dominant des classes dites supérieures, et pas plus aujourd'hui qu'autrefois les membres desdites classes ne veulent convenir qu'il y a une question sociale, ou, du moins, s'ils le reconnaissent, ils veulent eux-mêmes nous indiquer le moyen de la résoudre ; ils connaissent mieux que nous, disent-ils, le remède à nos maux, et ils nous aiment tant, qu'ils ne veulent absolument pas que nous mettions la main à notre bonheur. Touchante sollicitude dont nous voudrions bien pouvoir nous débarrasser, parce que nous sentons bien que, dans ces conditions, jamais nous ne pourrons avoir pour leur système l'admiration qui lui est due.

Si nous insistons longuement sur ce sujet, c'est parce qu'il nous semble opportun de montrer que les ouvriers ne doivent nullement compter sur les classes dites supérieures pour apporter à leur situation une amélioration sérieuse et durable ; il est dès lors rationnel de mettre sous les yeux de tous les preuves de ce que nous avançons. Ces preuves étant trop abondantes pour être toutes passées en revue dans ce travail, nous nous contenterons d'en citer quelques-unes prises dans les documents *officiels*.

Nous rappellerons, à ce propos, un incident qui s'est produit à l'inauguration de l'Exposition lyonnaise. Dans un discours qui mérite d'être conservé pour l'édification des travailleurs de la ville, M. le vice-président des Agriculteurs de France, après avoir, à juste titre selon nous, revendiqué la part revenant aux travailleurs des champs, s'est exprimé ainsi :

On ne voit jamais l'ouvrier des champs quitter son atelier pour discuter avec son patron les heures de la journée que le soleil règle sans conteste entre eux ; c'est qu'il sait que le moment de la semaille comme celui de la récolte ne souffre pas de remise, c'est qu'après avoir pris sa part de tous les travaux de la culture comme de toutes les déceptions réservées à l'exploitation agricole, il apprécie quelle doit être sa juste part dans les bénéfices de l'année. Il ne lui est pas loisible, il le sait, de doubler le prix du pain, et personne, d'ailleurs, ne lui en donne jamais le conseil.

Que n'en est-il de même de l'artisan qui, malheureusement, oublie quelquefois qu'il est, aussi bien que le cultivateur, comptable de son travail envers la société, et tout autant que lui responsable de la prospérité publique.

Ah ! s'il n'écoutait jamais, lui aussi, que les conseils de sa raison et de sa conscience ; si, avant de se laisser enlever à son atelier, il essayait, comme l'ouvrier du sol, de se rendre compte du profit qui revient à son patron du travail de sa journée, que de fois il refuserait d'obéir à ce mot d'ordre brutal dont il est ordinairement la première victime, et qu'on appelle grève, sinistre invention à laquelle quelques meneurs venus, la plupart du temps on ne sait d'où, saisissent cet ouvrier de la ville, né aussi honnête, aussi laborieux que les ouvriers des campagnes, le contraignent d'exiger de sa main-d'œuvre un prix tel que le travail national se trouve désorganisé au profit des industries étrangères.

Ce discours, prononcé dans une occasion aussi solennelle, et les cyniques et indécents applaudissements qui l'ont accueilli dans un certain monde nous donnent la mesure de l'esprit de justice qui anime cette classe de personnes qu'on est convenu d'appeler la classe dirigeante. Certes, nous voilà loin, ce nous semble, des doléances hypocrites qu'on nous prodiguait ces temps passés. Le césarisme, au moins, cherchait-il à faire croire qu'il s'occupait sérieusement du bien-être des masses. Les travailleurs des villes, alors, étaient choyés dans les discours officiels. Aujourd'hui on change de tactique, on cherche à nous rendre odieux, afin de justifier la résistance qu'on oppose à toute réforme dans l'inique régime d'inégalité sociale et de despotisme sans nom qui nous enserre et nous étouffe, régime établi par un système de lois immorales essentiellement et exceptionnellement dirigées contre nous ouvriers de la ville, contre nos droits naturels. On lève le masque, on prélude au gouvernement de combat. Voilà où en est cette fameuse question de la fusion des classes. On dit hautement, et la presse réactionnaire le répète chaque jour, que l'on est allé trop loin dans la voie des concessions; et vraiment, à entendre M. le vicomte de la Loyère, qui s'est fait le porte-voix de cette nouvelle coalition, on pourrait se croire revenu au beau temps de la féodalité. Pour lui l'humanité est naturellement divisée en deux catégories : l'une est née pour commander, diriger et jouir; l'autre pour obéir, travailler et souffrir, sans même avoir le droit de se plaindre. Pour lui, les droits et les devoirs de chacun sont une chimère; pour lui tout est pour le mieux dans le meilleur des mondes possibles. Une seule chose le tracasse : *c'est la grève, cette invention sinistre*. Sans doute, nous n'avons pas les mêmes raisons pour penser comme lui ; aussi nous sommes-nous demandé, depuis que nous avons entendu ce fameux discours, ce que c'était que cette société envers laquelle, dit-il, « nous sommes comptables de notre travail » ; nous nous sommes demandé si tous les membres de cette société n'en étaient pas comptables au même titre; nous nous sommes demandé si la société n'était pas comptable envers nous de la valeur intégrale de notre travail, et s'il faudrait éternellement cent journées de notre pénible labeur pour payer la journée improductive d'un agioteur ou d'un oisif. Nous nous sommes demandé, enfin, si l'existence qu'on nous marchande encore, après nous l'avoir taxée au plus strict nécessaire, était une condition de sociabilité incontestable et juste ; si nous, artisans, nous naissions fatalement dans une condition d'infériorité morale, en un mot, matière purement exploitable, au lieu d'être des êtres de raison comme ces beaux messieurs qui ont applaudi M. le vicomte avec tant d'enthousiasme. Mais ces questions ne sont pas à résoudre, et l'orateur nous paraît avoir trop oublié que le *droit* de tous est acquis par des siècles de discussions scientifiques et philosophiques, et qu'il a, de plus, été conquis par la main puissante du peuple. Travailleurs des champs, artisans des villes et bourgeois ont pulvérisé les priviléges des castes et les ont engloutis à jamais dans l'océan des révolutions.

Les paroles de M. le vice-président des Agriculteurs de France, au lieu d'être l'expression de la justice et de la vérité, ne sont qu'un galimatias incompréhensible, ou plutôt un appel déplorable aux passions malsaines de gens dont les jouissances et le bien-être ont perverti le sens moral, à ce point qu'ils croient possible de pouvoir reconstituer le passé et nous ramener, sous une autre forme, aux temps maudits du Moyen-Age.

L'accord qui s'est produit, dans ces derniers temps, entre les ouvriers des villes et les paysans pour conserver et établir définitivement la République ne satisfait pas certaines gens, et aujourd'hui lorsque l'on parle d'élections, un certain monde frissonne comme s'il était sous l'impression d'une commotion électrique. Si M. de la Loyère invoque la placidité de l'ouvrier du sol, c'est dans le but détourné de nous diviser et de nous nuire dans son esprit. Il le flatte, il le caresse. C'est pour cela qu'il a parlé des heures du travail, du soleil qui règle la journée, des déceptions de l'agriculture, de la modestie de l'ouvrier des champs qui ne réclame de son patron que ce qui lui revient, et qu'il ajoute qu'il ne fait jamais doubler le prix du pain. Du reste, il ne le lui conseille pas, etc., etc.

M. le vice-président des Agriculteurs de France aurait dû nous expliquer alors pourquoi le pain est si cher après une récolte aussi abondante. Il aurait dû nous expliquer pourquoi nous payons le vin quatre ou cinq fois plus qu'il y a vingt-cinq ans. Il aurait dû nous dire pourquoi généralement tous les produits directs du sol ont doublé de prix depuis la même époque. Mais si ce monsieur avait expliqué ces choses, il aurait manqué l'effet oratoire qu'il se proposait de produire et l'occasion de calomnier l'artisan de la ville, car il aurait été obligé de dire que les salaires des ouvriers des champs avaient triplé et même quadruplé dans certains lieux ; que, dans presque tous les vigneronnages, l'ouvrier du sol travaille à moitié fruit avec le propriétaire, alors même que ce dernier paie les impôts, fournit tout le matériel et l'engrais nécessaires à l'exploitation. Il aurait pu répéter ce que nous avons entendu au concours des machines agricoles, les plaintes des propriétaires sur les exigences et les exagérations du prix de la main-d'œuvre du travail de la terre, et il aurait pu ajouter, car il le sait, que pendant que le prix de la main-d'œuvre de l'ouvrier des champs suivait cette marche progressive ascendante, le prix de la main-d'œuvre de l'artisan de la ville suivait, lui aussi, une marche progressive, mais en sens inverse. Certes, dans ces conditions le soleil ne règle plus les heures de la journée pour le plus grand nombre d'entre eux. Le gain de cette journée, tant longue soit-elle, ne peut plus arriver à fournir aux besoins de l'existence. Et quand on en est là, il faut bien mettre un terme à cette situation et écouter la voix de ces meneurs que M. le vicomte avoue mystérieusement ne pas connaître. Nous le croyons sans peine. La misère, la souffrance, les privations de toutes sortes sont les criminels inventeurs et les meneurs de cette invention sinistre qu'on appelle grève, invention redoutable mais terrible pour nous seuls, et dont nous sommes seuls victimes, comme le dit si bien M. le vicomte, et s'il prononce ces paroles d'une façon aussi tragique, ce n'est pas qu'il s'apitoie sur notre sort, c'est que sans doute il redoute les conséquences qui en peuvent naître. Il craint qu'elles aient cela de bon d'apprendre aux ouvriers à s'unir, à s'associer, à se solidariser et qu'ils puisent dans cette union et cette solidarité le sentiment de leur force et de la justice de leurs prétentions.

M. le vice-président des Agriculteurs de France avance un fait contraire à la vérité et à l'expérience, lorsqu'il dit que les grèves désorganisent le travail national. L'Angleterre, qui est la terre classique où les sociétés de résistance, protégées par les lois, se comptent par milliers, et les adhérents par centaines de mille, l'Angleterre, disons-nous, est depuis plusieurs siècles et est encore le pays industriel le plus prospère du monde entier. Jamais le travail national n'a été désorganisé en France que par le fait des classes dirigeantes; il ne serait pas difficile de le prouver.

La plus grande désorganisation du travail national n'a-t-elle pas été le fait de la révocation de l'édit de Nantes ; n'eut-elle pas pour effet de massacrer et de chasser ignominieusement de France plus de cinq cent mille travailleurs et industriels et de porter l'industrie à l'étranger, et de nos jours ces fameux traités de commerce, sous le spécieux prétexte de libre échange, n'ont-ils pas eu pour effet d'écraser l'industrie cotonnière ? Il est vrai que pendant qu'on allouait des millions pour créer un nouvel outillage aux riches industriels, les artisans étreints par la misère vivaient de l'abrutissante aumône. A ce casse-cou économique en a succédé un autre ; maintenant on dénonce ces traités ; la protection remplace le libre échange; on écrase l'industrie de la dette de la Prusse ; on impose jusqu'aux matières premières. Il ne reste plus, désormais, à l'industriel âpre au gain, que la ressource illégitime de la diminution du salaire ; il ne voit, grâce aux enseignements de l'économie politique, pas d'autre moyen de faire fortune ; et si l'ouvrier résiste par le seul moyen qu'il ait en sa puissance, c'est-à-dire par la grève, on l'accusera cyniquement de désorganiser l'industrie nationale ; c'est ainsi qu'on nous rend la justice qui nous est due.

Il serait bon de s'expliquer une fois pour toutes sur ce qu'on entend par prospérité publique, mot ronflant, stéréotypé dans presque toutes les harangues officielles. Serait-ce, par hasard, dans l'or et l'argent ruisselant dans les mains ou s'entassant dans les coffres de quelques-uns, et la misère, ou tout au moins la gêne du plus grand nombre? Non certes, cela n'est que la prospérité de quelques-uns. Pour nous, qui cherchons la vérité et la justice en toute chose, la prospérité publique est la prospérité générale à laquelle tous doivent prendre leur part dans la mesure de ce qu'ils y apportent. Pour nous la prospérité publique est une modeste aisance répandue dans toutes les classes de la société, résultant d'une équitable répartition de la richesse générale en raison des services de chacun. Or, les ouvriers ont donc raison et le droit de lutter par tous les moyens légaux, toutes les fois qu'on veut leur ravir ou qu'on refuse de leur donner la part qui leur revient. Dans ces conditions, revendiquer ce droit n'est donc pas porter atteinte à la prospérité publique, mais bien contribuer justement à cette prospérité même.

Nous reconnaissons avec M. de la Loyère que les ouvriers du sol ne font pas grève. En France, du moins, ils n'ont pas besoin de recourir à cette *invention sinistre*. Mais, M. le vicomte reconnaîtra avec nous que leur situation est bien différente de la nôtre. En 89, lorsqu'ils eurent conquis leurs droits, la Révolution, en bonne mère, leur a fourni les moyens de les conserver et de les défendre, et cela grâce aux perturbations sociales fomentées par les ennemis acharnés de la Révolution ; car pendant que les grands seigneurs et les grands du clergé discréditaient la République, quémandaient l'étranger pour se faire rétablir dans ce qu'ils avaient l'impudence d'appeler leurs droits, par un acte de haute justice, leurs biens étaient confisqués, morcelés et vendus à vil prix. C'est ainsi que les paysans ont pu acquérir quelques lambeaux de terre pour une somme insignifiante et qu'ils ont pu quelquefois même se bâtir des cahuttes avec les pierres des châteaux de leurs oppresseurs. Cette terre, autrefois si ingrate pour eux, ils ont pu la posséder et la conserver à force de privations et de persévérance, et aussi parce qu'elle est l'instrument de travail par excellence, puisqu'il détient en lui-même l'existence même de son possesseur. Armé de cet instrument, le paysan est devenu l'homme fort, et aujourd'hui il a la puissance de faire payer ses services ce qu'ils valent. Voilà pourquoi le paysan ne fait pas grève.

Lorsque la révolution industrielle sera accomplie par la disparition des monopoles et des priviléges, lorsque le crédit sera organisé sur ses bases naturelles et qu'il sera accessible à tous ; lorsqu'on nous aura rendu ou que nous aurons reconquis les libertés qu'on nous a ravies et que nous pourrons nous associer librement, nous pourrons, nous aussi, acquérir l'instrument de travail, c'est-à-dire la propriété industrielle ; alors, comme à nos frères les ouvriers du sol, on nous paiera nos services ce qu'ils valent, et nous n'aurons plus recours, pour pouvoir vivre, à cette invention funeste qu'on appelle grève.

Nos lecteurs comprendront bien que ce n'est pas pour le vain plaisir de mettre un homme en contradiction avec la vérité que nous avons analysé le document ci-dessus ; il s'agit, pour nous, de prendre toute une classe qui a une certaine influence sur nos destinées en flagrant délit d'erreur et de fausse bonté. Ce n'est pas, nous l'avons dit, pour appeler la vengeance populaire sur une catégorie de citoyens que nous agissons ainsi ; mais nous ne devons pas négliger, l'occasion aidant, de faire voir à ces messieurs que nous prenons pour ce qu'elles valent leurs théories sur notre bonheur. On conviendra bien qu'ici nous usons du droit de réponse, qui doit être sacré pour tous. D'autre part, il nous semble tout naturel de nous occuper des idées qui ont été exposées à la tribune française relativement aux aspirations de la classe ouvrière. A cet effet, et comme nous savons que les travailleurs ne sont pas abonnés à l'*Officiel*, nous croyons devoir reproduire ici quelques extraits de discours prononcés par certains députés, lesquels ont trouvé de nombreux approbateurs dans les rangs de l'Assemblée :

Extrait de la séance du 7 mars 1872.

M. LE COMTE BENOIST D'AZY : ... Les maîtres doivent protéger les ouvriers, ces pauvres gens qui, à la sueur de leur front, nourrissent leur famille. Savez-vous ce que nous faisons pour cela ? Nous nous occupons d'eux avec une profonde sollicitude, et dans les années malheureuses où la nourriture est plus chère, le maître intervient et fait des sacrifices (Interruption à gauche) sans ostentation ; il le fait de manière à donner à l'ouvrier le moyen d'obtenir sa nourriture à meilleur marché.

.... Un ouvrier, dans quelque condition de travail qu'il soit placé, qui veut assurer le pain de sa vieillesse, peut le faire en économisant, par exemple, ce que lui coûte le tabac ou la boisson prise au cabaret.

En mettant de côté 20, 30, 50 fr. par an pendant les années de sa force, il peut être assuré d'obtenir à la fin de sa vie le bien-être nécessaire à ses modestes besoins. A 55 ans, grâce aux lois auxquelles ont concouru ceux qui étaient avec moi en 1849 et 1850, il peut avoir une pension de 500 à 600 fr. Voilà ce qu'il faut faire et ce qu'on ne fait pas assez. (Mouvements divers.) Cette loi est une institution admirable et excellente. (Très-bien ! très-bien !)

M. Pagès-Duport : Voilà le vrai socialisme !

Extrait de la séance du 7 mai 1872.

M. Aclocque : .... Pour les masses ou pour ceux qui les mènent , la liberté de s'entendre c'est la liberté d'agir sur les camarades, sur les timides, sur les obéissants ; c'est, le moment venu, la liberté d'en faire des instruments dont on se sert pour leur malheur. (Très-bien ! très-bien ! à droite et au centre. — Réclamations à gauche.)

..... Remarquez-le, messieurs, presque toujours la demande d'augmentation de salaire coïncide avec une demande de diminution des heures de travail. En cela les ouvriers sont logiques, car le temps qu'ils ne passent pas à l'atelier, ils le passent à dépenser de l'argent, et moins ils travaillent, plus il leur faut d'argent. (C'est vrai ! — Très-bien ! très-bien !)

..... Un de nos plus grands devoirs envers les ouvriers, c'est de les protéger contre eux-mêmes.

..... On ne doit pas se borner à apprendre à lire et à écrire aux ouvriers, je veux qu'en dehors de ces éléments indispensables, l'ouvrier voie élever son âme par l'instruction religieuse, qui lui enseigne ses devoirs, qui le rend fort pour résister aux théories subversives de ceux qui se vantent de lui apprendre ses droits. (Très-bien ! très-bien ! à droite.)

Nous nous empressons de constater que MM. Tolain, Brisson, Naquet, Corbon et Louis Blanc ont fait justice des théories que nous venons de reproduire, et ils ont revendiqué hautement pour les travailleurs le droit à la liberté politique et sociale.

Quant aux extraits des discours que nous avons cités ci-dessus, ils suffiront pour faire connaître le bagage de la politique industrielle et capitaliste, et chacun de nos lecteurs aura réfuté facilement les arguments impossibles qui émaillent ces discours. Quant à nous, voici en quelques mots notre opinion à leur sujet :

En examinant le langage de M. Benoist-d'Azy et de ses amis, nous croyons nous trouver en face de gens qui, au lieu de vouloir éteindre le paupérisme, nous promettent, au contraire, de l'entretenir. En effet, l'intensité de la misère ne les effraie pas ; ils s'habituent parfaitement à cette idée, et ils s'en consolent en disant que, lorsque les circonstances sont difficiles pour les ouvriers, lorsque la vie est chère, ils font des sacrifices en leur faveur. Ces messieurs ne se doutent pas le moins du monde que l'ouvrier préférerait mille fois devoir ses ressources pécuniaires à son travail plutôt qu'à une générosité plus ou moins adroite qui pèse sur son indépendance. Donc, subvenir aux besoins des ouvriers par un accroissement de leurs salaires, là est la vraie bonté, la vraie justice, la vraie dignité. Les autres systèmes sont anti-démocratiques, et il ne faut pas se glorifier de leur application.

Ce n'est pas tout : nos maîtres et bienfaiteurs, en vue d'augmenter notre budget, nous invitent à supprimer complètement l'usage du tabac ; le café, le cabaret doivent nous être également interdits. Décidément, nos maîtres peuvent hardiment s'appliquer cette devise : « Tout pour nous, rien pour les autres ! » Puis, à des ouvriers qui ne gagnent pas de quoi fournir le nécessaire à leurs familles, on donne le conseil de verser régulièrement 50 fr. par an dans une caisse de retraites ; mais ceci est une amère raillerie, et on sait bien que ce conseil est malheureusement impraticable, puisque, comme nous venons de le dire, là où il n'y a pas le nécessaire il est cruel de parler de faire des économies. Il n'est donc pas sérieux de faire reposer le bien-être des masses sur une combinaison impraticable pour le plus grand nombre et qui, d'ailleurs, est loin de résoudre à elle seule la question sociale, ou mieux la question de répartition des bénéfices entre le travail et le capital.

Examinons un peu, maintenant, le langage de M. Aclocque. Voilà un homme qui est profond et qui dit carrément leur fait à tous ces ouvriers qui voudraient gagner un peu plus et travailler un peu moins. En effet, à quoi pourraient-ils bien passer leur temps, si ce n'est à caresser la bouteille ! C'est logique ; il n'y a pas à sortir de là, et nous venons à l'appui de son dire : nous connaissons des ouvriers qui gagnent un salaire relativement élevé et qui ne travaillent pas dix heures par jour ; eh bien ! croit-on qu'ils s'occupent tant soit peu de leur famille ou de leur instruction ? Nullement, ils passent leur temps à s'enivrer, et tous les soirs on les ramasse dans les ruisseaux. Il faut à tout prix éviter ce scandale. Et comment ? Par l'instruction religieuse que préconise M. Aclocque, laquelle apprend aux ouvriers leurs devoirs. Il paraît que cette instruction-là vous rend si souples envers vos supérieurs, que c'est comme un charme. En effet, par elle on s'habitue à ne rien approfondir.

Oui, ne pas approfondir, tout est là ; car, enfin, des gens qui veulent tout savoir, jusqu'aux bénéfices que peut faire dans une année un usinier quelconque, ont une audace déplorable !

Une chose remarquable, c'est que M. Aclocque ainsi que ses amis parlent beaucoup des devoirs des ouvriers, et jamais de leurs droits. Ils devraient savoir cependant que ces deux mots ne vont pas l'un sans l'autre, et s'ils l'ont oublié, nous le leur rappelons ici. Il est évident que cette protection dont on veut nous entourer est difficile à prendre pour de la vraie philanthropie, et si nous avions à notre tour un conseil à donner aux apôtres exclusifs du devoir, nous leur dirions d'abandonner leur marotte de frères prêcheurs, parce que notre devise bien arrêtée est celle-ci : « Pas de droits sans devoirs, pas de devoirs sans droits. »

Vraiment, quand nous voyons quels sont les moyens que la classe la plus instruite de la nation met à son service pour résoudre la question sociale, nous éprouvons un sentiment de contrainte indéfinissable. Quoi ! dans cette nation qui est courageuse jusqu'à la témérité sur les champs de bataille, il y a des hommes qui se croiront perdus parce que la liberté réglerait les rapports du travail et du capital, parce que la liberté régnerait dans ce pays comme elle règne en Suisse et en Amérique, lesquels pays sont à l'abri des révolutions, grâce précisément à la liberté politique et sociale dont ils jouissent.

Voyons, messieurs les industriels, capitalistes, gens intelligents et aptes à remuer toutes sortes d'idées spéculatives, ne comprenez-vous donc pas que, désormais, votre seule ressource est dans l'imitation complète des pays que nous venons de citer ? Est-ce que les industriels, les commerçants, les classes supérieures et moyennes n'y vivent pas dans un bien-être sans mélange, c'est-à-dire avec le lendemain assuré, tandis que, chez nous, les points noirs sont en permanence à l'horizon, et si les orages et la tempête viennent à la suite, qui devra s'en étonner ?

En face de ces éventualités, nous signalons encore une fois à la bourgeoisie la liberté comme le seul moyen capable d'éviter de nouveaux malheurs.

DE LA POLITIQUE DES OUVRIERS.

Nous venons de faire un énergique appel à la bourgeoisie. Y répondra-t-elle ? L'avenir nous le dira ; présentement, nous ne devons compter que sur nous-mêmes pour faire disparaître légalement de notre législation les obstacles qui s'opposent à la pacification de notre pays, et ces obstacles ne sont pas imaginaires, ils se trouvent dans le Code pénal sous la forme suivante :

Des associations ou réunions illicites.

ART. 291. — Nulle association de plus de vingt personnes dont le but sera de se réunir tous les jours ou à certains jours marqués pour s'occuper d'objets religieux, littéraires, politiques ou autres ne pourra se former qu'avec l'agrément du gouvernement et sous les conditions qu'il plaira à l'autorité publique d'imposer à la société. Dans le nombre de personnes indiqué par le présent article ne sont pas comprises celles domiciliées dans la maison où l'association se réunit.

ART. 292. — Toute association de la nature ci-dessus exprimée qui se sera formée sans autorisation, ou qui, après l'avoir obtenue, aura enfreint les conditions à elle imposées, sera dissoute. — Les chefs, directeurs, administrateurs de l'association seront, en outre, punis d'une amende de seize francs à deux cents francs.

ART. 293. — Si, par discours, exhortations, invocations ou prières, en quelque langue que ce soit, ou par lecture, affiche, publication ou distribution d'écrits quelconques, il a été fait, dans ces assemblées, quelque provocation à des crimes ou à des délits, la peine sera de cent francs à trois cents francs d'amende, et de trois mois à deux ans d'emprisonnement contre les chefs, directeurs et administrateurs de ces associations, sans préjudice des peines plus fortes qui seraient portées par la loi contre les individus personnellement coupables de la provocation, lesquels, en aucun cas, ne pourront être punis d'une peine moindre que celle infligée aux chefs, directeurs et administrateurs de l'association.

ART. 294. — Tout individu qui, sans l'autorisation de l'autorité municipale, aura accordé ou consenti l'usage de sa maison ou de son appartement, en tout ou en partie, pour la réunion des membres d'une association même autorisée, ou pour l'exercice d'un culte, sera puni d'une amende de seize francs à deux cents francs.

Code sur les Associations. — Loi promulguée
le 16 février 1834.

ART. 1er. — Les dispositions de l'art. 291 du Code pénal sont applicables aux associations de plus de vingt personnes, alors même que ces associations seraient partagées en sections d'un nombre moindre et qu'elles ne se réuniraient pas tous les jours marqués. L'autorisation donnée par le gouvernement est toujours révocable.

2. — Quiconque fait partie d'une association non autorisée sera puni de deux mois à un an d'emprisonnement, et de cinquante francs à mille francs d'amende. En cas de récidive, les peines pourront être portées au double. Le condamné pourra, dans ce dernier cas, être placé sous la surveillance de la haute police pendant un temps qui n'excèdera pas le double du maximum de la peine. L'art. 463 du Code pénal pourra être appliqué dans tous les cas.

8. — Seront considérés comme complices, et punis comme tels, ceux qui auront prêté ou loué sciemment leur maison ou appartement pour une ou plusieurs réunions d'une association non autorisée.

Outre ces deux lois, il y a encore sur la matière la loi du 6 juin 1860 concernant les réunions publiques non politiques :

Ces réunions peuvent avoir lieu sans autorisation préalable, mais chacune d'elles doit être précédée d'une déclaration signée par sept personnes, etc., etc.....

Un fonctionnaire de l'ordre judiciaire ou administratif, délégué par l'administration, peut assister à la séance....

Le fonctionnaire qui assiste à la réunion a le droit d'en prononcer la dissolution : 1º si le bureau, bien qu'averti, laisse mettre en discussion des questions étrangères à l'objet de la réunion ; 2º si la réunion devient tumultueuse.

Nous ne donnons, comme on le voit, que des extraits de cette loi, mais nous ne pouvons négliger d'en citer l'article 13, ainsi conçu :

Le préfet de police à Paris, les préfets dans les départements, peuvent ajourner toute réunion qui leur paraît de nature à troubler l'ordre ou à compromettre la sécurité publique.

L'interdiction de la réunion ne peut être prononcée que par décision du ministre de l'intérieur.

Le résumé de cette dernière loi suffit pour faire comprendre que le droit de réunion est entouré de nombreuses restrictions. Notre législation est faite ainsi, du reste, elle est parsemée d'empêchements et de pénalités, et précisément, parce que nos lois sont pleines d'embûches, il est urgent d'en bien connaître la teneur. C'est pour cela que nous allons donner le texte de la *loi sur les coalitions* promulguée et insérée dans le *Moniteur officiel* du 28 mai 1864 :

ART. 1er Les art. 414, 415, 416 du Code pénal sont abrogés par les suivants :

« ART. 414. — Sera puni d'un emprisonnement de six jours à trois ans et d'une amende de 16 fr. à 3,000 fr. ou de l'une de ces peines seulement quiconque, à l'aide de violences, voies de fait, menaces ou manœuvres frauduleuses, aura amené ou maintenu, tenté d'amener ou de maintenir une cessation concertée de travail, dans le but de forcer la hausse ou la baisse des salaires, et de porter atteinte au libre exercice de l'industrie ou du travail.

« ART. 415. — Lorsque les faits punis par l'article précédent auront été commis par suite d'un plan concerté, les coupables pourront être mis, par l'arrêt ou le jugement, sous la surveillance de la haute police pendant deux ans au moins et cinq ans au plus.

« Art. 416. — Seront punis d'un emprisonnement de six jours à trois mois et d'une amende de 16 à 300 fr., ou de l'une de ces deux peines seulement, les ouvriers, patrons et entrepreneurs d'ouvrages qui, à l'aide d'amendes, défenses, prescriptions, interdictions prononcées par suite d'un plan concerté, auront porté atteinte au libre exercice de l'industrie ou du travail. »

Art. 2. — Les art. 414, 415, 416 ci-dessus sont applicables aux propriétaires et fermiers, ainsi qu'aux moissonneurs, domestiques et ouvriers de la campagne.

Les art. 19 et 20 du titre II de la loi des 28 septembre et 9 octobre 1791 sont abrogés.

Cette loi impériale reconnaît, il est vrai, le droit de coalition ; mais par les sous-entendus, les mots élastiques qu'elle contient, cette loi s'est attirée les critiques les plus sévères. Pendant le cours de sa discussion, au Corps législatif, un député de l'opposition a porté ce jugement sur elle :

« Aux termes de l'art. 414, toutes les fois qu'une coalition existera et « sera accompagnée d'une grève, quiconque *aura tenté d'amener* ou « de *maintenir* cette grève pourra être frappé d'une peine de trois ans « d'emprisonnement.

« Quant à l'art. 416, si j'étais jamais ministère public, on pourrait me « donner une coalition quelconque, et je me ferais fort d'y trouver quel-« ques-uns des délits énoncés dans cet article. »

Dans sa conclusion, l'orateur demandait l'abrogation pure et simple des art. 414, 415 et 416 en alléguant que le Code contient des articles qui répriment les violences et les injures, et qu'il n'était pas besoin, par conséquent, de recourir à une loi spéciale qui serait un épouvantail lorsqu'on voudrait l'appliquer strictement.

Les derniers procès qui ont eu lieu pourraient nous faire croire que l'argumentation ci-dessus était fondée.

Quant aux deux premières lois que nous avons citées et qui sont la base de notre législation sur la liberté de réunion et d'association, M. Tolain, le député-ouvrier de Paris, et quelques-uns de ses collègues, en ont demandé, mais en vain, l'abrogation à la Chambre. Cependant la liberté de réunion que demandait M. Tolain était entourée de garanties reconnues suffisantes dans tous les pays libres. En effet, M. Tolain demandait « que tout citoyen eût le droit de s'associer, quitte à répondre « devant les magistrats de son pays des crimes et délits qu'il peut com-« mettre comme individu ou collectivité, crimes ou délits prévus par « la loi ».

Nous ajouterons que si quelque chose peut aller de pair avec la liberté de la parole, c'est la liberté de la presse dans les conditions que nous venons de citer quant aux crimes et délits prévus par la loi.

Voilà donc la question bien posée, et nous désirons que tous les travailleurs, que tous les hommes de progrès se rallient à cette formule, car elle représente la plus grande partie de notre *Credo* politique et social.

Mais ce programme, ne l'oublions pas, la République seule pourra le mettre en pratique ; en conséquence, puisque c'est elle qui porte notre fortune, entourons son nom de notre protection, jusqu'à ce que, ayant aussi la chose, nous soyons dégagés de toute inquiétude sur l'avenir de notre pays.

En effet, avec cette forme de gouvernement définitivement consacrée par une Constitution en harmonie avec les principes républicains, l'opinion publique, libre de toute entrave, s'éclaire par une discussion de tous les jours, et par le jeu régulier du renouvellement des pouvoirs publics, toutes les idées justes peuvent prendre successivement place dans les lois du pays.

Qui ne comprend les conséquences que cet état de choses entraînerait ? Toutes ces questions primordiales, l'impôt, l'armée nationale, la séparation de l'Église et de l'État, la décentralisation, c'est-à-dire les institutions communales, etc., etc., seraient résolues dans le sens de la liberté et de l'économie et simplifieraient d'autant la question sociale.

Après avoir énuméré les obstacles qui arrêtent les travailleurs dans la revendication des principes de justice et de liberté, nous les invitons à étudier la suppression de ces obstacles au point de vue des intérêts généraux de la société. Nous exprimerons plus loin notre opinion à ce sujet, mais nous croyons devoir insister ici sur quelques-uns des moyens à mettre en pratique pour rendre plus facile le résultat cherché.

D'abord, nous rappellerons combien il est urgent qu'aux futures élections les ouvriers ne négligent pas d'envoyer à l'Assemblée nationale quelques-uns des leurs, choisis parmi les plus capables et les plus fermes dans leurs convictions. Quand un certain nombre d'ouvriers siégeront à l'Assemblée et qu'ils exposeront à la tribune, comme cela a été déjà fait, les améliorations indispensables à apporter aux lois existantes, nous voulons croire qu'un puissant effet moral sera produit dans le pays par ce simple fait. Outre les hommes déjà dévoués à notre cause, le travail aura aussi pour avocats ses défenseurs naturels, ce que nous n'aurons pas lieu de regretter.

Un moyen d'action très-efficace aussi, et qu'il ne faut pas perdre de vue, c'est le journal ; aujourd'hui un certain nombre de journaux politiques réservent dans leurs colonnes une place aux questions d'économie sociale, aux faits qui se produisent dans les sociétés ouvrières ; ils s'occupent aussi du mouvement coopératif ; nous n'avons que des félicitations et des remerciments à leur adresser pour la tâche utile qu'ils remplissent et qui ne sera pas interrompue, nous l'espérons bien. Cela ne nous empêche pas de souhaiter la publication à nouveau d'un journal spécial comme la *Coopération*, qui paraissait dans les dernières années de l'empire ; ce journal a rendu et rendrait encore de réels services à la cause de l'émancipation et de l'organisation du travail. Du reste, il ne serait plus obligé de s'enfermer spécialement dans les questions sociales, il aurait pour devoir d'aborder nettement et résolûment les questions politiques. Malgré le cautionnement, qui est une atteinte réelle à la liberté de la presse, nous conservons l'espoir de voir reparaître bientôt un journal comme celui que nous avons cité.

En résumé, la politique des ouvriers exige que les législateurs complètent le droit de coalition par celui de réunion et d'association. Sans cela, le droit de coalition ne porte pas ses fruits, c'est-à-dire ne rend pas les services qu'on doit attendre de lui, puisque nous avons reconnu que plus la liberté existe, plus les rapports entre le travail et le capital perdent de leur caractère de violence.

Oui, il faut enfin que les législateurs fassent disparaître ces lois restrictives contre les réunions et associations, ces lois essentiellement monarchiques et procédant directement de cette odieuse raison d'Etat, qui n'a jamais eu qu'un but : empêcher toute initiative d'en bas pour laisser toute sécurité aux jouisseurs d'en haut. Et qu'on le remarque bien, il n'y a pas une énorme différence entre le régime d'avant 89 et celui d'aujourd'hui. Le droit de réunion est actuellement entouré de tant de difficultés que son usage est forcément restreint et limité, et il n'est de la sorte ni fécond ni salutaire.

La tolérance et le bon plaisir, voilà donc les deux seuls maîtres de la situation. Le préfet ne peut-il pas toujours, en effet, retirer ou au moins suspendre indéfiniment l'autorisation donnée à telle société, à telle conférence, à tel cercle ?

Et puisque nous parlons des cercles d'ouvriers, n'est-il pas à propos de faire remarquer combien le nouvel impôt qui les frappe est anti-démocratique ? Ainsi, non-seulement il y a toutes sortes de démarches à faire pour ouvrir un cercle, mais encore le fisc est là qui guette sa proie. « Ah!

satanés citoyens que vous êtes, vous voulez causer ensemble un moment, eh bien ! puisque vous y avez quelque plaisir et quelque utilité, nous vous en passerons l'autorisation moyennant... telle somme ; avouez que nous sommes bons princes ! »

Dans les réunions autorisées, il ne faut parler ni de ceci, ni de cela, ni de bien d'autres choses encore et, du reste, grâce à la présence de ses agents au sein des réunions, la préfecture est informée de tout ce qui s'y passe ; quelquefois même, il est à craindre que, dans leurs comptes-rendus, les susdits agents ne fassent la bonne mesure sans le vouloir et par excès de zèle, et voilà d'inoffensifs et d'honnêtes citoyens transformés en ennemis dangereux de la société. Valait-il bien la peine de proclamer les Droits de l'homme pour en arriver là où nous en sommes ?

Allons, futurs députés, vous aurez le mandat de mettre au rancart cette vieille cuirasse qui, sous le nom de raison d'Etat, est censée protéger la société ; nous lui trouvons un inconvénient capital : c'est que nous étouffons dans cette vieille armure. La France libérale a pris de l'embonpoint depuis 1789, et il faut absolument lui en tenir compte.

DE L'INSTRUCTION.

Avec quel enthousiasme on prononce ce mot : *instruction*, qui est la clé des merveilles accumulées de la science ! Combien nous regrettons notre insuffisance pour exalter comme ils le méritent les bienfaits de l'instruction ! Si l'homme a quelque puissance sur la terre et s'il peut dompter les éléments conjurés contre lui, qui ne sait que cela est dû à cette succession de hardis penseurs qui ont puisé, dans leur propre génie et aussi dans l'instruction acquise à leur époque, le pouvoir d'augmenter les ressources de l'humanité ? Nous venons de nous placer au point de vue matériel. Quant au point de vue moral, s'il est un moyen, un seul, qui puisse faire comprendre et pratiquer la fraternité et la justice, ce moyen, c'est encore l'instruction qui le fournira, mais l'instruction basée sur la science et non sur de vains préjugés dont le résultat le plus clair est de diviser les hommes.

Aussi est-il de plus en plus nécessaire de mettre l'instruction en rapport avec les idées modernes, c'est-à-dire d'affranchir l'école de tout système religieux, et le premier soin des législateurs serait de tenir compte du vœu librement exprimé des populations à cet égard.

De ce côté, il faut avouer que la France est on ne peut plus retardataire.

Par opposition à la ligne de conduite de nos hommes d'Etat, nous croyons devoir donner à nos lecteurs une idée du système d'enseignement adopté en Angleterre.

Nous puiserons nos renseignements dans l'*Histoire des classes ouvrières en Angleterre*, un nouveau livre très-intéressant que nous voudrions voir dans toutes les bibliothèques populaires et dont l'auteur est Martin Nadaud, un vaillant citoyen qui a payé de vingt ans d'exil son amour de la liberté. Nous le saluons en passant parce qu'il fait le plus grand honneur à la classe ouvrière par son caractère et par son talent.

Voici en deux mots l'économie du système dont nous parlions plus haut :

« Pour sauvegarder le grand principe de la liberté, les législateurs anglais n'ont pas voulu créer de ministère de l'instruction publique. A sa place, la loi a dévolu ses fonctions à des comités provinciaux et de villes, nommés par les mêmes électeurs qui choisissent les députés.

« Ces comités élisent et révoquent les instituteurs. Ils choisissent les livres, ils repoussent et acceptent l'enseignement religieux, ils lèvent des impôts sur les paroisses. Ils bâtissent ou entretiennent les maisons d'école. Enfin, ils sont souverains en tout et partout. Ils ont pour devoir le seul respect de la loi. Le seul droit du gouvernement, c'est de faire surveiller les écoles par des inspecteurs nommés par lui ; ceux-ci sont tenus de faire des rapports qui éclairent le public sur les progrès de ces divers établissements qui tombent sous la tutelle des communes.

« Grâce à cette combinaison à la fois prudente et intelligente, l'Angleterre, quoique monarchique, de convention, a su se donner une loi essentiellement républicaine. »

Nous sommes loin de compte avec l'Angleterre, comme on voit. Que serait-ce si nous comparions notre système d'enseignement avec celui de l'Amérique et celui de la Suisse ?

Chez nous, le budget de l'instruction publique s'élève à la faible somme de 60 à 80 millions, tandis qu'en Amérique il est de 5 à 600 millions ; pour la Suisse, ce budget est relativement aussi élevé, et dans ces deux pays, l'Etat ne se reconnaît aucun droit pour réglementer l'enseignement. Tandis que dans notre pays, par la répartition du budget de l'instruction publique et par la centralisation à outrance qu'on y exerce, l'Etat impose sa tutelle aux communes, en Suisse et en Amérique la liberté la plus complète est laissée aux communes, et l'on sait si celles-ci savent en profiter pour former des citoyens instruits et des caractères indépendants.

Il n'est pas inutile de rappeler à nos lecteurs que, dans les pays que nous nommons avec admiration, le budget de la guerre est très-faible ; il y a une armée, — pacifique celle-là, — qui tend à se substituer à l'autre, parce qu'elle la rendra inutile un jour, c'est l'armée des instituteurs qui font la meilleure guerre, la guerre à l'ignorance. Aussi donne-t-on à cette catégorie de citoyens la considération, le rang et les appointements qu'ils méritent si bien.

Voilà l'exemple à suivre, et vraiment il serait bien temps de se mettre à l'œuvre tout de suite. Eh bien ! nous sommes convaincus qu'on est disposé à continuer plus que jamais la tradition centralisatrice pour l'instruction comme pour toute autre chose.

Il nous souvient qu'après le 4 septembre 1870, lorsque l'invasion étrangère commençait à nous étreindre, les organes de la bourgeoisie parlaient plus haut que les autres de la régénération de la France. Il fallait nous retremper dans le gouvernement du pays par le pays, dans les fortes études ; on ne concevait pas que notre pays eût été énervé à ce point par le gouvernement personnel ; mais la décentralisation devait nous relever dans un avenir prochain, etc., etc. Dire que cela était profondément sincère serait puéril ; néaumoins, il faut voir dans ce langage le cri du remords ; remords bien passager, car les mêmes gens font aujourd'hui une croisade acharnée contre tout ce qui pourrait relever la France, à commencer par l'instruction communale, qui fait la force des pays libres, et nous voilà retombés dans l'ornière jusqu'à ce que la prochaine Constituante nous en fasse sortir.

En attendant que l'instruction soit obligatoire et laïque, il y a quelque chose à faire : il faut que la population lyonnaise prête son appui à l'œuvre poursuivie par les différentes Sociétés de l'enseignement libre et laïque. Une modique souscription assurera le succès de ces institutions, qui servent à prouver que si, à l'école, la religion ne peut se passer du prestige et du concours de l'instruction et de la morale, celles-ci peuvent parfaitement se passer du prestige de la religion, et c'est ce qui prouve leur supériorité sur cette dernière. Nous répèterons que les adhésions à l'enseignement libre et laïque sont reçues de tous côtés. Il existe déjà à Lyon une certaine quantité d'écoles ; il s'agit d'en étendre de plus en plus le nombre, jusqu'à ce que l'État laisse les communes organiser l'enseignement selon le vœu des citoyens. Tel est le but que nous devons poursuivre sans relâche.

Indépendamment des écoles libres et laïques, il y a à Lyon des institutions qui, quoique d'un caractère moins marqué, attirent et méritent de fixer l'attention de tous ceux qui recherchent une instruction sérieuse, c'est-à-dire qui ne soit pas sous l'influence de l'ultramontanisme et des cléricaux ; telles sont les écoles municipales, les écoles de la Martinière et les cours de l'Enseignement professionnel.

Après avoir examiné les institutions générales qui font les pays libres et prospères, nous allons étudier les institutions particulières auxquelles la classe ouvrière paraît s'intéresser plus spécialement.

DES CHAMBRES SYNDICALES.

On s'accorde généralement, parmi les ouvriers, à vouloir repousser les grèves comme un fléau nuisible à tous, et, en conséquence, on a recherché si, dans l'état économique actuel, il y a un moyen pratique qui puisse, sinon supprimer les grèves, puisque cela est impossible, mais du moins en diminuer le nombre. Le moyen auquel on s'est arrêté est l'organisation de Chambres syndicales de patrons et d'ouvriers.

Il est évident que deux Chambres syndicales nommées de part et d'autre, non pas au moment d'un conflit, mais en temps normal, peuvent éluder une crise professionnelle en permettant d'étudier en commun les prétentions des parties respectives. Pour peu que la bonne foi se mêle aux délibérations, il y aura entente dans le plus grand nombre de cas, et l'intérêt de tous sera sauvegardé.

Quoique l'affranchissement du travail soit le but commun que poursuivent toutes les sociétés ouvrières sous le nom de prévoyance, solidarité, chambres syndicales, etc., nous préférons l'organisation de ces dernières, parce qu'elles impliquent d'abord l'idée de discussion, de conciliation entre les intérêts des patrons et des ouvriers ; ensuite elles se prêteraient mieux à l'établissement des tarifs professionnels ; enfin elles faciliteraient l'organisation des travailleurs en Unions professionnelles. Il va sans dire que le placement des ouvriers sans travail et les secours à accorder en cas de chômage font partie intégrante du programme des chambres syndicales, ainsi que l'établissement d'écoles professionnelles pour les apprentis et les ouvriers.

Indépendamment des rapports que devraient établir entre elles, et dans toute la France, les Chambres syndicales des ouvriers d'une même profession, il faudrait aussi que, dans chaque ville, les Chambres syndicales de toutes les professions pussent créer un centre d'études et de renseignements; là les délégués envoyés par chaque profession se communiqueraient les améliorations opérées dans la chambre syndicale à laquelle ils appartiennent; ce serait, pour ainsi dire, l'école où l'on apprendrait à connaître et à pratiquer la solidarité, sauvegarde des travailleurs.

Nous savons, du reste, que pareille chose a été essayée à Paris et est entrée, par conséquent, dans la pratique. Pourquoi ne pas agir de même partout?

Avant de quitter le sujet qui nous occupe, nous avons à répondre à une objection qui a été faite.

On s'est demandé si les Chambres syndicales ne font pas double emploi avec les Conseils de prud'hommes et si, même, elles ne leur feront pas concurrence. Il est facile de répondre que les Conseils de prud'hommes ont un caractère officiel auquel ne peuvent pas encore prétendre les Chambres syndicales, quoique l'origine et le but de ces deux institutions soient à peu près identiques. Il ne manque, à vrai dire, aux Chambres syndicales que la consécration de la loi. Mais ce qui, précisément, les rend utiles dans nombre de cas, c'est qu'elles peuvent atténuer dans une certaine mesure les lacunes de la loi, qui ne permet pas que chaque industrie, chaque profession ait son Conseil de prud'hommes.

Cependant, ces Conseils conservent toujours leur raison d'être, car s'ils ne sont pas chargés spécialement d'étudier et d'établir des tarifs professionnels, ils ont du moins pour mission de les faire exécuter. La tâche d'organiser, de créer les tarifs appartient de droit à la Chambre syndicale.

Ainsi, les ouvriers d'une profession s'unissent et se forment en Chambre syndicale; leur premier soin est d'examiner si le prix de leur travail ne doit pas être garanti par une convention passée entre eux et leurs patrons. A cet effet, ils préparent un tarif qui est présenté par les syndics ouvriers aux syndics patrons. Si la discussion est acceptée et s'il y a entente, le rôle de la Chambre syndicale n'est pas terminé pour cela. Il s'agira, au contraire, de maintenir l'institution en vigueur, pour permettre aux ouvriers et patrons de se voir plus facilement en cas d'une interprétation équivoque des conventions adoptées.

Si, au contraire, les patrons refusent de se constituer en Chambre syndicale et de discuter contradictoirement les tarifs qui leur sont présentés par les ouvriers, ceux-ci ne devront pas moins rester fidèles à leur organisation en attendant des jours meilleurs, et de façon à être prêts à toute éventualité.

Dans le cas où il n'y a pas de tarif officiel agréé dans une profession, c'est alors qu'il y a le plus grand nombre de contestations entre patrons et ouvriers, et c'est alors aussi qu'intervient avec fruit le Conseil des prud'hommes. L'organisation de ces Conseils est très-incomplète, nous le reconnaissons; d'abord, les Conseils de prud'hommes n'ont pas même le droit d'élire leurs présidents; puis leurs fonctions s'exercent gratuitement; ensuite, la plupart des prud'hommes ne sont naturellement pas aptes à juger en connaissance de cause tous les différends qui leur sont soumis, car un grand nombre d'industries sont rangées dans une seule et même catégorie. Nous nous expliquerons peut-être mieux en rappelant que quelques prud'hommes sont chargés de juger les contestations qui peuvent surgir dans un grand nombre de professions différentes. Aussi désirons-nous vivement que chaque industrie, que chaque profession puisse avoir son Conseil de prud'hommes. En attendant que ce vœu s'accomplisse, la Chambre syndicale peut suppléer au vice d'organisation que nous avons signalé; il suffit pour cela que tous les ouvriers appelés à élire des prud'hommes aient des réunions préparatoires et ne donnent leurs voix qu'aux candidats qui s'engageront à s'éclairer et à s'inspirer auprès des Chambres syndicales lorsque des contestations s'élèveront entre des ouvriers et leurs patrons. Telle est la mesure que nous conseillons à tous les intéressés.

CONSIDÉRATIONS SUR L'ORGANISATION OUVRIÈRE DES ANGLAIS.

Nous avons dit que la liberté de réunion et d'association est la meilleure manière de résoudre les conflits entre patrons et ouvriers ; cette assertion est confirmée par des faits irréfutables. L'Angleterre est un pays où tous les moyens légaux sont mis en œuvre pour faire augmenter les salaires et diminuer le nombre des heures de travail, et cependant peut-on dire que l'industrie nationale en souffre? La liberté des personnes et la sécurité des biens y sont-elles menacées? Nullement, car l'habitude de discuter librement leurs intérêts donne aux hommes le sentiment de ce qui est juste et praticable et de ce qui ne l'est pas. On

peut dire aussi que là où la liberté existe, les violences et les sévices
sont généralement peu usités. En Angleterre, lorsque des conflits sur-
viennent entre patrons et ouvriers, les appels à la conciliation ne manquent pas de se produire ; si quelques difficultés ne peuvent être apla-
nies, et si la grève apparaît malgré toutes les tentatives faites pour
l'éloigner, on est persuadé, du moins, de part et d'autre qu'on se
trouve devant un fait fatal qu'il faut laisser se produire. En définitive,
les Anglais ne pensent pas du tout renoncer à leurs libertés, parce qu'il
y aura eu quelques conflagrations qui auraient tout de même eu lieu
avec un régime de compression ; d'autre part, le système de la liberté
coupe court à toutes les équivoques et à toutes les arrière-pensées. La
loi dit à tous, ouvriers et patrons : Arrangez-vous, organisez-vous librement et comme vous l'entendrez ; si vous faites une sottise, tant pis
pour vous ; vous en serez seuls responsables, et cela vous rendra plus
sages une autre fois.

Cet avis quasi-paternel de la loi ne ralentit pas l'ardeur des ouvriers
à revendiquer leurs droits, et ils continuent de plus belle à organiser,
à étendre leurs clubs, leurs cercles littéraires, leurs unions professionnelles, dont quelques-unes comptent des centaines de mille membres
et ont des ramifications dans toute l'Angleterre et même en Amérique, aux Indes, en Australie et dans plusieurs contrées de l'Europe.
Telle est la Société des mécaniciens. Il en résulte que ces Sociétés
ouvrières ont pour la plupart des sommes formidables en caisse. On
voit du reste que toutes ces Sociétés s'affilient librement les unes aux
autres, selon que leur intérêt les y pousse. Pour tout dire, il faut faire
remarquer aussi que les industriels, les patrons ayant les mêmes facilités de groupement que les ouvriers, ils en profitent pour s'organiser
de leur côté ; mais les ouvriers ne peuvent voir aucun inconvénient à
cela, car la liberté est le domaine de tous, et si une grève ne peut être
évitée, ils placent leur espérance de réussite dans la justesse de leurs
prétentions. Toutefois, on ne s'alarme pas de cette situation en Angleterre, car l'industrie de ce pays est plus florissante que la nôtre.

L'organisation des travailleurs anglais dénote chez eux un sens pratique qui n'aura jamais assez d'admirateurs et surtout d'imitateurs.
Aussi l'un des meilleurs moyens de propagande sociale est-il, selon
nous, le récit des pas faits par nos voisins dans le chemin des progrès
économiques. Aujourd'hui, grâce à la publicité donnée à tout ce qui
concerne l'extension des Sociétés ouvrières anglaises, les travailleurs,
dans la plupart des États européens, s'agitent pour agrandir et perfec-

tionner leurs moyens d'émancipation. On trouve la preuve de ce fait dans l'article suivant, extrait de la *République française*, 7 janvier :

« La constitution d'Unions de métiers, qui a acquis en Angleterre un si grand développement, a pris depuis quelque temps une certaine extension dans des pays qui n'avaient pas procédé jusqu'alors à cette organisation.

« En Allemagne surtout, les Unions de métiers se sont rapidement développées pendant l'année dernière, à la suite de plusieurs congrès qui ont réuni des délégués envoyés des principaux centres industriels de l'Allemagne, par tous les ouvriers d'une même profession. Dans ces congrès, qui ont été les préliminaires de la constitution des associations dont il est question, on s'est surtout préoccupé de l'utilité qu'il y aurait à grouper, en vue d'une action commune, les ouvriers de même profession. Les ouvriers ont compris qu'ils ne pouvaient espérer résister à la coalition, tacite ou déclarée, des patrons, tendant à rendre de plus en plus insuffisante, eu égard à l'enchérissement croissant des objets de consommation, la rémunération des travailleurs, qu'en se groupant d'une façon plus puissante.

« Depuis que le congrès tenu à Erfurt a donné un nouvel élan à cette tendance générale parmi les ouvriers allemands, des corporations de différents métiers ont manifesté un désir si prononcé de s'unir et d'organiser une action solidaire pour la défense de leurs intérêts, que les comités généraux de ces associations ont été obligés de convoquer des congrès de leurs métiers respectifs. Ces assemblées ont eu, fait remarquable, un caractère absolument international : des appels ont été adressés aux ouvriers des autres pays dans le but de les décider à envoyer des délégués ayant reçu mission de participer aux mesures à prendre et d'étendre les Unions de métiers au-delà des frontières.

« Aux congrès régionaux de métiers ont succédé des congrès internationaux de métiers, ce qui était un fait nouveau.

« Le résultat de cette agitation du prolétariat allemand a été la fondation d'Unions de métiers fort nombreuses, dont les ramifications se sont étendues sur tout le pays.

« L'organisation d'Unions internationales de métiers, d'abord tentée, croyons-nous, en Espagne, a pris aussi un certain essor en Allemagne, sous l'influence de ce mouvement puissant.

« Les ouvriers bijoutiers d'Allemagne, d'Autriche et de Suisse, réunis en congrès il y a quelques mois, ont fondé une Union internationale de métiers concernant la garantie mutuelle du travail et les grèves, conformément aux principes suivants : les secrétaires des associations des localités respectives sont tenus de procurer, autant qu'il sera possible, du travail aux membres des associations adhérentes à l'Union. En cas de grèves inévitables, les associations ayant contracté ensemble s'engagent à se soutenir mutuellement par tous les moyens en leur pouvoir. Elles sont, de plus, résolues à intervenir, par le conseil et par l'action, dans toutes les questions relatives au bien-être de la classe ouvrière.

« En Italie, l'organisation des Unions internationales de métiers a reçu, le mois dernier, un commencement d'exécution. Les Sociétés typographiques italiennes se sont constituées en Union de métiers et ont déclaré être disposées à se fédérer avec les associations similaires existant dans les autres pays.

« Il est nécessaire d'insister sur le développement de cette organisation de métiers qui nous paraît de nature à exercer une influence considérable sur le sort du prolétariat.

« Les relations que les Unions internationales de métiers établiront entre tous les travailleurs auront certainement pour effet d'assurer à ceux-ci la rémunération la plus élevée possible de leur travail. En effet, ces Unions devront faire la statistique générale du travail et procéder à une enquête qui fera connaître à tout moment les besoins d'une même industrie dans tous les centres industriels. La répartition des travailleurs pourra alors être effectuée avec méthode, de façon à équilibrer toujours l'offre et la demande de travail. La concurrence entre les ouvriers, cause principale de la dépréciation des salaires, sera ainsi écartée.

« L'organisation des travailleurs, dont on s'effraie tant dans certaines régions comme d'une cause de perturbation, est au contraire essentiellement pacificatrice. Tous ceux auxquels le soin de leurs intérêts, plus encore que leurs opinions, fait désirer le maintien de la tranquillité et du bon ordre, devraient voir avec satisfaction l'organisation ouvrière prendre tous les développements qu'indique la nature des choses. Ainsi serait évité le retour de ces crises qui, à des époques presque périodiques, font péricliter les maisons les plus solidement établies.

« Organisation des ouvriers par profession dans tous les centres industriels, groupement par région de ces organisations professionnelles, enfin fédération des Unions nationales de métiers ; d'autre part, groupement, dans tous les centres industriels, des diverses Unions de métiers, et fédération, par région d'abord, puis par nation ensuite, de ces associations de métiers, telle est la double série dont la réalisation constituerait une organisation complète du travail et des travailleurs. La première procède à l'organisation professionnelle, la seconde procède à l'organisation de la solidarité entre travailleurs des différents métiers et de tous les pays. Les grèves dont on se plaint tant, et avec raison, ne se produiraient plus, si cette double organisation des travailleurs était réalisée. »

On conviendra que si la France ne voit pas aujourd'hui de quelle importance est pour son avenir politique et industriel cette question de libre organisation des travailleurs, ce ne sera pas faute d'avertissements. Ils lui arrivent, en effet, de toutes parts. Dans la séance du 15 mai 1872, à l'Assemblée nationale, M. Alfred Naquet adressait à ses collègues un discours dont nous reproduisons sans commentaires les passages suivants :

« ..... La loi que vous voulez faire et qui a pour but de diminuer la fréquence des grèves n'arrivera qu'à les rendre plus nombreuses et en même temps moins fructueuses.

« Supposez un instant que les ouvriers aient le droit d'association complet, qu'arrivera-t-il ? Ce qui arrive en Angleterre : les diverses corporations ouvrières, les divers corps de métiers nommeront des délégués chargés de former une association centrale qui, elle, centralisera les fonds provenant de cotisations ouvrières, tiendra les grèves dans sa main et pourra, par conséquent, à un moment donné, permettre à une grève de naître ou l'empêchera de se produire.

« Lorsque des ouvriers appartenant à un corps d'état voudront se mettre en grève, l'association générale qui sera composée d'hommes délégués par chaque corps d'état, c'est-à-dire intelligents, et non point délégués seulement par le corps d'état qui désirera se mettre en grève, l'association générale sera naturellement bien plus indépendante, bien plus impartiale pour étudier les conditions de la grève projetée que la petite corporation passionnée qui, elle, voudra s'y lancer sans réflexion.

« Deux cas pourront alors se produire. Si la grève est juste, l'association centrale l'autorisera, et les patrons, voyant qu'ils ont affaire à forte partie, céderont plus vite ; l'arrêt du travail sera moins prolongé. Si, au contraire, la grève paraît injuste, si elle ne doit pas aboutir, l'association centrale n'abandonnera pas ses fonds, ne consentira pas à la subvention, et, par conséquent, elle n'aura pas lieu.

« ..... Je dis en terminant, messieurs, que si vous consentiez à faire une loi qui consacrât la liberté absolue en matière d'association, vous auriez plus fait pour conjurer les risques de révolution que vous semblez redouter, que par toutes les lois restrictives et les lois pénales. »

Pour prouver la justesse de ce raisonnement, il n'y aurait qu'à citer la Suisse et l'Amérique, les pays libres par excellence. On peut y joindre l'Angleterre ; car si les institutions politiques de ce dernier pays laissent à désirer, et si le suffrage universel n'y est pas encore pratiqué, on peut croire qu'un avenir prochain amènera de grandes améliorations sous ce rapport. Les Anglais marchent lentement, mais sûrement, vers de meilleures destinées. « Cherchez, dit Nadaud, à leur faire peur de l'athéisme et du socialisme, ils vous répondront qu'il n'y a de dangereux que l'ignorance et le despotisme politique et religieux qui la maintiennent. » Y a-t-il rien de plus judicieux et de plus sensé que ce langage ?

Veut-on maintenant passer à un autre ordre d'idées et voir la différence des salaires et des heures de travail en France et en Angleterre, écoutons encore ce que nous dit Martin Nadaud :

« Partout les maçons français font encore 72 heures par semaine, tandis que, dans la province du Cheshire ils ne travaillent que 55 heures 1/2, dans le Cumberland 58, dans le Derbishire 55 1/2, dans le Lancashire 55 1/2, à Glasgow 48, à Edinburgh 51, ou, en moyenne, au plus 56. Dans certains de ces pays, les salaires sont de moitié plus élevés que chez nous, mais partout ils le sont au moins d'un tiers.

« Ce que je dis pour les maçons s'applique aux autres corps de bâtiments.

« Le menuisier gagne, à Londres, 6 fr. 75 c. A Paris il gagne 5 fr. Est-ce la loi de l'offre et de la demande qui a produit ces hauts salaires et cette grande diminution d'heures en Angleterre ? Evidemment non, c'est la liberté, c'est l'abrogation déjà très-ancienne des lois sur les coalitions, qui donne force et pouvoir au peuple ; ajoutons que, malgré ces avantages, si les ouvriers dans chaque ville n'eussent pas eu leurs sociétés d'union, ils travailleraient aussi longtemps que les nôtres et ne seraient guère mieux payés. A chaque grande crise, les patrons cherchent à les diminuer ; mais avant de mettre leur projet à exécution ils calculent et se demandent combien ils vont perdre ; car ils savent qu'au moyen de leurs sociétés les ouvriers peuvent résister et prendre leur revanche.

« D'ailleurs, les maîtres font leur marché en conséquence; eux aussi se réunissent, élaborent leur tarif; ils ne se font pas, avec ces habitudes, une concurrence ruineuse, comme cela arrive en France, au grand détriment des uns et des autres et même du pays tout entier. »

La conclusion, c'est que l'ouvrier n'a de véritable puissance que celle qu'il puise dans l'union. L'union est le mot d'ordre des travailleurs anglais, et ce n'est pas du bout des lèvres que ce mot est prononcé par eux; ils ne font pas de fanfaronnades, de rodomontades, ils agissent simplement, mais avec une ténacité invincible, et par là ils se font une place de plus en plus marquée dans la société anglaise, qui a compris qu'il fallait tenir grand compte de cet agent qu'on nomme le travail puisqu'il tient dans ses mains la fortune ou la ruine d'un pays.

Avant de clore l'énumération des avantages de toutes sortes que l'union des travailleurs anglais a fait naître parmi eux, nous ne saurions passer sous silence le fait important que voici : L'année dernière, le Parlement a voté, grâce aux instances répétées du Comité parlementaire des Trades-Unions, une loi qui donne aux arbitres mixtes, patrons et ouvriers, une sanction légale. Cette mesure était demandée par les ouvriers depuis plusieurs années. Nous devons ajouter que, malheureusement, d'autres projets de loi également utiles ont été écartés jusqu'ici par le Parlement, mais nous avons confiance en l'énergie des travailleurs anglais pour les faire aboutir bientôt.

Nous espérons que les documents que nous avons publiés sur l'Angleterre donneront à nos lecteurs le désir de connaître mieux à fond ce qui se pratique chez nos voisins. Si nous parvenons à les égaler dans leur organisation, et si nous essayons de transformer notre légèreté proverbiale, ils ne s'en plaindront certainement pas, car la démocratie ne connaît pas de frontières.

On a dit avec raison qu'un peuple n'a que la liberté qu'il mérite. Il serait bien temps de mériter quelque chose de mieux que tout ce que nous avons eu jusqu'à présent. A chacun de ceux qui ont cette conviction il appartient de propager le goût de la liberté de réunion et d'association, et nous croirons avoir rempli notre tâche si nous avons bien fait comprendre que de cette liberté dépend absolument la satisfaction morale et matérielle de notre pays. Nous ne croirons, d'ailleurs, jamais avoir assez insisté sur ce fait, que, dans les pays où il y a le plus de liberté, l'ordre est la condition normale de la société, tandis que les secousses et les catastrophes sont le lot des peuples asservis. Il n'y a

qu'à regarder les lois qui nous régissent pour savoir si nous devons
nous appliquer dans une certaine mesure cette dernière qualification.

La conclusion à tirer de ce chapitre est qu'il faut prendre le bon partout où il se trouve, et à cet égard les Anglais peuvent nous donner d'u-
tiles enseignements. Les ouvriers français ne voudront pas rester plus
longtemps en retard d'organisation, et ils compléteront, à cet effet, le
travail déjà commencé : il faut que le lien de la solidarité unisse de
plus en plus tous les ouvriers d'une même profession ; ensuite les différentes professions pourront se prêter le concours de leurs conseils, de
leur expérience et de leurs ressources financières si le malheur voulait
qu'on eût recours à cette extrémité. Cette organisation fonctionne parfaitement en Angleterre et dans les pays libres, il faut qu'elle entre complètement dans nos mœurs, car elle n'est ni une utopie pour nous, ni
une menace pour personne, elle est la conséquence naturelle de cette
grande loi de la civilisation qui veut que l'harmonie des intérêts procède,
non de la contrainte, mais de la liberté.

CONSIDÉRATIONS GÉNÉRALES SUR L'UTILITÉ DES TARIFS PROFESSIONNELS.

Il résulte de l'exposé que nous venons de faire la nécessité, pour
tous les travailleurs, de continuer énergiquement l'œuvre d'organisation
des Sociétés de résistance contre l'avilissement des salaires. Ils doivent recourir avec ardeur à l'association sous toutes ses formes légales.
C'est dans l'union de tous qu'ils puiseront la force de lutter contre cette
tendance funeste qui pousse à l'exploitation humaine, tendance préconisée et encouragée par une certaine école de l'économie politique, sous
le spécieux prétexte de produire à bon marché. Les travailleurs ne doivent pas se borner à s'organiser par spécialité ou catégorie d'industrie ;
ils doivent encore étudier les moyens de liguer toutes ces associations
entre elles pour les solidariser en quelque sorte, afin d'acquérir une
plus grande force et une plus grande énergie pour la revendication de
ce que nous croyons, avec raison, être l'établissement de la justice,
c'est-à-dire *le droit de vivre en travaillant*.

Quelques économistes prétendent et cherchent à démontrer que les
Sociétés de résistance sont en opposition formelle avec les lois fonda-
mentales de la science ; mais nous avons de puissantes raisons pour
nous méfier de leur raisonnement. Ces messieurs, qui ont un faible
pour les ministères, font ce qu'ils peuvent pour capter l'esprit des

classes dirigeantes et s'attirer l'estime des monopoleurs ; c'est pour cela qu'ils s'évertuent, du haut de leur chaire et dans leurs livres, à persuader à leurs auditeurs et à leurs lecteurs intéressés ou bénévoles que ces sociétés sont une entrave à la liberté du commerce, un obstacle au développement de l'industrie. Pour nous, ce que ces savants salariés qualifient de loi fatale de l'offre et de la demande, n'est que la démonstration d'un fait brutal résultant de l'anarchie industrielle produite par la prépondérance du capital sur le travail, prépondérance funeste développée outre mesure par les priviléges et les monopoles dont le travail a le droit et le devoir de s'affranchir au plus tôt.

C'est tout au plus si une pareille théorie pourrait se justifier au point de vue de l'échange des produits, et ce fait est appelé à disparaître lui-même au fur et à mesure que les besoins pourront se satisfaire ; mais, dans aucun cas, le travail ne doit subir ces fluctuations, car il est anti-social et c'est un crime de lèse-humanité de faire de la vie de l'ouvrier un objet de spéculation et d'agiotage.

Il ne serait pas difficile de démontrer que les Sociétés de résistance sont, au contraire, une force nouvelle apportée à l'industrie en nivelant le terrain de la lutte et en égalisant les armes des industriels par l'uniformité des salaires qu'elles établissent entre tous les ouvriers d'une même industrie, et à tous égards, elles coupent court à la concurrence des salaires. Exemple : le tissage à Lyon. Nulle part, croyons-nous, fabricants, industriels et ouvriers n'ont eu plus à souffrir du marchandage des salaires. Nulle part l'exploitation du prix de la main-d'œuvre favorisée par la nature du travail, qui se fait par entreprise et à la tâche, ne s'était développée d'une façon aussi funeste pour tous. Certaines maisons de fabrique peu consciencieuses enlevaient à tout prix les commissions qui se présentaient; une fois maîtresses du travail, les ouvriers tisseurs devaient forcément subir ce fait brutal qu'on appelle loi de l'offre et de la demande.

C'est ainsi que nous avons vu en quelques années s'élever des fortunes scandaleuses de plusieurs millions, et pendant ce même temps la généralité des maisons de fabrique, qui se donnaient le devoir de calculer ce qu'il fallait pour la vie de l'ouvrier avant de prendre l'ouvrage, se croisaient les bras et marchaient à une ruine inévitable. D'autre part, ce marchandage des salaires avait lieu bien souvent dans une même fabrique et pour le même article ; il n'était pas rare que tel ouvrier arrivât à prendre l'ouvrage à 10, 15 et même 25 p. 0/0 au-dessous de tel autre et de la même maison ; de là, des tiraillements et des discussions interminables.

Cette absence de toute réglementation avait créé une situation into-
lérable pour tous, et ce fut d'un commun accord entre négociants-fabri-
cants et ouvriers qu'on arriva à étudier et à établir un tarif uniforme
pour chaque article, et cela, disons-le bien haut, à la satisfaction générale de toutes les maisons de fabrique qui se respectent, c'est-à-dire
qui ne font pas du salaire des ouvriers un des éléments principaux de
leur fortune. Depuis lors, les ouvriers tisseurs ont fondé leur Société de
prévoyance, déjà célèbre par le nombre de ses adhérents, la puissance
de son organisation légale et les sommes importantes dont elle dispose.
Cette Société a pour but de faire respecter par les parties contractantes
le prix des façons consenti et discuté amiablement. Elle est anti-gréviste ;
elle ne procède que par indemnité de déplacement aux ouvriers sociétaires dont la bonne foi aurait été surprise, et non à ceux qui auraient
accepté sciemment de l'ouvrage au-dessous des prix convenus ; nous
ajouterons qu'elle est en bons rapports avec la généralité des maisons
de fabrique. Il ne pourrait en être autrement, car depuis nombre d'années les commissions étant restreintes, elles avaient peine à suffire à
l'alimentation de la fabrique, et encore, ces commandes, pour les raisons que nous avons données plus haut, étaient-elles prises par quelques
maisons seulement. Aujourd'hui que toutes sont, par l'uniformité des
prix de façon, obligées de payer les ouvriers au même taux, les commissions et les ventes se partagent naturellement entre toutes ; la concurrence ne se fera désormais que par la réduction intelligente des frais
généraux et la qualité des produits ; c'est à faire mieux et meilleur que
son confrère qu'on emploiera son activité. La prospérité de la fabrique
lyonnaise gagnera par cette émulation nouvelle tout ce qu'elle a perdu
par l'anarchie industrielle qui y régnait précédemment. Ce que nous
venons de dire pour l'industrie du tissage s'applique naturellement à
bon nombre d'autres professions.

Toutefois, en nous plaçant au point de vue général de l'industrie française et des errements économiques qui, jusqu'ici, semblent prévaloir
dans les régions officielles, nous reconnaissons que les transactions internationales sont devenues difficiles : l'énorme charge qui découle des
désastres de la patrie, jointe à celle qui existait antérieurement, lesquelles pèsent presque exclusivement sur la production, augmentent
d'autant le prix des produits. Il est à redouter qu'à un moment donné
nos produits, ainsi grevés, ne trouvent plus d'écoulement sur aucun
marché ; mais ce ne serait pas même une raison valable pour que nous
en subissions les conséquences, et il est de toute nécessité que nos

salaires soient à la hauteur de nos besoins. Il y a donc lieu de rechercher la solution de cette question qui se pose d'une façon impérieuse ; mais pour cela, il ne faut pas se désintéresser des affaires générales. L'indifférence politique, l'ignorance des besoins sociaux de notre époque sont les causes principales de la situation actuelle. Il faut abandonner le chacun pour soi ; il faut que industriels, paysans, patrons et ouvriers, c'est-à-dire ce qui constitue la vie active du pays, se mettent à étudier sérieusement les questions politiques et sociales qui sont des questions de vie ou de mort pour notre patrie ; il faut que tous, à l'exemple des Américains, prennent leur part de la vie publique ; il faut qu'ils aient l'œil ouvert sur les agissements du pouvoir et le forcent à entrer dans la voie des réformes depuis longtemps nécessaires : décentralisation du pouvoir, première économie, réforme des lois d'impôts, des lois de douane, abolition des priviléges et monopoles, réforme de la loi militaire par l'abolition de l'armée permanente, qui est la ruine financière, agricole et industrielle du pays, et surtout organisation d'un crédit national par la réforme de la Banque de France.

LE CRÉDIT NATIONAL PAR LA BANQUE DE FRANCE.

Certes, nous n'entendons nullement décrier cette institution et encore moins lui dénier les services qu'elle a rendus, surtout dans ces derniers temps ; mais nous estimons qu'ils ont été assez largement rémunérés, et nous laisserons chanter ses louanges par les coryphées intéressés de la bureaucratie pour nous préoccuper exclusivement des besoins et de l'avenir de l'industrie nationale et des travailleurs.

Cette question d'organisation du crédit pouvait être facilement qualifiée d'utopie en 1848, alors qu'elle fut posée par le plus grand économiste de notre époque ; mais aujourd'hui l'expérience est faite, la nécessité des temps a résolu cette question d'une Banque fonctionnant sans capital et a surabondamment démontré que la seule et véritable garantie des billets de banque en circulation est le portefeuille, c'est-à-dire les effets de commerce déposés à l'escompte. Nous disons que la Banque de France fonctionne sans capital parce qu'il est en partie tout placé en rentes sur l'État et que la part qui en reste pour le roulement est relativement infime, eu égard à la circulation énorme du papier ; il suffit, pour vérifier cette assertion, de jeter les yeux sur le bilan publié toutes les quinzaines par le *Journal officiel*. D'autre part, la Banque de France est la seule institution de crédit de notre pays qui ait le privilége d'émettre des billets ayant cours légal. Elle est régie en vertu de lois d'État émanant des mandataires de la nation agissant au nom et dans l'intérêt de tous.

Il résulte de cette analyse : 1° que puisque ce sont les emprunteurs de la Banque qui fournissent la garantie des billets en circulation, les actionnaires sont actuellement un rouage parfaitement inutile, que leur seule utilité réside dans la forme et dans les bénéfices fabuleux et gratuits qu'ils empochent ; 2° que des réformes étant pleinement justifiées, les représentants du peuple ont le droit et le devoir de remédier à cet état de choses. Il suffirait de quelques lois réformatrices pour que la Banque de France, au lieu d'être la Banque des banquiers, devienne la Banque de tous. Elle deviendrait ainsi un vaste établissement de crédit mutuel accessible à tous. Nous n'aurions plus de crainte pour l'avenir de l'industrie nationale, parce qu'alors nous aurions le capital et le crédit à bon marché. La part du produit dévorée par l'agiotage et l'usure resterait entre les mains du producteur ; une plus grande consommation serait le fruit immédiat de cette réforme ; par le bon marché, les produits deviendraient plus faciles à l'échange, et nous verrions peu à peu disparaître les causes si fréquentes du chômage.

Nous croyons avoir démontré qu'il était possible, au moyen de réformes économiques, de pourvoir aux difficultés du moment et à la régénération de l'industrie nationale. En dehors de ces réformes urgentes, nous n'entrevoyons que ruines et misères.

DES SOCIÉTÉS COOPÉRATIVES.

Depuis 1867, l'idée des Sociétés de résistance a généralement prévalu dans l'opinion des travailleurs ; nous ne nous arrêterons pas à rechercher les causes qui pourraient, à la rigueur, justifier cette évolution. Cependant ces Sociétés ne seront véritablement progressives que lorsque le travailleur comprendra qu'elles doivent être un moyen d'arriver à la coopération et que, pour lui, le véritable but à atteindre n'est pas seulement d'obtenir un salaire équitable, mais la possession intégrale de toute la valeur de son produit. Or, par le salariat, quelle que soit son organisation, il n'atteindra jamais ce but ; nous devons donc plus ardemment que jamais continuer l'œuvre d'émancipation. Plus instruits et guidés par l'expérience acquise, nous devons courageusement apporter à la coopération les réformes reconnues indispensables.

La coopération, considérée dans son essence et dans sa définition la plus rationnelle, est un moyen économique, ou plutôt, dans le sens vulgaire du mot, un moyen d'économie ; c'est en réalisant cette définition qu'elle a sa raison d'être. Il faut reconnaître forcément que jusqu'à ce jour nous avons eu justement la contre-partie du résultat que nous nous flattions d'obtenir. C'est à nous d'avouer franchement que nous avons fait fausse route : nous nous sommes imprudemment donné beaucoup de mal à créer de grandes associations alors que, sans beaucoup de peine, il était facile d'en créer de petites. On avait la prétention de centraliser dans ces grandes associations une foule de spécialités qui devaient constituer à elles seules des associations spéciales, et ces associations gigantesques, machines immenses semblables aux grands États centralisés, ne trouvent jamais des gens assez capables ou assez savants pour les faire mouvoir, et encore ceux qui s'en mêlent, capables ou non, surenchérissent tellement leurs services, qu'ils deviennent une cause de ruine pour les unes et les autres. Les frais généraux nécessités par la centralisation grèvent tellement les produits, que l'on se trouve en perte alors qu'on croyait réaliser un bénéfice. Le mal est aujourd'hui reconnu, il est donc facile d'y apporter un remède.

Étant donné le problème de la vie à bon marché par l'association coopérative de consommation, nous prendrons le taureau par les cornes si nous en avons la force et le courage. Pour cela, nous transformerons le plus tôt possible nos associations de consommation en Sociétés civiles et nous fermerons la porte au public. Pour premier résultat, nous obtiendrons une économie énorme dans les frais généraux : plus de patentes, ni impôts qui en découlent, valeurs locatives, centimes additionnels, etc. Pour second résultat, nous obtiendrons un contrôle sérieux et véritable, cette nouvelle pierre philosophale vainement cherchée jusqu'à ce jour. Nous diviserons nos Sociétés par spécialités d'entreprise ou de marchandise et par groupes locaux de sociétaires, et tout en leur réservant l'autonomie pour leur direction particulière, nous les unirons en un seul faisceau pour les achats. C'est ainsi que nous résoudrons ce problème et que nous démontrerons que nous avons enfin compris l'idée coopérative ; sans cela, nous resterions ce que nous sommes, c'est-à-dire des commerçants inintelligents, de vulgaires revendeurs à fausse enseigne, indignes de toute considération sociale.

Pour ce qui est des Sociétés coopératives de production, émanant du même principe, le problème à résoudre est le même ; mais ici les difficultés sont incalculables et dépendent surtout du genre de production que l'on veut pratiquer, car, outre la production proprement dite, il y a diverses sortes d'opérations qui ne sont pas du ressort ordinaire de l'ouvrier : c'est la connaissance des matières premières, ce sont les connaissances commerciales nécessaires à l'achat et à la vente, etc. Mais ces difficultés ne sont pas insurmontables ; c'est à nous à les étudier et à les vaincre par la ténacité et par l'instruction ; c'est à nous aussi de ne rien entreprendre au-dessus de nos propres forces et seulement lorsque nous aurons réuni les éléments nécessaires à la réussite de nos projets, car il ne faut pas seulement avoir la foi pour réussir, il faut surtout opérer d'après des données mathématiques. A ces difficultés toutes matérielles et très-complexes, viennent se joindre des difficultés toutes morales dont toute association devra tenir compte à peine d'échouer : nous voulons parler de la forme même de l'association, qu'il eût été plus sage de la part du législateur de laisser libre. Et dans ce cas, les coopérateurs auront à choisir celle qu'ils reconnaîtront être la plus propre au genre de production qu'ils auront à entreprendre ; ils devront surtout s'attacher à régler clairement les rapports des sociétaires et des gérants et à régler d'une manière équitable la répartition du travail. Il est de notre devoir d'ajouter que nous ne croyons les associations de production possibles, avec toutes leurs conséquences économiques, que le jour où une grande institution de crédit national sera organisée.

Toutefois, en attendant cette époque, et comme conclusion pratique, nous conseillons aux ouvriers intelligents et zélés de toutes les professions, partout où cela sera possible et selon les conditions de prudence et de bonne administration que nous avons énumérées plus haut, d'étendre le nombre des associations de production, qui servent à prouver que les ouvriers, à force de bon vouloir, sont capables de concevoir, de diriger des opérations industrielles. Si la tâche est difficile, et si la guerre que nous venons de subir a rendu la condition matérielle de l'ouvrier plus difficile, plus précaire que jamais, ce n'est pas une raison suffisante pour abandonner complètement l'idée d'association. Songeons que des améliorations comme, par exemple, celles de l'abolition de la loi sur les coalitions et la création de tarifs uniformes dans un certain nombre de professions, n'ont été obtenues qu'au prix des plus persistants efforts et des plus grands sacrifices.

Il appartient à la génération actuelle de laisser une trace de son passage en consolidant l'œuvre de ses prédécesseurs quant à l'organisation des Sociétés corporatives, comme il lui appartient de multiplier les Sociétés coopératives, qui laissent certainement à désirer à certains points de vue, mais qui n'en sont pas moins un progrès. Les associations sont aussi un témoignage éclatant que le peuple, comme ses détracteurs se plaisent à le dire, n'entend pas abaisser jusqu'à lui les classes élevées par la dépossession, la captation brutale, mais qu'il veut, au contraire, lui obscur, lui infime, s'élever au rang des industriels, des capitalistes, par le seul amour de la justice uni à une énergique volonté.

CONCLUSION.

Par la lecture de ce qui précède, on peut juger de la justice et de la légitimité de nos revendications et du côté pratique des réformes que nous réclamons. Nous nous sommes attachés, en effet, à proscrire rigoureusement de notre travail toute théorie nuageuse et impossible à réaliser immédiatement. Nous ne reviendrons pas ici sur chacun des points que nous y avons effleurés, nous nous arrêterons seulement sur une considération que nous avons déjà développée et à laquelle s'enchaînent toutes les autres, considération qui s'impose à tous les esprits sérieux de notre époque, et que nous formulerons dans les termes suivants :

Si la France ne veut pas courir de nouveau à la honte et à la ruine, si elle veut renoncer aux guerres systématiques du dehors et aux émeutes et représailles du dedans, il faut qu'elle inscrive définitivement en tête de sa Constitution la forme de gouvernement qui seule donne satisfaction à tous les intérêts.

Ce gouvernement est la République, qu'une Assemblée constituante proclamera bientôt, nous l'espérons. Comment n'en serait-il pas ainsi ? La monarchie sous toutes ses formes est usée et jugée, tandis que la Suisse et l'Amérique nous donnent la mesure de l'ordre et du bien-être qui planent sur les États républicains. Pour tous les citoyens dignes de ce nom, le choix ne saurait être douteux. Honneur donc à la République qui nous promet et qui nous donnera aussi à nous instruction, ordre, économie, justice et liberté. C'est ce que nous demandons.

Pour la Délégation ouvrière :

La Commission de Rédaction.

RAPPORTS DES DÉLÉGUÉS

APPRÊT

Apprêt de Soieries, Châles et Moires.

Nous nous sommes rendus le 8 octobre à l'Exposition, afin de faire notre rapport sur les produits exposés, et nous nous sommes réparti notre tâche de la manière suivante :

Pour les moires : délégué, le citoyen Jules Lavial.

Vitrine de la maison Borgnis, de Lyon. — Cette maison a exposé deux pièces noires moire antique, bonnes d'apprêt et de brillant, mais ayant des effets de moire glissés, c'est-à-dire pas francs.

Vitrine de la maison Bonnetain et Richarme, de Lyon. — Bel assortiment de ceintures couleurs. Moire très-bien réussie et ayant beaucoup de brillant.

Vitrine de la maison Neyret, de Saint-Étienne (Loire). — Belle collection de ceintures couleurs, pièces avec envers et sans envers ; bonnes comme nuance ; mais, comme moire, elles sont mal dressées, mal tracées, manquant de pression et de chaleur, en général mauvaises.

Vitrine de la maison Henry, fabrique d'ornements d'église. — Une croix fond blanc moire française à trois chemins bien tracés, mais mal dressés.

Vitrine de la maison J.-M. Bidon, ornements d'église. — Une pièce lamée or, et une pièce lamée argent moire antique, largeur de l'étoffe 110 centimètres. Bien réussies comme moire.

Une pièce lamée argent faux, moire française à grands et petits chemins, bonne de moire.

Et diverses chasubles fond moire ronde, également bien réussies.

Nous avons visité diverses autres vitrines, mais qui ne peuvent marcher qu'au second rang avec celle ci-dessus.

Pour les apprêts de soieries : délégué, le citoyen Claude Bouteille.

Vitrine de la maison Borgnis, de Lyon. — Satins noirs tramés coton, bon apprêt et assez de brillant.

Vitrine de la maison Bonnet, de Lyon. — Satins soie noire, beau brillant et bon apprêt.

Vitrine de la maison Brosset-Heckel, de Lyon. — Belle variété de satins noirs et couleurs, mais l'apprêt et le brillant ayant été détériorés par la température, ils ne sont susceptibles d'aucune appréciation.

Vitrine de J.-M. Bidon, articles du Levant et ornements d'église. — Articles du Levant, très-bons d'apprêt, ne laissant rien à désirer.

Ornements d'église, bon apprêt, épais et moelleux.

Vitrine de la maison Mermet et Mouly, de Lyon. — Assortiment de satins couleurs. Apprêt très-bon, beau brillant et fraîcheur parfaite.

Est-il à supposer que cette maison ait exposé ses marchandises plus tard que les précédentes ou qu'elle les ait renouvelées?

Vitrine de la maison Fonteyn frères, de Aldi près Aloit (Belgique). — Satins noirs tramés coton ; bon apprêt, mais peu brillant.

Nous avons visité diverses vitrines dans lesquelles on a exposé des gazes damassées, des grenadines ou autres articles légers ; nous n'avons pu nous prononcer, parce que la température a fait tomber entièrement les apprêts.

Apprêt de châles : délégué, le citoyen Jacques Mérel.

Vitrine de la maison Grillet et Cie, de Lyon. — Apprêt léger et apprêt convenable sur le châle riche.

Vitrine de la maison Pin et Grillet, de Lyon. — Châles indiens de Lyon. Bon apprêt à l'envers, laissant le relief à l'endroit, imitant le cachemire de l'Inde.

Vitrine de la maison Hannequin, de Paris. — Châles cachemire n'ayant pas pu être jugés, vu la détérioration produite par le mauvais temps.

Nous avons remarqué dans cette vitrine des châles abîmés par les moisissures.

Vitrine de la maison Ducros et Robert, de Nîmes (Gard). — Châles légers pure laine, apprêt mou.

Vitrine de la maison Boutard et Lassalle, de Paris. — Châles laine divers, châles cachemire un peu mous, et les châles légers laissant à désirer comme apprêt.

Vitrine de la maison Rivoiron, de Lyon. — Châles Bingalor, bons d'apprêt à l'envers, laissant le relief à l'endroit et conservant les couleurs naturelles ; imitant le cachemire de l'Inde.

Tapis à double face, bons d'apprêt, le relief à l'endroit et laissant la couleur naturelle.

Tapis à une face, bons d'apprêt à l'envers, le relief à l'endroit et couleur naturelle.

Une partie de tapis, bonne d'apprêt, mais laissant à désirer, ayant la côte écrasée.

Vitrine de la maison Chanel, de Lyon. — Châles riches, apprêt passable.

Vitrine de la maison Calange et Maheaut, de Paris. — Châles riches, apprêt convenable.

Vitrine de la maison Cade et Valantin, de Nîmes (Gard). — Châles à réapprêter, tous détériorés.

Vitrine de la maison Garnier, apprêteur d'étoffes de soie. — Apprêt imperméable pouvant s'employer à toute espèce de tissus, donnant un très-bon toucher, mais altérant un peu les fonds blancs ; néanmoins, au bout de quelque temps, les nuances restent plus pures, c'est-à-dire se détériorent moins vite qu'avec les apprêts ordinaires.

Dans notre rapport, nous ne pouvons primer aucun ouvrier, attendu qu'une pièce d'étoffe passe, comme manipulation, au moins dans dix mains différentes.

Les soussignés délégués de ladite section n'ont qu'à féliciter M. Jame, promoteur de l'Exposition de Lyon, du bon accueil et du concours dévoué qu'il s'est empressé de leur offrir pendant leur visite du 8 octobre 1872.

QUESTION SOCIALE.

Autrefois la corporation des ouvriers apprêteurs et moireurs avait une durée de travail illimitée, c'est-à-dire que l'ouvrier travaillait de 18 à 20 heures par jour et sans augmentation de salaire, car il était à appointement. Le père de famille ayant jugé que, ne pouvant pas s'occuper de sa famille, et que ce travail si long était nuisible à sa santé, a décidé à ce sujet de faire régler ses heures de travail. Après différentes réunions de la corporation et trois jours de grève, il a été entendu avec la majeure partie des patrons, qui ont signé :

Art. 1er. — Que la journée de travail, à partir du 26 juillet 1869, serait de onze heures de travail effectif.

Art. 2. — Qu'il ne serait pas accordé d'heures supplémentaires.

Art. 3. — Qu'il y aurait deux heures de repas.

Art. 4. — La journée devra commencer à six heures du matin et finir à sept heures du soir.

Nota. — Le travail du dimanche est interdit, étant considéré comme heures supplémentaires.

Ce règlement adopté, les membres de la corporation se sont réunis, et un certain nombre d'entre eux ont décidé de fonder un cercle qui a pris la dénomination de : *Cercle de l'union fraternelle des ouvriers apprêteurs réunis de la ville de Lyon.*

Le but du Cercle est, savoir :

1° De rechercher, par tous les moyens que les lois autorisent, l'union des travailleurs de la corporation par la solidarité mutuelle et fraternelle ;

2° De se perfectionner dans la pratique de la profession spéciale exercée par chacun des membres, en s'éclairant mutuellement et en se communiquant réciproquement des renseignements utiles ;

3° De chercher par des moyens pacifiques et légaux à améliorer la position des ouvriers composant la corporation, aux fins de la faire sortir, avec le temps, de la léthargie qui pèse malheureusement sur elle ;

4° De se procurer mutuellement du travail, quel que soit le genre spécial ou la partie des industries diverses qui composent les apprêts ;

5° D'éclairer les pères de famille, et de faciliter le placement de leurs enfants en qualité d'apprentis ;

6° De venir en aide, par des souscriptions volontaires, à ceux des membres qui, par suite de chômage, maladie ou accident, se trouvent privés momentanément de travail ou dans l'impossibilité de continuer aucun labeur dans les apprêts;

7° Enfin de s'instruire mutuellement au moyen : 1° de cours d'enseignement ayant trait à l'histoire, aux sciences, aux arts ou à l'industrie ; 2° de conférences spéciales soit sur l'idée coopérative, soit sur le développement pratique dont les industries de la corporation peuvent être susceptibles ; 3° enfin par la création d'une bibliothèque composée d'ouvrages spéciaux, de même que par la lecture des journaux ou publications particulières.

Lyon, le 29 novembre 1872.

J. LAVIAL, BOUTEILLE, MÉREL.

Apprêt de Tulles.

La corporation des apprêteurs de tulles est à Lyon une des moins nombreuses, car elle compte à peine trois cents ouvriers ou ouvrières.

Depuis 1870 la corporation s'est constituée en société de prévoyance, mais elle fut dissoute forcément par la guerre. En 1872, la société s'est formée sur de nouvelles bases, et elle fonctionne par séries de vingt sociétaires ; plus des deux tiers des ouvriers font partie de la société.

Avant 1870, la journée se composait de onze heures de travail, au taux de 3 fr. par jour, soit 27 centimes à l'heure.

Après deux grèves, l'une en 1870, l'autre en 1872, la journée fut réduite à dix heures de travail, au prix de 4 fr. 50 par jour, soit 45 centimes à l'heure.

Cela paraît assez satisfaisant au premier coup d'œil ; mais lorsqu'il est bien reconnu que le travail n'est consécutif qu'environ quatre mois de l'année, depuis fin janvier jusqu'au commencement de mai, et que pendant les autres huit mois l'ouvrier ne fait que trois journées par semaine et quelquefois moins, il résulte de cela que l'ouvrier apprêteur gagne à peine, au bout de l'année, 2 fr. 50 par jour en moyenne, soit environ 800 fr. par an.

Comptons les maladies auxquelles il est sujet, car c'est le résultat presque inévitable de la chaleur qu'il supporte dans les ateliers, laquelle est en moyenne de 35 à 40 degrés de chaleur, avec juste assez d'air pour ne pas y étouffer; cette somme de 800 fr. environ que gagne par an un ouvrier apprêteur, est-elle suffisante? Évidemment non, car il est impossible au père de famille d'élever ses enfants, de faire honneur à ses affaires, tout en vivant avec économie.

Par les temps où nous vivons, lorsque la cherté des objets d'alimentation va toujours croissant, il est matériellement impossible à un ouvrier de vivre même le plus modiquement au jour le jour, sans pouvoir garder le moindre superflu pour l'avenir.

En conséquence, ne faudrait-il pas que les ouvriers de cette corporation pussent gagner de 5 fr. à 5 fr. 50 par jour, pour pouvoir vivre et voir venir avec moins d'appréhension le chômage et la mauvaise saison?

E. Delauzun, L. Poncet.

BIJOUTERIE

Bijouterie en fin.

La Commission d'initiative a rédigé un programme que chaque délégué avait à remplir sur la question industrielle et sur la question sociale.

Il m'a été difficile d'être au niveau du progrès qui s'accomplit tous les jours dans l'industrie, la bijouterie n'étant pas représentée à l'Exposition, sauf deux maisons : M. Fornet, de Bourg, qui n'avait dans sa vitrine que du bijou bressan, bijou qui n'a point d'exportation et qui n'a du mérite que dans la localité.

L'autre maison est celle de M. Prast, de Paris, lequel est un estampeur qui avait des poinçons et découpoirs de différents modèles de galeries et un outil à fabriquer les boules creuses, industrie connue depuis quelques années ; en somme, rien de supérieur et de nouveau à signaler.

Malgré cela, je n'en ai pas moins assisté régulièrement aux séances et aux débats de la Délégation, avec le désir de m'instruire sur les questions sociales pour les communiquer à ma corporation, puis pour recevoir les délégués étrangers s'il en fût venu. J'ai donc provoqué des réunions en qualité de président. Mais je n'ai jamais pu réunir que trente membres au plus, sur près de trois cents dont se compose la corporation. Dans une des réunions, j'ai cherché à secouer l'indifférence qui règne dans notre industrie, en démontrant ce que notre insouciance nous causerait dans l'avenir, et ce que nous sommes vis-à-vis des autres corporations, qui ont presque toutes des syndicats ou des sociétés coopératives et de consommation ; j'ai signalé l'exemple que nous donnent nos collègues les bijoutiers de Paris, en formant une association syndicale. Dans une première réunion, tenue le 1er juin, ils avaient eu un grand nombre d'adhérents, environ six cents. La corporation lyonnaise aurait tout à gagner en les imitant ; elle pourrait profiter de leurs travaux dont ils nous feraient part ; en nous mettant en rapport avec eux, nous pourrions être à la hauteur des salaires de Paris, ou tout au moins maintenir ceux que nous avons, ce qui serait un grand pas de fait pour l'émancipation. Malheureusement nous sommes dans un certain bien-être relativement aux autres industries ; c'est ce qui nous rend indifférents sur notre avenir et ce qui nous sera nuisible un jour. Il est vrai que dans notre corporation il y a beaucoup de jeunes gens et ouvriers nomades quittant Lyon pour aller à Paris ou à Londres, par conséquent insouciants et ayant très-peu l'esprit de solidarité ; cependant je dois dire qu'il y a un petit groupe d'hommes dévoués qui s'occupent et cherchent à former ou organiser une société de prévoyance (ou de résistance), mais selon moi ils sont en trop petit nombre pour faire prévaloir leurs droits. Je ne vois, pour réussir, qu'une entente générale de la corporation ou d'une grande majorité, dont les membres seraient solidaires les uns des autres. Je désire donc que le temps éclaire la généralité de mes collègues, et je les remercie de leurs sympathies.

VŒUX ET BESOINS.

1° Formation d'une chambre syndicale de toute la corporation ou au moins des deux tiers pour commencer, avec cotisation, afin d'avoir une caisse qui nous permettrait d'établir un dépôt d'outils les plus usuels, achetés directement aux producteurs et qui seraient vendus aux sociétaires au prix coûtant augmenté toutefois des frais.

2° Organiser une école professionnelle de dessin en rapport avec les besoins industriels ; les ouvriers se formeraient selon les principes de l'art, et les apprentis seraient de meilleurs ouvriers à la fin de l'apprentissage ; puis les ressources augmentant, on pourrait distraire une partie de la caisse pour fédéraliser avec les autres sociétés ouvrières ; une grande partie de la caisse servirait à fonder une association industrielle. Diverses industries l'ont fait ; rien ne s'opposerait à ce que nous en fassions autant, avec du temps et de la résolution.

Je remercie les citoyens membres du bureau et des commissions qui se sont succédé pour le zèle et le dévoûment qu'ils ont apportés aux travaux de la Délégation, et j'adhère à leurs vœux et projets.

Lyon, le 14 décembre 1872.

CONDAMIN.

Bijouterie imitation.

Citoyens,

En acceptant le mandat que vous nous avez confié, nous avons fait tout ce qui était en notre pouvoir pour mériter votre confiance.

Il est à regretter que les ouvriers de notre corporation à Paris et dans les villes étrangères ne nous aient pas envoyé leurs délégués, avec lesquels nous aurions pu nous entendre sur diverses questions industrielles et sociales intéressant tous les travailleurs nos frères. Il nous sera difficile d'apprécier les travaux exposés par les maisons de Paris et d'autres villes ; mais, malgré cette difficulté, nous ferons notre possible pour atteindre le but indiqué.

M. Eugène Hirtz, de Paris, a exposé un assortiment de parures cuivre doré, articles finis et bon marché, parmi lesquels on remarque quelques articles nouveaux tels que broches, boucles d'oreilles, bracelets, boutons de manchettes et épingles de cravates très-bien finis et bien dorés.

Les bijoux cuivre dits petit bronze et argent oxydé de la maison Simon, de Paris, se recommandent par leur bon marché.

M. Hirch, de Paris. — Cette maison a fixé notre attention par deux vases de lis, de fils laminés et ronds ; chaque vase est monté de deux mille six cents pierres demi-fines, les feuilles et les boutons sont montés de pierres vertes, les fleurs sont montées de pierres blanches et de pistils jaunes; le pied du vase est grenat et blanc. Ces deux vases sont faits par le citoyen Housselle, contre-maître de la maison.

Il y a aussi deux reliquaires qui nous ont charmés par leur ensemble; l'un d'eux est monté de pierres blanches, et l'autre de pierres blanches et rouges.

La bijouterie de théâtre ne laisse rien à désirer comme travail fini ; ses plaques de différents ordres ou décorations sont très-bien montées, ainsi que colliers, plaques de bracelets et bracelets, garnitures de poignards et épées. Cette maison est recommandable pour la beauté de son travail.

M. Touchard, de Paris, a aussi exposé plusieurs articles de bijouterie de théâtre, parmi lesquels nous avons remarqué deux diadèmes et deux parures pour dames, montées avec beaucoup de goût, ainsi que deux plaques d'ordres, un reliquaire, une garniture de poignard et une d'épée montées aussi avec beaucoup de goût et très-bien finies.

M. Rousseau, de Paris. — Grand assortiment de bijoux acier poli, acier monté en cuivre et en nacre.

Ces articles sont vendus très-bon marché.

La maison Madinier-Emery, de Lyon, a exposé une collection de croix, reliques courantes incrustées et unies, composée de trente-huit numéros, très-bien faites. C'est, du reste, la seule maison qui fasse bien cet article.

Ses articles d'ornements en feuilles sont très-bien réussis.

La collection de reliquaires médaillons est bien.

Quant au reste de sa bijouterie, qui n'est composée que d'anciens modèles, elle est très-inférieure à celle des autres maisons de Lyon.

La maison Mougin et Prévot, de Lyon, a exposé un grand assortiment de bijouterie imitation et articles de religion.

Elle a exposé aussi un grand assortiment de broches, boucles d'oreilles, épingles, bagues et médaillons d'un genre tout à fait nouveau, parmi lesquels nous avons remarqué cinq parures nouvelles faites par le citoyen Antoine Poyet, ouvrier de la maison, et une croix à pierre avec pied; travail de goût très-bien réussi.

La bijouterie de cette maison, qui se compose de nouveaux modèles, est très-bien faite et bon marché. C'est la seule maison de Lyon qui puisse livrer ces articles dans les meilleures conditions.

QUESTION SOCIALE.

A notre point de vue, pour arriver à un bon résultat, nous invitons toutes les corporations à se former en sociétés soit coopératives, soit de crédit mutuel, soit de résistance. Chacune de ces sociétés doit nommer une commission de permanence qui sera chargée de discuter les intérêts des ouvriers auprès des patrons et qui pourra prendre le titre de chambre syndicale.

La corporation des bijoutiers imitation de la ville de Lyon s'est formée en société sous le titre d'*Association civile d'épargnes et de crédit mutuel à capital variable des ouvriers bijoutiers imitation et boutonniers de la ville de Lyon.*

Les délégués :

ELISÉE BAILLY, CLAUDE BOYER.

Gravure sur bijoux.

Aucune maison étrangère à la ville n'ayant exposé, nous nous bornons à traiter les questions qui se rattachent à l'industrie lyonnaise.

La corporation des graveurs sur bijoux peut se diviser en trois catégories :

1° Les graveurs travaillant dans les fabriques de bijouterie ;

2° Les graveurs travaillant chez les patrons graveurs faisant la fantaisie et l'article riche ;

3° Les graveurs travaillant chez les patrons graveurs dont le travail se compose de ce que nous appelons le courant.

Pour les premiers, la position est bonne : soit aux pièces, soit à la journée, l'ouvrier gagne sa vie ; le travail étant régulier, la journée moyenne est de six francs ; dans certaines maisons, cette moyenne est même dépassée.

Pour les seconds, le travail étant assez suivi et assez bien payé, la moyenne peut arriver à 5 fr. 75 et 6 fr. (Il est bien entendu que cette moyenne est pour l'année.) Quant aux derniers, la position n'est plus la même ; le travail n'étant pas toujours régulier et peu payé, la journée moyenne des ouvriers de cette catégorie se trouve, à la fin de l'année, ne pas dépasser 4 f. 75 ou 5 fr. (Depuis la saison d'hiver les prix de façon ont un peu augmenté dans ces maisons ; mais nous attribuons cette augmentation à la pénurie d'ouvriers et non à la ferme intention des patrons d'améliorer le sort des ouvriers.)

D'où vient cette différence? Pour nous, il existe deux causes : la *concurrence* que chaque patron veut faire à ses confrères, et l'*énorme quantité d'apprentis* que l'on fait dans les maisons de courant.

Ainsi, en prenant pour base du calcul les quatre plus fortes maisons de courant de Lyon, on arrive à trouver *dix-neuf apprentis* pour *vingt ouvriers*, tandis que raisonnablement il ne devrait y avoir, au maximum, qu'un apprenti pour deux ouvriers. Qu'en résulte-t-il ? C'est que, vu le travail qui se fait dans ces maisons (travail qui demande à être vite fait et en grande quantité), les apprentis ne pouvant recevoir des leçons complètes, n'apprennent leur état que superficiellement, et à la fin de leur apprentissage, qui est de trois ans, les patrons en font des ouvriers à deux francs et deux francs cinquante à qui ils font faire le travail que faisaient les ouvriers à 5 et 6 francs ; par ce moyen, ils peuvent baisser les prix de façon et, sous prétexte de concurrence, amènent le salaire de l'ouvrier à rien. Tel article qui, en 1867, était payé à l'ouvrier 75 centimes, est descendu à 40 et même 35 centimes, et qu'on ne nous objecte pas qu'il y a moins de travail qu'auparavant, car s'il est quelques articles dont le travail est moins compliqué, il en est d'autres qui sont la moitié plus longs et plus pénibles à faire.

Une question importante à traiter est celle des apprentis ; nous avons donné plus haut le total des apprentis et celui des ouvriers de ces maisons ; nous dirons ici que, dans une maison, il y a *sept apprentis* pour *six ouvriers* ; raisonnablement le contre-maître ou, à son défaut, les ouvriers ayant à remplir leur journée, ne peuvent prendre le temps nécessaire pour former les apprentis d'une manière efficace. Qu'en résulte-t-il? C'est qu'on met entre leurs mains un morceau de cuivre sur lequel ils doivent apprendre à graver, et de temps en temps, si l'on jette les yeux sur ces études, le temps manque encore pour leur bien faire saisir toutes les explications que comporte un apprentissage consciencieux ; puis souvent les apprentis sont dérangés soit pour faire des courses, soit pour un travail quelconque qui ne devrait être fait que par un garçon de peine. Voilà donc les premiers mois bien mal employés.

Aussitôt que l'apprenti sait tenir un peu un outil, au lieu de le laisser se perfectionner par des études sur le cuivre, on le met de suite aux bijoux sans savoir s'il a assez approfondi ce qu'il doit faire. Les patrons, ayant intérêt à ce qu'ils rapportent vite et beaucoup, ne s'en occupent presque plus et les laissent dans l'ignorance des mille détails dont se compose la profession ; ce qui fait qu'à la fin de leur apprentissage, au lieu d'en faire des ouvriers passables, ils n'en font que de mauvais spécialistes ; il y a des exceptions, nous le reconnaissons ; mais elles sont rares.

Nous réclamons d'une manière sérieuse qu'aucun apprenti ne puisse entrer dans une maison sans savoir lire et écrire couramment; de plus nous insistons pour que tous les apprentis suivent les cours de dessin le soir ; nous constatons avec regret que les patrons se laissent influencer par les parents et n'exigent pas cette condition sans laquelle un apprenti ne peut devenir un bon graveur.

Telle est, en général, la situation des graveurs à Lyon ; mais comme nous devons rechercher l'amélioration du sort des travailleurs, nous proposons de nous grouper, de nous unir et de nous soutenir par tous les moyens légaux, afin que si, par malheur, nous avions à revendiquer notre droit de vivre vis-à-vis de quelques patrons, nous puissions leur opposer une force réelle d'autant plus puissante que nous nous appuierons sur notre droit et la justice.

Lyon, le 31 décembre 1872.

Les délégués : DEGABRIEL, FROMENT.

BRONZE

Citoyens,

Afin de rendre nos études plus faciles et dans le but de ne faire qu'un rapport sur les différentes catégories qui se rattachent entre elles dans ce genre de fabrication, dès nos premières visites à l'Exposition universelle de Lyon, nous nous sommes groupés et nous avons suivi, chacun dans nos parties respectives, chaque travail exposé.

Ces études faites en commun n'atteignirent pas entièrement le but que nous nous étions proposé, eu égard au manque d'exposants dans ce genre d'industrie.

Avant de commencer nos appréciations sur les différentes maisons qui ont bien voulu prendre part à ce grand concours industriel, nous constatons l'absence de plusieurs maisons de Lyon qui auraient pu nous fournir dans ce genre de fabrication des études toutes spéciales, nous devons donc ne nous occuper que des maisons qui ont exposé.

Bronze d'église.

Maison Marlie, de Lyon. — La plus importante exposition de bronze d'église, selon nous, est la maison Marlie, de Lyon, qui offre aux visiteurs une grande quantité de modèles très-variés, qui tout en ayant la prétention d'imiter les beaux types des XIIe et XIIIe siècles, n'ont pas été exécutés avec la pureté qu'ils devraient avoir ; plusieurs de ces modèles sont bâtards de style. La pièce la plus apparente de cette exposition est un lustre à 160 lumières, style mélangé offrant cependant de très-belles combinaisons comme difficulté de monture ; mais étant placé à une trop grande hauteur, il ne nous a pas été permis d'apprécier le travail comme ciselure et brunis.

Ce travail ayant subi divers changements a été exécuté sous la direction du citoyen Paul Chapas, monteur en bronze, ouvrier capable et intelligent.

Une vierge Moyen-Age, très-bien exécutée comme monture, ciselure ordinaire, oxidée au vieil argent; de grands anges supportant des corona, exécutés par le citoyen Dérieux Régis, monteur; une variété de candélabres, chandeliers gothiques, croix de processions, encensoirs et navettes, ciselure tenant le milieu entre la ciselure pour modèles et la reparure des châsses dorées; plusieurs statuettes, un ange funèbre au vert antique, chemins de croix, un buste du cardinal de Bonald parfaitement exécuté d'après la sculpture du citoyen Martin Louis, artiste de talent qui a bien voulu prêter son concours à la maison Marlie par l'exécution de plusieurs de ses modèles.

Nous ne terminerons pas sans parler de la partie des brunis et vernis qui entre aussi dans la fabrication du bronze; quelques pièces nous ont paru d'une très-belle exécution, mais beaucoup laissent à désirer. Cela tient beaucoup à la cause que voici : Cette partie étant très-facile à exercer chez soi, la concurrence règne entre les ouvriers à façon qui, par ce fait, livrent des brunis très-mal exécutés. Nous voudrions voir de grand cœur cesser cette pitoyable manière de procéder; nous signalerons cependant quelques pièces qui méritent notre attention : ce sont des croix de procession, des chandeliers gothiques, un brûle-parfums doré intérieurement, galvanisé extérieurement, d'un beau travail.

L'ensemble de cette exposition est très-bien disposé. A la maison Marlie nos remerciments au point de vue de la fabrication seulement, pour les sacrifices qu'elle s'est imposés pour représenter le bronze d'église de la cité lyonnaise.

Cette maison a obtenu une médaille d'or.

La maison Bouvard, de Lyon, a exposé un autel dont la garniture a été fournie par la maison Tissot, fabricant de bronze à Lyon (non exposant). Cette garniture consiste en chandeliers byzantins, croix et lampes byzantines, fondus, d'un style très-pur et d'une grande propreté d'exécution, d'après les dessins de M. Bossant, architecte. L'ensemble fait un très-bel effet; nous regrettons que cette maison se soit abstenue d'exposer, car elle possède sans doute des modèles variés dans le goût de cette garniture.

La maison Burdel, de Lyon, quoique peu importante, n'a pas craint cependant de fournir un bon petit courant d'objets destinés au culte, des lampes feuilles et fondues, des chandeliers, bénitiers, encensoirs, bouquets de lys, le tout d'une fabrication ordinaire. Cette maison mérite un encouragement pour l'avenir.

Bronze d'art.

Maison Boyer, de Paris. — Les seuls bronzes qui méritent notre attention, sous tous les rapports, sont les bronzes de la maison Boyer, de Paris. Son groupe de *Persée délivrant Andromède* est d'une parfaite exécution, très-joli comme difficulté de moulage et d'un très-beau fini de ciselure. Ce travail, comme ciselure, est dû à la main du citoyen Accat; un buste de *Persée* très-bien exécuté, dû également au citoyen Accat, ci-dessus nommé ; quelques bronzes de pendules très-bien finis forment l'ensemble de cette exposition.

Maison Dumenge et Rollin, de Paris. — Exposition de bronzes pour pendules, modèles bien finis et variés, groupe ciselé par le citoyen Grégoire Louis. Comme dorures, cette maison présente de belles dorures et des brunis irréprochables. Cette maison est très-renommée pour les pendules.

La maison Ranvier, de Paris, représentée par M. Pascalon, de Lyon, se fait remarquer par une belle collection de modèles en zinc qui, pour un œil peu exercé, se confondent facilement avec les modèles en bronze exposés par les autres maisons; un groupe de taureaux en bronze fondu sans retouche offre une très-grande difficulté de moulage et forme un groupe très-gracieux et bien proportionné.

Bronze mécanique.

Ainsi que le bronze d'église et les bronzes d'art, les bronzes mécaniques ont subi une transformation étonnante par leurs nouvelles formes et leur fini de travail comme poli ; nous citerons quelques maisons qui ont mérité notre attention par la quantité de robinetterie et d'appareils pour machines à vapeur et pour les eaux : les maisons Thévenin frères, Bouchard, Flicotteau, de Lyon, et la maison Thévenin-Fourtoul, de Mâcon.

Plusieurs appareils de niveau d'eau d'une nouvelle construction, adaptés à des locomobiles sortant des ateliers de plusieurs constructeurs-mécaniciens, sont fournis par la maison Royer, de Lyon (non exposant).

La maison Whittey-Partners of Leeds (Angleterre) a exposé des robinets de bronze pour machines à vapeur d'un fini parfait, mais peu disposés pour nos machines et à des prix plus élevés que ceux de nos fabricants de Lyon.

La maison Padtrige et C⁰, fabricants d'appareils d'éclairage à Birmingham (Angleterre) a exposé des lampes et lustres à suspension à des prix très-bas, mais d'une fabrication laissant beaucoup à désirer.

Le bronze de bâtiment est représenté par plusieurs maisons ; nous citerons comme principale la maison Bernard Corcelet, de Lyon, pour sa belle fabrication.

Nos rapports avec les délégués étrangers ont été nuls, attendu que nous n'avons eu la visite d'aucun.

Orfévrerie lyonnaise.

Un grand progrès s'est accompli dans l'orfévrerie lyonnaise. Les maisons qui fabriquent aujourd'hui ces articles sont sorties entièrement du genre que l'on faisait au commencement du siècle. Des fabricants habiles ont su tirer de l'orfévrerie du Moyen-Age de très-belles reproductions ; malheureusement, il ne nous a pas été permis d'apprécier ces travaux, attendu que la maison Pernollet est la seule qui ait exposé.

La maison Pernollet, de Lyon, quoique nouvelle, possède dans sa vitrine une variété de modèles exécutés très-couramment, appartenant, comme orfévrerie et ciselure, à une fabrication bien ordinaire, que tout ouvrier dans cette partie peut exécuter au même degré de fini.

Nous citerons comme ayant pris part à l'exécution de ces modèles, pour l'orfévrerie, les citoyens Hugonnet et Michel, ce dernier comme contre-maître ; le citoyen Guillat, ouvrier à façon, pour la ciselure.

Quelques ostensoirs d'un style mélangé, lourds de forme et d'une ciselure courante, font seuls les frais de cette vitrine ; un entre autres se fait remarquer par sa Gloire, qui est heureuse de composition et d'exécution, mais qui n'est pas en harmonie avec le reste de l'ostensoir ; elle semble même ne pas appartenir à cette pièce. De jolis émaux décorent cette Gloire et sont d'un très-bel effet ; en général, les rayons de ces Gloires écrasent leurs rosaces, ce qui nuit à l'effet général.

Il y a une série de petits calices, dont la plupart sont chargés de ciselures qui, ayant trop de relief, enlèvent le cachet et l'élégance que possèdent certains de ces objets. Des plateaux et burettes assez élégants complètent cette exposition.

Cette maison, ne s'attachant pas à produire des pièces d'art et se plaçant au point de vue purement commercial, livre ses produits à des prix minimes.

Cette maison a obtenu une médaille d'argent pour sa première exposition.

Maison Christofle, Paris. — Quant aux produits exposés par la maison Christofle, comme orfévrerie de table, tous les objets sont très-bien finis et savamment exécutés. C'est sans contredit cette maison qui tient la place d'honneur ; du reste, elle s'est déjà fait remarquer dans toutes les expositions précédentes et notamment à celle de Paris, 1867.

Malgré cela, nous signalerons un groupe de *Milon de Crotone* (galvanoplastie), une statue galvano-oxidée, la *Primavera*, sculptée par le citoyen Maillard, un seau à glace qui a figuré à l'exposition de 1867 et quantité de pièces d'un beau fini; les trésors d'Heidelsheim, reproduction parfaite; des candélabres dorés à l'or moulu de toute beauté et d'un bruni parfait, comme on n'en fait pas à Lyon.

Nous n'avons qu'à nous louer des procédés des gardiens de cette vitrine, qui ont mis une grande complaisance à nous fournir des renseignements.

Instruments de musique.

La fabrication des instruments de musique à vent se compose de deux parties très-distinctes, qui sont les instruments en cuivre et les instruments en bois; ces deux parties ayant des intérêts distincts, il est regrettable qu'il n'ait pas été nommé un délégué pour représenter les instruments en bois. Nommé par mes collègues pour les instruments de cuivre, je ne ferai donc mon rapport qu'en ce qui concerne ces instruments, ayant étudié d'une manière toute spéciale pendant la durée de l'Exposition les produits exposés par diverses maisons.

Quant aux fabricants étrangers, aucun n'a exposé. Nos études seront donc toutes pour les facteurs d'instruments de France. Je citerai au premier rang la maison Besson, de Paris.

Cette maison, qui depuis longtemps marche au premier rang et qui s'est fait remarquer dans les expositions précédentes, a jusqu'à ce jour conservé son mérite, qui est incontestable.

Cette maison a exposé des instruments d'un beau travail, tels que des cornets argentés à 3, 4 et 5 pistons, joli modèle, des instruments transpositeurs à pistons dépendants, correspondant par un registre au grand piston transversal qui sert à rajuster les notes graves, et des cors se jouant avec un ou deux pistons. Tous ces instruments sont à perce pleine et d'une très-belle exécution sous tous les rapports.

Maison Lecomte et Cie, Paris. — Cette vitrine, quoique peu importante, paraît posséder des instruments qui méritent d'être appréciés et sont traités dans de bonnes conditions.

Maison Millereau, Paris. — Cette maison nous a fourni une vitrine bien garnie; une famille de saxophones, d'un beau travail; grand assortiment de divers instruments à piston étant à peu près du même modèle, le tout très-bien traité comme fini de travail.

Maison Gautrot, Paris. — Cette maison possède un grand assortiment d'instruments de musique en tous genres: les plus remarquables sont les instruments équitoniques, qui sont d'un travail parfait; une famille de sarruzophones, nouveau genre d'instruments à clefs depuis le soprano en *si bémol* jusqu'au contre-basson en *mi bémol* ; le doigté est le même que celui de la clarinette, et il se joue avec des anches en roseau ; tous ces instruments sont parfaitement bien traités.

Maison Goumas, Paris. — Maison spéciale pour les instruments en bois. Cette maison a exposé une famille de saxophones qui nous a paru d'un travail bien soigné.

Maison Couturier, Lyon. — Vitrine constamment fermée. Nous avons remarqué que cette maison a exposé beaucoup de cuivres, des instruments de tous les choix. Rien de remarquable, excepté des basses de régiment, basses d'amateur et baryton n° 1, joli modèle.

Maison Moléron, Lyon. — Cette maison, peu importante, n'expose que des instruments sortant en grande partie de la maison Couturier, la monture de quelques-uns se trouve seulement un peu changée.

N. B. — Je ferai remarquer que malgré toute ma bonne volonté pour juger de près certains travaux, les vitrines étant fermées, je n'ai pu faire mes appréciations que *de visu*, car beaucoup d'instruments demandent à être maniés.

RAPPORT SOCIAL.

S'il est une question importante à traiter et vers laquelle doivent tendre tous nos efforts pour améliorer le sort des classes ouvrières, c'est assurément la question sociale.

Nous nous passerons donc de commentaires, attendu que depuis plusieurs années cette grave question a été abordée sous toutes ses formes ; mais le manque de libertés politiques et la négligence d'une grande partie des intéressés à la cause en ont empéché le développement.

L'Exposition universelle de Lyon nous ayant donné les moyens de ressaisir et de donner de nouveau l'impulsion à ce vaste mouvement, nous réclamons aussi énergiquement que possible l'exécution de certaines idées émises par nos devanciers et collègues, les délégués de 1867, restées pour la plupart sans résultat. Espérons que, sous le gouvernement républicain, nous pourrons sortir de cette étreinte sous laquelle nous fûmes forcés de vivre pendant vingt années.

A nous donc, chers collègues, de nous grouper par tous les moyens possibles et de ne voir dans toutes les idées émises sur la question sociale qu'une grande machine à laquelle il manque du combustible pour la faire mouvoir.

Ce combustible pour donner la force, qu'on le sache bien, c'est l'instruction ; car sans instruction nous retomberons toujours dans les erreurs du passé et donnerons toujours prise à la violation de nos droits. Cette instruction si utile, il faut, citoyens, nous appliquer à la voir triompher. Comme le dit un grand publiciste dans son ouvrage sur l'instruction populaire, M. Laveleye : « Trois « redoutables questions jettent le trouble dans les sociétés actuelles, la ques- « tion sociale, la question politique et la question religieuse, et aucune de ces « trois questions ne peut se résoudre conformément à l'intérêt de la civilisa- « tion si l'on ne parvient pas à donner à la classe ouvrière une instruction « réelle, morale et forte.

« Le suffrage universel sans instruction universelle conduit à l'anarchie et « par suite au despotisme. Pour mettre fin à l'hostilité des classes, il faut que « les ouvriers arrivent à être tous propriétaires et capitalistes, et cela n'est pos- « sible que par l'instruction. » Il dit encore : « Supprimez l'école, il ne reste plus « comme moyen d'ordre que la prison et l'échafaud. Si l'Etat n'instruit plus il « faut qu'il effraie ; on n'a que le choix entre le bourreau et le maître d'école. »

Donc, la question se réduit à ceci : Dans une société démocratique, dans un pays de suffrage universel, il est absolument nécessaire, pour la garantie de l'ordre social et la conservation des institutions libres, que tous les citoyens soient assez éclairés pour en comprendre les avantages et pour remplir leurs devoirs civiques. Il faut convenir que l'instruction, comme la justice, comme l'armée, est un service d'utilité publique qui devient obligatoire.

Que cette instruction soit laïque, obligatoire à tous les degrés. A la nais- sance les intelligences étant toutes égales, que cette instruction soit accessible à toutes les classes.

Que nos enfants ne puissent se vouer à aucune vocation industrielle sans avoir passé un examen au moins élémentaire qui permette de voir s'ils sont à même de comprendre et de réclamer leurs droits. Car, jusqu'à présent, quoi- que certaines classes de gens disent que le peuple n'a jamais été si heureux, nous constatons avec peine qu'un grand nombre de manufacturiers emploient encore des enfants sachant à peine leur A B C.

Répétons-le : ce n'est que par l'instruction que nous arriverons à former des citoyens aptes à se diriger eux-mêmes ; ne travaillons donc pas seulement pour le présent, mais plus encore pour l'avenir.

Ainsi donc, réclamer cette instruction et l'obtenir sera la première étape du vrai progrès sur le chemin aride que nous avons parcouru et où tant de ci- toyens qui avaient à cœur de se soustraire à l'ignorance ont échoué. Pour arriver à cela, ce qu'il faut, ce sont des actions et non des paroles ; prenons la chose par la base et réclamons énergiquement un gouvernement républicain avec des lois républicaines, l'introduction de l'élément ouvrier à l'Assemblée, afin de pouvoir discuter nos intérêts ; car seul l'ouvrier intelligent peut faire triompher sa cause, sachant le mieux quels sont les besoins d'un peuple qui lui confie le mandat de le représenter.

Quand nous aurons le droit d'écrire, de parler et de nous réunir, nous verrons la question sociale prendre toute la part qui lui est due ; mais pas de demi-mesures, pas de ces lois qui accordent aujourd'hui des libertés pour faire de l'ouvrier l'hydre de la bourgeoisie et qui, à un moment donné, se retournent contre elle-même selon la volonté d'un gouvernement. Solidarisons-nous par l'association, imitons nos voisins les Anglais, ne nous décourageons pas au moindre échec ; par l'union, la voie du progrès nous est ouverte.

Qu'à côté de ces questions, les corporations s'unissent entre elles ; qu'elles fondent des cours professionnels, chacune dans leur spécialité ; jamais à aucune époque le besoin des écoles professionnelles ne s'est fait sentir autant qu'aujourd'hui. La catégorie du bronze est entrée résolûment dans cette voie ; elle a créé une école de dessin indispensable à la fabrication, un cours de modelure est en voie de formation.

Nous voudrions voir aussi créer des chambres syndicales où nous puissions discuter nos intérêts et soutenir nos droits, ne former qu'une seule et même famille, et en versant une minime somme, on formerait une caisse commune afin que l'ouvrier, après avoir passé et usé son existence, pût trouver de quoi finir les quelques années qui lui restent dans une certaine aisance, sans avoir recours à la mendicité et quelquefois même au suicide, ne pouvant pas compter sur les enfants, qui ont souvent des charges trop lourdes et ont de la peine aussi à arriver, écrasés par la cherté des vivres, le prix élevé des locations, dû à ces parasites qu'on nomme régisseurs d'immeubles, intermédiaires dont on devrait se passer, car en augmentant les locations ils font augmenter les impôts.

Ne perdons donc pas courage, entrons bravement dans la voie qui nous est ouverte, et prenons pour devise : Tous pour un, un pour tous.

Voilà, citoyens et collègues, les quelques idées que nous ont suggérées nos réunions ; si elles n'ont pas tout le développement qui leur est dû, nous avons trouvé au moins le moyen de nous unir et de nous entendre, et nous sommes confiants dans l'avenir. Tels sont nos vœux et nos besoins.

Lyon, le 26 janvier 1873.

> POLLIEN, délégué des bronziers, partie mécanique ;
> JARICOT, monteur ; RACT, brunisseur ; GAILLARD,
> ciseleur ; A. RATTIER, facteur d'instruments ;
> CHAMBAUD, ciseleur d'orfévrerie.

CHAPELLERIE

Citoyens,

Nous ne pouvons établir la différence qui existe entre les produits français et étrangers, notre industrie n'ayant été représentée, pour ainsi dire, que par la fabrique lyonnaise, qui seule s'est distinguée par son travail fini.

Quant à l'ouvrier le plus méritant, il nous est impossible de faire un choix qui soit juste, parce que nos articles passent dans beaucoup de mains et que le mérite est aussi bien à celui qui les commence qu'à celui qui les finit. Nous demandons que les récompenses soient données ainsi qu'il suit : une à la société des fouleurs et une à celle des approprieurs.

Quant à l'organisation sociale, nous n'avons pu faire aucune comparaison, vu l'absence complète de délégués du dehors.

Relativement aux prix des matières premières, nous n'en pouvons fixer les prix, parce que la hausse et la baisse varient souvent.

Nous ne voulons pas contrôler ce que le jury a fait ; mais si nous avons vu la médaille d'or donnée à propos, nous avons été surpris que celle d'argent n'ait pas été donnée à des exposants de Grigny, qui la méritaient par leur bonne fabrication, leurs capacités et les services qu'ils peuvent rendre à notre industrie. Le jury en a jugé autrement et a délivré la récompense à celui qui n'a que le mérite d'acheter ses articles tout finis chez nos fabricants.

Le public jugera où est le mérite, s'il est chez celui qui fabrique ou chez celui qui achète.

L'article des fouleurs, comme salaire, a diminué, de 1869 à 1873, de 20 pour 100, à peu près de ce que les vivres ont augmenté.

Lyon, le 29 janvier 1873.

JAMAY, PETIT-JEAN.

CHARPENTE

Chers Collègues,

En acceptant le mandat que vous nous avez confié pour vous représenter à l'Exposition universelle de Lyon, notre devoir était de nous intéresser à tout ce qui pouvait être utile à la corporation. C'est le but que nous nous sommes proposé en visitant les diverses galeries et le Parc de l'Exposition, afin d'examiner et tâcher de découvrir des industries présentant des sujets d'études se rattachant à notre profession.

Après avoir pris connaissance du programme tracé par la commission d'initiative, nous nous sommes aperçus de suite de la rude tâche qui nous incombait, avec notre peu de savoir, notre peu d'érudition, étant plus habitués à manier l'outil de l'artisan que la plume de l'écrivain. Enfin nous avons pensé qu'avec de la bonne volonté et en faisant notre possible nous arriverions tout de même à donner un petit aperçu sur l'ensemble des questions concernant notre mandat, heureux si nous pouvons vous satisfaire.

C'est dans cette idée que nous nous sommes mis à l'œuvre pour remplir la première partie de notre tâche, qui est la question industrielle.

Après avoir parcouru l'Exposition dans tous les sens, nous nous sommes aperçus que les objets exposés appartenant à notre industrie n'étaient pas en grand nombre, et les explications des exposants dont nous avions besoin n'étaient pas faciles à obtenir. Nous nous sommes donc trouvés dans la nécessité de nous servir de notre seule appréciation.

PALAIS DE L'EXPOSITION, SA CONSTRUCTION.

Le palais de l'Exposition est composé de onze galeries ou pavillons formant une longueur environ de 1,300 mètres et couvrant une superficie de 40,580 mètres de terrain, le tout recouvert de différents combles tous composés de fermes américaines reliées par des tendeurs en fer ou en bois, le tout fait et

exécuté par les ordres et les soins de M. Savy, entrepreneur de charpente à
Paris, lequel est breveté pour ce genre de fermes et a obtenu à ladite Exposition de 1872 un diplôme d'honneur pour les travaux que nous allons désigner
ci-après. Nous ne donnerons pas ici le détail de chaque galerie, car plusieurs
se ressemblant, nous nous bornerons à décrire les principales :

Première galerie dite des machines à vapeur.

Cette galerie est d'une longueur environ de 190 mètres et d'une largeur
de 42 mètres, composée de fermes américaines de 22 mètres d'about, supportées par des poteaux de 13 mètres de hauteur espacées de 5 mètres chaque.
Lesdites fermes sont appuyées de chaque côté par une demi-ferme du même
genre de 10 mètres de largeur supportée par un poteau de 7 mètres de hauteur
formant un appentis ou une deuxième galerie de chaque côté de la grande ;
elle se trouve reliée aux grandes fermes par un simple tendeur en fer.

Les grandes fermes sont composées de quatre à cinq madriers de 4 à
5 centimètres d'épaisseur en sapin, boulonnés les uns aux autres, venant
s'appuyer aux poteaux et formant le cintre pour supporter les arbalétriers,
lesquels sont soutenus de distance en distance par des croisillons en bois venant
s'appuyer sur les madriers cintrés, lesquels se trouvent ornés à leur base de
liens cintrés. L'écartement de ces fermes est soutenu par un tendeur en fer
supporté par quatre bielles reliées elles-mêmes par des croisillons et tirants en
fer allant, le tout, se boulonner après la ferme. Ces fermes se trouvent reliées
entre elles par des sablières et des faîtages ; les chevrons formant le lattis se
trouvent posés en forme de pannes venant s'appuyer sur les arbalétriers.
L'ensemble de cette charpente est d'une très-belle élégance, d'une grande
légèreté, d'une exécution simple et pouvant s'établir à des prix modérés.

Deuxième galerie dite des machines et machines à coudre.

Cette galerie est d'une longueur de 185 mètres, d'une largeur environ de
18 mètres 40 centimètres ; elle est composée, ainsi que celle désignée ci-dessus, de fermes américaines supportées par des poteaux de 8 mètres de hauteur. Pour soutenir l'écartement de ces fermes, il y a un tendeur en fer supporté par deux bielles et trois tirants en fer allant, le tout, rejoindre la ferme.
Le chevronnage et le lattis se trouvent disposés de la même façon que la
galerie précédente.

Troisième galerie ou pavillon n° 3.

Ce pavillon ou hangar est carré et d'une largeur de 35 mètres. La charpente
est composée de fermes américaines en bois de 35 mètres d'about, supportée

par quatre poteaux, deux à l'intérieur et deux à l'extérieur, qui servent aussi à diviser le pavillon en trois galeries différentes. Ces fermes sont composées de doubles arbalétriers reliés ensemble par des croisillons et des moises transversales, le tout chevillé ou boulonné et orné de liens cintrés assemblés aux poteaux. L'espacement des fermes, qui est de 5 mètres, se trouve lié par un double rang de sablières, faîtages ou sous-faîtages reliés le tout par des croisillons. Nous ne pouvons donner le nom de pavillon à cette charpente, vu qu'elle n'a pas de croupes ; malgré cela, l'ensemble et la disposition font un très-bon effet.

Pavillon central, ou grande nef.

Ce pavillon qui est, comme le précédent, sans croupe, a 50 mètres de longueur sur 71 mètres de largeur environ. Si nous nous servons du terme de pavillon, c'est parce qu'ils étaient ainsi nommés dans l'itinéraire de l'Exposition. La charpente de ce pavillon est la plus compliquée de toutes les galeries. L'ensemble est remarquable par sa vaste étendue, son élévation et par le nombre des morceaux de bois composant ces fermes, d'une grande simplicité d'assemblage, quoique la portée se trouve de 71 mètres d'about et l'élévation de 30 mètres de hauteur au faîtage environ, ce qui fait des fermes d'une grandeur extrême. Il a fallu tous les soins et le talent des ouvriers qui ont pris part à ce travail pour le lever sans accident.

Ces fermes sont du même nom que les précédentes ; elles sont composées de 8 poteaux reliés deux par deux avec des moises et croisillons, pour ne former plus que quatre pilastres ou piliers qui servent de point d'appui aux madriers formant le cintre supportant les croisillons en bois qui soutiennent les arbalétriers. Les poteaux servent aussi à diviser la salle en trois galeries, comme dans le pavillon précédent. Ces poteaux sont ornés, du côté des deux galeries inférieures, d'une grande contrefiche cintrée allant se raccorder aux madriers formant le cintre et soutenant les croisillons. Cette contrefiche sert à former l'arc décrit par les madriers des fermes précédentes. Toutes ces fermes sont reliées entre elles par des doubles rangs de sablières au-dessus de chaque poteau et par un faîtage et sous-faîtage au poinçon assemblés avec des croix et contrefiches en tous sens.

Nous ne parlerons pas des autres galeries, car elles se rapportent toutes à celles que nous venons de désigner ci-devant ; nous continuerons notre rapport par les charpentes exposées dans le Parc.

PARC DE L'EXPOSITION.

Mairie et École-modèle de M. Ferrand, architecte et ingénieur
de constructions économiques.

Cette construction forme un corps de bâtiment élevé d'un étage au milieu
qui est destiné à la mairie et se trouve ornée de deux petits pavillons à huit
pans formant deux octogones allongés au milieu, désignés pour salles d'écoles.
La charpente est supportée par des poteaux semelles et sablières pour pans
de bois et rainés pour brique de 0,12 centimètres d'épaisseur formant étage
de rez-de-chaussée ; au-dessus s'élève un comble à huit pans, ordinaire dans
sa forme et dans ses assemblages.

L'ensemble de cette construction forme un joli modèle d'architecture pour
une petite mairie, mais nous pensons que l'on pourrait faire aussi bon marché
ici à Lyon en employant du pisé de scories de forge pour les murs, ce qui
serait plus solide et plus chaud que la brique.

Exploitation de la houille, puits Hottinguer.

Un grand échafaudage construit en bois de sapin en forme de double tréteau avec empâtement ayant à la tête une galerie soutenue par des liens ; sur
la galerie s'élève un petit pavillon servant à abriter les poulies qui montent le
charbon des puits. Le tout est relié par des moises tous les quatre mètres
environ, boulonnées après les poteaux, lesquels sont soutenus par des déchar-
ges ou arcs-boutants sans assemblages dans les poteaux, boulonnés simplement après les moises. Les poteaux sont entés à trait de Jupiter. On pourrait
faire cet échafaudage beaucoup plus solide, si l'on voulait, et aussi simple.

Chalet rustique de MM. Taillot et Chapuis, charpentiers
à Écully, près Lyon.

Ce chalet, fait en bois rustique et construit par panneaux pouvant se démonter et remonter à volonté, forme un pavillon à deux étaux et huit pans ;
le dessus de la croisée est décoré d'un fronton formant avant-corps, le tout est
assez bien réussi et ne laisse rien à désirer.

Chalet de la tuilerie de Montchanin-les-Mines.

Cette Compagnie a fait construire pour exposer ses produits un chalet en
bois raboté formé un comble droit aigu raccordé par un fronton avant-corps

et un nolet avant-corps, le tout supporté par 14 colonnes de divers dessins reliées par des liens cintrés de différents genres, formant des cintres ogives au-dessus des portes. La combinaison architecturale de ce chalet fait un modèle ingénieux sans aucune difficulté pour l'art du charpentier.

Pour ne rien oublier dans notre rapport, nous revenons à notre point de départ, à la première galerie.

Nous avons remarqué à l'entrée de l'Exposition deux escaliers dits en français vis de Saint-Gilles établis autour d'une colonne en bois et sur limons de l'autre bout formant un plan octogone avec main-courante ornée de panneaux en découpages, conduisant à une plate-forme octogone sur laquelle repose un petit pavillon. Ces escaliers n'ont rien de difficultueux dans l'art du charpentier.

Projet d'un pont pour relier la Croix-Rousse et le plateau de Fourvière.

Nous avons remarqué dans la première galerie un modèle des cintres à faire pour construire ce pont fait en pierre, ayant 131 mètres environ d'ouverture et 82 mètres d'élévation, la hauteur prise au niveau de l'eau. Ces cintres sont supportés à leur base par des pieux enfoncés dans l'eau reliés les uns aux autres par des moises, et supportant des poteaux venant jusqu'au-dessous de la voûte, reliés tous les deux mètres par des moises soutenant l'écartement des cintres et d'autres soutenant l'écartement des poteaux.

Dans le milieu de la hauteur du cintre, tous les poteaux se trouvent coupés de niveau pour former deux parties. Entre cet espace, des boîtes en fonte remplies de sable se trouvent emmanchées aux poteaux par faciliter le décintrement de la partie supérieure. Nous trouvons que l'on pourrait faire ces cintres avec une grande économie de bois et tout aussi solidement que les autres.

Pavillon de l'Instruction.

Ecole de la Martinière. — Nous avons remarqué divers assemblages de charpentes faits par les élèves de cette école, soit des morceaux de bois emmanchés à trait de Jupiter ou à queue d'arronde double et simple, le tout bien soigné et bien exécuté.

Après avoir donné le détail de tous les objets exposés dans le Parc ou l'Exposition, il ne nous reste qu'à donner la description des chefs-d'œuvre exposés dans cette galerie par les compagnons charpentiers.

CHEFS - D'ŒUVRE DES COMPAGNONS CHARPENTIERS.

Chef-d'œuvre de Guillon fils, charpentier à Romanèche.

Ce chef-d'œuvre, qui a été fait par lui seul, est composé d'un piédestal ou tréteau ayant quatre pieds liés les uns aux autres par quatre grandes croix de Saint-André déversées, soutenues elles-mêmes par d'autres croix en tous sens. Les chapeaux et les pieds sont soulagés par huit liens à face aplomb. Ce genre d'assemblage, malgré sa simplicité, peut résister à une forte charge. Sur le dessus de ce tréteau prennent naissance cinq pilastres supportant des voûtes qui, au sommet, viennent aboutir à une sablière horizontale. Ces voûtes sont reliées par quatre liens plein cintre. Huit arêtiers forment une voûte gauche à faîtage droit, ayant au point de centre un pilastre ; ces voûtes sont raccordées les unes aux autres par un cintre ogive dont les arêtiers viennent se raccorder au faîtage des quatre parties gauches et formant plusieurs raccords. Sur ces voûtes repose un parquet circulaire représentant les attributs symboliques des compagnons de Liberté et servant à supporter un trépied établi avec des croix déversées suivant leur chevron d'emprunt, et liées les unes aux autres aux chapeaux par des liens et des croix. Une sablière horizontale assemblée aux chapeaux et soutenue par des liens de pente donne naissance à trois marches entourant l'édifice divisé par trois portes ; les jambages sont appareillés à coupe de pierre ronde et conique. Les parois des murs sont appareillées en coupe de pierres figurées par différents tons de bois employés à cette construction. La partie supérieure est couronnée par une corniche circulaire venant se raccorder aux avant-corps aigus et ronds des portes ayant un cintre ogive en façade. L'avant-corps rond est orné d'un escalier appareillé en coupe de pierre aboutissant à un palier supporté par une console. Au-dessus de la corniche repose un entablement où prend naissance le comble supérieur décrit sur un hexagone ; ce comble Mansard est raccordé par trois faîtages donnant trois poinçons divisés sur un cercle. Six arêtiers et six branches de noues forment un comble Mansard raccordé dans le bas par des branches de noues cintrées établies dans un plan circulaire.

Les avant-corps des trois angles sont ornés chacun de deux colonnes ayant rampe à balustre et donnant naissance à une guitarde et deux trompes aiguës recouvertes chacune d'un comble différent et orné de divers raccords de tous genres. Le comble supérieur ayant trois poinçons donne naissance à une voûte triangulaire se raccordant par trois trompes gauches établies sur un pan coupé, ces voûtes sont liées par des croix de Saint-André débillardées. Les trois trompes forment une partie circulaire où sont incrustées les différentes mar-

ques de charpentes applicables au métier ; cette partie circulaire est surmontée d'une corniche donnant naissance à une flèche torse de forme ennéagone ;
les arêtiers s'élèvent en spirale tournant régulièrement jusqu'au poinçon ; les
empanons garnissent l'espace réservé dans les arêtiers.

Ce chef-d'œuvre a obtenu une médaille de bronze.

Chef-d'œuvre des compagnons de Liberté.

Ce chef-d'œuvre, qui a été construit nouvellement à Tours, fait avec diverses essences de bois, exposé à Lyon par les compagnons de la même Société,
est composé de la manière suivante :

Le piédestal sur lequel il repose est un assemblage de charpentes de forme
octogone représentant les plus grandes difficultés des coupes concernant les
bois droits. Cette manière d'exécution produit une force des plus avantageuses.
Sur ce piédestal reposent seize pilastres ; huit sont placés extérieurement et
huit intérieurement, servant à supporter des voûtes qui, à l'extérieur, forment
une partie circulaire et saillante. Ses parties sont tranchées par huit pénétrations
coniques venant se raccorder avec une deuxième voûte circulaire et ogive supportée par les pilastres. Cette dernière voûte est également tranchée par huit
pénétrations gauches se rendant à une coupole sphérique établie à l'intérieur
des derniers pilastres; sur ces voûtes repose une plate-forme servant de rez-
de-chaussée, ornée, ainsi que l'intérieur de l'édifice, de parquets de toutes
manières. Trois marches formant perrons desservent les portes ayant les attributs
symboliques incrustés du compagnonnage qui représentent les principales marques de la Société originaire du Temple de Salomon. Cette plate-forme sert de
base à la partie principale de l'édifice, composé d'un corps de bâtiment appareillé en coupe de pierre formant une partie octogone élevée à la hauteur de
deux étages. Le plancher du premier étage est supporté par une voûte d'a-
rête en coupe de pierre. Celui du deuxième est exécuté d'après le système
Fourneau.

L'intérieur de l'édifice est desservi par quatre portes principales. Chacune
d'elles est recouverte d'une trompe à anse de panier sphérique dite de St-Antoine rejetant une partie ronde destinée à supporter un balcon. Sur les pans
intermédiaires de chaque porte il existe un corps de bâtiment appareillé en
coupe de pierres ne s'élevant qu'à la hauteur du premier étage, rétablis chacun
dans un plan donné et recouverts chacun d'un comble différent. Le premier
forme une partie parallèle donnée carrément à la façade du grand corps ; le
devant forme une partie aiguë avec pan coupé. La couverture des côtés se
compose d'un comble Mansard et celle du devant d'un comble droit en raccord
avec le Mansard et orné d'une tourelle traversée par une lunette gauche placée
à l'aplomb de la trompe que forme le pan coupé. La partie du côté opposé est
construite de la même façon, sauf la trompe qui rejette l'arête. Le comble qui
couvre cet arrière-corps est droit sur tous les sens. Les flancs sont coupés par

une lunette à faîtage de niveau; sur le devant est un pavillon carré isolé, orné d'une lunette gauche à l'aplomb du carré des sablières du bas. La troisième partie est faite de la même manière. La porte forme un plein cintre, recouverte d'une trompe conique allant rattraper la partie carrée. Le comble est, en terme de charpente, un cinq-épis à queue de morue orné de diverses pénétrations. La quatrième partie est construite d'une partie carrée dont la face du devant est un avant-corps donnant suite à une partie circulaire supportée en saillie par une trompe sphérique dite de St-Antoine. Le comble se compose d'un pavillon à deux étaux avec des lunettes sur les flancs et d'une tour ronde isolée avec pénétration.

Le premier étage de l'édifice est desservi par un escalier construit en appareil de pierre de taille dont la partie intérieure est supportée par une courbe rampante établie autour d'une bouteille ; on pénètre dans l'intérieur de ladite bouteille faite en coupe de pierres par une porte gauche et de niveau. L'escalier du deuxième étage est en charpente, la courbe intérieure est à la française et celle de l'extérieur à demi-onglet; le dessous de l'escalier est plafonné par un lambris à panneaux débillardés. Le deuxième étage est surmonté d'un comble octogone en forme de bry Mansard sur lequel repose un autre comble assemblé avec huit faîtages, neuf poinçons, huit noues et seize arêtiers formant une queue de morue à chaque arête. Les assemblages de l'intérieur de cette charpente se composent d'une forte enrayure ; des croix de Saint-André sont placées pour soutenir le roulis. Sur les faces du côté des portes principales il existe des lucarnes recouvertes chacune d'un comble différent, d'une guitarde circulaire assemblée avec des liens à tenaille servant à couvrir les balcons. Ces guitardes sont couvertes chacune d'un comble différent composé de tours de toutes espèces ornées de divers raccords et pénétrations de tous genres. Les huit poinçons de la grande charpente sont établis sur un plan circulaire et donnant un poinçon au centre; sur ces poinçons repose à l'intérieur une voûte d'arête octogone coupée par huit pénétrations coniques, et à l'extérieur une voûte circulaire et saillante assemblée par des liens à tenaille. Sur les voûtes repose un dôme impérial à forme de cinq-épis sans faîtage se raccordant sur une tour ronde droite établie sur la même base. Chaque face est percée par une pénétration conique. Les quatre poinçons extérieurs du dôme servent à porter quatre trompes coniques assemblées avec des liens à tenaille formant une partie carrée. Dans l'intérieur il existe une coupole sphérique se raccordant avec les trompes sur lesquelles repose un dôme établi sur une base carrée formant une partie octogone où repose la flèche torse. Les arêtiers s'élèvent en spirale tournant régulièrement jusqu'au poinçon, les empanons garnissent l'espace réservé dans les arêtiers tors. L'édifice est exécutable sur le même plan en grandeur naturelle, attendu que les proportions, la résistance des bois raisonnée pratiquement, les distributions et passage d'escaliers ont été observés avec soin.

Ce chef-d'œuvre a obtenu une médaille d'argent.

Chef-d'œuvre des maîtres et ouvriers charpentiers de la ville de Saint-Étienne.

Ce chef-d'œuvre, qui a été construit nouvellement dans cette ville, fait avec diverses essences de bois, est d'une hauteur environ de 4 mètres et porte environ 1 mètre 35 centimètres de diamètre ; il est construit de la manière suivante :

Un piédestal ou tréteau formant étage de sous-sol, monté sur quatre pilastres de différentes hauteurs, lesquels servent à supporter à l'intérieur des voûtes rampantes établies sur un plan incliné se raccordant avec quatre guitardes assemblées avec des liens à tenaille, qui laissent un peu à désirer ; ces guitardes sont en raccord à l'extérieur avec une deuxième voûte formant une partie circulaire et saillante venant s'appuyer sur les pilastres. Au-dessus de ces voûtes repose une plate-forme circulaire surmontée de huit marches d'escalier ornée de différents avant-corps pour former perron et aboutissant à un parquet mosaïque découpé en losanges et carrés de différents tons, sur lequel sont incrustés les attributs des compagnons passants. Au-dessus s'élèvent trente-six colonnes de différents ordres avec portique et entablement formant galerie circulaire à l'extérieur avec voûtes ; les colonnes de l'intérieur sont adossées à des pilastres, lesquels servent à supporter les voûtes appareillées en coupe de pierres. Au-dessus repose le comble principal de la charpente formant un dôme tronqué, supporté à l'intérieur par des voûtes d'arêtes en ogives. Ce dôme est orné par quatre avant-corps supportés par des colonnes formant étage au-dessus de la galerie circulaire ; sur ces avant-corps reposent quatre modèles de charpentes recouverts chacun d'un comble différent, lesquels se trouvent ornés de divers raccords et pénétrations de tous genres. Le premier et le second de ces combles sont composés d'une impériale tronquée, surmontés chacun d'un dôme circulaire avec pénétration à l'intérieur pour former entrée et galerie autour du dôme principal ; au-dessus des dômes s'élève une grande flèche droite dont une est ornée de quatre petits flèchetons à sa base et l'autre de deux pénétrations coniques qui s'entrelacent et sont établies de pente pour se déganchir avec les pénétrations en raccord dans le comble du deuxième étage.

Le troisième et le quatrième de ces avant-corps sont recouverts chacun d'un pavillon à sept épis formant queue de morue à chaque arête et surmontés chacun d'une flèche de forme duodécagone. Un de ces pavillons se trouve garni d'un escalier dit onglet à marches massives.

Au-dessus du dôme principal repose une plate-forme circulaire sur laquelle reposent seize colonnes d'ordre dorique adossées à des pilastres supportant un entablement du même genre et ornés de deux frontons cintrés en façade. Les colonnes de l'intérieur servent à supporter des voûtes ogives de divers systèmes.

Au-dessus desdites voûtes s'élève un deuxième dôme tronqué orné de quatre guitardes recouvertes chacune d'un comble différent dans chacun desquels existent des pénétrations coniques et plusieurs raccords de diverses espèces se raccordant sur le dôme du deuxième étage. Au-dessus de ce dôme repose une troisième plate-forme circulaire sur laquelle reposent huit colonnes torses tournant à droite et à gauche, supportant une plate-forme circulaire servant de base à la flèche torse dont les arêtiers s'élèvent jusqu'au sommet du poinçon et se trouvent dégarnis de leurs empanons.

Ce chef-d'œuvre a obtenu un diplôme d'honneur.

Chef-d'œuvre des Compagnons passants de la ville de Lyon.

Le chef-d'œuvre qui a été fait en 1843 par les compagnons passants résidant à Lyon à cette époque a déjà reçu plusieurs récompenses dans diverses expositions; il est d'une hauteur environ de 3 mètres 50 centimètres, et de 1,20 de diamètre, construit avec diverses essences de bois de la manière suivante : un piédestal ou tréteau formant étage de sous-sol monté sur quatre pilastres servant à supporter quatre guitardes assemblées avec des liens à tenailles et se raccordant elles-mêmes à des voûtes annulaires formant une partie circulaire et saillante pour supporter la plate-forme. A l'intérieur desdites guitardes il existe une coupole octogone placée au centre du piédestal, venant s'appuyer sur les pilastres, et quatre pénétrations rondes en raccord avec ces guitardes formant le passage des brancards servant à supporter ledit chef-d'œuvre. Au-dessus du piédestal, trois degrés ou marches aboutissant à une mosaïque formée par un parquet, système fourneau, sur lequel reposent seize colonnes dont huit à l'extérieur, ordre dorique, adossé à des pilastres servant à supporter des voûtes de différents systèmes. Les huit colonnes de l'intérieur, ordre toscan, servent à supporter une coupole sphérique se raccordant à un anneau circulaire pour laisser le passage de l'escalier placé au centre et montant jusqu'en haut de l'édifice. Cet escalier est orné de rampes à balustres. Au-dessus des voûtes s'élève un dôme à fermes moisées, orné de quatre guitardes circulaires formant avant-corps et renfermant les attributs symboliques des compagnons, recouvertes chacune d'un comble différent en raccord sur le dôme. Le premier de ces combles est un cinq-épis impérial établi sur une plate-forme de pente et rampante; la seconde est recouverte d'un cinq-épis droit à faîtage de pente; ces deux pavillons sont ornés de diverses pénétrations; la troisième est recouverte d'un pavillon, tour ronde en raccord avec deux tourelles ornées de deux lunettes, conique et de pente traversant les tourelles et dégauchissant le grand comble. La quatrième est recouverte d'une tour circulaire formant mitre d'évêque.

Au-dessus du dôme s'élève une impériale tronquée reliée par un plancher du système Fourneau, formant le sol du deuxième étage sur lequel reposent huit pilastres supportant des voûtes circulaires et saillantes, et à l'intérieur une coupole sphérique venant se raccorder à un anneau circulaire. Au-dessus de ces voûtes repose une plate-forme circulaire ornée d'une balustrade à barreau et formant galerie autour d'un second pavillon impérial tronqué qui s'élève au-dessus de ladite plate-forme. Cette impériale se trouve décorée de tourelles en pentes et de boules percées d'une lunette ronde de divers raccords insignifiants dans la charpente. Au-dessus du comble impérial s'élèvent huit colonnes recevant la sablière circulaire formant la base de la flèche torse dont les arétiers s'élèvent en spirale tournant jusqu'au poinçon. Dans la flèche torse il existe huit pénétrations biaisées et cintrées.

Nous terminerons en disant qu'à notre point de vue nous trouvons ce chef-d'œuvre, quoique étant ancien, aussi bien coupé que celui de Saint-Étienne, mais il il est vrai qu'il n'est pas aussi compliqué ; pourtant il n'a pas eu de récompense.

Tous ces chefs-d'œuvre ont été exposés pour montrer à quel degré de perfection les charpentiers français ont poussé l'art de la charpenterie, celui de la coupe de pierre, et avec quel talent ils réunissent les difficultés de tous les combles imaginables sur un même édifice. Les éléments de ces travaux, que l'on doit apprécier avec soin, sont tirés de la géométrie plane et descriptive et d'une certaine connaissance de l'architecture. Ces connaissances, indispensables à l'art du charpentier, sont acquises par les élèves au prix de leurs veillées et de leurs économies dans les écoles professionnelles du métier, car personne ne vient en aide aux charpentiers. C'est par eux seuls que la charpenterie est arrivée au degré où nous la voyons. Ces faits sont bien souvent ignorés ; aussi croyons-nous devoir terminer en disant que l'on encourage très-peu ce génie progressif qui a fait des Français les premiers charpentiers du monde.

Signaler le nom des ouvriers qui auraient exécuté les travaux les plus remarquables.

Il ne nous est pas facile de répondre directement au 2ᵉ paragraphe de notre programme, car dans un travail quelconque de notre corporation la même pièce, soit de bois ou de fer, passe par plusieurs mains ; mais toutefois celui qui dirige un travail important mérite un éloge quelconque. Ainsi nous citerons comme coopérateurs des travaux exposés dans l'Exposition les noms suivants : M. Pierre Chatelet, demeurant à Lyon, pour avoir conduit et dirigé les travaux de l'Exposition sous les ordres de M. Savy ; M. Frédéric Larouil, résidant à Lyon, pour avoir fait les plans et conduit les travaux du chef-d'œuvre de la ville de Tours, exposé par les compagnons de Liberté. Nous regrettons beaucoup de ne pouvoir citer les noms des coopérateurs ayant conduit les travaux des chefs-d'œuvre de la ville de Saint-Étienne et de Lyon, exposés par les compagnons passants, mais l'on a refusé de nous donner aucun détail concernant ces chefs-d'œuvre, et nous n'avons pas cru devoir nous informer davantage, malgré notre bonne volonté.

S'enquérir de la provenance des matières premières, du prix de revient et du prix de vente.

Il nous est impossible de répondre à ce paragraphe, car après avoir fait le tour de l'Exposition, nous nous sommes aperçus qu'il ne s'y trouvait aucun produit se rattachant à notre profession, et nous n'avons pu savoir les prix que coûtaient le peu de charpentes qui s'y trouvaient exposées.

Mentionner ce qu'il y aurait à faire pour soutenir la concurrence, sans que cela soit au détriment de l'ouvrier.

Ici se présente une question d'une grande importance, puisqu'il s'agit du bonheur de tous. Il y aurait peut-être plusieurs moyens, car la concurrence diminuant la valeur d'un objet diminue presque toujours le salaire des ouvriers qui sont employés à sa fabrication. Le prix de la journée ne devrait pas diminuer, au contraire, vu la cherté des vivres qui va toujours en augmentant. Le prix des salaires devrait suivre la même marche, car il est impossible, avec certains salaires, qu'un père de famille puisse suffire aux besoins les plus pressants de son ménage, surtout si le travail n'est pas suivi régulièrement tous les jours. Une planche de salut se présente à nous, c'est la coopération qui supprime les intermédiaires entre le producteur et les consommateurs. C'est par ce seul moyen que nous arriverons à améliorer la position si précaire de l'ouvrier et que l'on atteindra le but proposé.

Mais, pour cela, il faut que cette espèce de division que nous avons entre nous cesse : fléau qui sera toujours un obstacle chaque fois que nous voudrons entreprendre quelque chose dans l'intérêt de tous. Nous connaissons la cause de nos souffrances ; par l'association nous pouvons la faire disparaître. Il nous appartient de prouver que nous voulons être libres et que nous sommes dignes de l'être ; pour cela il nous faut participer au grand mouvement social qui s'opère ; il faut, par les moyens légaux, réclamer sans cesse tous nos droits politiques et sociaux. Par l'association, les travailleurs arriveront à vaincre la misère et à atténuer l'inégalité qui existe entre les hommes. C'est en son nom que nous disons : secours à la veuve et à l'orphelin, secours à l'enfance, secours à la vieillesse, enfin secours à tous ceux qui souffrent. Ne restons pas isolés, amis, car l'homme seul est impuissant ; il s'éteint en maudissant l'humanité.

Voilà pourquoi nous vous disons, ouvriers charpentiers de tous les pays, de toutes sociétés, de toutes sectes compagnonniques : oublions nos divisions, unissons-nous sous les bannières de l'association coopérative. Imitons nos frères de Paris et prenons pour base leur devise : Union, travail, solidarité et fraternité.

QUESTION SOCIALE.

Quant à la question sociale, attendu qu'elle est traitée d'ensemble, nous ne donnerons ici qu'un petit renseignement au sujet des salaires, demandé dans le 3ᵉ paragraphe. Voici ce renseignement pour les grandes villes de France :

A Paris, la journée de dix heures de travail est payée 6 fr. ; à Lyon, 5 fr. 50 ; à Marseille, 5 fr. 50, et à Bordeaux, 4 fr. 50.

VŒUX ET BESOINS.

Nous nous résumons, et nous émettons les vœux suivants, dont, à notre avis, la réalisation est nécessaire pour satisfaire les besoins légitimes de la classe ouvrière :

1º Instruction gratuite et obligatoire ;

2º Formation de sociétés de production, de crédit et de consommation, comme étant l'unique moyen d'éviter les grèves ;

3º Création d'écoles professionnelles, ou, à leur défaut, de conférences professionnelles faites par les ouvriers eux-mêmes ;

4º Droit de réunion dans le sens le plus libéral pour discuter les questions sociales et ouvrières.

Pour donner un nouvel essor à la charpenterie, il faudrait diminuer les droits d'entrée et de navigation qui pèsent sur les bois. Des associations d'ouvriers pourraient exécuter les travaux à bon marché, si les architectes et les capitalistes favorisaient ce genre de sociétés.

Un autre vœu que nous formons, c'est qu'on vienne au secours de l'ouvrier blessé, que les sociétés de bienfaisance ne peuvent soutenir qu'un temps limité ; c'est qu'on soulage les veuves, les orphelins d'ouvriers, les vieillards restés pauvres et devenus infirmes. Tout le monde le sait, l'ouvrier ne peut pas se faire des rentes ; il dépense chaque jour pour les besoins de la vie l'argent qu'il a gagné la veille, et s'il fait quelques économies, la première maladie qui survient les emporte. Après une vie toute de travail et de privations, lorsque la vieillesse arrive, le plus souvent, la retraite de l'ouvrier, c'est la misère, c'est la mendicité. Ne peut-on faire cesser cette calamité qui depuis tant de siècles frappe les classes ouvrières ? Ne peut-on donner aux blessés et aux vétérans

du travail ce qu'on donne à ceux qui ont vieilli sous les drapeaux? Le temps
est venu, croyons-nous, de réaliser cette grande idée préconisée il y a quelques
années déjà, des invalides civils. Après avoir donné aux chefs de la grande
armée des travailleurs les distinctions que leurs travaux avaient méritées, il
n'est pas moins juste de donner aux soldats qui ont pris part à cette bataille de
l'industrie, c'est-à-dire aux ouvriers, la récompense dont ils sont dignes. Eh
bien! cette récompense que nous demandons, c'est un morceau de pain et un
abri pour notre vieillesse. Ces vœux nous semblent formulés avec opportunité
à l'époque de progrès et de civilisation où nous vivons, et nous avons l'espoir
qu'on les jugeant sainement, les hommes entre les mains desquels est déposée
la garde de nos intérêts voudront bien essayer d'en faire l'application. En
terminant notre rapport, nous ne pouvons que remercier de tout cœur la commission ouvrière pour le généreux dévoûment avec lequel elle a organisé les
délégations, et nous remercions aussi les coteries qui ont bien voulu nous
accorder leur confiance.

Fait à Lyon, le 22 janvier 1873.

Les délégués de la corporation :

DUSSOUX et CASTAGNIER.

CHAUFFEURS-MÉCANICIENS

Messieurs et chers Collègues,

En pénétrant dans la vaste enceinte de l'Exposition, nous nous trouvons immédiatement en face de produits industriels de toutes sortes qui attestent, d'une manière positive, les progrès qui se sont opérés dans la mécanique depuis un certain nombre d'années.

Notre étonnement, très-grand au premier abord, ne s'est dissipé que pour nous laisser entrevoir les difficultés nombreuses qui se présentaient pour accomplir exactement et consciencieusement notre mandat.

Nous avons remarqué que les machines étrangères n'y figurent pour ainsi dire que dans la section réservée aux produits agricoles ; ce qui nous empêchera d'établir une comparaison entre nos produits et les produits étrangers, et d'indiquer si ceux-ci sont inférieurs ou supérieurs aux nôtres.

Notre attention se fixe sur de fort belles pièces de marine exposées par MM. Marrel frères, de Rive-de-Gier.

Ce sont des arbres coudés mis hors de service par suite de transformation par l'application de l'hélice employée comme propulseur. La France avait au début de ce perfectionnement pour concurrentes l'Angleterre et l'Amérique, qui étaient en cette circonstance nos devancières par l'extension que ces puissances ont donnée à la découverte admirable et aux développements de la vapeur appliquée à la navigation, ce qui rappelle à l'admiration commune de la postérité les noms de Papin, de Watt et de Fulton.

La Société métallurgique de l'Ariége expose des fontes aciéreuses et des moulage fers fins et aciers divers, dont les cassures mettent à découvert un grain qui prouve la perfection et les progrès faits dans la métallurgie.

Diverses pièces de forge de grande dimension qui sont exposées nous démontrent le talent du forgeron. Nous remarquons aussi des plaques de blindage pour les navires, entre autres une du poids de 19,750 kilogrammes.

Ce qu'il y a de regrettable, c'est qu'à l'instar du gros canon qui figure à l'entrée de l'Exposition, les divers travaux exposés ne portent pas les noms des coopérateurs.

Machines-Outils.

L'outillage forme la base de toute l'industrie de la construction des machines, et c'est à la trop longue imperfection de notre outillage et à notre peu d'aptitude aux grandes entreprises industrielles que nous avons vu certaines nations conserver pendant assez de temps un monopole qu'elles ont perdu, il est vrai, aujourd'hui, par l'extension de l'idée d'initiative qui s'est développée, chez nous, dans des proportions notables.

En effet, nos machines-outils n'ont rien à envier à celles des autres nations.

MM. Ducommun et Cie, de Mulhouse, exposent des tours, etc., dont l'élégance marche de pair avec la solidité et le fini du travail.

Un grand tour rompu pouvant entre l'interruption tourner un diamètre de 6 mètres, le banc étant rapproché du plateau permet de tourner une longueur de 5 mètres. Les parties frottantes sont très-larges, et la longueur à aléser est de 0^m 750. Le prix de ce tour est de 15,300 fr.

Nous avons remarqué de la même maison une machine à tarauder, dont la filière se conduit par une vis-mère avec jeu de peignes. Nous trouvons cette combinaison très-bonne, et elle permet par ce moyen de reproduire une infinité de pas de vis différents.

M. Bouhey, à Paris, expose des moutons automatiques à ressorts, système américain, dont le poids du marteau varie de 60 à 125 kilogrammes. Ces appareils sont très-utiles pour les travaux de forge qui ne nécessitent pas l'emploi de gros moutons à vapeur. Le même constructeur expose une machine radiale pouvant percer les trous à 2,50 du rayon.

MM. Challiot et Gratiot exposent plusieurs tours poinçonneuses-cisailles avec moteur adhérent.

M. Arbey, à Paris, expose une machine à raboter les bois; elle diffère des machines ordinaires par le porte-outils qui est hélicoïdal; des contre-fers agissant par pression forcent des lames minces de 1 à 2 millimètres à épouser la forme du porte-outils.

Nous trouvons cette application de lames très-bonne et pouvant remplacer avantageusement les anciennes qui ont de 10 à 15 millimètres, parce qu'elles sont d'une fabrication beaucoup plus simple, et l'affûtage plus facile. Une disposition particulière permet d'installer une meule en émeri pour l'affûtage des lames sur la machine elle-même, sans être obligé de les démonter.

D'après l'exposant, les anciennes machines peuvent recevoir l'application des porte-outils et leurs affûtoirs.

M. Guillet-Perreau, à Auxerre, expose également quelques machines-outils pour fabriquer les moulures, roues de voitures et futailles, etc.

Les machines-outils en général, soit pour le fer ou le bois, ayant atteint un certain degré de perfection connu de la généralité des industriels et coopérateurs, nous croyons inutile d'étendre notre description sur les appareils de ce genre.

Turbines.

Deux systèmes de turbines sont exposés. Dans la turbine Coutelin, dont l'eau arrive par la partie inférieure de l'appareil, l'ensemble du mécanisme est débarrassé de charpente ou maçonnerie; l'arbre est vertical. Ces machines, de petites dimensions, seraient applicables aux petites industries qui ne nécessitent pas une force motrice trop grande.

Le démontage et remontage de la turbine a été fait devant nous en huit minutes. Nous la recommandons par sa simplicité et les avantages incontestables que l'on peut en tirer.

Dans la turbine Brault et Béthouarth, à double distributeur, la fermeture des orifices se fait par des bandes de gutta-percha, qui s'enroulent et se déroulent au moyen de rouleaux coniques (générateurs).

M. Aubert, à Paris, expose une chaudière à tubes mobiles sans vis ni bagues, etc. Nous supposons que par le chauffage et le refroidissement de l'appareil, la dilatation et la contraction doivent nuire à l'étanchement des tubes mobiles, sans cependant nous livrer à des commentaires qui ne peuvent surgir qu'après les résultats de l'expérience.

MM. Chevallier et Grenier exposent des chaudières à foyer amovibles. La tubulure, formant un faisceau qui relie les deux parties extrêmes à la chaudière par deux grands joints, peut se démonter et permet l'évacuation facile des incrustations tartreuses.

Appareil à river les tubes de M. Jouffret, chef de traction de la Compagnie des Dombes. Cet appareil, composé de trois galets qui se meuvent autour d'un axe, est très-simple et produit de très-bons résultats. Il n'a pas l'inconvénient du marteau qui ébranle souvent la plaque tubulaire en occasionnant des fuites aux autres tubes. L'extrémité des tubes, soit en fer ou en cuivre, forme un bourrelet compact. Déjà quelques grandes Compagnies en ont reconnu l'utilité et font usage de cet appareil qui est applicable aux locomotives aussi bien qu'aux divers générateurs tubulaires de l'industrie privée.

Appareil à alimentation automatique à niveau constant de M. Macabies. L'appareil est un récipient muni de deux soupapes dont une est en communication avec la chaudière, et l'autre avec une prise d'eau. Par un flotteur, le mouvement d'un tiroir distribue la vapeur de la chaudière, tantôt pour équilibrer la pression du récipient à celle du générateur, ce qui permet à la colonne d'eau du récipient de s'introduire par son poids dans la chaudière, tantôt pour mettre le récipient en contact avec l'atmosphère extérieure pour permettre à l'eau de s'introduire dans l'appareil. Lorsque l'eau de la chaudière a atteint le niveau réglementaire, le tuyau de prise de vapeur est immergé, et l'appareil se modère de lui-même.

Par des dispositions spéciales, M. Macabies introduit l'eau prise à un niveau inférieur.

Cet appareil est le seul que nous connaissions qui, donnant un niveau constant dans les chaudières, permet d'obtenir, comme sécurité, de très-bons résultats.

Machines diverses.

Nous remarquons aussi une presse hydraulique horizontale de M. Morane, à Paris, pour la fabrique des bougies stéariques. En faisant allusion à la fabrication de la stéarine, les questions de priorité, tant scientifiques qu'industrielles, ayant rapport à ce produit, ont été, dans ces dernières années, l'objet de beaucoup de contestations. L'opinion des gens compétents n'est que très-imparfaitement fixée sur ce point industriel. On sait que les difficultés à vaincre pour arriver à un résultat satisfaisant ont été sérieuses. En effet, ce qui nous le prouve, c'est en 1813 que fut découvert l'acide stéarique, et ce produit ne commença à être heureusement appliqué à la fabrication qu'en 1831.

Viennent les appareils hydro-extracteurs de la maison Buffaud, qui ont reçu d'importantes modifications. Les premiers hydro-extracteurs étaient à engrenages, et la grande vitesse affectée à ces appareils, soit 800 à 1,000 tours par minute, occasionnait souvent la rupture des dents. M. Buffaud remplaça les engrenages par deux cônes de contact que l'on règle à volonté. Le tampon en cuir rembourré qui maintenait l'équilibre de l'arbre vertical est supprimé et remplacé par des coussinets fixés au bâti qui est au-dessus du panier centrifuge.

Nous citerons aussi le moulin sur colonne de M. Hermann-Lachapelle, à Paris. Le beffroi est en fonte et la colonne creuse est percée de baies latérales; c'est dans l'intérieur qu'est renfermé le mécanisme. Le socle porte les paliers des arbres moteurs, et les meules sont disposées dans l'entablement, qui supporte en outre l'archure et la plate-forme de service.

Le prix du moulin, avec le mécanisme des meules, est de 1,925 francs, prix moyen pour les meules de 0^m90 à 1^m50.

Pompe Neut et Dumont, à Paris. Cette pompe centrifuge sert principale_ment dans les applications industrielles, à l'épuisement, aux dessèchements et irrigations ; elle aspire à huit mètres.

Nous remarquons aussi les appareils de M. Carré pour la fabrication de la glace artificielle au moyen du gaz ammoniaque. Nous nous dispensons d'entrer dans des détails sur ces appareils qui sont aujourd'hui d'un usage très-répandu, et qui évitent avantageusement d'emmagasiner, pendant des mois entiers, la glace que l'on recueille en hiver.

L'école La Martinière se distingue par des travaux très-méritoires : pénétrations de corps solides, sections et courbures produites par la pénétration à divers plans donnés.

MM. Tillard et Meunier et M. Marmonier exposent différents systèmes de pressoirs, dont certaines particularités ne manquent pas d'attirer l'attention des personnes compétentes.

M. Gérard , à Vierzon, expose des machines à battre : 1° des machines en travers qui sont fixes ou locomobiles ; 2° des machines en bout ; ce dernier genre est généralement fixe.

Nous voyons également figurer près de la chaudière modèle de MM. Chevallier et Grenier, qui distribue la vapeur aux diverses machines de l'Exposition, le ventilateur à dépression de MM. Duvergier et Boulon fils, à Lyon ; il est spécialement disposé pour l'aérage des mines, et agit en déprimant l'air à l'extrémité du conduit d'aérage sur lequel il est placé.

Un second appareil, petit modèle, se place dans l'intérieur des travaux ; il est disposé pour occuper aussi peu d'espace que possible, afin de le placer dans les galeries sans gêner la circulation ; il pèse 150 kilog. et peut débiter un mètre cube d'air par seconde.

M. Duvergier, constructeur, expose divers outils improvisés par lui pour la fabrication des canons de la défense nationale. Ils consistent : 1° en une mèche tubulaire pour le forage des canons ; 2° un appareil à les rayer ; 3° un autre appareil pour faire la chambre conique du projectile.

MM. Satre et Averly, successeurs de M. Louis Combe, exposent une pièce de 7 du type de quarante-un canons livrés par eux pour la défense nationale. Il est à observer que le travail de la fabrication des canons exige une grande précision et beaucoup d'habileté, enfin un outillage bien établi.

Nous ne nous engageons pas dans la description des différents systèmes de canons, les produits étrangers, comme ailleurs, ne nous fournissant pas matière à comparaison.

Machines à vapeur.

En considérant les progrès qui se sont opérés dans les machines à vapeur, il nous est permis d'en attribuer sans emphase la cause aux talents de nos constructeurs et à l'intelligence de nos ouvriers.

Grâce à eux, nous sommes aujourd'hui à la hauteur des autres nations et principalement de l'Angleterre, qui a conservé pendant longtemps le monopole des machines à vapeur. On voyait autrefois dans nos usines la force motrice centralisée ou concentrée en un seul point, et par suite un attirail de poulies, des renvois de mouvement, de courroies, etc. Cette application était défectueuse et entraînait la perte de beaucoup de force par les frottements ; de sorte que pour obtenir notamment un effet très-faible, on était obligé d'employer une machine très-considérable.

Aujourd'hui, tel que cela se pratique dans nos usines, une chaudière unique distribue sa vapeur dans un grand nombre de tubes et va porter le mouvement et la force dans différents points ; ce qui permet d'appliquer à chaque type de machine à vapeur le travail qui lui est approprié.

Je citerai la grue à vapeur, le marteau-pilon ou mouton à vapeur et divers autres appareils tels que celui qui mène les grosses pièces sous le laminoir, etc.

Nous remarquons qu'en général, pour les moteurs à vapeur qui figurent à l'Exposition, nos constructeurs s'attachent aux divers travaux ayant rapport à la détente, et tendent à lui appliquer directement l'action du régulateur ; c'est un but atteint pour utiliser la vapeur dans de bonnes conditions. L'usage du papillon pour régler l'introduction de la vapeur dans le cylindre paraît être abandonné et disparaît avec ses imperfections.

M. Duvergier, de Lyon, expose un moteur horizontal à haute pression et à condensation. La condensation est très-avantageuse quand on dispose d'une quantité d'eau assez abondante pour fournir aux besoins de la condensation. Le cylindre, disposé d'une manière toute spéciale, est revêtu d'une double enveloppe en fonte, de sorte qu'il est entièrement entouré de vapeur. Une autre enveloppe de bois, qui est un mauvais conducteur du calorique, entoure la partie extérieure du cylindre.

La partie inférieure du tiroir est en contre-bas de la génératrice inférieure du cylindre, ce qui permet de supprimer les purgeurs, l'eau s'écoulant naturellement dans le condenseur.

Le régulateur qui est établi d'après les données et indications de M. L. Foucault est appliqué à la détente et régularise parfaitement à différents efforts les fonctions de l'appareil. Quant à la dépense de vapeur, prenons 0,6 pour coëfficient : la machine peut produire sa force nominale de 30 chevaux avec une admission de 0,07 de la course du piston ; dans ce cas la dépense de vapeur n'est que de 63^m c 80 par heure ou 198 kil. pour 30 chevaux, soit $\frac{198}{3} = 6$ kil. 600 par cheval et par heure. Avec les chaudières de M. Chevalier qui alimentent la machine, on peut compter sur 8 kil. de vapeur par kil. de houille brûlée, ce qui équivaut à $\frac{6,6}{8} = 0$ kil. 825 par cheval et par heure.

MM. Satre et Averly, successeurs de M. Louis Combe, exposent une machine également à haute pression et à condensation.

Le régulateur commande directement la détente.

La distribution s'opère par un mouvement elliptique d'un point pris sur la bielle dans son parcours. Il résulte de cette innovation un accroissement de vitesse lorsque la développante passe par le petit axe, cette vitesse diminue dans son passage vers l'arc osculateur du grand axe.

Nous passerons sous silence les effets et l'utilité de ce mode de distribution, ce qui nécessiterait une étude et une démonstration trop étendues.

MM. Buffaud, à Lyon, exposent une machine à vapeur horizontale à détente variable qui réunit à l'élégance la simplicité.

Passons à la machine de MM. Murat et Constantin :

La machine n'a dans son ensemble rien à envier à celles ci-dessus précitées, elle est d'une bonne construction.

Le régulateur, tout en étant d'un aspect un peu monumental, ne réunit pas moins par sa construction les conditions désirables pour obtenir une régularisation parfaite.

M. Manay expose un moteur à tiroir équilibré, dont les détails nous manquent.

Quelques mots sur les vices d'organisation et la conduite des machines à vapeur dans l'industrie privée.

Quoique les prescriptions soumises par les règlements d'administration soient très-sérieuses, beaucoup de vices qui s'insinuent dans leur application ne peuvent manquer de nuire aussi bien aux chefs d'industries qu'aux coopérateurs qu'ils ont à leur service.

En effet, l'organisation de la conduite des machines fixes dans la plupart des usines laisse beaucoup à désirer.

Les moteurs sont généralement confiés à des hommes mal rétribués et qui, ne possédant aucune notion, ne réunissent pas les conditions indispensables pour assurer la sécurité et le bon entretien de ces appareils.

Nous croyons de notre devoir de soumettre notre idée à MM. les chefs d'usines ; car il résulte de cet état de choses une économie illusoire, qui, tout en provoquant les risques d'accident, nécessite des réparations toujours onéreuses qui sont le plus souvent le résultat d'un mauvais entretien ou d'une mauvaise conduite.

Par le choix de chauffeurs-mécaniciens capables, les causes d'accidents se trouvent annihilées, et l'économie se réalise positivement tout en donnant un débouché aux personnes qui se sont destinées spécialement à cette branche d'industrie.

Notre travail touche à sa fin ; nous regrettons vivement, à l'instar de nos collègues délégués aux expositions antérieures, de ne pouvoir fournir à nos confrères des documents plus étendus, l'Exposition se trouvant presque privée, dans la partie concernant la mécanique, d'éléments étrangers.

Il en résulte que le point essentiellement intéressant qui pourrait servir de comparaison entre nos produits et ceux des autres nations se trouve éliminé dans notre travail.

Th. MULLER, P.-A. CARRIÉ.

Lyon, le 25 novembre 1872.

QUESTION SOCIALE.

Les diverses recherches qui ont été faites pour résoudre cette question n'ont, jusqu'à présent, abouti qu'à de minces résultats.

Je ne puis ici m'appliquer seul à résoudre un problème qui demanderait le concours de personnes sérieuses. Je me borne à élucider deux questions, l'une ayant rapport au développement de l'instruction parmi la classe ouvrière, qui permettrait de niveler sous les rapports intellectuels et moraux la différence qui peut exister entre les classes dirigeantes et les classes ouvrières.

Sous un régime démocratique, le salarié a l'avantage incontestable de pouvoir, par une libre discussion, résoudre, aidé des lumières de ses confrères, les questions qui se rattachent à la question sociale d'où doit naître la sécurité de la société. La répression engendre la fermentation dans les esprits si l'on ne réforme pas les abus. Revenons à l'instruction, par elle nous rendons accessibles, à l'ouvrier des fonctions qui lui permettraient par le vote d'électeur de prendre part aux affaires publiques.

La question prise sous un autre point de vue et d'où doit sortir également la sécurité de la société est celle des salaires.

L'ouvrier en effet est loin d'avoir une rétribution en rapport avec les exigences de la vie, par suite de la cherté des vivres ; ne pouvant se permettre la moindre distraction, il sacrifie exclusivement à la famille ses plaisirs, d'où il résulte généralement un accroissement de celle-ci qui ne contribue guère à améliorer ses moyens d'existence.

Un moyen de rémédier à cet état de choses, c'est la coopération, et encore elle ne tranchera définitivement la question qu'après un temps plus ou moins long.

Pour arriver à un résultat sûr et qui puisse être un jour favorable à l'ouvrier, en le rendant propriétaire de son travail, il faut la transformation des sociétés diverses en sociétés anonymes à capital variable, opération qui peut se faire, la loi l'autorisant, elle assurera enfin au travailleur le bien-être et la sécurité si indispensables aux développements de l'industrie.

Pour les délégués des chauffeurs-mécaniciens,

Carrié.

CUIRS ET PEAUX

—

PRÉAMBULE

Chers Collègues,

Comme tous les délégués des corporations représentées à l'Exposition universelle de Lyon doivent faire un rapport afin d'initier leur corporation aux questions industrielles et sociales, les délégués des Cuirs et Peaux, dans leurs visites collectives, ont dû s'enquérir des meilleurs procédés de fabrication et constater les progrès réalisés chacun dans leur spécialité.

Notre tâche nous étant tracée, sans nous laisser influencer par les décisions du Jury, nous avons apporté dans ce travail d'examen toutes nos connaissances unies à la plus loyale impartialité et à la plus entière franchise.

Nous commencerons notre rapport comme l'examen a été commencé, sans distinction.

Tannerie et Corroierie.

M. Robelin, tanneur et corroyeur, Thoissey (Ain). — Veaux blancs et cirés. — Médaille de bronze.

Ses veaux sont bien travaillés de rivière et bien tannés, très-souples, grain très-fin et très-régulier, bien finis et d'un bon rapport ; toute la fabrication est très-bien faite.

Comme spécialité de veaux cirés, ce sont les plus beaux.

M. Bal, tanneur-corroyeur, Chambéry (Savoie). — Veaux blancs et cirés. — Médaille d'argent.

Ses veaux sont bien fabriqués, de tannerie et de corroierie, d'un bon rapport; ses marchandises sont de bonne qualité. La fabrication est un peu inférieure à celle de M. Robelin, de Thoissey.

MM. Goiffon, Duc et Cⁱᵉ, Lyon. — Veaux blancs et cirés. — Médaille d'argent.

Veaux bien fabriqués, de tannerie et de corroierie, très-souples, fleur fine, grain bien monté, laissant un peu à désirer sur la régularité. Les veaux blancs étant très-légèrement poudrés et bien glacés sont beaux; nous avons remarqué qu'ils étaient trop affamés sur les bordages. Les veaux cirés sont bien finis.

Nota. — Le poudrage des veaux blancs ne devrait pas exister.

MM. Ditty et Collet, Lyon. — Veaux blancs et cirés, tiges et croupons. — Médaille d'or.

Veaux cirés bien montés et bien tannés, tannage trop nerveux. Le travail de corroierie est bien fait. Si la mise en huile était un peu plus foncée, cela donnerait plus de souplesse aux veaux; dans le finissage des veaux cirés, la colle est un peu sèche. Les tiges sont belles et assez bien finies. Les croupons et les tiges façon de Russie laissent à désirer sur la couleur et le quadrillage. La vache lissée, quoique passable, n'est pas assez montée en tannerie.

Toutes les marchandises sont de bonne qualité.

MM. Pitou frères, Vaise, Lyon. — Veaux blancs et cirés, croupons et vache lissée. — Médaille d'argent.

Veaux tannés en vingt-sept jours, vachettes de Calcutta tannées en quarante jours. Pour un tannage aussi expéditif, les marchandises sont bien tannées. Cependant, c'est un mauvais procédé de tannage. Veaux creux et vieux au coup d'œil, bien travaillés de corroierie. Vachettes assez souples pour un tannage aussi accéléré. Cependant ce genre de fabrication ne vaut pas le tannage ordinaire. Les veaux sont raides sous la main, ce qui peut provenir de la longueur du temps pendant lequel ils ont été exposés. Le grain est assez fin, quoique n'étant pas très-régulier. Les veaux blancs et cirés, ainsi que les croupons au tannage ordinaire, sont assez bien fabriqués sous tous les rapports et d'un assez bon rapport.

Vache lissée, bien lissée et bien tannée, tannage fin et ferme et d'un bon rapport.

M. Chantrain, Bruxelles (Belgique). — Veaux blancs et cirés. — Mention honorable.

Ses veaux, quoique assez bien fabriqués et d'un bon rapport, ne sont pas assez souples, le grain est irrégulier. Un peu négligé de tannerie et de corroierie.

M. Simon Ulmo, Lyon. — Veaux blancs et cirés. — Médaille d'argent.

Marchandises de bonne qualité et de bon rapport, négligées au travail de rivière, montées par le moyen de jus trop forts, assez bien tannées. Le grain des veaux mâles est grossier, tandis que celui des veaux femelles n'est pas assez monté, ce qui provient de la fabrication. Le travail de corroierie est bien fait, quoique ce genre de tannage offre beaucoup plus de difficultés à l'ouvrier corroyeur, aucune façon ne doit y être abrégée pour obtenir un bon résultat. Le finissage des veaux cirés laisse à désirer.

M. Desbenoit, Roanne. — Veaux blancs et cirés. — Médaille de bronze.

Ses veaux, quoique bien faits, laissent un peu à désirer. On peut faire mieux sous les rapports de fabrication.

M. Félix Déchosal, Annecy (Haute-Savoie). — Veaux blancs et cirés. Fabrication mal faite, le travail de corroierie laisse à désirer.

Mᵐᵉ veuve Masson, Chambéry (Savoie). — Veaux blancs et cirés. — Médaille de bronze.

Fabrication passable et assez bien travaillée de corroierie, quoique certaines façons laissent à désirer.
Marchandises d'assez bonne qualité.

MM. Zimermann et Raginel, Lyon. — Veaux blancs et cirés. — Médaille de bronze.

Veaux blancs et cirés montés au châtaignier et couchés à l'écorce de chêne. Un tannage imparfait les rend raides et coriaces sous la main. Le travail de corroierie est bien fait, quoique difficultueux, vu que les veaux sont mal tannés. Vaches lissées, très-négligées au montage en cuve, couleur très-pâle, fleur assez lisse. Le tannage laisse à désirer. Le procédé employé serait assez bon si l'on n'apportait aucune négligence, soit dans le travail, soit dans la fabrication, et principalement dans le travail de basserie.

M. Allégatière, Vaise-Lyon. — Spécialité de vache lissée. — Diplôme d'honneur.

Montage au châtaignier et couchage à l'écorce de chêne ; de la manière dont les bandes étaient exposées et clouées, nous n'avons pas bien pu apprécier le travail ni la fabrication.

Cependant nous avons remarqué des carrés découpés qui étaient tannés d'une manière exceptionnelle, et nous nous sommes demandé si l'on pouvait livrer au commerce et à un prix raisonnable et courant des marchandises fabriquées de ce genre. Nous en laissons l'appréciation aux connaisseurs et fabricants de la même spécialité. Notre mandat nous empêche de donner notre appréciation.

MM. Trouttet et Thevenet, marchands de cuirs et peaux, Lyon. — Croupons, tiges et croûtes. — Médaille de bronze.

Croupons bien travaillés de corroierie, bien sciés, bien quadrillés et bien finis. Les croûtes sont très-belles et sont à remarquer par l'imitation de la fleur et par la supériorité du finissage. Les tiges et avant-pieds en vache, soit en blanc, soit en ciré, sont bien finis et bien soignés. Le cambrage, quoique à la mécanique, est assez bien. Les croupons façon Russie sont d'une belle couleur, nuance égale et bien quadrillés ainsi que les tiges et avant-pieds du même genre. Nous avons remarqué des vaches de différentes couleurs, très-souples et bien grenées; en général, c'est une maison où le travail est des mieux conditionnés.

M. Rozier, corroyeur, Lyon. — Médaille d'argent.

Croupons bien travaillés et bien finis de corroierie, le quadrillage est bien; n'étant pas assez montés en tannerie, nous avons remarqué des croupons très-creux. Les croûtes sont bien corroyées et bien finies. Les croupons façon Russie, bien quadrillés, belle nuance pas assez régulière. Comme même spécialité que la maison Trouttet-Thevenet, nous sommes complètement en désaccord avec le Jury touchant la manière d'apprécier ce travail.

M. Roux fils, Vitry-sur-Seine (Seine). — Médaille d'argent.

Cuirs noirs bien travaillés de rivière, fleur fine et belles chairs, cuirs jaunes bien travaillés, nuance terne, ainsi que la nuance des cuirs à courroies. Toutes les façons de la corroierie sont assez bien faites. Cuirs rasés, bien tannés et rasés régulièrement. Capotes grasses, grain irrégulier, laissent à désirer.

Le tannage de ses marchandises est très-ouvert.

M. Godard-Dubé, Chaumont (Haute-Marne). — Médaille d'argent.

Cuirs noirs bien tannés et assez bien corroyés, d'un bon rapport, bien dressés sans être coupés et bien rentrés. Les croupons à courroie laissent à désirer; les croupons empeignes, bien tannés, très-souples, laissent à désirer dans plusieurs façons au travail de corroierie.

MM. Gérard frères, Nancy. — Médaille de bronze.

Vache lissée bien tannée, pas assez montée en tannerie.

Les croupons et veaux, quoique assez bien tannés, laissent à désirer sous tous les rapports.

MM. Garnier frères, Gondrecourt (Meuse).

Veaux tannés en quarante jours, mauvais procédé, d'après notre appréciation. Comme les nuances des fosses marquent sur chair, ces veaux ne peuvent être tannés en quarante jours à ce genre de tannage; on ne couche pas en fosse; les veaux sont durs à la main.

M. Alexandre Garde, Avignon. — Médaille de bronze.

Cuirs noirs à chairs propres, et cuirs à courroies bien tannés, laissent à désirer en corroierie, surtout les cuirs à courroies.

MM. Defoudon et Perrier, Lyon.

Leurs cuirs noirs, cuirs blancs et cuirs rasés, sont d'un bon choix et de première qualité. La fabrication et le travail de corroierie devraient être mieux faits et mieux conditionnés.

MM. Crépu frères, Lyon.

Cuirs noirs, cuirs rasés et cuirs à courroies de bonne qualité, laissent beaucoup à désirer au travail de corroierie; les cuirs rasés et cuirs à boyaux sont trop forcés au sel.

M. Aimé Nugue, Lyon. — Fabrique à Saint-Jean-de-Bournay (Isère).

Cuirs noirs, blancs et rasés. Toute la fabrication de ses cuirs laisse à désirer.

Mauvaise corroierie.

M. Lebrun, Châteaudun (Eure-et-Loir). — Vaches lissées bien tannées, grain fin, fleur fine et bien corroyées. — Médaille de bronze.

Ses veaux sont bien tannés, mais laissent à désirer dans certaines façons au travail de corroierie.

MM. Pichenot frères, Saulieu (Côte-d'Or). — Cuirs forts, bien montés et bien tannés, bonne fabrication. — Médaille d'argent.

MM. Chollet et Lecerf, Paris. — Spécialité de tiges bottines façon Russie, quadrillées et imprimées, belle nuance et souples. — Médaille d'argent.

En général, tous ses articles de fantaisie sont bien travaillés. Croupons imitation cuir de Russie, bien quadrillés, nuance régulière.

M. Frileur, Villeneuve-sur-Yonne. — Vache lissée, bien tannée et bien corroyée, cheval assez bien fabriqué. — Médaille d'argent.

Veaux blancs et cirés très-souples, mais trop affamés, ce qui leur donne de la souplesse.

M. Sorel, Moulins (Allier). — Vaches lissées et cuirs noirs pas assez montés en tannerie, assez bien tannés, bien travaillés de corroierie. — Médaille de bronze.

Ses veaux sont durs à la main, le grain est grossier et irrégulier, le finissage des veaux cirés est assez bien.

M. Sébastiano Bocciano, Gênes (Italie). — Médaille de bronze.

Nous avons remarqué une vachette entière et un veau fini en blanc qui étaient bien tannés; le tannage est creux, le grain du veau est fin et régulier, seulement il n'est pas assez croisé, le veau a été drayé de fond et affamé par partie. La vachette est très-creuse, mais assez souple, laisse à désirer au finissage en blanc. La vache lissée est assez bien tannée, mais le tannage de ses marchandises est trop creux, ce qui les rend trop spongieuses.

M. Sendret fils, Metz (Moselle). — Médaille d'argent.

Ses cuirs à courroies, que nous n'avons pas pu bien apprécier, parce qu'ils étaient roulés et attachés, paraissaient assez bien fabriqués quoique semblant laisser un peu à désirer aux dernières façons du travail de corroierie. Le cheval, les fausses bottes cheval, ainsi que les tiges sont assez bien fabriqués et bien corroyés. Les veaux sont assez bien travaillés, mais laissent à désirer au finissage.

M. Pirret-Pauchet, Namur (Belgique. — Cuirs bruts de tannerie, bien montés et bien tannés. — Médaille d'argent.

Ce tannage est fin, il doit être d'un bon rapport et faire un bon usage. Nous avons remarqué que ces cuirs étaient étrangers.

M. Victor Thierry, Luxeuil (Haute-Saône). — Cuirs forts. — Médaille de bronze.

Le tannage de ses cuirs est passable, mais ils n'ont pas assez été montés en cuve.

M. Donge-Levistre, Dijon (Côte-d'Or). — Médaille de bronze.
Cuirs noirs à chairs propres et cuirs rasés laissent à désirer sur la fabrication.

M. Jean Armand, Ivry-la-Bataille (Eure). — Mention honorable.
Cuirs assez bien tannés et très-fermes. Cette maison fait usage de la machine hydraulique, ce qui est un mauvais procédé, parce que la machine énerve trop le cuir et le rend cassant.

M. Faney, tanneur, Lons-le-Saunier. — Médaille de bronze.
Vache lissée assez bien tannée, laisse à désirer au montage en cuve; la fleur est fine et bien lissée, les chairs sont également lisses et très-blanches.

MM. Bunel, Jacoz et A. Denant, Paris. — Médaille d'or.
Cuirs jaunes bien tannés et bien corroyés, belle nuance; ce sont les cuirs jaunes les mieux fabriqués que nous ayons vus, capotes vernies très-souples, le grain est un peu grossier.

M. Th. Soyer, Paris. — Diplôme d'honneur.
Capotes vernies très-souples, grain fin, vernis lisse très-bien, le vernis en couleur est à remarquer. Cuirs noirs et cuirs jaunes bien travaillés, cuirs brunis très-bien finis, nuance égale, capotes grasses très-souples et bien noircies.

Croupons empeignes couleur trop foncée, croupons noirs grenés laissent à désirer, le grain est irrégulier et gros.

M. Sueur, Paris. — Diplôme d'honneur.

Capotes vernies très-bien travaillées, vernis noirs très-bien, vernis en couleur très-beaux, nuances claires ; en général, rien n'est négligé soit dans la fabrication, soit dans le travail.

M. Guérin-Delaroche, Paris. — Médaille d'or.

Capotes vernies très-souples, grain très-fin et très-régulier. Croûtes vernies très-belles et bien corroyées. Toutes ses marchandises sont bien travaillées et bien finies.

M. René Pillais, Paris. — Médaille d'argent.

Les veaux et capotes vernis sont passables. Les veaux sont très-souples, le vernis paraît cassant. Les capotes sont un peu sèches à la main et ne sont pas des plus souples ; comme corroierie, le travail est assez bien fait.

Mme veuve Courtois, Paris. — Médaille d'argent.

Capotes vernies noires très-souples. Grains gros mais régulier. Veau vernis un peu terne, paraît sujet à caller. Nous avons remarqué des chèvres grenées. Grain long, très-souples et bien travaillées sous tous les rapports.

MM. Houette et Cie, Paris. — Diplôme d'honneur.

Ne pouvant porter notre appréciation qu'à la vue, ses marchandises étant trop hautes, nous n'avons pu les toucher. Les veaux vernis nous ont paru assez beaux, vernis noir assez éclatant.

M. Fortier-Beaulier, Paris. — Diplôme d'honneur.

Ses peaux de cochon jaunes et brunies sont très-belles et bien corroyées. Le drayage est bien, ses crins jaunes et brunis sont très-beaux, d'une nuance égale, la fleur est fine et bien travaillée. Toutes ses marchandises exposées ne laissent rien à désirer.

MM. Cauvin-Varin et Colignon, Paris. — Médaille d'argent.

Spécialité de cuirs et vaches en croûtes sciées en trippes, bien sciés, assez bien tannés, fleur blanche et douce.

M. Henry, à Coulommiers (Seine-et-Marne). — Médaille d'or.

Cuirs forts étrangers bien montés et bien tannés, bonne fabrication.

MM. Robelin et fils, à Longjumeau (Seine-et-Oise). — Médaille d'argent.

Cuirs forts et vaches lissées bien tannés et bien travaillés. Travail et fabrication préférables à ceux de M. Henry (de Coulommiers).

M. Dorgé-Heuzé, à Coulommiers (Seine-et-Marne). — Médaille d'argent.

Fabrique de cuirs forts, vaches lissées, croupons veaux cirés, cheval, brides à sabots, etc. Comme fabrication de tous genres de travail, rien ne laisse à désirer, ni en tannerie ni en corroierie. Dans cette maison existe l'association du capital et du travail.

M. Bertrand Clavé, à Coulommiers (Seine-et-Marne). — Médaille d'argent.

Cette maison, qui fabrique les mêmes articles que la maison Dorgé-Heuzé, fabrique très-bien ; comme fabrication de tous genres de travail il n'y a rien à désirer, son cuir rasé est très-bien fabriqué.

M. Lesaulnier, Paris. — Diplôme d'honneur.

Spécialité de cheval très-bien fabriqué, très-souple, fleur fine, assez bien fini.

M. Albéric Parent, à Givet (Ardennes). — Médaille d'argent.

Cuirs forts bien tannés et fermes. Croupons en croûte, tannage assez bien laissant à désirer au travail de rivière.

M. Burg, Paris, manufacture de maroquinerie. — Médaille de bronze.

Nous avons remarqué des vaches capotes quadrillées très-souples. Le quadrillage est très-bien réussi.

MM. Lefebvre et Débonte, Paris. — Médaille de bronze.

Cette maison n'a exposé qu'une bande de cuir rasé ; sa fabrication ne laisse rien à désirer ; c'est un des mieux fabriqués et des mieux travaillés que nous ayons remarqués.

MM. Michel et Vieil, à Aix (Provence). — Médaille de bronze.

Cuirs noirs et blancs bien tannés et bien travaillés de corroierie. Bon rapport.

M. Lombard fils, Marseille. — Médaille d'argent.

Cuirs noirs manquent de nourriture, laissent à désirer au travail de corroierie.

M. Trachsel, Mondon (Suisse). — Médaille d'argent.

Cuirs forts, bien tannés, laissent un peu à désirer au montage en cuve.

M. Bizouard-Grosbois, Semur (Côte-d'Or). — Médaille d'argent.

Cuirs forts, la fabrication laisse à désirer.

M. Déon fils, Sens. — Médaille de bronze.

Cuirs noirs, mal travaillés de tannerie et de corroierie ; ses cuirs sont de bonne qualité et de bonne nature.

M. Clément Bélouin, Angers. — Médaille d'argent.

Croupons assez souples et assez bien travaillés ; ses veaux sont très-souples, mais ils sont égalisés, ce qui ne doit pas exister pour les veaux cirés, ils sont très-affamés ; son cheval, quoique passable, laisse à désirer au finissage.

M. Pajaut, Argenton. — Médaille de bronze.

Vaches lissées, bien montées et bien tannées, fermes, fleur fine, bien lisse, bonne fabrication ; comme vaches lissées, ce sont les mieux fabriquées que nous ayons remarquées comme fabrication ordinaire.

M. Marandon, Argenton. — Médaille de bronze.

Cuirs forts et vaches lissées, bonne fabrication et bon tannage ; ce genre de tannage est un peu ouvert.

M. Briot, Saint-Hippolyte. — Médaille d'argent.

Cuirs forts, très-bien fabriqués et bien tannés, supérieurs.

MM. Philibert et Levet, Lyon. — Mention honorable.

Les vitrines étant fermées et les clefs n'étant pas à la disposition d'un garde ou d'un représentant à l'Exposition, nous n'avons pu apprécier les marchandises exposées. Cependant au travers des vitrines nous avons remarqué des croupons qui paraissaient assez bien corroyés. Quant aux empeignes et tiges de bottines piquées, nous laissons cet article à l'appréciation des cordonniers et fabricants d'articles de ce genre, qui ne rentrent nullement dans la partie de la corroierie.

M. Thollon, corroyeur à Lyon. — Médaille de bronze.

Nous avons trouvé le travail convenable sous tous les rapports de la corroierie et de la partie anglaise ; tiges façon de Russie bien imitées ; cuir à ceinturons bien fini ; croupons bien souples et bien corroyés.

M. Goubert, corroyeur à Lyon. — Médaille de bronze.

La vitrine étant fermée, nous n'avons pu apprécier la fabrication. Ses marchandises nous ont paru assez bien corroyées.

M. Dupoizat, corroyeur à Lyon.

Ses marchandises laissent à désirer pour la souplesse et le travail de corroierie.

Orphelinat de Misserglin (département d'Oran), Algérie.

Nous avons trouvé une grande différence avec les produits français du même genre. Un croupon cuir fort, tannage ouvert, n'a aucune fermeté et est très-mince. Un croupon de vache lissée, très-creux, laisse beaucoup à désirer sous tous les rapports. Le veau ciré crouponné, tannage inférieur assez souple et assez bien fini, le grain est fin mais irrégulier. La vachette crouponnée finie en blanc est assez souple et assez bien blanchie, elle était légèrement poudrée. Toutes ces marchandises n'offrent aucun rapport s'il fallait les vendre au poids.

Comme fabrication de courroies, nous laissons l'appréciation des courroies soudées, rivées ou cousues, simples ou doubles, aux consommateurs ou fabricants de ce genre de travail, mais comme belle nuance et travail de corroierie, nous citerons la maison Brenot, de Lyon.

Nous avons remarqué une belle exposition d'outils pour l'industrie des cuirs et peaux par les maisons de Paris ; leurs outils nous ont paru bien conditionnés. Nous ne parlerons pas ici de la trempe des outils tranchants.

M. Desmurger, fabricant d'outils à Lyon, pour tanneurs et corroyeurs, a exposé des outils bien conditionnés et bien en main de l'ouvrier ; nous avons remarqué un chevalet qui peut servir à l'occasion de chevalet français et anglais très-bien fait ; le foulon nouveau système, qu'il a exposé, nous a paru avantageux pour les fabricants de petites peaux, et le système convenable en y apportant de l'amélioration et du perfectionnement.

Les délégués ouvriers de la Tannerie et de la Corroierie lyonnaises,

Édouard Barbeirac, Domergue, Soubrand, Desmule, Célestin Thermoz, Pierre Chapuis, Mottet, Crozet, Teyre, Chopalay, Chomérac.

Peausserie.

M. Trefousse, Chaumont. — Chevreau. Travail bien fait, belle variété de couleurs. — Hors de concours comme étant membre du jury.

M. Conferon, Paris. — Chèvre naturelle, belle fleur chagrinée, le grain irrégulier ; quant aux autres articles, la vitrine étant fermée, nous n'avons pas pu les apprécier sérieusement.

M. Rochier, Lyon. — Chèvres grain du Levant, faites dans de bonnes conditions comme souplesse, grain rayé et grain carré, très-bien finies, chèvres à deux nuances ; c'est commun comme travail.

MM. Favre et Cⁱᵉ, Lyon. — Chèvres grain du Levant, bien finies, grain carré et rayé, passables, mates, très-souples et d'un beau noir.

MM. Peigne et E. Choupe, Paris. — Chamois couleurs, bien fabriqués comme souplesse et nuances bien variées.

MM. Roques frères, Montpellier. — Mouton écorce, comme tannage bien ; le mettage au vent laisse beaucoup à désirer.

M. T. Hesse, Lyon. — Chèvres imprimées. Sur le grain imitation étoffe ; cela nous paraît assez bien fait, mais la vitrine étant fermée nous ne pouvons juger qu'imparfaitement.

M. P.-H. Garnier, Paris. — Veaux mégis en blanc très-bien travaillés de rivière, ce qui les rend d'une souplesse parfaite ; chevreaux couleurs variées extra-beaux.

MM. Robert et Labarthe, Paris. — Veaux mégis ; comme fabrication et souplesse laissent beaucoup à désirer.

M. Dorel Henry, Grenoble. — Chevreaux et agneaux ; comme fabrication et souplesse, bien. Chevreaux dorés et noirs glacés, passables.

MM. Vetter père et fils, Lyon. — Chèvres à souliers lustrées, bien ; grain du Levant, passable ; mouton naturel quadrillé, très-ordinaire, comme étant trop brun.

M. Dailly, Lyon. — Moutons maroquinés, rouge fin, comme teinte extra et beau finissage, assortiment de nuances des plus variées, et comme corroyage d'un fini parfait. Maroquins et moutons chagrin couleurs, grain bien perlé ; moutons naturels quadrillés, très-bien ; nuance ég. le. Moutons mégis, fleur fine ; moutons écorce très-bien tannés ; moutons noirs, gros grain bien régulier. Chèvres grain du Levant, rayé et grain carré, sont d'une bonne condition. Chagrins noirs et blancs, beau grain naturel, très-bien comme régularité. Chèvres mates, fleur très-fine et beaucoup de souplesse.

M. Marchand, Paris. — Veaux mégis, comme fabrication, extra-bien ; d'après notre appréciation, nous ne trouvons pas mieux.

M. Boisserand, Dijon. — Chèvres en croûtes bien tannées ; chèvres chagrin, grain pas assez arrondi ; chèvres rayées et grain carré très-ordinaire. Comme corroyage laisse à désirer.

M. Julien, Marseille. — Chèvres tannées écorce et sumac, bien travaillées de rivière, et bien tannées.

MM. Autran frères, Marseille. — Chèvres tannées écorce, très-bien travaillées de rivière, et très-bien tannées ; chèvres tannées au sumac ; supérieur comme tannage.

M. G. Pinède, Bayonne (Basses-Pyrénées). — Agneaux en poils ; comme apprêt et dégraissage, fabrication qui défie toute critique.

MM. Moulin frères, Lyon. — Vitrine fermée ; nous ne pouvons pas juger le travail.

M. Broquier, Marseille. — Chèvres chagrin passable ; grain rayé et carré, bien.

MM. Mathieu, Massouquier, Graulhet. — Moutons étrangers, façon paille très-ordinaire.

M. B. Allard fils, Marseille. — Chèvres chagrin noir, grain bien fait ; chèvres rayées, bien comme imprimage, sont supérieures au grain carré ; chèvres mates, bien finies, mais elles manquent de souplesse.

MM. Charaux, Renaud, Nancy (Meurthe). — Chèvres noires et couleurs, mal finies, grain et imprimage surtout; les rayées laissent beaucoup à désirer.

Mme Ve Chapot et fils, Chambéry. — Chamois très-bien fabriqués et beaucoup de souplesse.

M. Bastier et Cie, Toulouse. — Moutons maroquinés, couleurs bien variées, et comme finissage, bien.

MM. Guibaud père et fils, Pézenas (Hérault). — Moutons tannés écorce, bien travaillés de rivière, jolie nuance; moutons sumac blanc mat, bien finis.

MM. Randier, Grenier, Maringue. — Moutons écorce et chamois; comme fabrication laissent beaucoup à désirer.

M. Chevalier, Paris. — Belle exposition, chèvres chagrin noir très-beau grain; grain carré et grain long, très-bien imprimés, et surtout un très-beau noir; chèvres mat très-bien finies, beaucoup de souplesse. Tous ces articles sont très-bien fabriqués.

MM. H. Berthaud et Ladenize fils, Issoudun (Indre). — Mégisserie et parcheminerie; fabrication supérieure.

M. L. Canet, Lyon. — Chèvres grain du Levant passables, grain rayé pas assez incrusté, et divers grains qui ne manquent pas d'un certain goût avec ce genre de fabrication.

M. Sorel, Moulins (Allier) — Chèvres grain du Levant, laissent à désirer comme souplesse; grain rayé très-mal imprimé.

MM. Gauraud et Humbert, Lyon. — Moutons maroquinés, couleurs assorties, bien comme nuances, mais mal finis; lissés trop serré au finissage, ce qui fait qu'il n'y a point de grain. Chagrins couleurs; comme grain, très-ordinaires.

M. J.-B. Callamard, Lyon. — Maroquins pour chapellerie, couleurs variées; comme fabrication, très-ordinaires. Moutons maroquinés laissant beaucoup à désirer comme teinte et corroyage.

MM. Saturnin et Chenavas, Annonay. — Chevreaux et agneaux mégis, très-bien fabriqués.

M. Chapuis, Annonay. — Chevreaux mégis très-bien fabriqués, beaucoup de souplesse.

M. Poireaux, Lyon. — Spécialité de peaux de cuisse; veaux mort-nés, mégis en poils, très-bien fabriqués.

MM. Trouttet et Thevenet, Lyon. — Chèvres grain du Levant, très-bien ; beaucoup de souplesse, grain carré et rayé très-bien imprimé. Chagrin noir et grain naturel, bien. Bordures minces et bien égalisées ; maroquins assez bien comme teinte, mais laissant beaucoup à désirer pour la solidité des nuances.

Comme maroquins en couleurs, nous citerons les maisons Dailly et Goureau de Lyon, comme belles nuances et régulières.

La maison Chevalier, de Paris, s'est fait remarquer par la supériorité du travail et du soin qu'elle a apportés dans la catégorie de la chèvre.

Les soins que les maisons Marchand et Garnier, de Paris, ont donnés au travail du veau mégis sont à mentionner.

Comme mégisserie pour l'article de la ganterie, nous citerons la maison Saturnin, d'Annonay.

Les délégués de la Peausserie :

FLEURY, BELOUS, DECŒUR, MOLLET.

RÉSUMÉ SUR LES QUESTIONS INDUSTRIELLES ET COMMERCIALES.

Nous ne pourrons, comme nos devanciers aux Expositions de Londres et de Paris, nous étendre très-longuement sur la comparaison des produits français avec les produits étrangers. Dans la catégorie des cuirs et peaux, nous ne pouvons citer, pour la Belgique, que deux maisons : M. Chantrain, de Bruxelles, qui a exposé des veaux cirés ; ses produits, quoique bien fabriqués et bien travaillés, sont inférieurs aux produits du même genre de certaines maisons de France ; et la maison Perret-Pauchet, de Namur (Belgique), qui a exposé des cuirs qui sont très-bien fabriqués et bien tannés ; comme tannage on ne peut désirer mieux. La Belgique éviterait peut-être de suivre le procédé de certaines maisons de France, qui voudraient tanner un cuir en dix ou douze jours au lieu de dix ou douze mois. Pour nous, nous sommes de plus en plus convaincus que les bons procédés de fabrication et de tannage sont toujours les anciens, c'est-à-dire par la longueur du temps.

Les cuirs lissés français sont supérieurs pour le coup d'œil à ceux de la Belgique, et bien supérieurs en fabrication à ceux de l'Italie. La seule maison pour les cuirs et les veaux d'Italie qui a exposé est la maison Sebastiano Bocciardo, de Gênes. Ses produits sont inférieurs, soit sur le rapport, soit sur la fabrication.

La Suisse a été représentée par la maison Trachsel, de Mondon ; comme spécialité de cuirs forts, on peut les comparer à ceux de France.

L'Algérie a exposé des marchandises qui laissent beaucoup à désirer sous tous les rapports ; il y a une grande différence avec les produits de France. Ce sont la Belgique et la Suisse qui, jusqu'à ce jour, ont le plus approché de la France pour la tannerie et la corroierie.

Pour Lyon, nous avons remarqué que c'était le travail de la partie anglaise qui était le mieux fait et qui avait fait le plus de progrès. Pour les maisons qui ont exposé ce genre de travail, nous citerons ici la maison Trouttet-Thevenet, de Lyon, pour les croupons et les croûtes, en général pour toutes les marchandises travaillées dans leurs ateliers.

Pour les veaux cirés, c'est la maison Robelin, de Thoissey, qui a exposé les plus beaux et les mieux travaillés comme tannerie et corroierie ; après viennent les maisons Bal, de Chambéry ; Goiffon et Duc, de Lyon. La maison Ditty et Collet, de Lyon, est à remarquer pour ses tiges en veau.

Comme spécialité de vaches lissées, nous pourrions citer la maison Allégatière, de Lyon, comme tannage d'un long séjour ; mais comme tannage ordinaire et bon tannage, nous citerons les maisons Pajaud, d'Argenton ; Pitou, de Lyon ; Marandon, d'Argenton ; Robelin, de Lonjumeau, et comme cuirs forts les maisons Briot, de Saint-Hippolyte ; Trachsel, de Mondon (Suisse) ; Albéric Parent, de Givet, etc.

Paris se distingue par ses vernis et son travail de tous points, surtout par ses vernis en couleur. Le soin que la corroierie parisienne a apporté dans cette partie et dans la partie de la sellerie vient confirmer les progrès de la capitale de la France pour ce travail, qui est encore négligé en province. Paris possède encore la supériorité pour ses cuirs noirs, jaunes et brunis, ainsi que pour ses cuirs rasés, qui sont à un haut degré de perfection. La finesse de la fleur et l'égalité des nuances ne laissent rien à désirer. De grands soins ont été apportés dans le travail des peaux de cochon.

Nous regrettons l'absence des maisons de Paris qui auraient pu exposer leurs produits, tels que veaux blancs et cirés, tiges et croupons, afin de pouvoir les comparer avec ceux de la province. Pour maintenir leur réputation et soutenir la concurrence, les fabricants n'ont qu'à continuer et à livrer au commerce des produits semblables à ceux qu'ils ont exposés. Nous pensons qu'ils suivront cette voie, qu'ils emploieront des matières premières de bonne qualité, et qu'ils laisseront à ceux qui voudront faire des expériences le temps d'améliorer leur système de tannage (à la Picard). Nous ne dirons pas ici de suppléer à la main-d'œuvre par le moyen de la machine, puisque plusieurs maisons, et presque toutes, se servent de ce système, soit dans l'intention d'améliorer le travail ou de l'accélérer. Ce but n'étant pas encore atteint, nous pensons qu'on ne doit en faire usage qu'autant que la machine pourra faire au moins aussi bien que le travail manuel.

Pour soutenir la concurrence et éviter les grèves, le seul moyen serait l'association du travail et du capital, parce que si les sociétés coopératives étaient bien comprises, elles devraient amener la solidarité entre le travail et le capital. Leur séparation est la cause des grèves, qui sont toujours onéreuses aux patrons et funestes aux ouvriers.

Les grèves ont-elles seulement pour but l'augmentation des salaires? Nous ne le croyons pas, et ce qui nous fait supposer cela, c'est que souvent elles ont pour but la demande d'une satisfaction morale, dont l'ouvrier éprouve le besoin. L'intelligence du travailleur se trouvant absorbée par la recherche du bien-être, tous les soins nécessaires au travail retombent sur le fabricant, tandis que le problème résolu, toute l'intelligence de l'ouvrier appartiendrait au travail.

Puisque tous deux souffrent de cet état de choses, que le patron qui est libre d'agir prenne cette cause en main, qu'il fasse tous ses efforts pour procurer à l'ouvrier la satisfaction dont il a besoin ; qu'il n'attende pas qu'il soit forcé d'arriver à une solution qui lui portera préjudice, ainsi qu'à l'ouvrier.

Nous considérons l'atelier comme une famille, et nous demandons que celui que nous avons appelé jusqu'à ce jour le patron soit pour nous un père de famille ; que ses intérêts doivent être aussi ceux de l'ouvrier ; chacun doit avoir sa part selon ce qu'il apporte à l'établissement, sans faire aucune différence entre celui qui apporte son argent et le salaire journalier de l'ouvrier. Le salaire et l'argent, formant le capital réel, doivent avoir les mêmes chances. Afin que les chances et les risques soient égaux, nous proposons que l'ouvrier puisse laisser, selon ses moyens, une partie de son salaire, avec la liberté d'y ajouter l'argent dont il pourrait disposer ; le tout devant prendre part à la répartition des bénéfices. Les ouvriers se trouvant dans ces conditions apporteraient toute leur intelligence au travail, et nos ateliers ne se trouveraient jamais privés des hommes laborieux et intelligents. Les sociétés coopératives nous permettraient par ce moyen d'établir une concurrence avec les pays étrangers et d'éviter les grèves.

Le mode d'association que nous préconisons ici n'est peut-être pas applicable à toutes les industries ; mais nous pensons que dans l'industrie des cuirs et peaux, ce moyen serait possible. Nous citerons, comme exemple, la maison Dorgé-Heuzé, de Coulommiers.

Voulant dire toute notre pensée sur les grèves et sur le moyen de les éviter, nous déclarons encore, selon nous, qu'elles sont mauvaises, qu'on en obtient rarement de bons résultats ; même quand elles réussissent, elles ne sont qu'un soulagement passager à des souffrances qui se reproduisent quelquefois aussitôt que le travail diminue ; elles suscitent bien souvent des inimitiés ou des rixes fâcheuses entre les ouvriers. Cependant, il n'est pas toujours possible de les éviter. Lorsque la résistance du capital est un déni de justice, que tous les moyens de conciliation ont été épuisés, elles deviennent justes et nécessaires. C'est la résistance loyale du travailleur contre les industriels sans doute qui, pour s'enrichir plus vite, spéculent sur la main-d'œuvre du pauvre ouvrier sans s'occuper s'il a du pain ou non. Cependant, si le travail ne peut se passer du capital, du moins faut-il que celui-ci se rappelle les besoins et les droits du travailleur, et il faut au moins lui laisser le droit de s'exprimer librement à ce sujet.

Que le droit d'association et de réunions libres nous soit accordé, nous croyons que c'est le seul moyen d'éviter les grèves ; les fabricants sachant que nous pourrons leur opposer non pas une fraction du métier, mais tous les travailleurs unis par la fédération, c'est-à-dire par la solidarité du travail, nos exploiteurs seraient plus disposés à écouter la voix de la raison et des vrais intérêts commerciaux de la France, qui sont dus à l'intelligence du travailleur. Par ce moyen, personne n'oserait provoquer des grèves qui auraient pour résultat la ruine d'une industrie. Car nous nous croyons les égaux des industriels et des capitalistes, et nous sommes, comme eux, jaloux de la gloire et de la valeur commerciales de la France, qui ne sont dues qu'à notre travail commun. Le motif le plus puissant à invoquer, c'est l'intérêt général du capital et du travail, car nous reconnaîtrons, les uns et les autres, que nous n'avons rien à gagner, soit que le travailleur demande des augmentations de salaire imméritées, soit que l'industriel veuille diminuer sans raison ni justice. Tout ce que nous demandons, c'est de vivre en travaillant. Nous ne demandons la protection de personne, nous demandons la liberté de réunion et d'association et l'égalité devant la loi, puisque nous sommes tous égaux devant la nature. Si la liberté de réunion et d'association existait, les chambres syndicales, qui ne sont encore qu'en petit nombre, seraient déjà propagées et créées dans toute la France, ce qui, croyons-nous, éviterait les grèves, parce qu'elles nous faciliteraient les rapports entre fabricants et ouvriers par une discussion loyale. Elles fourniraient d'utiles renseignements relatifs à l'apprentissage, empêcheraient ces abus sans nombre dont les apprentis sont victimes, et dont on fait de pauvres spécialistes. Elles seraient encore d'un grand secours pour le placement des ouvriers sans travail, et nous n'aurions pas aujourd'hui à contester quelques récompenses décernées par le jury de l'Exposition. Nous le déclarons hautement, si une Chambre syndicale bien organisée existait dans notre corporation, elle devrait veiller à ce que l'apprentissage de nos enfants soit l'apprentissage du métier dans toutes les façons qui y sont comprises, et non une spécialité, car une fois ouvrier (c'est-à-dire se disant ouvrier dans sa spécialité), ce n'est qu'un automate fonctionnant de dix à douze heures par jour, ne pouvant apprécier ni la valeur du produit qu'il a entre les mains, ni capable de rectifier les fautes commises par les premiers opérateurs, repassant à d'autres son produit, qui va ainsi successivement de quinze à vingt mains par jour, jusqu'au consommateur. Ce système abrutit l'ouvrier et empêche son développement, tant au moral qu'au physique, et, en un mot, n'en fait qu'une machine.

Ce système crée des travailleurs que la moindre innovation pousse à la misère et ruine les caisses de prévoyance contre le chômage ; car supposons qu'il y ait un chômage dans un grand atelier où la plus grande partie ne sont que des spécialistes, voilà ce qui arrive s'ils sont obligés de travailler chez un petit fabricant : il n'y aura que ceux qui sont ouvriers dans toutes les parties qui pourront y travailler, parce que le petit fabricant n'aura pas assez de travail pour n'occuper que des spécialistes, ou bien encore dans une industrie, et nous pouvons citer à Lyon l'industrie de la peau de chèvre, dont quelques-uns se sont érigés en entrepreneurs spécialistes et même jusqu'à des chefs d'atelier qui occupent un nombre illimité de jeunes gens dont ils font en peu de temps, et sous forme d'apprentissage, d'assez bons spécialistes.

Voilà une industrie où le nombre des ouvriers augmente, mais le travail n'y est pas plus abondant. Arrive un chômage, on congédie un ouvrier capable, le spécialiste est là tout prêt à le remplacer à meilleur marché ; insensiblement les bons ouvriers disparaissent et cette industrie ne compte plus que des manœuvres incapables de soutenir la valeur de notre industrie. Si vous voulez conserver à notre industrie sa supériorité sur la fabrication étrangère, créez une école professionnelle, faites une bonne loi d'apprentissage sous le patronage d'une Chambre syndicale qui réagisse efficacement contre cette honteuse exploitation de l'enfant par le patron qui, souvent, ne lui apprend qu'une fraction de l'état qu'il s'était engagé de lui enseigner entièrement.

En Angleterre, le spécialisme n'existe pas ; pourquoi ne les imiterions-nous pas? Ils ont fixé la journée de l'enfant à cinq heures de travail par jour, mais aussi nous déplorons les nécessités cruelles qui poussent des pères de famille à jeter dans les ateliers ces jeunes enfants auxquels on n'épargne souvent ni les fatigues ni les injures. La loi qui punit l'homme qui tue, qui blesse ou qui frappe son semblable, pourquoi ne punit-elle pas le travail meurtrier qui, dans les grands centres manufacturiers, déforme et étiole les jeunes gens qui, en se présentant au tirage au sort ou au conseil de révision, sont trop chétifs pour faire des soldats?

Si les enfants ne pouvaient entrer dans les ateliers qu'à l'âge de douze à quatorze ans, le père de famille ne pourrait plus refuser à ses enfants l'instruction dont ils ont besoin ; et pourquoi ne pas faire comme dans certains pays où les enfants ne peuvent être reçus en apprentissage s'ils n'ont subi un examen et obtenu un certificat de sortie d'école? On nous dira peut-être : Mais les parents qui n'ont pas les moyens d'envoyer leurs enfants à l'école? Eh bien ! nous répondrons que, si les pères sont assez stupides ou assez avares pour ne pas envoyer leurs enfants à l'école, nous estimons que c'est à l'autorité, et c'est même un devoir à elle, de les y forcer, puisqu'à l'âge de vingt ans, ils sont contraints au service militaire.

Voilà, comme nous le pensons, les moyens d'établir les concurrences industrielles, d'éviter les grèves, et le meilleur système pour faire de bons ouvriers et de vrais citoyens.

Dans notre industrie, lorsqu'un ouvrier arrive à l'âge de cinquante ans, à moins d'être un homme robuste, il ne trouve plus de travail. Que faut-il qu'il fasse pour vivre et nourrir sa famille? C'est ce que nous demandons. Que faut-il au travailleur pour que ses forces et son intelligence ne restent pas au-dessous de sa tâche? Il lui faut la liberté de réunion et son salaire égal aux légitimes besoins de sa famille, et c'est ce que l'ouvrier n'a pas. On nous dira que le salaire a suivi l'augmentation progressive de la propriété : nous répondrons : non! Si depuis quelques années, dans certaines industries, le salaire des travailleurs a augmenté, cette augmentation n'est due qu'à la multiplicité des travaux qui brisent l'ouvrier avant son âge, et nous constatons que le travail, soit aux pièces, soit à la journée, ne revient pas plus cher aux patrons qu'avant 1864, époque où tous les ouvriers travaillaient à la journée. Seulement, ce qui est changé, c'est que la somme de travail faite par quatre à cette époque est aujourd'hui faite par deux ou trois. Est-ce de l'augmentation de salaire? Non! De plus, les machines ayant envahi nos ateliers, ont déclassé bon nombre d'ouvriers, et nous avons bon nombre de patrons qui exigent des ouvriers à la journée, et pour le prix de 4 fr. à 4 fr. 50 par jour, pour certaines catégories de travail, une quantité de travail égale à celle des ouvriers aux pièces dans les fabriques de la même industrie, gagnant de 5 fr. 50 à 6 fr. 50 par jour, et si, malgré leur force et leur intelligence, ils n'arrivent pas à fournir la quantité suffisante de travail, ils sont impitoyablement remerciés.

Quelques économistes nous diront : certainement, un ouvrier peut vivre avec la journée indiquée ci-dessus ; mais nous déclarons le contraire, par la balance des recettes et des dépenses comparées plus loin. On pourrait nous dire aussi que lorsqu'un état ne suffit pas à l'ouvrier, il peut changer de profession. C'est une entière dérision, parce qu'il est matériellement impossible à un ouvrier, père de famille, de faire de nouveaux sacrifices pour un nouvel apprentissage.

Le salaire insuffisant est un attentat à la santé du travailleur, il lui enlève la possibilité de nourrir sa famille et de réparer ses forces par des aliments nutritifs et abondants. Il faut, si l'on veut éviter la dégénérescence, que le travailleur ait un salaire qui lui permette de faire face à toutes les exigences de la vie.

Actuellement le peut-il? non, parce qu'aujourd'hui la vie est plus difficile qu'il y a quelques années. Il n'y a cependant pas de règle sans exception, car nous avons des ouvriers qui gagnent jusqu'à 10 fr. et plus dans certains ateliers, mais comment les gagnent-ils? Soit en travaillant au-delà de leurs forces naturelles, soit en faisant un travail qui pourrait être mieux fait.

Sur cette question, nous dirons notre opinion. Si le patron était impartial et l'ouvrier consciencieux, raisonnable et moins égoïste, le patron au lieu d'occuper deux ouvriers en occuperait trois, il y gagnerait par le travail mieux fait, et l'ouvrier égoïste ménagerait sa santé pour ses vieux jours ; en outre, il laisserait gagner la vie à son collègue, qui a besoin de manger du pain comme lui; c'est ce que nous appellerons la taxe d'un salaire raisonnable. Si cependant le manque d'ouvriers se faisait sentir, comme en 1870, pendant la guerre, nous sommes d'avis que le travail ne reste pas en retard.

Le salaire des diverses fractions des ouvriers des cuirs et peaux de la ville de Lyon est tellement variable qu'il nous est presque impossible de formuler un budget de recettes pour représenter la moyenne des salaires, salaires qui varient selon la fabrique dans laquelle on travaille, ou selon la catégorie ou le mauvais vouloir de quelques fabricants qui spéculent sur la main-d'œuvre pour établir une concurrence qui n'a pas de limites.

Que cette concurrence se fasse soit sur la fabrication, par la meilleure appropriation des matières premières, sur l'organisation et la direction intérieure, sur la disposition et le développement des marchandises, ce sera au moins logique; mais qu'elle s'attaque au salaire, c'est tellement inique que nous le désapprouvons énergiquement; il faut, si l'on veut empêcher ces abus de l'industrie, que le travail soit, dans le même pays, payé partout le même prix, sinon il y aura ruine pour le patron comme pour l'ouvrier.

A Lyon, nos salaires varient de 3 fr. 50 à 6 fr. 50 par jour, divisés en quatre catégories : les tanneurs, les corroyeurs, les chevriers et maroquiniers, et les ouvriers aux pièces.

Les tanneurs gagnent par jour en moyenne.	4 fr.	50
Les corroyeurs gagnent par jour en moyenne.	4	75
Les chevriers-maroquiniers gagnent par jour en moyenne. .	4	»
Les ouvriers aux pièces gagnent par jour en moyenne. . .	6	75
Total.	20 fr.	»

La moyenne est donc de cinq francs par jour pour chaque travailleur ; nous prendrons ce chiffre, quoique un peu élevé, comme moyenne de nos salaires. Combien allons-nous compter de jours de travail dans une année? Cela est très-variable à cause de la diversité du chômage et principalement pour les ouvriers aux pièces de divers ateliers qui n'ont pas de travail régulier. — Mais lorsque le travail manque, nous déclarons qu'au lieu de mettre des ouvriers sur le pavé, surtout dans les mauvaises saisons, nous n'avons qu'à féliciter l'organisation de ces ateliers qui se partagent le travail.

Si quelques ouvriers travaillent de 200 à 300 jours dans une année, ce n'est qu'une exception, la grande majorité des ouvriers de l'industrie des cuirs et peaux ne travaillent que 250 jours par an, les années où le commerce est plus prospère que celle où nous écrivons.

Comptons 260 jours à 5 fr. pour donner satisfaction à ceux qui ne voudraient pas accepter la vérité dite par les ouvriers :

Recettes, 260 jours à 5 francs, soit par an. . . . .   1,300 fr.

Dépenses pour trois personnes, le père, la mère et un enfant :

Logement pour trois personnes dans les quartiers ouvriers. . . . .   200 fr.

Pain, 2 kilog. par jour, à 40 cent. le kilog., soit 730 kilog. par an. . . . .   292 »

Viande, légumes, boisson, 80 cent. par jour et par personne, soit par an. 980 75

Chauffage et éclairage pour trois personnes, à 2 fr. par semaine, soit par an. . . . .   104 »

Vêtements et chaussures, 50 fr. par personne et par an, soit. . . . .   150 »

Blanchissage pour trois personnes, 1 fr. 20 par semaine, soit par an. 62 40

Entretien du ménage, par an. . . . .   50 »

Société de secours mutuels et de prévoyance, pour le mari, par an. . . . .   42 »

Total des dépenses. 1,831 15

Total des recettes . . . .   1,300 »

Différence en moins 531 15

Comment le travailleur pourra-t-il combler ce déficit de 531 fr. 15 c. par an? Sera-ce par le travail de la femme? Mais si elle est détournée de ses fonctions par le travail de l'atelier, qui donc aura soin du ménage et élèvera l'enfant? Et lorsqu'il y en aura plusieurs, paiera-t-elle les mois de nourrice ou bien une étrangère pour faire le travail de la maison? Alors son budget reste dans les mêmes conditions. Si la mère quitte la maison pour aller à l'atelier, où iront les enfants? Dans la rue, faire leur éducation. Est-ce ainsi que l'on fait des citoyens? Non, la femme doit rester dans son intérieur, élever ses enfants et entretenir son ménage ; et il faut que le père de famille gagne assez pour élever et instruire ses enfants. Sans cela, il crée à la société des hommes usés de bonne heure à la peine, et toujours disposés à maudire ceux qui n'ont pu en faire que des souffre-douleurs.

Nous avons porté la journée de l'ouvrier, en moyenne, à 5 fr. par jour. Combien y en a-t-il qui ne gagnent que 3 fr. à 3 fr. 50 par jour? Que fera-t-il, puisqu'à 5 fr. il se trouve en déficit de 531 fr. 15 ; s'il faut qu'il ne se nourrisse qu'à demi lui et sa famille, il ne travaillera qu'à demi ; où sera le bénéfice du patron ? Il faut sous peine de mort sociale que le père de famille gagne assez pour se nourrir et nourrir sa famille.

Le salaire, en s'élevant, donnera le bien-être moral et matériel aux travailleurs, et la possibilité de fonder la mutualité qui, seule, est appelée à régénérer la société et à donner du pain à l'ouvrier qui ne peut plus travailler. Pour tout cela, nous ne demandons qu'une chose : liberté de réunion et d'association, et nous marcherons à grands pas vers cet avenir tant désiré des travailleurs.

Les délégués de l'industrie des Cuirs et Peaux
de la ville de Lyon :

Edouard BARBEIRAC, DOMERGUE, SOUBRAND, DESMULE,
Célestin THERMOZ, Pierre CHAPUIS, MOTTET,
CROZET, TETRE, CHOPALAY, CHOMÉRAC, FLEURY,
BELOUS, DECŒUR, MOLLET.

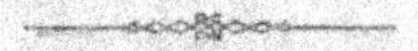

DORURE SUR BOIS

Messieurs,

Nommés par la corporation des doreurs sur bois de Lyon, à l'effet de visiter l'Exposition de Lyon, spécialement au point de vue des travaux de notre partie qui peuvent s'y trouver exposés, les soussignés viennent vous rendre compte de leur mission et vous soumettre leurs idées et appréciations sur ce qu'ils ont vu, observé et remarqué.

1° La dorure sur bois est peu représentée à l'Exposition;

2° Les travaux qui sont exposés ne sont pas d'une grande difficulté, car souvent dans nos ateliers il se fait des ouvrages demandant soit plus d'application, soit plus de capacité;

3° Enfin, dans chaque objet exposé, en général, on retrouve l'œuvre simultanée de cinq ou six collaborateurs au moins en moyenne, de telle sorte qu'on peut dire que le travail de l'un ne ressort souvent que par celui de l'autre, comme aussi il arrive quelquefois que le travail du premier est amoindri ou défiguré par celui du second.

Par toutes ces considérations, qui nous ont paru capitales, nous venons vous dire qu'il nous a été impossible, après examen consciencieux et impartial, de signaler aucun ouvrier à l'exclusion des autres. Et ce qui nous a arrêtés, ce n'est pas encore tant la difficulté matérielle de démêler et discerner des œuvres confondues ou superposées et ne faisant qu'un seul tout, que la crainte de commettre des injustices ou d'éveiller des susceptibilités inutiles, quand, au contraire, nous avons tant besoin d'union et d'esprit d'égalité.

Ainsi, vous le voyez, messieurs, nous nous sommes laissés guider, non-seulement par des considérations purement matérielles et mécaniques, mais encore par des considérations morales d'équité que, nous l'espérons, vous ne désavouerez pas.

Bien que, dans notre partie, nous n'ayons pas à redouter la concurrence de l'étranger, il n'aurait pas été sans intérêt d'étudier ici sa méthode, ses procédés, ses matières premières et ses spécialités.

En ce qui concerne sa méthode, ses matières premières et ses procédés, ce n'est pas l'envie qui nous manque de vous faire part des remarques et observations que nous avons pu recueillir à ce sujet, pour que, de votre côté, vous en fassiez aussi votre profit.

Mais avant de songer à vous être agréables, nous avons dû ne pas perdre de vue et l'objet de notre mission et le but de notre compte-rendu, qui est d'être fait au point de vue purement ouvrier.

La publicité qui peut être donnée à notre rapport le rend susceptible de tomber entre des mains où nous n'aurions pas voulu le voir, et alors nous avons pensé, non sans justice peut-être, que le prix actuel de nos journées ne nous permettait pas de faire des cadeaux à personne en livrant gratis, et pour un profit qui ne serait pas le nôtre, le résultat de recherches ou observations qui sont le produit de nos labeurs personnels. Il est au contraire beaucoup plus rationnel que nous gardions pour nous, ouvriers destinés à devenir patrons ou à nous créer quelque spécialité, le bénéfice de nos investigations. A cet effet, nous tenons à la disposition individuelle de chacun de vous les communications dont s'agit.

En France, excepté à Paris, notre partie n'a pas de spécialité au point de vue du temps et de la finition de l'ouvrage. Paris a donc sur la province un grand avantage, car c'est un principe aujourd'hui universellement admis que la division du travail est un des éléments de sa perfection. C'est pourquoi Paris, qui est plus avancé, possède ses apprêteurs, ses doreurs à l'eau et ses finisseurs s'adonnant à leur spécialité et vivant de leur spécialité ; tandis qu'en province, sans excepter Lyon, ce sont les mêmes ouvriers qui sont à la fois apprêteurs, doreurs et finisseurs. Comment voulez-vous qu'en entreprenant tant de choses à la fois, on puisse les mener de front et se faire la main à toutes également ? Ne savez-vous pas, en effet, qu'il est difficile de se mettre à la dorure en sortant de l'apprêt ? Quand bien même vous seriez un ouvrier très-habile, il n'en est pas moins vrai, matériellement parlant, que dans le travail de l'apprêt les muscles de la main contractent des habitudes, des poses et même une certaine fatigue qui sont nuisibles et dont on n'a que faire quand il s'agit tout spécialement de n'avoir recours qu'à l'élégance, à la légèreté et à la précision des mouvements de la main pour appliquer une feuille d'or plus mobile que l'air.

Il y a bien dans Lyon une maison ou deux qui cherchent à prendre le mode de spécialité, mais je crois qu'elles y arriveront difficilement. Pour cela, il leur faudrait un personnel autre que celui dont un patron peut généralement disposer en province. Quels sont, en effet, les ouvriers que l'on a généralement sous la main ?

Eh ! mon Dieu, messieurs les ouvriers d'aujourd'hui sont les apprentis d'il y a un an, deux ans, trois ans et plus ; nous avons tous dans nos débuts été apprentis. C'est par là que nous avons tous commencé. Eh bien ! qu'est-ce que l'on a fait de nous et qu'est-ce que l'on fait encore aujourd'hui de l'apprenti ? Il entre dans un atelier, on le met à l'apprêt, puis à la dorure, il retourne à l'apprêt, tout à la fois aujourd'hui ; l'un demain, l'autre au bout de quelque temps. Ce jeune homme se présente dans un atelier, le patron l'emploie à la dorure. Eh bien ! comment voulez-vous que cet homme qui vient de faire l'apprêt puisse rapporter et produire comme un doreur dont le métier a toujours été et sera toujours de dorer ? De cette manière, il est impossible d'avoir des spécialistes, et dans toute la France, excepté à Paris, c'est pourtant cette méthode qui est en pratique ; aussi qu'arrive-t-il ? C'est que Paris, qui est spécialiste, se fait redouter par sa concurrence, et pourtant les ouvriers y sont payés 1 fr. 50 de plus par jour. De son côté, le patron de Paris y trouve largement son compte, car il est démontré par l'expérience que le spécialiste fait 1/3 d'ouvrage de plus que celui qui change six fois d'ouvrage dans un jour.

Mais l'ouvrier non plus ne gagne rien à cette manière de faire ; il ne peut d'abord pas se perfectionner ; car à peine a-t-il ébauché l'apprêt qu'il lui faut déjà songer à la dorure, et à peine a-t-il quitté la palette qu'il lui faut reprendre le pot à colle.

Mais, au moins, s'il est ouvrier honnête et consciencieux et qu'il fasse de son mieux, peut-être sera-t-il encouragé, apprécié par le patron et, s'il est habile, rémunéré en conséquence.

Quant à cela, messieurs, chacun de nous doit savoir à quoi s'en tenir, — et si vous voulez vous interroger en vous-mêmes, je doute que vous soyez satisfaits de l'état des choses. Soyez habiles plus ou moins, faites bien, faites mal, faites passablement, vous avez tous à peu près la même journée.

Après cela, que les patrons viennent se plaindre de ne pas trouver des ouvriers hors ligne ! Encouragent-ils l'ouvrier à se perfectionner ? Non, puisqu'ils ne l'augmentent pas. Car, pour l'ouvrier c'est la seule manière d'être estimé de son patron. Aussi lorsque l'ouvrier est arrivé à gagner la journée que l'on donne à tous, que fait-il ? S'il est capable, s'il est intelligent, s'il éprouve ce désir instinctif de perfectionnement, de bien, de mieux, qui est au fond de toute âme humaine, eh bien! il part pour Paris, qui est comme l'idéal de notre métier, et là, il se case et se perfectionne suivant le penchant de sa spécialité. Mais s'il est forcé de rester en province, il finit par se dégoûter, et de moins en moins porté à l'amour de son travail quotidien, il arrive à n'en donner à son patron que pour son argent.

Quant à l'ouvrier faible, mais de bonne volonté, qui se dit qu'avec de la patience il arrivera bien à gagner lui aussi sa journée, qu'advient-il ? Son sort est-il assuré ? Va-t-il au moins recueillir le résultat des trois années d'apprentissage qu'il a fait chez son patron ?

Pas le moins du monde. Il a estampé, il a apprêté, il a doré, le voilà qui peut fonctionner et prendre sa place à l'établi comme ouvrier ; après avoir gagné 1 fr. 50, 2 fr., 2 fr. 50 par jour, il va enfin toucher la solde ordinaire, du moins c'est son espoir. Illusion que tout cela, le patron trouve qu'il a mauvaise tête, ou qu'il n'est pas assez bon ouvrier ; on le renvoie sans autre forme de procès. Où ira-t-il ? Il n'en sait rien, ni nous non plus. Vous le comprenez, messieurs, nous ne venons pas faire ici le procès des patrons. Il est bien évident que nous n'entendons nullement contester ni discuter en quoi que ce soit le motif pour lequel ils renvoient l'ouvrier ; c'est leur droit, il leur est donc bien permis d'en user sans avoir à en rendre compte à personne ; seulement, nous constatons le fait, nous vous le signalons, voilà tout.

Si, au contraire, dès qu'un jeune homme entre comme apprenti dans un atelier, il y trouvait la division du travail installée et fonctionnant, si d'un côté il y avait les apprêteurs, de l'autre côté les doreurs, et que l'on fit entrer cet apprenti ou dans l'apprêt, ou dans la dorure, à titre d'apprenti spécialiste, il est certain qu'au bout de cinq ou six mois cet apprenti pourrait déjà produire et rapporter dans sa partie, l'une ou l'autre bien entendu. Il ferait un bon ouvrier ordinaire parfaitement capable de gagner une journée ordinaire.

S'il en est autrement ; si, par exemple, nous voyons des patrons, et je me hâte d'ajouter qu'ils sont rares, prendre des apprentis tout simplement parce qu'ils ont besoin d'apprentis, et pour l'unique motif qu'il leur faut dans leur atelier un certain nombre de jeunes gens ayant chacun deux jambes et deux bras susceptibles de leur produire chaque jour une certaine somme de travail mécanique plus ou moins bien confectionné, mais dont l'appoint est nécessaire au fonctionnement de leur atelier, alors, c'est que pour ces gens-là l'apprenti n'est plus qu'une chose susceptible de produire au maître qui l'emploie une certaine somme d'utilité, une chose en un mot dont il se défera le jour où elle ne lui conviendra plus ou ne lui fera plus faute.

Mais alors, nous direz-vous, c'est de l'exploitation, c'est un abus de confiance vis-à-vis de l'enfant et vis-à-vis de ses parents qui l'ont placé ainsi, croyant bien faire. Aussi, on peut le dire à certains patrons : Messieurs, ne vous plaignez pas, c'est vous qui faites l'ouvrier.

Non, ce n'est pas au bout de deux ans qu'il est permis de dire pour la première fois à un jeune homme ou à sa famille qu'il est incapable, que ce n'était pas sa partie, et qu'en somme on est forcé de le renvoyer. Au bout d'un mois ou deux, avec le principe appliqué de la division du travail, il est impossible qu'on ne s'aperçoive pas si un individu est ou n'est pas apte à la partie qu'il a choisie.

Il est vrai qu'il y a des parents qui, une fois qu'ils ont placé leurs enfants, ne s'en inquiètent guère plus ; c'est là un mal. Messieurs, nous, ouvriers de l'atelier, nous devons être les tuteurs de ces jeunes apprentis abandonnés pour ainsi dire au milieu de nous, et à la place des parents insouciants que leur a donnés la nature, c'est à nous qu'incombe le soin de surveiller leur développement et de tâcher d'en faire sinon de bons ouvriers, au moins de bons citoyens.

De toutes parts, messieurs, on dit trop aujourd'hui que l'atelier est une école de perdition et d'immoralité pour la jeunesse. Sans doute ceux qui le disent y ont quelque intérêt qui ne doit pas, dans tous les cas, être celui de la vérité. Mais enfin, cela se dit et se répète sur tous les tons, rien ne nous est plus facile cependant que de faire revenir l'opinion publique sur notre compte. N'est-il pas évident, messieurs, que le travail et l'immoralité n'habitent pas sous le même toit, et que là où il y a place pour le travail, il n'y a pas place pour l'inconduite? Et il faudra au moins que l'on convienne de cette vérité qui aurait crevé les yeux à M. Prudhomme, c'est que quand l'ouvrier travaille, il ne songe guère à s'amuser. Ainsi le veut la force des choses. Ne nous décourageons donc pas, messieurs, et que la vue de notre blouse de travail produise toujours en nous un sentiment de satisfaction en même temps qu'elle est un emblème d'honnêteté.

Après vous avoir parlé de notre amélioration au point de vue industriel et moral, il serait bien naturel, messieurs, que nous ne finissions pas sans vous parler de notre situation au point de vue matériel et physique, ce qui nous mènerait tout droit à la question des salaires, celle des grèves et enfin celle du droit de réunion.

Vous le voyez, messieurs, cet horizon est immense et il embrasse bien des choses qui sont au-dessus de nos moyens, sans parler de la question politique qu'il faut toujours un peu côtoyer, malgré que l'on ne veuille pas y entrer. Ah! il est bien malheureux, messieurs, que lorsque nous voulons nous réunir pour parler de nos propres affaires, l'on s'obstine à vouloir considérer nos réunions comme des réunions politiques, comme des conciliabules secrets où nous prenons le mot d'ordre pour attaquer la société et tout mettre sens dessus dessous.

Mais qui donc plus que nous a besoin de stabilité et d'ordre? Nous qui ne sommes pas venus au monde avec des rentes et un avenir assuré, qu'est-ce que nous demandons, si ce n'est que le lendemain nous rapporte le même salaire que la veille?

Avoir du travail assuré et gagner assez pour vivre, soi et les siens; mais, mon Dieu! voilà toute notre ambition. Si parfois il se produit des grèves, c'est parce qu'alors la moyenne des salaires n'est plus au niveau des dépenses journalières de l'ouvrier qui, elles, augmentent insensiblement, petit à petit et sans bruit, par le renchérissement des denrées et des matières premières. Les grèves ne sont que des contre-coups forcés et pour amener un niveau commun entre nos recettes et nos dépenses de première nécessité! Il n'y faut point voir autre chose que les oscillations inévitables de la vaste échelle mobile des salaires, qui tend à s'unifier et à s'étendre sur la main-d'œuvre des pays manufacturiers que réunissent aujourd'hui, pour ainsi dire, en un seul, nos moyens si rapides de locomotion et nos voies télégraphiques. Qui osera nier que nous sommes, grâce à ces éléments, sous le coup d'une transformation sociale continue et quotidienne douée d'une excessive sensibilité? Oui, nous le répétons, c'est faire erreur que d'aller chercher dans l'ensemble des grèves ouvrières autre chose que la nécessité d'équilibrer les salaires et les dépenses. C'est pourquoi, messieurs, sans entrer dans aucune discussion de salaires, de grèves et de droit de réunion, toutes choses qui en ce moment, nous le croyons, sont précisément mises à l'étude d'une commission de l'Assemblée nationale, il faut nous borner à souhaiter que le législateur, se décidant à aborder les choses de face, comprenne qu'il vaut mieux diriger et conduire le mouvement que le réprimer, que c'est plutôt le cas de faire des lois de direction et de réglementation que de faire des lois de compression.

Car, nous vous le répétons, ce mouvement social est dans la force même des choses, et la force des choses étant une des lois de la nature, il serait insensé de vouloir y résister.

Il faut donc diriger le courant, lui creuser un lit, mais non vouloir lui barrer le passage. Nous aimons à espérer que les difficultés seront résolues plutôt dans un sens libéral que dans un sens répressif ; ce serait, nous le croyons, la manière la plus sage d'accepter le fait accompli.

Maintenant, messieurs, il ne nous reste plus qu'une chose à faire, c'est de vous remercier de l'honneur que vous nous avez fait et de la confiance que vous nous avez accordée en nous chargeant du soin d'être les interprètes de notre corporation auprès des autres délégations ouvrières. Nous ne savons si nous aurons bien répondu au sentiment général de ceux qui nous ont nommés. Mais notre excuse sera dans le désir sincère que nous avons toujours eu de rien dire qui fût contre notre conscience ou la vôtre, ou qui pût blesser en quoi que ce soit personnellement aucun de vous. Et si nous n'avons pas terminé plus tôt, messieurs, c'est parce que nous avions le regret d'avoir à vous annoncer que, pendant tout le cours de l'Exposition, nous n'avons pas eu à recevoir une seule délégation de la dorure sur bois.

X. Tabaret, Paput.

ÉBÉNISTERIE

Appelé par vos suffrages à faire partie de la Commission ouvrière à l'Exposition universelle de Lyon, j'ai l'honneur de vous soumettre le compte-rendu de la mission dont vous m'avez honoré, trop heureux si je puis vous avoir été utile.

Pénétré de mon mandat, j'ai compris que je devais vous faire part de toutes mes réflexions et observations.

J'aurais désiré vous faire un rapport beaucoup plus étendu; cela ne m'a pas été possible, vu qu'il n'est point venu de délégués de notre corporation pour visiter l'Exposition. Il m'est donc impossible de vous donner une idée de leur organisation.

En fait de produits étrangers, il est venu un guéridon laqué, de Palerme, exposé par M. Antonio Catalano.

Je vais vous donner les noms des exposants de Lyon qui sont le plus méritants :

M. Sicard avait une galerie de meubles bien garnie, le tout très-bien fait.

MM. Hoffert et Menu, également.

M. Guiraud, également.

M. Chalassin n'avait que deux meubles, mais richement faits, un buffet et une table à coulisses.

M. Clause avait un prie-Dieu gothique très-bien fait.

M. Dufin avait beaucoup de meubles noyer massif très-bien faits.

Il y a eu quatre exposants de Paris, savoir :

M. Lemoine, qui a exposé un cabinet. Comme main-d'œuvre, c'était très-bien fait.

M. Vanloo avait un ameublement de chambre, bois acajou guilloché, et des chaises pliantes.

M. Lefébure avait une servante-étagère, bois noir, filets cuivre, objet très-bien fait.

M. Hébert avait un lit palissandre Louis XV, et une armoire à glace à coins ronds rentrés, palissandre simple.

M. Cellier, de Valence, a exposé un buffet argentier, bois de rose, panneau frêne du Japon, moulure et sculpture amarante façon inférieure.

M. Gros, de St-Martial-Viveyrot (Dordogne), a exposé un buffet argentier bois chêne très-bien fait.

M. Arlemele, de Gap (Hautes-Alpes), a exposé un cabinet imitation antique, style haute Renaissance, bois noyer.

Je dois donner ici les noms des ouvriers qui m'ont paru les plus méritants :

M. Genin Clément, pour avoir fait un buffet argentier, style Renaissance, bois noyer et frêne du Japon, très-compliqué, fait à l'atelier de M. Fiard, exposé par M. Chalassin, de Lyon.

M. Fournel Joanny, pour avoir fait un cabinet style Renaisssance, bois cèdre et ébène, orné par des petites colonnes, marqueté, très-bien fait, exposé par M. Lemoine, de Paris.

MM. Lallemant Pierre et Dufour Honoré, pour avoir fait une armoire à glace style Louis XVI, bois noyer, exposée par MM. Hoffert et Menu, à Lyon.

M. Koch Joseph, pour avoir fait une table à thé marquetée, exposée par M. Sicard, de Lyon.

M. Tiné Jacques, pour avoir fait une table bois noyer, style Louis XIV, et un buffet argentier à grand coin rond, bois noyer, exposée par M. Dufin Hilaire, à Lyon.

J'ai remarqué que les meubles les plus compliqués ne sont pas vernis, ils sont polis ou costiqués ; par ce moyen, on peut faire quelque chose de mieux, et les meubles se maintiennent beaucoup plus propres.

L'ébénisterie est une de ces professions dans lesquelles l'ouvrier fait son travail aux pièces ; il y a certains meubles dont la façon est très-peu payée. Malgré que nous ayons une chambre syndicale de patrons et d'ouvriers, on n'a jamais su régulariser les prix ; il faut espérer que l'avenir apportera un progrès à cet égard.

Je termine en adressant des remercîments au Conseil municipal, dont l'allocation nous a permis d'accomplir notre mission.

Je remercie aussi mes collègues de m'avoir fait l'honneur de les représenter.

JEAN MAS.

FERBLANTERIE

Chers Collègues,

Fiers de la mission que vous nous avez confiée, nous venons vous présenter le résumé de nos observations et remercier ceux de nos collègues qui ont bien voulu nous honorer de leurs suffrages.

Nous renfermant dans le mandat que vous nous avez confié, nous ne traitons ici que des travaux de bâtiment.

Zinc.

L'industrie du zinc, à peu près inconnue le siècle dernier, a acquis pendant ces dernières années un développement immense dû aux avantages réels qu'il a sur les autres matières employées pour la couverture des bâtiments, et qui sont : durée, solidité, légèreté et économie.

La couverture en zinc réunissant tous ces avantages, son emploi a pris un développement considérable et se généralise tous les jours, d'autant plus qu'aujourd'hui les systèmes employés sont tout à fait perfectionnés.

Le zinc s'emploie aussi en ornements, tels que lucarnes, poinçons, crêtes, fleurs, décorations pour églises, théâtres, etc. ; il consiste en pièces estampées ou exécutées au marteau.

Ce dernier mode n'est suivi que dans les cas où le dessin à exécuter ne présente que quelques pièces de même profil.

Le travail se fait généralement à la journée, qui est fixée à dix heures ; mais quelques-uns de nos collègues traitent avec l'entrepreneur et exécutent les travaux au marchandage. Nous avons bien souvent dit ce que nous pensions des travaux au marchandage. Toute personne intelligente comprendra que c'est la ruine d'un état quand ces travaux sont pris en seconde main.

En effet, combien de fois n'est-il pas arrivé, après un ou deux mois de travail, et comptant sur un salaire raisonnable que nous étions en droit d'attendre, de voir réduire celui-ci à plus de moitié ?

Nous terminons ce court exposé en faisant des vœux pour la fusion des diverses fractions de notre corporation, car d'après l'impression que nous ont laissée les visites des délégations étrangères à notre ville, nous avons conclu que de l'association seule pouvait sortir le salut de notre corporation.

Unissons-nous donc avec nos collègues déjà groupés par l'association et efforçons-nous de détruire cet esprit d'antagonisme qui nous divise, car ce n'est que par la force de l'un que l'on obtient celle de l'autre.

Le siége professionnel de notre corporation vient d'inaugurer des cours de dessin dans son local ; ces leçons, par la nature de nos travaux, nous sont indispensables.

Ainsi, unissons-nous et recherchons ensemble les moyens de progresser dans notre industrie.

Nous donnons ci-dessous les noms et la nature des produits exposés dans notre industrie.

Société de la Vieille-Montagne. — Médaille d'or.

Cette maison se fait remarquer par la bonne fabrication des produits exposés, parmi lesquels on remarque un kiosque en zinc composé de moulures et ornements estampés et repoussés, et dont quelques pièces nous ont paru offrir de grandes difficultés d'exécution. L'ensemble de ce travail est très-bien, et nous croyons qu'il est matériellement impossible de faire mieux ; deux motifs de corniche estampés d'un fini remarquable ; plusieurs pièces détachées, telles que chapiteaux, gargouilles, dragons, guirlandes et clés de lucarne ; deux vases Médicis, deux belles statues en zinc fondu.

La plupart de ces travaux sont peints au silicate à base d'oxide de zinc pierreux.

Cette maison a exposé, en outre, différents modèles de couverture que nous ne désignons pas par leur nom et dont nous ferons la démonstration dans une réunion spécialement consacrée à cet effet :

1º Couverture à losanges, système breveté ;

2º Plate-forme à rigoles ;

2º Couverture cannelée ;

4º Couverture à tasseaux.

Cette maison est la seule qui ait exposé des matières premières, dont un bloc blende ou sulfure de plomb, un bloc calamine ou carbonate de zinc ; divers échantillons de zinc laminé marqués Bray, d'un très-beau laminage ; des échantillons de zinc perforé de divers dessins.

Les ouvriers qui ont le plus particulièrement coopéré aux divers travaux exposés par cette maison sont : 1º Barnier (Arsène-Émile), zingueur-ornemaniste ; 2º Filliâtre (Pierre), lamineur, de Bray.

Maison Nicolas, de Lyon. — Médaille d'argent.

Cette maison a exposé un kiosque, un motif d'ornement qu'on nous a dit représenter les armoiries de la ville de Nice, ainsi qu'un motif d'ornement du kiosque de Saint-Etienne. Ces deux travaux ont été exécutés, il y a quelques années, par le sieur Rossignol.

Maison Coutelier, de Paris.

Cette maison a exposé un nouveau modèle de couverture (breveté) à losanges.

Maison Buisson, de Lyon.

Cette maison a exposé un bris couvert portant une lucarne, caniveaux, membrons et arêtiers. Ces travaux sont très-ordinaires. Un motif de crête exécuté au marteau il y a quelques années et destiné au Palais-du-Commerce. Ce travail est très-bien fait.

Maison Goffinon et Barbas, de Paris.

Cette maison, l'une des plus importantes de Paris dans les travaux de bâtiments, a exposé divers échantillons des travaux qu'elle exécute ; ils consistent en plomberie d'art.

Nous avons surtout remarqué l'installation des toilettes parisiennes, salles de bains, etc.

L'ouvrier qui a coopéré à ces divers travaux est le sieur Bourgeois, plombier, zingueur, de Paris. La maison a exposé, en outre, l'aspirateur de M. l'ingénieur Flament qui est l'inventeur de cet appareil destiné à l'assainissement et ventilation de fosses, dortoirs, salles d'infirmerie, de théâtre, industries insalubres. Après une étude approfondie de cet appareil, nous sommes convaincus que le but que s'était proposé l'inventeur Flament a été atteint.

Baignoires.

Maison Georges (Charles), de Paris.

Cette maison a obtenu une médaille d'or pour l'installation générale des établissements balnéaires.

BAIGNOIRE BOURDIL.

La baignoire avec chauffeur, dont le sieur Bourdil est l'inventeur, a fixé notre attention, et après deux expériences faites en notre présence, nous avons dû constater que le chauffeur à flamme renversée, inventé par le sieur Bourdil, présente de grands avantages sur tous les autres systèmes employés jusqu'à ce jour.

Maison Theynard, de Grenoble.

Cette maison a exposé trois modèles de baignoire, dont une d'un nouveau système. Cette baignoire porte le chauffeur qui nous a paru être celui dont cette maison a le brevet, et qu'elle n'employait jusqu'ici qu'à l'intérieur de la baignoire.

Maison Avrial, de Lyon.

Les baignoires exposées par cette maison ne nous ont rien offert de particulier.

Plomb

Les minerais dont il serait facile d'extraire le plomb sont nombreux, mais deux d'entre eux suffisent aux besoins de la consommation annuelle. L'un s'appelle vulgairement la *galène*, c'est le sulfure de plomb; l'autre s'appelle le *plomb blanc*, c'est le carbonate de plomb.

Les maisons qui ont exposé dans cette catégorie sont :

La Société générale des plombs doublés d'étain, de Paris. — Hors concour.

Les produits exposés par ladite Société sont d'une très-bonne fabrication et s'emploient, en général, pour les appareils à fabriquer les boissons gazeuses. Nous recommandons, d'une manière spéciale, l'emploi des plombs doublés d'étain pour la canalisation des eaux potables, surtout dans les villes où le peu de pression laisse séjourner l'eau dans les conduits.

Maison Arthaud-Lasève, de Lyon.

Les produits exposés de son usine de Neuville-sur-Saône consistent en plomb laminé, étiré, dit sans fin, et plomb de chasse.

Maison de ferblanterie de Mme veuve Gilbert, de Lyon.

Les travaux sont faits très-proprement et d'un goût assez recherché, tels que cruches, seaux, bains de siége, etc. Mais, selon notre appréciation, ces travaux sont trop embellis; car, si la maison veuve Gilbert fournit ses marchandises au prix courant dans cette fabrication, elle mérite des éloges.

L'ouvrier qui a le plus coopéré à ces travaux est le sieur Chabert, ferblantier.

Maison Mozony, de Lyon.

Les travaux de ladite maison ne sont pas sans mérite, comme travail au marteau et objets de goût; mais, comme ferblanterie, ils laissent à désirer.

N'ayant vu à l'Exposition aucune maison étrangère, nous n'avons pu nous informer des prix de façon que par le sieur Antoniette, de Châlon-sur-Saône.

Après renseignements pris, nous vous apprendrons que les façons sont payées 10 p. 0/0 de plus que dans notre ville. Nous ferons alors observer à nos collègues de la ferblanterie que, pour arriver à égaler le prix de façon des autres villes, il faut nous unir, fraterniser, cela détruira la concurrence d'une ville à l'autre, et l'ouvrier sera bien mieux salarié.

Les délégués à l'Exposition de Lyon :

CONSTANT, HILLAIRE, KELLER.

GUIMPERIE

MESSIEURS ET CHERS COLLÈGUES,

Dans l'assemblée générale tenue par la corporation de la guimperie, le 1ᵉʳ mai 1872, au Palais-du-Commerce, vos suffrages nous ont désignés pour être délégués à l'Exposition universelle et internationale de Lyon, et bien que le mandat que vous nous avez confié n'ait pas été défini d'une manière spéciale, nous croyons devoir vous dire de quelle façon nous le comprenons et comment nous comptons le remplir.

Deux questions générales, se subdivisant elles-mêmes en questions secondaires, se sont tout d'abord présentées à nous.

1° La question industrielle, sans contredit la plus facile à résoudre, sera traitée par nous dans les visites que nous ferons à l'Exposition ; là nous aurons à étudier avec soin : 1° les produits exposés de quelque part qu'ils viennent. Cette étude devra porter sur la qualité de la fabrication, sur les matières employées, autant qu'il nous sera possible de les juger; 2° comparer attentivement, et après de nombreux examens, les produits étrangers avec les produits français ; s'enquérir, s'il se peut, des prix de vente; 3° consigner avec soin les différences constatées ; 4° rechercher les causes de ces différences ; 5° la question de concurrence étrangère étant du ressort des questions sociales autant que du ressort des questions industrielles, nous la traiterons indistinctement dans l'une et l'autre partie de notre rapport.

2° Les questions sociales, qui doivent nous occuper d'une manière toute spéciale, à l'étude desquelles nous devons apporter tous nos soins et toute notre attention, ne pourront être traitées par nous d'une manière complète, qu'autant que les renseignements nécessaires nous seront donnés.

Il est incontestable que tous les pays peuvent produire du beau ; mais que prouve l'examen de ces produits, si nous ne sommes pas initiés à l'organisation sociale des travailleurs qui les ont fabriqués, si nous ignorons les conditions

du salaire de ces travailleurs, si nous ne pouvons comparer leurs conditions
de bien-être, le chiffre des frais qu'ils ont à supporter, et établir la position exacte
du guimpier français par rapport au guimpier étranger? Ces questions sommai-
res qui demandent une étude, une enquête sérieuse, nous ne pourrons les résoudre qu'autant que nous entrerons en relations avec les délégués étrangers qui
viendront visiter notre Exposition ; ce sera là notre objectif, le but auquel
tendront tous nos efforts, sans la réalisation desquels notre mandat devient
stérile et sans résultat sérieux, et croyez que pour arriver à cette solution nous
apporterons tout notre zèle. Nous n'oublierons pas surtout que les Expositions
internationales sont pour nous, ouvriers, une occasion qui nous permet de
manifester nos tendances sociales et d'affirmer le but vers lequel nous nous
dirigeons. Par les rapports des délégués étrangers, nous pourrons traiter les
grandes questions de l'association et de la corporation, nous pourrons nous
renseigner sur l'état, la situation des sociétés coopératives étrangères, les
comparer à celles dont l'essai a été tenté en France et rechercher les causes de
prospérité et de décadence des unes et des autres ; nous traiterons la question des grèves, des moyens de les éviter et en un mot tout ce qui peut intéresser le travailleur. Le mouvement social qui se prononce, s'accentue et se généralise, la solution du problème, qui met en opposition, en lutte, le travail et le
capital, nous impose le devoir de rien négliger de tout ce qui peut instruire,
éclairer l'ouvrier et contribuer à son bien-être. Pour nous faciliter l'accomplissement de notre tâche, nous nous sommes joints au groupe des délégués lyonnais à l'Exposition et dans les nombreuses réunions que nous avons tenues,
nous avons constaté combien était grand le progrès réalisé par l'application
du grand principe de la solidarité ; en face de ce nombre considérable d'ouvriers discutant avec calme et dignité, non pas leurs intérêts personnels, mais
les questions générales intéressant toute la grande famille du travailleur, nous
nous demandions ce qu'étaient devenus ces rivalités mesquines et puériles,
ce vieil antagonisme qui pendant des siècles ont divisé les corporations, et nous
avons applaudi à cette entente, à cette union qui mieux que la violence,
mieux que la force, peut nous faire avancer résolûment dans la voie qui,
dans un avenir prochain, doit nous assurer l'affranchissement complet du
travail.

QUESTIONS INDUSTRIELLES.

En abordant l'étude des questions industrielles, nous devons nous occuper
en premier lieu des produits exposés qui ont rapport au matériel que nous
employons. Nous avons constaté la présence de plusieurs laminoirs exposés par
M. Droz et par M. Frangin. Le laminoir étant sans contredit la pièce capitale de

notre outillage, nous avons cru devoir examiner ceux exposés avec la plus grande attention, et prendre, sur leurs qualités, tous les renseignements nécessaires. A première vue il est impossible de se prononcer sur la valeur du moulin, il faut des essais nombreux, un travail de plusieurs mois, avant que l'on puisse porter un jugement, une appréciation définitive; ce n'est donc pas dans la vitrine que nous avons puisé nos informations, mais bien soit en recherchant ceux de nos collègues qui possèdent des laminoirs fabriqués par les exposants, soit en faisant nous-mêmes, et dans nos ateliers, des essais en présence de témoins compétents.

Il y a quelques années, la fabrication des laminoirs de guimpiers était tout à fait inconnue à Lyon. Ceux employés dans la corporation, peu nombreuse du reste, remontaient au XVIe et surtout au milieu du XVIIe siècle. Ils étaient de provenances diverses, portant tantôt une couronne, tantôt une fleur de lys comme marque, rarement une date, jamais de signature. Quelle était leur composition? A quel alliage devaient-ils leur dureté et surtout la finesse de leur texture? La devaient-ils à une trempe spéciale, ou à l'alliage même, dont la formule, les proportions ont échappé à l'analyse? Toujours est-il qu'un bon moulin était un objet doublement précieux, par sa valeur réelle, et par l'impossibilité où l'on croyait être de ne pouvoir jamais le remplacer. Mais il arriva que ces laminoirs, irréprochables jusque-là, ne remplirent plus le but voulu et ne répondirent plus aux besoins du moment. Un frottement continu de plusieurs siècles, des repassages fréquents, des nettoyages quotidiens, mirent-ils à découvert des surfaces que la trempe n'avait atteintes qu'imparfaitement? Les traits employés devinrent-ils plus durs par l'alliage introduit ou par la mauvaise qualité de la matière première elle-même? Ces deux raisons se produisirent-elles simultanément, c'est possible. D'un autre côté, l'industrie se développant, il s'établit de nouveaux ateliers; il arriva qu'il fallut chercher et se mettre en quête de nouveaux laminoirs. On s'adressa à la Prusse, à l'Espagne même; à Lyon des hommes intelligents, stimulés par les obstacles, se mirent à l'étude, et bientôt notre ville eut ses fabricants de laminoirs; signalons particulièrement M. Deleuvre et M. Valin d'abord; plus tard, MM. Bardey et Droz, et rendons un juste hommage à ces chercheurs intrépides que rien ne rebuta, ni le temps perdu en essais, ni les veilles, ni un travail pénible et dangereux et grâce à qui plusieurs ateliers doivent d'avoir d'excellents laminoirs, et à qui nous devons tous d'être affranchis des produits étrangers et d'avoir pu prouver que si Lyon a le monopole pour la fabrication des filés de belle qualité, il peut suffire à la fabrication et à l'entretien du matériel employé dans ses cent ateliers.

En passant, exprimons nos regrets de n'avoir pas vu figurer à l'Exposition les produits de MM. Bardey frères, de notre ville; la bonne qualité de leurs laminoirs, l'élégance de leurs montures, les ont, sans contredit, placés au premier rang; et nous aurions été heureux de constater les progrès qu'ils ont pu réaliser depuis quelques années.

M. Droz marche avec succès sur les traces de ses devanciers; le moulin qu'il a exposé nous a paru dans de bonnes conditions, mais toute appréciation étant impossible à première vue, nous avons dû aller aux renseignements auprès de ceux de nos collègues qui ont de ces laminoirs et qui ont pu, par une pratique de plusieurs années, se rendre un compte exact de leurs qualités ou de leurs défauts. Les qualités parfaitement et généralement admises sont sérieuses ; en première ligne figure la dureté, si recherchée aujourd'hui que les traits par leur finesse et leur dureté présentent des difficultés si grandes au laminage. M. Droz a, du reste, surmonté avec succès les difficultés de la trempe ; un séjour assez long dans des usines allemandes lui a été d'une certaine utilité pour cela ; en second lieu ses laminoirs n'altèrent en rien le dorage, qui est parfaitement conservé. Ces deux qualités seules suffiraient à établir la réputation du fabricant si le prix relativement peu élevé, 600 fr. environ, auquel il livre ses moulins, ne devait les faire prendre en considération sérieuse ; à côté de ces avantages nous devons compléter nos renseignements en avouant avec impartialité l'existence d'un certain nombre de petits défauts dans l'acier, défauts qui, en terme de métier, prennent le nom de picots, mais ces picots ne sont pas propres aux moulins de M. Droz seulement, tous les moulins en ont ou sont susceptibles d'en avoir à un degré plus ou moins grand.

Nous avons constaté que ces laminoirs n'étaient pas cerclés, mais bien massifs et trempés d'une seule pièce. Ce système, pratiqué déjà par plusieurs fabricants lyonnais, est-il préférable ou est-il inférieur au système des laminoirs cerclés fabriqués par les anciens et, de nos jours, par M. Bardey et par les fabricants prussiens ? Il est difficile de se prononcer et l'avenir seul peut résoudre cette question ; quant à nous notre appréciation personnelle est celle-ci : nous préférons les laminoirs trempés en cercle, par la raison que nous croyons la forme circulaire plus accessible à la régularité de la trempe qui, se trouvant en contact avec les surfaces extérieure et intérieure, pénètre le métal avec plus de facilité et à une plus grande profondeur, tandis que dans la masse la couche superficielle seule peut être attaquée, et quand par le temps et un travail plus ou moins long, cette couche aura disparu, il est à craindre que des surfaces trempées d'une façon imparfaite et irrégulière viennent à se découvrir. A l'appui de notre appréciation, constatons que les anciens laminoirs étaient cerclés et qu'ils ont montré, par un usage de plusieurs siècles, l'excellence de ce sytème ; mais nous le répétons, ce n'est pas nous qui pourrons résoudre cette question très-complexe. D'ailleurs notre génération ne verra probablement pas user les laminoirs qu'elle a vu fabriquer.

Le nom de M. Frangin était pour nous inconnu ; c'est donc avec une certaine curiosité que nous nous sommes arrêtés devant sa vitrine, curiosité d'autant plus motivée, qu'à côté du moulin ordinaire en acier, se trouvaient des roues de verre destinées au laminage de l'or et de l'argent ; nous nous sommes immédiatement mis en relation avec l'exposant qui, avec une obligeance parfaite, s'est empressé de nous fournir les moyens nécessaires pour essayer ses laminoirs de verre et nous permettre de porter sur leur fabrication une appréciation sérieuse. Un premier essai eut lieu le 12 novembre, il fut incomplet et à peu près nul, le montage défectueux des arbres ne permettant de tourner qu'avec de grandes difficultés. Le 26 du même mois un deuxième et dernier essai eut lieu chez un de nos collègues, M. Borgat. Le moulin disposé dans la cage, la roue d'en bas parfaitement droite, celle d'en haut légèrement croisée, des traits de différentes grosseurs et de différentes qualités furent essayés, entre autres du 6/S or fin à 750 millièmes, du 5/S or fin 990 millièmes et du mi-fin. Pendant cette expérience, le défaut de montage constaté au premier essai se manifesta encore ; le moulin ne tournait pas rond et tenait difficilement en prise. Un de nos collègues, ayant voulu graisser la roue, celle d'en haut cessa de tourner, elle glissait sur la roue d'en bas ; la lame examinée avec quelque attention était visiblement blessée en plusieurs endroits par de nombreux picots ; ces picots étaient produits par des soufflures dans le verre ; elles éclataient par le frottement des roues et un picot apparaissait ; l'examen à la loupe confirma ce que l'œil découvrait facilement. L'expérience ne fut pas poussée plus loin, il était évident qu'aucun parti ne pouvait être tiré de ce moulin ; de plus, la roue d'en bas fut trouvée rayée sur une longueur de quelques millimètres comme par le contact d'une lime.

Le résultat de cette épreuve n'a donc pas été satisfaisant ; néanmoins, nous pensons que l'idée de fabriquer des laminoirs en verre ne doit pas être abandonnée ; elle est originale, sa réussite pourrait amener une révolution dans l'outillage de certaines industries, et nous croyons que M. Frangin ne doit pas s'en tenir à ce premier essai. Le verre employé pour son moulin était tout à fait inférieur ; qu'il prenne une qualité parfaitement épurée ; le verre blanc est le plus tendre ; qu'il emploie un verre noir ou tout autre d'une dureté beaucoup plus grande ; seulement qu'il prenne note de cette crainte que nous lui manifestons et qui nous est venue pendant la dernière expérience faite : le verre étant susceptible de présenter des surfaces d'un poli supérieur à la plupart des autres corps, nous craignons de voir glisser les roues l'une sur l'autre, soit que la roue d'en bas soit impuissante à entraîner celle d'en haut, soit que le glissement se produise de droite à gauche, ou de gauche à droite, et n'amène un déplacement de la prise ; nous craignons enfin que les roues étant suffisamment convexes, la lame ne puisse tenir en prise ; la roue d'en haut, par suite du jeu qu'il est nécessaire de lui donner, sera exposée pour la même raison à glisser à côté de la prise et à déplacer à chaque instant le point de contact des deux roues.

L'exposition faite par la maison J.-A. Henry est, sans contredit, la plus complète, celle qui réunit à peu près tous les produits de la dorure et qui permet de suivre notre industrie dans son développement et dans le plus grand nombre de ses applications, depuis le bâton doré jusqu'à la broderie.

Tous ses produits exposés sont fins, sauf le bâton que nous soupçonnons d'être mi-fin, la pointe étant cachée par une feuille d'argent.

A côté de ce bâton, se trouvent des traits de différents numéros et de différents dorages, des paillettes, lames, cannetilles mates, brillantes, unies et frisées, le tout disposé avec beaucoup de goût.

Des filés or et argent fin à broder, uni, ondé, frisé, passé, etc., dont l'exécution nous a paru assez bonne, autant qu'il nous a été possible d'en juger à travers la vitrine ; la grosseur des bobines employées permet au filé trancané avec soin de rendre tout son effet. Nous n'avons, du reste, rien à mentionner sur cette fabrication que nos collègues n'aient été à même d'apprécier ; ces filés ne portent aucun prix de vente, ni le titre de la matière employée, ni celui du dorage. Les noms des guimpiers qui les ont faits nous sont inconnus ; nous n'avons donc trouvé là, pas plus que dans la plupart des autres vitrines, aucun sujet d'étude, d'observation qui vaille d'être mentionné.

Nous l'avons dit, il est facile de bien faire, l'important est de savoir dans quelles conditions le travail est fait, quelles ressources l'ouvrier a eues à sa disposition, au point de vue des matières employées ; de connaître les prix auxquels les produits peuvent être livrés à la consommation ; à cette condition seulement, les expositions auront un but réel, et une comparaison sérieuse avec les produits étrangers sera réellement possible.

Les galons exposés par la maison Henry ont été étudiés par nos collègues de la passementerie, et leur rapport en mentionne les belles qualités et la bonne exécution.

Aux galons sergent, cul-de-dé, boyaux ; aux systèmes, se joignent : une belle collection de points d'Espagne, des épaulettes pour général, officier d'infanterie, dragonne pour chef, ceinture pour général, etc.

Dans cette exposition, comme dans la plupart de celles des fabricants lyonnais, à l'exception de la maison Lara, la broderie joue un grand rôle. Citons une belle bannière style roman, brodée or fin et soie avec un sujet brodé soie au point couché dont l'exécution est un chef-d'œuvre ; cette bannière, ainsi que plusieurs belles pièces d'ornements d'église, ont déjà figuré à l'Exposition de Rome.

La chasuble dite forme saint Bernard, brodée sur poult de soie blanc, a excité notre admiration ; le sujet, Christ de Van Dick, brodé soie, est admirable ; malheureusement l'étoffe n'est plus fraîche, le liston de la croix est terne, et le galon surtout, qui est tissé et non brodé, a souffert de l'action des temps et des voyages.

Un certain nombre de croix, de chasubles brodées sont d'une richesse et d'un fini d'exécution qui font le plus grand honneur au bon goût du fabricant, au talent du dessinateur et surtout aux brodeuses qui ont exécuté ces différents travaux. La maison Henry a eu le bon goût de faire ressortir les noms de ces artistes ; ce sont mesdames Paulet, Leroudier, Sorlin, Denis et Detard.

Signalons aussi différentes croix tissées d'un grand mérite, des sujets nombreux et variés en garnissent les montants et sont tous produits par des effets de chaîne, ce qui leur donne une valeur réelle et parfaitement justifiée par l'effet qu'elles produisent.

Il faudrait un volume et des connaissances que nous n'avons pas pour signaler les beautés de ces produits, énumérer les qualités de ces ornements dans tous leurs détails. Constatons que l'exécution des broderies fait d'autant plus honneur aux ouvrières, que la dorure ne choque l'œil nulle part par des effets volumineux ; ce sont des dessins d'une délicatesse étonnante rendus avec une rare habileté.

En quittant la vitrine de la maison Henry, nous nous trouvons en face de la maison Girerd. Là, point de filés, point d'épaulettes, rien qui rappelle l'équipement militaire ; l'ornement d'église seul est représenté, mais d'une façon vraiment digne ; les étoffes, les broderies sont d'une fraîcheur telle, d'une exécution si parfaite, qu'elles peuvent rivaliser avec tous les produits du même genre exposés, et supporter une comparaison toute en leur faveur.

A plusieurs reprises, cette maison a modifié son exposition, mais nous ne nous occuperons que des produits exposés lors de notre visite collective du 12 octobre.

L'attention du visiteur se porte naturellement sur la pièce importante contenue dans la vitrine ; cette pièce est une belle chasuble d'un dessin moyen-âge gothique, brodé or fin et soie sur drap d'or. Dans ce travail, rien de défectueux, rien de choquant, la beauté du dessin est puissamment secondée par la richesse de l'exécution et la perfection du travail ; le drap d'or aurait-il pu être plus riche ? nous n'osons l'affirmer et nous ne pouvons là encore qu'exprimer le regret de n'avoir pas les connaissances spéciales suffisantes pour énumérer et détailler les beautés d'un travail que nous regardons comme la dernière limite du beau ; constatons néanmoins le perfectionnement, le progrès réalisé en broderie depuis vingt ans, les effets de dorure si lourds et parfois défectueux auxquels on avait recours autrefois ont disparu pour faire place à une exécution d'un goût parfait ; ce n'est plus la broderie au dessin fantaisiste, sans caractère toujours bien arrêté, c'est un dessin correct, presque moyen-âge pur ou gothique, irréprochable de forme et de finesse, se détachant avec ses effets variés de filés, de cannetille, de soie aux nuances fraîches et parfaitement combinées ; c'est enfin un assemblage harmonieux qui flatte l'œil et vous laisse dans l'admiration.

Tout dans l'exposition de la maison Girerd est d'une fraîcheur parfaite et d'une exécution qui ne laisse rien à désirer ; on sent que tout ce qui est là a été fait spécialement pour l'Exposition de Lyon.

Dans le milieu de la vitrine s'étale la chasuble de forme moyen-âge, brodée or fin et soie, point couché et point fendu sur une étoffe satin blanc armuré.

Une belle chasuble brodée or fin et soie sur satin blanc ; une écharpe brodée également or fin et soie sur frisé argent fin, complètent cette exposition qui fait le plus grand honneur aux exposants. Nous aurions été heureux de faire connaître les noms des brodeuses qui ont coopéré à l'exécution de ces broderies et de les signaler à la Délégation.

L'exposition de la maison Truchy et Vaugeois est loin d'égaler celle faite par elle à Paris, en 1867; néanmoins, elle mérite une attention sérieuse.

Signalons : Une belle collection d'épaulettes, la plupart destinées aux différents États de l'Amérique du Sud ;

Des galons d'une belle exécution et disposés avec un goût parfait ; des cannetilles, remarquables surtout par la supériorité de leur dorage ;

Des filés or et argent fin à broder que nous n'avons pu examiner convenablement, la vitrine n'ayant pu nous être ouverte ; nous regrettons que ces filés, d'une assez bonne fabrication du reste, aient eu à souffrir de l'intempérie de la saison ; leurs qualités primitives en ont été sensiblement atténuées ; de plus, les difficultés du trancanage sur des bois trop gros n'ont été surmontées qu'avec peine par le guimpier, et l'œil, embrassant une surface de filé trop grande, ne laisse pas échapper les quelques défauts qui peuvent exister. Néanmoins, tous les produits exposés par MM. Truchy et Vaugeois sont de qualité supérieure. On reconnaît la maison habituée à traiter tous les articles qu'elle fabrique dans de bonnes et solides conditions. Nous retrouvons là une bannière orphéonique, merveille de broderie, tant admirée aux Expositions de Paris, Bordeaux et Bayonne; le temps et les voyages l'ont rudement éprouvée, mais elle n'en reste pas moins comme un spécimen remarquable du progrès obtenu depuis quelques années.

De même que l'ornement d'église occupe exclusivement la vitrine de la maison Girerd, de même les articles destinés à l'équipement militaire composent seuls l'exposition de la maison Lara : épaulettes françaises, galons de grade or et argent, collets brodés, dragonnes, etc., sont en assez grand nombre. Cette maison est la seule qui ait mis les prix sur les articles exposés ; la modicité de ces prix nous autorise à considérer ce moyen comme une réclame ingénieuse ; mais quel que soit le mobile qui l'ait dicté, nous l'apprécions trop pour ne pas lui donner notre entière approbation ; nous croyons même que tout exposant qui ne fait pas connaître les prix de vente de ses produits et les noms des ouvriers qui ont collaboré à leur fabrication n'atteint qu'à moitié le but auquel tendent les Expositions internationales.

Nous croyons devoir mentionner les prix des articles exposés :

Epaulettes	or fin pour lieutenant-colonel.	84 f. c.
—	argent fin pour command. de gendarmerie	52 »
—	or fin pour général	115 »
—	or fin franges et contours mat	120 »
—	or mi-fin pour colonel péruvien	28 »
—	or mi-fin pour capitaine	28 »
—	argent mi-fin mat pour capitaine.	21 »

Dragonnes	or fin mat	21 f. »
—	or fin pour chef	12 »
—	or fin pour général	24 »
Collets brodés	or fin pour chirurgien aide-major	29 »
— —	— sous-aide	25 »
Pattes brodées	or fin pour chirurgien.	14 »
— —	— sous-aide	11 50

Paillettes et cannetilles or fin sans désignation de dorage, à 310 fr. le kilog.

Les galons de grade or et argent fin de différents dorages sont d'une qualité très-belle et d'une exécution irréprochable. Nous laissons, du reste, à nos collègues de la passementerie le soin de les signaler comme ils le méritent.

La maison Baillon et Versavel, de Belgique, a exposé une collection de systèmes faux, jugés d'une fabrication, sinon défectueuse, du moins inférieure aux produits français, et nos fabricants ont dû éprouver, en s'arrêtant devant cette vitrine, une sensation de soulagement et de bien-être; la crainte de la concurrence étrangère qui les poursuit et les obsède a dû sensiblement diminuer dans leur esprit; ils ont pu se persuader que si l'étranger s'empare de notre fabrication, ce ne sera pas à la supériorité d'exécution qu'il le devra; car, si des produits destinés à être exposés sont aussi inférieurs, que doivent être les articles courants faits sans soins et pour la consommation ordinaire?
Cette maison a aussi exposé une collection d'échantillons de franges toutes tordues au crochet et ne présentant rien de remarquable.

La maison Warnod-Meyer, de Niederbruck (Haut-Rhin), représentée par MM. Zindel et Cie, a exposé des traits faux jaunes et blancs de différents numéros.
Nous n'avons rien de particulier à mentionner sur cette exposition, si ce n'est une grosse roquette contenant 4,250 grammes, c'est-à-dire un bâton tiré en trait n° 12, sans que cette quantité considérable présente un seul nœud; ce tour de force, qui prouve le degré du perfectionnement de l'outillage, plaide en faveur de la bonne qualité de la matière première employée par cette maison. Curieux de nous rendre compte de la longueur métrique du trait contenu sur cette roquette, nous avons fait un petit calcul qui nous prouve qu'elle n'est pas moindre de 10,216 mètres. Or, si ce travail avait pu s'effectuer en n° 26, nous aurions eu, pour ce même poids de 4,250 grammes, une longueur de 106,250 mètres, soit 27 lieues 1,112 mètres.

Tels sont, chers collègues, les résultats des observations faites dans nos visites à l'Exposition. Nous regrettons sincèrement que les produits de la dorure aient été aussi peu nombreux et que les produits étrangers n'aient pas été en nombre suffisant pour nous permettre de comparer et d'étudier les différences de fabrication; nous le regrettons d'autant plus que, par suite de circonstances que nous avons dû subir, mais qu'il nous sera donné de combattre, n'en doutons pas, nous sommes menacés par la concurrence étrangère, et chaque jour nos fabricants nous expriment la crainte de voir notre industrie franchir les frontières et déserter nos ateliers pour aller chez nos voisins. Ces craintes sont-elles fondées, sont-elles sérieuses? Nous ne nions pas qu'elles puissent avoir quelque consistance, mais nous les croyons exagérées et dictées surtout par la crainte d'une application définitive de nos tarifs, tarifs qui, entre parenthèse, sont appliqués depuis dix mois, sans que le travail s'en porte plus mal. Nous reviendrons, du reste, longuement sur ce sujet en traitant de la concurrence; constatons seulement que quelques années d'un travail abondant ont presque doublé le matériel de guimperie qui existait à Lyon. Aujourd'hui, il peut se faire que ce matériel ne puisse être alimenté par un travail suffisant et surtout suivi. A une époque qui n'est pas très-loin de nous, Lyon comptait à peine trente ateliers; actuellement, nous en comptons facilement cent. A quoi devons-nous attribuer cette augmentation dans le chiffre de la production, et en vertu de quelles causes ce chiffre pourrait-il diminuer?

Le déplacement des commandes ne peut être sérieusement avancé. Quelle nation aurait pu produire la quantité prodigieuse de filés que Lyon exporte chaque année? Ce n'est pas l'Angleterre, qui n'a rien ou presque rien changé à son chiffre de production; ce n'est pas l'Allemagne, où la dorure est à l'état d'organisation défectueuse et primitive; il faut donc admettre que des débouchés se sont ouverts; s'en ouvrira-t-il d'autres? ou, au contraire, verrons-nous se fermer ceux par qui le travail nous est assuré actuellement? Nous ne pouvons rien affirmer, mais tout porte à croire que le commerce européen n'a pas dit son dernier mot avec les contrées de l'Orient. Une grande partie de la Chine nous est encore fermée, sinon inconnue; le Japon ne nous est accessible que dans quelques localités.

Or, ces pays, par le luxe de leurs vêtements, par leur éloignement insurmontable pour tout ce qui touche à notre jeune civilisation, nous assurent pour un temps très-long la certitude qu'il se fera des filés; car, si notre industrie est toute de luxe dans nos pays, il est des contrées où nos produits sont considérés comme étant de première nécessité.

DE LA CONCURRENCE.

La concurrence commerciale, dans sa définition que nous croyons la plus exacte, est l'acte par lequel plusieurs personnes exploitant la même industrie cherchent à participer dans la plus large part possible aux bénéfices de cette exploitation. Si nous, travailleurs, nous n'avions pas à subir les effets de la concurrence, cette question devrait nous rester étrangère, mais l'exploitation de l'industrie amenant forcément l'exploitation de l'individu, nous sommes les premières victimes de cette lutte, et à ce titre nous devons nous en occuper.

Dans les sociétés de l'antiquité, la concurrence n'existait pas, le peu de développement du commerce dont les classes aisées s'éloignaient avec dédain, les difficultés de communication, l'abandon fait du négoce aux esclaves ou à des colons ignorants que rien ne stimulait, laissaient les fonctions industrielles dans l'inaction.

En Europe, l'histoire nous signale sa première apparition à l'affranchissement des communes, affranchissement, chacun le sait aujourd'hui, dû tout entier aux associations qui, au XIe siècle, se formèrent dans les villes pour lutter contre les exactions des seigneurs.

La concurrence donna lieu alors à bien des rivalités cupides, mais fit éclore aussi de nobles émulations qui ne contribuèrent pas peu au développement de notre industrie.

En proclamant la chute du monopole et du despotisme, la révolution de 1789, toujours grande, toujours sublime, détruisit les maîtrises et les jurandes. On fait aux législateurs de cette époque mémorable le reproche d'avoir, en agissant ainsi, livré le travail à l'exploitation, en laissant à la concurrence un libre cours, d'avoir fortifié le capital, la richesse; d'avoir livré à des combattants avides et puissants toute une armée d'êtres faibles, nus, désarmés et surtout désunis et sans organisation.

On ne se rend pas compte que ces mêmes législateurs, par une prévision admirable ou par suite d'un effet naturel de l'application des principes d'égalité et de fraternité, placèrent le remède à côté du mal, et dans la proclamation des immortels Droits de l'homme, ne voit-on pas le droit d'association accordé au travailleur pour la garantie et la conservation de ses droits naturels et imprescriptibles? n'est-il pas décrété la création et l'organisation d'institutions consacrant les devoirs de fraternité et de solidarité? garantie n'est-elle pas faite à tout homme de parler, d'écrire, d'imprimer, de publier ses pensées sans que ses écrits puissent être soumis à aucune censure avant leur publication?

Enfin, la justice ne doit-elle pas être rendue gratuitement et par des juges élus par le peuple? Nous devons voir dans ces puissantes réformes et dans bien d'autres encore autant de moyens de garantie qui devaient fortifier le travailleur, lui permettre de s'éclairer, de développer ses forces intellectuelles, ses connaissances économiques et de pouvoir traiter d'égal à égal avec le capital. Malheureusement nous en sommes encore à réclamer l'application de ces Droits de l'homme; près d'un siècle s'est écoulé, notre époque aurait dû les laisser derrière elle comme incomplets, comme ne répondant plus aux besoins du temps, et rien de semblable ne s'est produit; nos institutions apportent toujours à l'opprimé les mêmes entraves, les mêmes obstacles.

La concurrence a continué ses ravages et ses victimes, l'exploitation et l'oppression ont redoublé, il y a eu accroissement de force pour les forts, redoublement de misère pour les faibles, si bien que nous sommes à nous demander si les quelques avantages conquis depuis le siècle dernier reposent sur des garanties sérieuses, sur des institutions établies, et si la position matérielle du travailleur a beaucoup gagné depuis cette époque.

La concurrence a ses partisans, qui affirment qu'elle amène le perfectionnement des produits; ceux-là confondent certainement la concurrence avec l'émulation qui seule suffit à l'ouvrier intelligent. Nous croyons que la conséquence inévitable de la concurrence est uniquement de baisser les prix de vente et d'avantager soit le consommateur, soit un intermédiaire parasite ; mais le producteur, le salarié, le capitaliste en retirent-ils un avantage? Les uns courent à la ruine s'ils luttent contre un capitaliste plus fort qu'eux; les autres, n'ayant qu'un but, travailler à tout prix pour acquérir un salaire insuffisant, s'imposent des privations et succombent inévitablement. L'industrie elle-même n'est-elle pas compromise par la concurrence? Le spéculateur avide de placer sa marchandise est forcé de vendre à bas prix pour attirer le client, mais pour concilier le bas prix avec le bénéfice, il fabrique des marchandises de qualité inférieure; il en résulte que le fabricant consciencieux est obligé d'entrer dans cette voie et que le consommateur se plaint avec raison et s'adresse ailleurs, d'où il peut résulter un déplacement préjudiciable à la production.

Nous sommes menacés aujourd'hui par la concurrence étrangère, les craintes de voir notre industrie passer chez nos voisins se manifestent à tort ou à raison. Sur quoi reposent ces craintes? Qu'ont-elles de fondé? Notre intérêt nous impose le devoir de le rechercher, non pas au point de vue de l'humanité, nous ne croyons pas en avoir le droit, les travailleurs de tous les pays servant la même cause, poursuivant le même but, ayant les mêmes droits, mais au point de vue industriel.

Lyon a actuellement, nous ne craignons pas de l'affirmer, le monopole de la fabrication des filés, ou plutôt Lyon, grand centre industriel, réunit tout ce qui est nécessaire à la bonne fabrication de la dorure. Par suite de quelles circonstances l'étranger pourrait-il nous supplanter sur les marchés de notre consommation? Tous les regards se portent vers l'Allemagne : les succès de cette nation dans la dernière guerre, les efforts plus ou moins heureux, plus ou moins honnêtes tentés pour sa réorganisation, l'impulsion que son gouvernement cherche à imprimer à son industrie, la mode enfin, l'engouement, l'erreur d'admettre que le progrès se décrète comme la transformation d'un canon, et cela par la toute-puissante volonté d'un soudard abruti, sont autant de raisons qui expliquent ces craintes.

Jusqu'à présent l'Allemagne n'a produit que des filés inférieurs ; les filés faux eux-mêmes sont loin d'égaler les nôtres.

Quant aux filés fins, leur fabrication se réduit à quelques articles qui depuis quelques années déjà ne se font à Lyon qu'en petite quantité.

Nous ne nions pas que l'Allemagne puisse perfectionner son matériel, que ses ouvriers en augmentant leurs connaissances pratiques puissent apporter à leurs moyens d'action une amélioration telle que leurs produits rivalisent avec les nôtres, mais plusieurs raisons s'y opposent, plusieurs obstacles se présentent et les surmonter n'est pas mince difficulté ; c'est un problème dont la solution n'est rien moins que facile ; d'abord il y a le temps, cet hôte incommode avec lequel il faut compter, car admettre que l'industrie allemande puisse franchir en quelques mois la distance qui la sépare de l'industrie française est une erreur grossière. L'Allemagne a un avantage incontestable, il est vrai, c'est de produire à bas prix par suite du salaire minime, insuffisant même, alloué à ses ouvriers ; mais cette insuffisance de salaire n'est-elle pas elle-même un obstacle au progrès ? car ne l'oublions pas, le progrès naît de l'ouvrier, de lui seul, et du moment où il n'est pas stimulé par une rétribution raisonnable, il reste abaissé au rôle de machine et croupit dans l'ornière de la routine.

Est-ce en quelques mois qu'une industrie peut réformer tout son matériel ?

Est-ce en quelques jours que ses ouvriers peuvent atteindre le degré de perfection voulu ? Evidemment non !

Le progrès est lent à se faire, et il suit dans sa marche une loi progressive que nul ne peut enfreindre, ni précipiter outre mesure, ni annuler, ni même enchaîner momentanément à une immobilité complète.

Déjà à une époque qui est loin de nous, 1846 environ, l'industrie lyonnaise de la dorure s'est vue menacée; il ne s'agissait pas, cette fois, de réformes complètes et radicales dans le matériel de plusieurs nations, de modifier un système de fabrication consacré par un usage de nombreuses années, d'exiger de toute une classe d'individus une somme de connaissances inconnues jusque-là ; non, il s'agissait simplement d'établir à Paris des ateliers de guimperie qui, déplaçant l'industrie, l'auraient ravie à Lyon, sinon en totalité, du moins en partie. Les craintes étaient grandes, l'alarme vive : or 24 ans se sont écoulés ; que sont devenues les craintes des uns, les espérances des autres? Lyon fabrique quatre fois ce qu'il faisait alors et Paris est toujours une source de débouchés pour notre ville, et cependant Paris avait tous les éléments pour réussir : matières premières, mécaniciens habiles, ouvriers capables tirés de Lyon, débouchés faciles et assurés, et malgré ces garanties de succès, la tentative ne réussit qu'à demi.

On nous dit que la cherté de notre main-d'œuvre doit avoir pour résultat de favoriser l'industrie étrangère ; nous le demandons sincèrement, l'augmentation des salaires en Angleterre a-t-elle tué l'industrie dans ce pays ; l'ouvrier, en demandant une rémunération de travail suffisante, a-t-il favorisé les nations voisines au détriment de son propre pays? Evidemment non, les façons de filés sont en Angleterre payées au double de ce qu'elles se paient à Lyon et les manufactures anglaises produisent des quantités de filés considérables, et cependant, à différentes époques, on entendait au-delà de la Manche retentir ce cri : Défions-nous de la France, défions-nous de la Suisse, défions-nous de l'Amérique ; comme ici, on cherchait à faire peur de la concurrence étrangère,

Bannissons ces craintes dignes tout au plus de spéculateurs jaloux de leur intérêts privés, laissons nos voisins, nous allions dire nos frères, tenter leurs essais de réforme et de perfectionnement, et en nous pénétrant de cette vérité que l'entier développement de l'industrie repose sur la grande somme de liberté octroyée à un pays, persuadons-nous que chaque pays imprime à son industrie un caractère, un cachet, si nous pouvons employer ce mot, qui lui est propre ; le climat, la température, les mœurs, les usages influent sur le caractère, modifient les facultés, les aptitudes et concourent à établir ces différences que nous trouvons entre les produits industriels de certaines nations.

Des industries de même origine exercées dans des pays différents arrivent à se modifier et à subir les influences que nous venons de signaler, c'est l'éternelle loi du vaincu absorbant le vainqueur, lui donnant ses coutumes, ses mœurs, sa langue et modifiant même jusqu'aux signes distinctifs de sa race.

À l'appui de ce que nous avançons, prenons pour exemple la Prusse et son industrie ; cette dernière est sinon moderne, du moins peu ancienne, et ce pays qui, il y a quelques années, passait inaperçu et ne jouait en Europe qu'un rôle effacé, ce pays de parvenus dont il a la morgue et l'arrogance, vit son industrie fondée en 1685 par des Français, à la suite des sanglantes persécutions qui précédèrent et suivirent la révocation de l'édit de Nantes ; cet édit à jamais néfaste, ce crime inouï entre tous ceux qui font tache dans notre histoire, ce travail, monstrueux résultat du hideux accouplement du fanatisme et de la tyrannie, nous n'avons pas la prétention de le raconter, de retracer les péripéties de cette atroce persécution, de montrer ces populations intelligentes, modestes et laborieuses, livrées à une soldatesque brutale, les hommes torturés, les femmes outragées, les enfants enlevés, les propriétés dévastées, les galères peuplées de convertis refusant les sacrements, la peine de mort, enfin, prononcée contre quiconque exerçait une autre religion que la religion catholique.

Ce sont là les sinistres conséquences de nos guerres de religion, de la haine intolérante, d'un clergé aveugle, menteur et hypocrite, qui ne craignait pas d'exciter à de semblables monstruosités un roi trop disposé à lui céder, et cela au nom de celui qui avait dit : « Aimez-vous les uns les autres! »

Malgré ces persécutions, malgré la confiscation de 17 millions de biens, malgré les troupes nombreuses gardant la frontière, 50,000 familles environ sortirent de France, et cette population éclairée, instruite, porta aux nations voisines ses talents et les secrets de notre industrie, sans parler de 60 millions de numéraire que les fugitifs emportèrent. Les effets de la révocation de l'édit de Nantes furent immenses et ne tardèrent pas à se manifester.

La suprématie industrielle de la France s'abaisse, des branches de commerce disparaissent et vont prendre racine à l'étranger. Un faubourg de Londres se peuple en entier des ouvriers en soie échappés de Lyon et de Tours, ces deux villes perdent les trois quarts de leurs métiers, et les 12,000 métiers de Lyon sont réduits à 4,000.

Vingt mille Français vont porter au petit électorat de Brandebourg les arts les plus raffinés de la civilisation et contribuent pour leur large part aux futures destinées de l'empire germanique. L'industrie prussienne est donc d'origine française; or, malgré cette uniformité d'origine, si nous comparons aujourd'hui les produits prussiens avec les nôtres, la différence est manifeste. C'est que le pays a modifié l'ouvrier, et ce dernier subissant à son tour l'influence du sol a modifié le travail ; le produit est bien équivalent, mais il n'est plus égal, il n'est plus français, il est allemand.

Pour les articles de notre fabrication il doit en être ainsi, et de plus nous croyons pouvoir affirmer que ce qui est vrai pour la production est vrai pour la consommation ; c'est-à-dire que chaque pays consomme de préférence tel ou tel produit, et ce n'est pas parce que les produits allemands trouveront un écoulement que la France cessera de fabriquer, non ! la production n'augmente que parce que la consommation l'exige, et si la Prusse vient à fabriquer nos produits, ce ne sera pas à notre détriment, mais bien parce que des débouchés lui seront ouverts.

Nous avons parlé de l'insuffisance des salaires en Allemagne comme propre à faciliter la concurrence que peut nous faire ce pays ; mais cet avantage, le conservera-t-il longtemps? Non ! dans quelques années, dans quelques mois peut-être il aura son tour, il ne peut et ne doit échapper au mouvement social qui se produit dans le monde civilisé et qui déjà commence à se manifester sur cette terre de l'absolutisme, les idées démocratiques d'affranchissement, de revendication, ne l'épargneront pas ; les besoins vont en grandissant, c'est une loi incontestable ; le morceau de pain dont se contentait le serf devient insuffisant au prolétaire et il faut que les salaires suivent une voie progressive.

De notre côté, notre industrie, toute perfectionnée qu'elle est, n'est-elle susceptible d'aucune amélioration? Le contester serait nier le progrès, et peut-être nous est-il réservé de voir s'opérer dans notre matériel une transformation ou une amélioration qui, en développant nos moyens d'action, nous permettra de maintenir la supériorité de notre fabrication.

La supériorité de l'ouvrier français, de l'avis même des étrangers, est incontestable; son esprit d'initiative, les ressources de son imagination, une adresse naturelle à la disposition d'un goût parfait, justifient largement l'empressement des nations voisines à attirer nos ouvriers et nos artistes. Que le pays, par des institutions propres à favoriser le développement de l'industrie, conserve donc à la France ces mêmes ouvriers, ces mêmes artistes ; que le capitaliste cesse de contester au travailleur un salaire suffisant, et on ne verra plus ce qui s'est malheureusement trop produit : des ouvriers de tous métiers, désertant la France, leur pays, qui n'avait à leur offrir qu'une vie de privations, de souffrances physiques et morales, qui n'avait eu à leur donner en échange de ces journées de 16 heures de travail, de ces veilles où ils s'épuisaient en vains efforts, qu'un maigre salaire rendu plus amer encore par le mépris de cette classe de privilégiés au profit de qui ils travaillaient, et ces ouvriers, contraints par le besoin d'imposer silence au patriotisme, à l'amour du sol, aux souvenirs de l'enfance, à tout ce qui rend le pays si cher, s'en allant demander le pain de l'exil à des pays éloignés en échange de nos procédés industriels dont l'Amérique, la Suisse, l'Espagne et jusqu'aux pays septentrionaux, la Suède et la Russie, faisaient leur profit.

Que capitalistes et travailleurs comprennent que leurs intérêts sont les mêmes, que la misère des uns doit inévitablement entraîner la ruine des autres, que ce n'est que par l'union, l'entente et un concours réciproque qu'ils rendront nulle toute concurrence étrangère.

DES GRÈVES.

On a beaucoup dit, beaucoup écrit sur les grèves sans que les opinions aient cessé d'être divisées, sans que l'on soit parvenu à s'entendre sur leurs causes et leurs résultats. Les défenseurs mêmes des intérêts du travailleur émettent des avis différents, affirmant, les uns, que la grève est désastreuse pour l'ouvrier; d'autres qu'elle est légale, de droit, qu'elle représente le seul moyen de défense en la possession du salaire, le seul par lequel il puisse combattre et faire justice du système de pression exercée par le capital, le seul enfin qui lui permette d'obtenir ce qu'il demande en vain au nom de l'humanité, du droit, de la justice. Examinons donc avec impartialité et sans parti pris les grèves dans leurs causes, leurs effets, leurs résultats, et surtout cherchons les moyens de les éviter, si toutefois ces moyens existent, ce dont nous sommes persuadés.

Du moment où l'ouvrier put comprendre l'importance du rôle qu'il jouait dans la prospérité industrielle de son pays ; il dut chercher les moyens de revendiquer la place sociale que lui assurait l'importance même de ce rôle : il arriva à comparer sa position à lui, producteur, avec celle du capitaliste au profit de qui il travaillait, au profit de qui il était exploité. Il vit, d'un côté, la richesse et l'opulence, le luxe et son bien-être ; de l'autre côté, il ne vit qu'un labeur pénible, souvent au-dessus des forces physiques et morales de l'individu, un salaire faible, toujours insuffisant; parfois, après une certaine existence passée à gagner péniblement le pain quotidien, il ne vit pour dédommagement à toute une vie de souffrances et de labeur qu'une vieillesse parfois anticipée que les établissements de charité publique refusaient souvent d'abriter ; l'ouvrier comprit en même temps que les services rendus par lui à l'industrie n'étaient pas répartis d'une façon équitable; il chercha dans ses égaux des appuis, des soutiens, et leurs efforts pour remédier à l'état précaire de leur position firent naître la cause première et capitale des grèves.

Alors commença entre le peuple, ce peuple qui n'avait pas changé, qui, à travers les âges, était resté le Jacques Bonhomme de notre vieille France, et la bourgeoisie qui, héritant des priviléges conquis par elle sur la noblesse, prenait sa place et défendait les abus pour lesquels elle avait combattu, une lutte qui eut ses épisodes sanglants et ses victimes sans nombre. Les premières tentatives faites par le peuple, dans le sens de ce qu'il regardait à juste titre comme la revendication d'un droit, furent éludées par la ruse, ou réprimées par la force; et la mitraille fit à Lyon en 1831 ce que plus tard la fusillade devait faire à Aubin et à la Ricamarie.

Nous venons de signaler une première cause de grève, plus tard il en surgit d'autres, non moins sérieuses, non moins directes : les subsistances atteignent une cherté excessive; les logements, devenus rares par suite de l'embellissement érigé en système, atteignent des prix fabuleux ; des impôts maladroits sont établis sur des objets de première nécessité ; et le budget de l'ouvrier se trouve grevé d'au moins 30 °/₀; ces impôts suivent une voie d'augmentation progressive, et bientôt le salaire devient insuffisant, puisqu'il ne s'est pas accru dans une proportion relative et équitable, la valeur de l'argent diminue elle-même sensiblement. Alors les coalitions s'organisent, la lutte s'accentue entre le travail et le capital, et les grèves, avec leur organisation imposante et parfois terrible, apparaissent comme conséquence de cette lutte.

L'effet des grèves, avouons-le, est généralement désastreux pour l'ouvrier; elles entraînent pour lui une perte de temps parfois considérable, une suppression momentanée des salaires, une augmentution de tous les produits nécessaires à sa consommation ; car toutes les industries supportant la grève, il en résulte une augmentation de tous leurs produits, et l'ouvrier doit donner d'un côté ce qu'il reçoit de l'autre. Stagnation des affaires, privations imposées pour rembourser les sommes avancées à titre de prêt pendant l'époque de la grève, telles sont les conséquences que nous voyons tout d'abord se produire devant nous. Quant à admettre que les grèves sont un sujet de ruine pour l'industrie, qu'elles portent atteinte à sa prospérité, qu'elles lui sont mortelles même, nous le nions, car l'Angleterre, qui est bien le pays traditionnel de la grève, a une industrie des plus florissantes, et la France elle-même, malgré les grèves des dernières années écoulées, n'a-t-elle pas vu le chiffre de sa production augmenter dans une proportion considérable ? car si l'effet médiat de la grève est de réduire toute une industrie à l'impuissance, s'il en résulte une aggravation momentanée de misère, il n'en a pas moins des avantages sérieux. La perte matérielle qu'elle entraine est limitée, et nous ne craignons pas de la considérer comme une mise de fonds, une avance destinée à fructifier et à laisser à la génération future des intruments de travail qui devront faciliter leur tâche ; d'un autre côté, elles établissent entre les travailleurs des liens étroits, les intérêts divisés sont rapprochés par suite de la communauté de position, les corporations s'habituent à l'idée d'une fédération qui doit préluder et préparer la fédération des peuples. Par la grève, les réunions apprennent aux ouvriers à se connaitre, à s'apprécier. Par les discussions ils s'instruisent, leur intelligence se développe et ils apprennent à comprendre que ce qui leur manque c'est la liberté et surtout le pouvoir de l'exercer. Enfin le contact d'hommes plus instruits leur fait sentir davantage le besoin d'instruction, et le désir de savoir devient d'autant plus grand, qu'ils s'initient à des questions qu'ils supposaient leur être étrangères. Avant de chercher les moyens de remédier aux grèves et à leurs fâcheuses conséquences, nous croyons utile de citer quelques-unes des grèves principales. C'est en Angleterre que nous les trouvons, et les sommes considérables dépensées par les travailleurs pour soutenir leurs justes prétentions nous prouvent la puissante organisation qui existe chez nos voisins d'outre-Manche. En 1810, dans plus de dix villes, les ouvriers se mirent en grève au] nombre de plus de 30,000 et dépensaient jusqu'à 34,000 fr. par semaine.

En 1815, les charpentiers des navires étaient si fortement organisés que le président de leur société put arrêter d'un signe et pendant six semaines le départ des bâtiments à l'ancre dans le port de Liverpool.

En 1851, les ingénieurs-mécaniciens se mettent en grève, et après avoir dépensé la somme fabuleuse de 1,272,025 fr., après s'être endettés de 250,000 fr. ils durent succomber, mais des liens de solidarité avaient été établis entre tous les mécaniciens de l'Angleterre, et leur société, loin de s'affaiblir, compte actuellement 37,000 membres. Nous devons encore citer la grève de Preston, celle des ouvriers en bâtiments à Londres, en 1859, celle de 1872. Dans ces grèves, des sommes si considérables furent absorbées qu'il fallut aux ouvriers 7 à 8 ans pour amasser les capitaux nécessaires pour faire face à la suspension du travail ; mais l'ouvrier anglais, avec une entente et un sens pratique dont nous n'avons qu'une idée imparfaite, ne craint pas de s'imposer des sacrifices et de faire abnégation de ses intérêts du moment, si son sort futur doit s'améliorer. Admirablement servis par leurs Trades-Unions, sociétés ouvrières qui depuis le XIIIe siècle n'ont cessé de leur rendre d'immenses services, et cela malgré d'atroces persécutions, nous voudrions nous étendre sur ces sociétés, le cadre restreint de notre travail ne nous le permet pas, mais nous engageons vivement nos collègues à lire l'excellent ouvrage, de publication récente, écrit par M. Martin Nadaud sur l'*Histoire des classes ouvrières en Angleterre*. Cet ouvrage n'est pas assez répandu, et l'impression que nous a laissée sa lecture nous a fait désirer le voir non-seulement entre les mains de tous les travailleurs, mais de tous ceux qui portent quelque intérêt aux classes laborieuses, entre les mains surtout de ceux que nos suffrages appellent à défendre nos intérêts devant le pays.

Nous ne pouvons nous étendre sur la touchante histoire de M. Nadaud; tout le monde sait que, simple ouvrier maçon sans instruction, — à 14 ans il savait à peine encore lire, — il trouva moyen, et au prix de quels sacrifices ! d'acquérir cette instruction qui devait lui permettre, quelques années plus tard, d'entrer comme professeur dans un des premiers colléges de Londres. Regretté par ses maîtres, adoré des élèves, il y resta 13 ans, et il fallut la révolution du 4 septembre pour que le désir de servir son pays lui fasse quitter l'Angleterre.

Nous l'avons dit, nous croyons inexact que les grèves soient une cause de ruine pour les pays ; il suffit, pour s'en assurer, de jeter un coup d'œil sur les nations industrielles de l'Europe. Les plus avancées au point de vue de l'instruction, du bon sens pratique, celles en qui la virilité de la population est la plus vivace, celles où l'homme a le plus conscience de sa dignité et de sa valeur industrielle sont celles où les grèves sont les plus fréquentes et pour ainsi dire à l'état permanent. Pour ces pays, pour ces hommes, la grève est le progrès forcé du moment, le seul remède applicable jusqu'au jour où de plus larges institutions auront permis de mettre en pratique les principes de l'association qui seuls répondent aux justes aspirations du travailleur.

En attendant, restons moins étrangers aux affaires de notre pays; ne craignons pas d'adopter le mode de pétitionnement si usité en Angleterre et citons ce fait qui nous paraît si bizarre, si excentrique au premier abord. Le 27 juin 1832, lord Morpeldhen déposa, à la surprise de l'aristocratie anglaise, une pétition de 2,322 pieds de long et couverte de 138,652 signatures.

Nos législateurs ignorent nos besoins, à nous de les instruire; c'est plus qu'un droit, c'est un devoir. Déclinons cette ingérence perpétuelle de l'État en toute chose, et habituons-nous à le considérer ce qu'il est réellement, c'est-à-dire comme notre mandataire qui n'a envers nous que des devoirs et pas de droits; que les travailleurs qui représentent la partie nombreuse et vivace de la nation ne soient pas exclus des assemblées du pays: ce sont ses représentants ouvriers eux-mêmes qui doivent exprimer les besoins de leurs pairs, provoquer les améliorations, amener les réformes qui peuvent mettre fin aux grèves. Ces réformes sont toutes contenues dans la solution de ce problème : placer le capital et le travail sur le pied de l'égalité, car le capital n'est pas, comme on le regarde généralement, mais à tort, l'ennemi naturel du travail, il en est au contraire le complément; cessons donc de parler de lutte entre ces deux forces, cessons de favoriser un antagonisme également nuisible au travailleur et au capitaliste producteur; persuadons-nous au contraire que si le travail est indispensable au capital, ce dernier est nécessaire au travailleur, ces deux principes se complètent et sont à l'industrie ce que, dans le corps humain, la tête qui pense est aux membres qui agissent; mais si la lutte ne doit pas exister avec le capital travailleur qui vient en aide à l'industrie, elle doit être sans merci entre le travail et le capital intermédiaire, parasite de la production et de la consommation; car tout bénéfice prélevé par les intermédiaires constitue une dépréciation portée au travail par le capital, dépréciation qui appauvrit le producteur et tend à diminuer la consommation et par conséquent la production. Ce problème de l'égalité du travail et du capital, dont nous parlons plus haut, ne peut-il pas se résoudre par la participation aux bénéfices, participation relative bien entendu, et restreinte à une part toute limitée. Cette idée peut paraître révoltante à la plupart des capitalistes, une utopie irréalisable. Nous sommes de cet avis, mais sur ce point seulement, que toute théorie que la pratique n'a pas sanctionnée est une utopie. Mais que capitalistes et travailleurs étudient un peu; que les questions économiques, au lieu d'être de l'hébreu pour la plupart, leur deviennent familières ; que les ouvrages traitant ces questions soient répandus et lus par tous ; le patron pourra apprécier tout ce que la position de l'ouvrier a de précaire ; il pourra comprendre et se convaincre que l'ouvrier n'est pas un être d'une essence inférieure et différente de la sienne ; qu'il n'est pas juste, pas équitable, qu'après une existence consacrée tout entière au travail, il n'ait pas pu acquérir le modeste capital qui lui permette de faire face à la vieillesse et à ses infirmités, à l'incapacité de travail ; de son côté, l'ouvrier pourra se convaincre que l'augmentation du salaire ne dépend pas toujours de la fantaisie ou du caprice du fabricant, que le commerce a ses exigences parfois indépendantes de sa volonté et qu'il est obligé de subir.

On parle beaucoup, depuis quelque temps, de la création de chambres syndicales ; nous croyons que notre industrie en particulier pourrait en tirer d'excellents résultats, surtout si elles étaient composées de fabricants et d'ouvriers nommés par leurs pairs avec un mandat parfaitement défini, de courte durée et n'empiétant en rien sur les attributions des conseils de prud'hommes ; mais nous voudrions ces chambres investies de pouvoirs suffisants ; car si leur mission est toute de conciliation, si nul n'est tenu de respecter leur décision, il leur devient impossible de juger en dernier ressort, leur rôle est illusoire et stérile ; il n'en serait pas ainsi si le législateur, mettant la loi à leur disposition, leur permettait de rendre leurs décisions exécutables.

La réalisation de ce projet est d'intérêt commun, de l'intérêt de l'industrie même, et tout gouvernement soucieux de la prospérité nationale industrielle devrait prendre en considération l'utilité d'une semblable institution.

En résumé, nous proposons comme moyen, sinon radical, du moins très-efficace, de mettre fin aux grèves :

1° L'association coopérative pour toute industrie qui permet au producteur d'entrer en rapport direct avec le consommateur ;

2° La création de chambres syndicales, dont les décisions auraient force de loi, pour toute industrie où, entre le producteur et le consommateur, se trouveraient un ou plusieurs intermédiaires.

INSTRUCTION.

Du moment où un peuple connaît ses droits, il n'y a plus qu'un moyen de le gouverner, c'est de l'instruire. Cette vérité méconnue a-t-elle été la cause de l'instabilité des gouvernements qui se sont succédés en France ? Leur chute a-t-elle été hâtée, parce qu'ils n'ont pas su apprécier l'influence que l'instruction exerce sur une nation ? Nous devons, sans nous prononcer d'une manière trop affirmative, émettre des vœux en faveur de l'instruction et exposer le système que notre modeste appréciation nous fait considérer comme le meilleur.

La France, au point où elle est arrivée, ne saurait sans danger ne pas donner à l'instruction un degré d'étendue suffisant ; de tous côtés nous entendons réclamer l'instruction gratuite et obligatoire ; cette réforme excellente demande, pour être approuvée sans réserve, pour être appliquée sans danger, une définition qui peut présenter des divergences dans son mode d'application.

Oui, nous désirons l'instruction gratuite à tous les degrés, car il ne faut pas que l'instruction supérieure soit accessible seulement au riche, et que l'enfant pauvre qui accusera des aptitudes pour l'étude, qui fera preuve d'intelligence et du désir de savoir soit privé du moyen de poursuivre des études, d'acquérir des connaissances qui pourront lui permettre de se rendre utile à son pays, à ses concitoyens.

Oui, nous désirons l'instruction obligatoire pour tous, mais au premier degré seulement ; nous disons pour tous, car actuellement nous voyons l'enfant s'instruire par exception, et dès qu'il possède sur son père un certain avantage comme savoir, nous le voyons en conclure que la profession paternelle est incompatible avec une instruction que le plus souvent il exagère ; fils de laboureur, il abandonne la charrue pour la profession manuelle de la ville, et d'un bon agriculteur qu'il eût pu être, il ne fait qu'un médiocre artisan ; fils d'ouvrier, il dédaigne le modeste atelier pour aspirer à la position de l'employé ou à celle que peut lui offrir une administration quelconque ; dans l'un et l'autre cas, le jeune homme ne tarde pas à reconnaître que la vanité l'a abusé, et la désertion des campagnes, l'insuffisance des bras que nous accuse l'agriculture n'a pas d'autre cause. Le remède à ce mal nous paraît facile ; il faut que savoir lire et écrire ne constitue plus un privilége, il faut que la loi rende obligatoire, commune, une instruction convenue. Etant admis que l'instruction est un droit égal pour tous, droit que l'Etat doit faire respecter, nous admettons que chaque citoyen paie ce droit sous forme d'impôt, et cela non pas en raison du nombre d'enfants que chacun peut avoir, mais en raison des moyens de fortune de chacun.

De tous les modes d'instruction avancés, auquel devons-nous donner la préférence ? Les uns demandent l'instruction par la famille ; d'autres que l'Etat en soit chargé, l'Etat résumant la société, et le premier devoir de la société étant d'instruire les membres qui la composent ; d'autres enfin veulent l'instruction libre sans contrôle, que chacun puisse ouvrir une école, enseigner, laissant au père de famille le soin de discerner l'instituteur capable de celui qui ne l'est pas : c'est le système usité en Angleterre.

L'instruction par la famille est pour nous un rêve magnifique, applicable dans une société modèle, dont les membres auraient déjà atteint un degré avancé de perfectionnement, mais ce n'est qu'un rêve ; notre société actuelle est ignorante ; quel est l'ouvrier, le commerçant, l'industriel, qui pourrait sérieusement instruire ses enfants ?

Car nul n'ignore que pour enseigner peu, il faut savoir beaucoup, non-seulement savoir beaucoup, mais encore employer des méthodes faciles, rapides, et sur le choix desquelles une grande pratique, une longue expérience peuvent seules permettre de se prononcer; ce moyen nous mènerait droit à la décadence de l'instruction; nous pensons, sans nier l'intervention de la famille dans l'instruction, que la société doit intervenir, nous appuyant sur ce principe déjà cité, que la société, être collectif, n'a pas de droits, mais des devoirs; que le citoyen a des droits en tête desquels figure l'instruction; quant à ses devoirs, ils se réduisent à servir la société selon sa capacité et ses talents et à respecter les lois.

Mais si nous demandons l'instruction par la société, nous n'entendons pas admettre un enseignement essentiellement universitaire comme celui que nous avons; nous n'entendons pas admettre l'ingérence d'un gouvernement, qui, en formulant une instruction d'Etat, puisse à un moment donné en faire une arme dangereuse, aussi dangereuse que l'exploitation du suffrage universel.

Le gouvernement de Bonaparte a été sur le point de rendre l'instruction obligatoire, et nul doute qu'il y serait arrivé, s'il avait réussi à se maintenir.

Mais cette instruction, qu'aurait-elle été entre ses mains, sinon un moyen de façonner les intelligences au gré du maître, d'inoculer aux élèves des idées aussi fausses que pernicieuses! Le premier Bonaparte, que tenta de copier le sinistre et nocturne criminel du 2 décembre, n'avait-il pas tenté d'ériger ce système avec un certain succès, et dans le catéchisme enseigné à cette époque ne trouve-t-on pas des préceptes comme ceux-ci : Honorer et servir notre empereur, c'est honorer et servir Dieu même.

Et un autre passage menace des peines éternelles de l'enfer ceux qui manquent à leurs devoirs envers ce même empereur.

A quoi pouvait tendre ce monstrueux assemblage de politique et de religion, sinon à façonner des intelligences différentes sur un même modèle; d'imprimer à des élèves d'aptitudes différentes des principes uniformes, inégalement accessibles, par suite du manque d'uniformité des organisations intellectuelles.

Un système semblable constitue une atteinte aux droits du père de famille, il amoindrit la dignité du professeur qui ne devient plus qu'un instrument politique, qu'un agent, travaillant non à instruire l'élève, mais à façonner le cerveau mobile de l'enfant dans un sens uniforme exigé par le maître.

Nous pensons que l'Etat, sans abandonner tout contrôle sur l'instruction, devrait ne dresser qu'un programme général des études scientifiques, laissant aux communes le soin :

1° D'ajouter à ce programme, de le compléter dans le sens des industries locales, des ressources, du sol, ou enfin des aptitudes des populations;

2° De nommer leurs instituteurs, et cela non point en ayant recours au favoritisme ou au passe-droit, mais à la suite d'examens sérieux, auxquels seraient admis des pères de famille, mais seulement à titre d'assesseurs, avec mission de constater la régularité des admissions.

Le rôle des instituteurs est malheureusement méconnu en France; nous voudrions voir ceux qui exercent ces emplois sacrés, non-seulement rétribués d'une manière suffisante, mais honorés et entourés d'une estime qu'on leur marchande trop.

Leurs fonctions intéressent la société tout entière, puisqu'elles ont pour but la formation des générations futures et que d'elles dépend l'avenir du pays; nous voudrions donc voir la noble mission d'instituteur du peuple passer au premier rang. Nous voudrions l'instruction professionnelle autant que scientifique; que l'éducation, que l'instruction théorique et pratique puissent marcher de pair, que de bonne heure l'enfant ait les moyens de se prononcer sur le choix d'une profession;

Que, dans les écoles, des professions diverses soient enseignées, non pas superficiellement, mais sérieusement; que les élèves ayant des aptitudes différentes, des penchants opposés, puissent trouver à utiliser des dispositions naturelles dont le développement serait une révélation pour le choix d'une carrière; que du reste aucune profession ne leur soit imposée d'après une appréciation arbitraire, mais qu'elle soit librement choisie par eux;

Que les écoles de commerce se multiplient, qu'elles soient accessibles à tous, et que le jeune homme qui fera preuve d'aptitudes commerciales puisse y être admis; nos sociétés de coopération pourraient alors se multiplier, certaines de trouver là de futurs directeurs d'une capacité suffisante.

Nous croyons d'une grande utilité des écoles de différents degrés où les professeurs, ayant à enseigner toujours la même chose, pourraient acquérir une supériorité, une expérience impossibles à réaliser avec un programme trop varié et des élèves de force différente.

La gymnastique ne devrait-elle pas faire partie de l'enseignement, et cela pour toutes les classes de la société? elle est la culture régulière du corps, elle est pour lui ce que l'étude est pour l'esprit, et nous croyons fermement que la gymnastique, si puissante chez les anciens, peut être appelée à retremper nos maigres générations modernes. Que dans chaque arrondissement des gymnases publics soient ouverts, que les différentes méthodes y soient enseignées, que la jeunesse prenne goût à ces exercices qui, en fortifiant le corps, assainissent l'esprit, et nous ne la verrons plus, pour chercher le repos d'un travail sédentaire, se réfugier dans un estaminet empoisonné, ou absorber la pernicieuse poussière d'un bal public.

Réclamons enfin une instruction égale pour les deux sexes; le rôle de la femme est trop relégué, et bien qu'elle représente la moitié de l'humanité, elle est pour ainsi dire hors la société. Son influence est cependant immense, car élever le genre humain est un rôle important et sublime pour lequel la femme est moralement organisée.

Les nations libres ont entrepris de réhabiliter la femme, la France entrera-t-elle dans la même voie? tout porte à le croire et nous faisons des vœux sincères pour qu'il en soit ainsi.

Que toutes les carrières compatibles avec son organisation physique et

morale soient accessibles à la femme, que le père de famille qui n'a que des
filles ne soit pas à attendre le bon plaisir d'un gendre pour leur assurer un
sort, que les carrières libérales leur soient ouvertes ; rompons une fois pour
toutes avec ce sot respect humain qui nous fait nous moquer de ce que nous
n'avons pas l'habitude de voir ou de faire tous les jours, consultons un peu
plus la raison, la logique et laissons-nous moins entraîner à la frivolité de notre
esprit qui nous montre la femme plutôt comme un jouet que comme une compagne sérieuse ; rendons-lui donc ses droits sociaux en attendant qu'elle puisse
entrer en possession des mêmes droits civils et politiques que l'homme, car
est-il logique d'admettre que la femme qui est tenue de respecter, de subir les
institutions d'un pays, la femme, sur qui la loi pèse aussi lourdement que sur
l'homme, n'a pas même la satisfaction d'avoir fait cette loi, n'a pas même le
droit d'élire ceux qui président à l'établissement des institutions.

DE LA FEMME ET DE SES DROITS.

Le rôle important que joue la femme dans notre corporation, la place capitale
qu'elle occupe dans l'industrie de la dorure en général, nous impose le devoir
de lui consacrer quelques lignes et de plaider sa cause, tout en lui signalant
les erreurs dont elle est malheureusement l'innocente et première victime.

Avant de nous occuper de la situation faite à la femme dans la société, avant
de montrer combien nos institutions sont injustes pour elle, constatons ce que
nous avons été à même d'observer dans nos ateliers où la femme est occupée
d'une manière, sinon exclusive, du moins spéciale.

Depuis quelques années, un changement très-grand s'est opéré, non seulement dans la position matérielle, mais surtout dans l'état moral de nos ouvrières ; par suite de quelles circonstances ce changement est-il survenu ? à
quels moyens faut-il avoir recours pour l'atténuer et ramener l'ouvrière au
sentiment de sa dignité ? c'est ce que nous examinerons en traitant aussi briève-
ment que possible cette question si importante de la position sociale de la
femme et des moyens propres à la relever dans son estime, et surtout dans
l'estime de la société qui, jusqu'à présent, a eu le tort de considérer la femme
comme inférieure à l'homme en intelligence et en raison, sous le prétexte ab-
surde qu'elle est plus faible que lui.

Il y a une vingtaine d'années, les ouvrières employées dans la guimperie
étaient généralement à l'année, touchant un gage qui variait de 130 à 150 fr.
auquel s'ajoutaient quelques gratifications ; elles étaient dégagées de toutes
espèces de charges, si ce n'est celle de l'entretien.

Les ouvrières à la journée, peu nombreuses alors, recevaient un salaire
quotidien variant de 1 fr. 50 c. à 1 fr. 75 c., prenaient leurs repas chez le
patron, qui leur donnait la soupe au déjeûner et au dîner ; dans quelques até-

liers, elles recevaient un quart de vin à ce dernier repas. Le travail durait alors, pour l'ouvrière à journée, de six heures du matin à huit heures du soir, et pour le personnel à l'année, de cinq heures et demie du matin à neuf heures du soir. La durée des repas n'avait rien de déterminé et variait entre trente et quarante minutes.

A cette époque, les ouvriers étaient rares ; tout au plus en rencontrait-on quelques-uns chez les guimpiers traitant le faux et chez les batteurs de lames.

De 1850 à 1860, nous voyons se produire une augmentation dans le nombre des ouvriers ; la plupart des ateliers de fin en occupent, et le nombre des ouvrières à la journée s'accroît de beaucoup. Constatons dès ce moment un certain relâchement dans les mœurs des ouvrières, un premier pas fait vers cet état d'immoralité que nous voyons aujourd'hui ; ce relâchement, nous l'attribuons, sans crainte d'être démenti, à la présence des hommes dans les ateliers, car il est un fait, un fait incontestable et dont nous avons pu faire l'expérience, c'est que la présence des hommes dans un atelier de femmes, ou plutôt le mélange de personnes des deux sexes dans un lieu commun, devient naturellement et inévitablement une cause d'immoralité, surtout lorsque ce rapprochement a lieu pour des natures incultes, chez qui le sentiment physique, les instincts matériels n'ont pu être modifiés, atténués, ni par l'éducation, ni par l'instruction et chez qui les qualités de l'esprit, les ressources de l'intelligence sont nuls ou à l'état latent. Aussi nous voyons les ouvrières à la journée beaucoup plus nombreuses, non parce qu'elles espèrent gagner davantage, mais parce qu'un besoin d'indépendance se fait sentir et que la vie de famille, menée par elles jusqu'alors, ne répond plus à cette soif de liberté, à ce besoin de prendre leur part de plaisirs, à ce désir de voir de près ce qu'elles ignorent de la vie et que, natures incultes, elles n'entrevoient que par le côté brillant.

Nous les voyons alors cesser de prendre leurs repas à l'atelier et s'en aller à la modeste pension désignée à Lyon sous le nom de *gargote*, où, là, le contact avec l'ouvrier se retrouve.

Ce genre de vie plus coûteux amène forcément une augmentation de salaire, et la journée est portée à 2 fr. 50 c. et 2 fr. 75 c., tandis que les heures de travail sont réduites en même temps, et l'ouvrière, loin d'en profiter pour s'instruire, loin de chercher à acquérir des connaissances en prévision du moment où à son tour elle travaillera chez elle, n'y voit qu'une heure de plus d'indépendance, une heure de moins à passer à l'atelier.

Nous ne sommes pas ennemis de la réduction des heures de travail, nous pensons même qu'une journée de dix heures convenablement remplie est suffisante, mais nous voudrions que les quelques heures de liberté que l'ouvrière y gagne soient employées d'une manière utile, soit à suivre des cours, soit à fréquenter les écoles d'adultes qui vont en se multipliant ; les bienfaits de l'instruction sont inutiles à rappeler, aujourd'hui on en est tellement pénétré, on est tellement convaincu que notre avenir politique et social dépend tout entier du degré d'instruction qui va nous être accordé, que tous les regards se tournent de ce côté.

Il est bien entendu que ce que nous venons de dire pour nos ouvrières ne leur est pas particulièrement et exclusivement applicable ; nous parlons pour l'ouvrière en général, quelle que soit la corporation à laquelle elle appartienne, et si nous exagérons à dessein ses erreurs et ses fautes, c'est pour mieux faire ressortir les torts de la société à son égard. Nous aimons à croire que le personnel de nos ateliers ne se formalisera pas d'une vérité qui a de nombreuses et très-honorables exceptions.

A cette première cause d'immoralité que nous venons de signaler, vint bientôt s'en ajouter une seconde non moins grande, non moins capitale : le degré de corruption atteint par la période d'années qui vient de s'écouler ! Quelle époque plus que celle-ci préconisa le luxe de la toilette et de toute chose ; paraître n'était-il pas tout ? et n'est-ce pas encore le but auquel tendent tous les efforts de la femme ? comment la fille du peuple ignorante, sans instruction, aurait-elle pu résister au penchant à la coquetterie que tout encourageait autour d'elle : la société, les journaux légers, l'exemple pernicieux, fatal, l'influence des vices énervants de l'époque ? Quoi de plus naturel que l'exemple parti d'en haut se soit étendu aux couches voisines et se soit infiltré en peu de temps jusqu'aux parties les plus éloignées de la couche sociale ! Citons ces quelques lignes si tristement vraies écrites par Mme de Gasparin :

« Hélas ! tout est souffrance pour le pauvre ! La jeune fille mal vêtue qui rencontre à chaque instant des femmes couvertes d'habits somptueux, en reste pensive... Et savez-vous ce que lui disent les reflets soyeux de ces tissus magnifiques, le luxe de ces garnitures, l'étincelant éclat de ces bracelets, le son clair et gai de ces bijoux précieux qui s'entrechoquent à tous les pas de la femme élégante : « Tu es aussi jolie.... tu es plus jolie !... Pourquoi cette « chétive robe d'indienne sous laquelle tu frissonnes ? Pourquoi ce petit châle « d'étoffe grossière autour de ta taille élancée ? Pourquoi ce petit bonnet misé- « rable sur tes beaux cheveux ?... Si tu voulais..... » *Si tu voulais !* Parole de feu qui tombe sur un cœur déjà troublé ; parole que lui répète chaque étalage de modiste, chaque splendide magasin que la foule assiége, chaque regard admirateur qui glisse sur elle, parole qui retentit le soir dans son froid réduit ; parole qu'au jour de la lutte Satan lui crie de ses mille voix : *Si tu voulais !...* Elle frissonne... et puis, la pauvre enfant, elle écoute... et puis, elle sent. »

Qui d'entre nous osera dire qu'il n'est pas coupable du déshonneur de cette jeune fille ?

Loin de nous donc la pensée d'accuser la femme du rôle qu'elle est arrivée à jouer dans la société ; nous croyons, au contraire, devoir faire des vœux sincères pour que ses droits d'émancipation soient reconnus, et que la femme soit proclamée l'égale de l'homme, égale devant la loi, égale devant le travail surtout.

Si la femme donne prise à nos attaques, si, dans toutes les circonstances de la vie, elle ne montre pas le courage et la dignité que nous aimons tant à voir chez elle, à qui la faute? Qui a fait de la femme un être à part, un accessoire nécessaire, mais souvent dédaigné? Qui lui a créé cette existence sociale, donné cette éducation qui atténue chez elle certaines qualités de logique et de justice? Qui a formé ces institutions qui persuadent à la femme que son rôle est de vivre ignorante et frivole, en attendant que l'homme lui fournisse le vêtement et le vivre? N'est-ce pas l'homme, n'est-ce pas notre législation vicieuse, bâtarde qui, en éloignant d'elle le plus grand nombre des emplois, qui, en lui interdisant par de sots préjugés l'accès à telle ou telle carrière, les condamne à l'oisiveté forcée et à toutes ses conséquences, c'est-à-dire au vice et à ses hontes, à la servitude et à ses abaissements!

Que l'on ne vienne pas nous dire que la femme n'est pas apte comme l'homme au travail; n'a-t-elle pas comme lui une intelligence, une conscience, une raison; n'a-t-elle pas des aptitudes, des facultés qui ne demandent qu'à s'exercer. Mettez la femme en face d'une nécessité, que son travail ait un but, et vous la verrez se multiplier : la femme frivole s'empresse pour épargner une larme à l'enfant, une plainte à la vieillesse, une souffrance au malade. A la femme de l'ouvrier, à cette vaillante compagne de ses luttes et de ses peines, de ses joies et de ses déceptions, donnez un mari sans ouvrage, un enfant à qui son travail puisse profiter, et vous verrez les prodiges d'activité qu'elle peut déployer; la persévérance, l'énergie se démentent-elles chez nos modestes ouvrières, vieillies bien avant l'âge par un travail aride, infructueux, prolongé souvent pendant des nuits entières? Beaucoup d'hommes en seraient-ils capables, beaucoup feraient-ils preuve d'un courage tel et d'une persévérance aussi grande?

Sans doute l'organisation physique de la femme lui interdit certains travaux, sans doute son sexe a des obligations spéciales que nous ne prétendons pas lui enlever, des devoirs, des fonctions qu'elle doit conserver, mais est-ce une raison pour la maintenir dans cet état d'infériorité que des écrivains accrédités ont considéré comme une des causes les plus actives de la dissolution des mœurs.

Dans le travail des administrations, la femme se montre-t-elle bien inférieure à l'homme? On l'affirmait, et voilà que l'Administration des postes fait l'expérience qui prouve le contraire. Certaines Compagnies de chemins de fer n'ont pas craint d'utiliser la femme, et nous la voyons apporter à ce genre de travail des aptitudes résultant de goûts sédentaires naturels, du désir de plaire, de se rendre agréable, utile et faire d'excellents employés.

Que toutes les carrières, tous les emplois auxquels les aptitudes de la femme peuvent lui donner accès, et ils sont nombreux, lui soient donc ouverts, que le désir de parvenir, de ne devoir sa position qu'à elle, lui serve de stimulant pour son instruction; que l'ouvrière que des dispositions, des aptitudes portent à une carrière libérale, ne soit pas condamnée à un travail contraire à ses goûts ; qu'elle puisse suivre le courant de ses dispositions naturelles. On ne peut nier que les facultés de la femme ne soient les mêmes que celles de l'homme ; la différence que nous nous plaisons tant à constater ne résulte que de la différence d'éducation ; comment admettre donc, s'il y a similitude, rapport de facultés, que le droit de les appliquer ne soit pas égal et que tous les emplois n'appartiennent pas en commun aux deux sexes ?

En 1849, M. Victor Hugo, plaidant la cause de la femme à l'Assemblée nationale, déclarait que les droits de l'homme avaient pour corrollaires les droits de la femme. La majorité réactionnaire de cette époque, majorité qui ne différait en rien de celle d'aujourd'hui, malgré les vingt-trois années qui les séparent, éclata de rire à cette déclaration qui avait la prétention monstrueuse de modifier les sottes préventions, les vénérables préjugés légués par des siècles d'ignorance et de priviléges.

Depuis 1849, les nations avancées (nous ne voulons pas parler de la France) ont cherché, en modifiant leurs usages ou leurs institutions, à rendre à la femme la place, le rang social qu'elle n'aurait jamais dû quitter, et les nobles efforts, les louables tentatives faites en Amérique, en Angleterre, en Suisse viennent de protester énergiquement et donner un démenti éclatant aux sots ricanements de ces repus de tous les régimes, adversaires quand même de toute liberté, à ces ennemis systématiques de tout ce qui ne constitue pas un abus au profit de leurs intérêts, à ces gens en lutte ouverte avec toute idée d'émancipation, toute mesure d'affranchissement, à ces vénérables débris féodaux demandant à tous les échos un sauveur en disponibilité.

On commence à ne plus rire des dames américaines ou anglaises qui font leur droit, ou suivent les cours de médecine ; on commence à trouver étranges ces préférences, ces priviléges que la loi accorde à l'homme à l'exclusion de la femme qui est, pour ainsi dire, assimilée aux interdits, aux mineurs, aux tarés privés de leurs droits civils. En examinant nos lois, on voit avec étonnement que la séduction n'est pas un crime, pas même un simple délit : la jeune fille séduite, trompée, est perdue d'honneur, elle et sa famille, et le séducteur est sauf de réputation. La promesse de mariage est nulle et sans valeur, quelles qu'en soient les suites, les résultats.

L'enfant peut rechercher sa mère ; il ne lui est pas permis de rechercher son père.

Les charges de l'enfant naturel retombent sur la mère seulement ; le père n'a pas à s'en occuper.

L'adultère est puni diversement, selon qu'il est perpétré par l'homme ou par la femme.

Les droits civils, enfin, ne sont pas moins méconnus que les droits sociaux, et partout nous voyons la loi établir, admettre deux poids et deux mesures, nous sommes même étonnés que la femme soit admise à déposer en justice criminelle.

Oui, nous ne craignons pas de l'affirmer avec quelques auteurs, les causes des erreurs de la femme sont toutes dans l'isolement, dans la négation de ses droits et dans les sots préjugés de l'homme, qui se croit trop supérieur.

En Amérique et en Angleterre il n'en est point ainsi, et l'éducation donnée à la femme, différant essentiellement de l'éducation française, ne contribue pas peu à habituer la jeune fille à compter sur elle-même ; de bonne heure, elle est, sinon affranchie de la tutelle maternelle, du moins a-t-elle une liberté relative dont elle n'abuse pas, car elle connaît les dangers auxquels elle est exposée ; le monde, loin de lui être caché, dissimulé, lui est dévoilé et montré tel qu'il est ; les vices et les périls de la société elle les voit clairement, sans illusion, et elle peut les affronter sans crainte. Aussi, la femme dans ces pays libres est-elle plus positive, plus sérieuse et surtout moins frivole que chez nous. Ajoutons que la loi les protège d'une manière efficace.

L'homme, de son côté, sait que dans ses relations, dans ses rapports avec la femme, il est responsable de ses actes, et il y regarde à deux fois avant de la compromettre. Pour lui, ce principe absolu : la recherche de la paternité est interdite, n'est pas un privilége comme en France, et quand une honnête fille accuse un homme de l'avoir séduite, si cette dénonciation est corroborée par des preuves probantes, le séducteur est condamné suivant des lois rigoureuses.

En France, quelque chose de semblable existait avant la Révolution ; mais depuis, l'homme a su se soustraire à la loi, et la femme seule reste à en subir les atteintes.

Nous ne voulons pas entreprendre de signaler les moyens à employer pour relever la femme et la réhabiliter en quelque sorte aux yeux du pays ; des esprits plus éclairés, plus instruits que nous surtout, ont posé un programme résultant d'un examen minutieux de nos lois ; bornons-nous à affirmer que, dans la société, le rôle de la femme est immense, et si par notre faute, par la faute de notre législation, elle a contribué pour sa large part à notre décadence morale, elle peut, relevée par de sages institutions, contribuer puissamment à la régénération de notre malheureux pays.

MOREAU, DENTROUX ; MÉSONNIER, *rapporteur*.

LITHOGRAPHIE

Chers Collègues,

Notre programme nous invite à nous occuper de diverses questions que nous ne ferons qu'effleurer, le cadre de ce rapport ne nous permettant pas de les traiter à fond.

Après les guerres légitimes de la République, après les guerres ambitieuses du premier Empire, la France aspirait au repos, l'Europe à la paix.

C'est dans ces conditions favorables aux sciences, aux arts, à l'industrie, que la lithographie fit son apparition dans notre patrie, de 1810 à 1818.

Nous avons à considérer la lithographie dans ce qu'elle était alors, dans ce qu'elle est aujourd'hui, dans ce qu'elle peut être dans l'avenir.

Les petits se sont souvent modelés sur ce qu'on est convenu de nommer les grands, c'est-à-dire sur quelque chose d'apparent. Au siècle passé tout n'était que priviléges. La cour vivait de priviléges, le roi donnait des priviléges, et les corporations, en fraternité, ne connaissaient guère que les priviléges.

Un inventeur se heurtait contre les priviléges d'une corporation, qui se croyait atteinte dans ses intérêts.

La lithographie s'est heurtée contre la taille-douce, qu'elle a presque supprimée.

93 avait passé, une liberté relative favorisait son développement ; et tout d'abord la facilité de dessiner avec un crayon sur une pierre émerveillait les amateurs qui voyaient leurs œuvres se reproduire ; on tirait 50 ou 100 exemplaires à un amateur qui, trop heureux de voir son travail circuler dans un public curieux de nouveautés, les distribuait gracieusement à ses amis. Il payait du reste largement.

La lithographie vécut ainsi quelques années. Puis l'enthousiasme tomba. La spéculation se mit sur les rangs ; elle créa les reports. Ce fut un mal pour l'art, ce fut un bien à d'autres égards ; le report fit le mauvais ouvrier. Le public, qui aime à peu payer, ne peut juger ni apprécier un tirage sur original exécuté par des mains habiles ; l'ouvrier expérimenté que nous nommons dans cette circonstance artiste, car il l'est, fut mis au niveau d'un ouvrier sans valeur artistique par un public ignorant.

Le report amena l'application mécanique à la lithographie. Ce que nous venons de dire pour l'intelligent ouvrier, nous le dirons encore pour les machines; la machine est bien, comme telle, un instrument qui donne de bons résultats, mais un ouvrier a toujours une intelligence que ne peut posséder un mécanisme.

Pourtant, s'opposer au développement des machines est aussi insensé qu'à un homme de se croire infaillible.

Le règne des machines est venu, c'est à nous d'examiner froidement la question ; regardons le danger en face, cherchons à voir sa partie faible, attaquons la place s'il est possible.

Aujourd'hui la machine est la bête noire de l'ouvrier ; en effet, sa journée est réduite, son salaire amoindri. Le pain de sa famille manque parce que la machine marche, et il a raison ; il est comme le voyageur qui voit sa course entravée par une inondation; il faut qu'il arrive, le temps presse, il passe ; restera-t-il au bord de l'eau ? S'il a du courage, il contournera l'inondation, gravira la hauteur, et par des chemins détournés arrivera au but de son voyage.

Dans ces circonstances, les travailleurs doivent se voir souvent et fraternellement, mettre en commun leurs lumières : Qui cherche trouve.

Quelques-uns changent de profession, mais cela ne diminue pas le nombre des ouvriers, car il y a les apprentis qui viennent constamment combler les vides. On a cherché dans les villes à en restreindre le nombre, difficulté qui n'est pas un remède. En effet, ce ne sont pas les villes qui en fournissent le plus grand nombre, et ce n'est que dans les grands centres que le moyen est praticable.

Ce sont les petites villes qui constamment envoient des renforts aux grandes villes, renforts déplorables puisqu'ils créent un surcroît de bras à l'industrie qui manquent à l'agriculture. La raison qui fait que les petites localités fournissent abondamment des ouvriers nouveaux part du principe égoïste, spéculateur et peu philanthropique des patrons qui font beaucoup d'apprentis ; beaucoup se marient dans la localité et deviennent ainsi la proie de leurs patrons, qui ne manquent guère de les exploiter. Les autres viennent dans les villes.

Il y a une année, la moyenne de ce que gagnait un ouvrier imprimeur aux pièces pouvait s'évaluer à 3 fr. 30 par jour ; aujourd'hui, avec le tarif unique adopté par les patrons et ouvriers, cette moyenne peut s'élever à 3 fr. 50 ou 3 fr. 60 ; les ouvriers sont-ils plus à l'aise ? nous ne le pensons pas, toutes choses ayant renchéri sans proportion.

La journée est de 5 francs ; mais quels sont ceux qui, aux pièces, peuvent atteindre à ce chiffre ? Le nombre en est petit.

En prenant pour base la journée de 4 fr., nous croyons être justes, car en dehors de notre corporation, combien d'employés ne gagnent pas cela? Consultez les chemins de fer, les bateaux-mouches, omnibus, etc.; les hommes d'équipe gagnent 3 fr. et beaucoup d'hommes de peine gagnent beaucoup moins encore.

Comparons le bénéfice aux dépenses :

Journée : 4 fr. À 26 jours par mois, cela fait 104 fr.; par an . 1,248 f. »
En moyenne, comptons 60 jours de chômage par année, occasionnés par manque de travail, maladie, etc., soit. . . . . 240 »

A déduire de 1,248 fr., reste . . . . 1,008 »
Ce qui fait par jour : 3 fr. 30.

Voici pour le gain ; voyons les dépenses par jour pour un père de famille de deux enfants et la mère :

Loyer, 200 fr.; par jour. . . . . » f. 55
Pain, par tête, 0 kilog. 500 à 0 fr. 40. . . . . » 80
Vin, un litre 1/2. . . . . » 75
Soupe matin et soir, à 0 fr. 10 par tête . . . . » 80
Dîner, par tête, 0 fr. 50 . . . . 2 »
Complément du dîner, souper, collation des enfants. . . . . » 50
Entretien de vêtements, fournitures, fil, etc. . . . . » 20
Charbon . . . . » 40
Blanchissage . . . . » 15
Dons aux pauvres familles de détenus politiques, etc . . . . » 10
Chaussures, deux paires par année; par jour . . . . » 20

6 45

Vêtements... A quoi bon continuer? ici je m'arrête, car je déclare que si un homme n'a pas un commerce tenu par sa femme, ou des ressources en dehors de son travail, il n'a pour perspective en se mariant que les dettes ou le vol; on ne peut sortir de cette alternative. Pour nous l'existence de certaines familles est un problème, et une société qui souffre une semblable position pour la plupart des travailleurs, continuant à les écraser d'impôts et de vexations, devient responsable de ce que les circonstances peuvent créer de fâcheux pour son existence.

La façon dont les impôts sont répartis est scandaleuse. Que dirait-on d'un maître ayant deux serviteurs, l'un fort et vigoureux, l'autre faible et maladif, et qui, ayant un fardeau à faire transporter, dirait : Je me garderai bien d'en charger les épaules du fort, cela ne serait pas juste ; il convient que ce soit le faible qui s'en charge.

Si, maintenant, de la situation faite à l'ouvrier en général, nous passons à l'Exposition universelle de Lyon, nous trouvons que la lithographie y est mal représentée ; aucun travail n'a été exécuté en vue de l'Exposition ; dans cette circonstance, le coopérateur seul a quelque mérite.

La ville de Lyon est plus mal représentée encore, ou plutôt elle ne l'est pas du tout. Nous ne pouvons compter pour quelque chose les maisons spéculatrices qui figurent dans l'unique but de prendre des commissions, exhibant des machines étrangères à la localité.

A Lyon, la lithographie se calque sur le commerce mercantile de cette ville, où l'esprit étroit, égoïste, a pour chefs de file les fabricants de soieries qui ont jugé prudent de ne pas montrer leurs produits à l'Exposition.

Le patronat ne se fait remarquer que par une absence complète de philanthropie et de progrès ; on ne peut faire aucune exception, il n'y a aucune société fondée dans un but humanitaire.

La maison Tournier frères a seule exposé, mais n'a produit aucun travail spécial ; elle nous est seulement une occasion de citer leur premier imprimeur Perrachon ; c'est un ouvrier qui jouit de l'estime de ceux qui le connaissent ; son intelligence et les connaissances qu'il possède sur son art en font un travailleur hors ligne.

Tout le personnel de la maison Nissou, de Paris, nous a donné un exemple démocratique digne d'imitation. Ils n'ont voulu aucune distinction, préférant l'union qui doit fortifier les hommes.

Nous citerons les nommés Pierre Bayon, imprimeur, maison Nublat, à Saint-Etienne, et Camille Berg, dessinateur de la maison Cayer, ainsi que Monnet, imprimeur, tous deux remarquables, chacun en ce qui le concerne.

QUESTION SOCIALE.

Un gouvernement républicain simplifierait singulièrement la question.

Quelle espérance peut-on avoir à résoudre ce problème avec des adversaires qui veulent tout se permettre, en retirant toute liberté à leurs adversaires?

Les monarchistes nous donnent ainsi un exemple frappant de la manière d'interpréter la liberté.

Croire qu'il faut immédiatement une liberté pour tous est une erreur.

Les monarchistes prennent la liberté pour eux et la retirent aux républicains; nous devons les imiter. Gambetta avait raison lorsqu'il voulait exclure de l'Assemblée les zélés partisans de l'Empire. En laissant toute liberté aux monarchistes, nous ressemblons à ces soldats qui, dans le fort d'un combat, laisseraient égorger leurs camarades afin de laisser toute liberté d'action aux ennemis.

La liberté doit être établie par ses partisans, et on ne doit pas la laisser approcher par celui qui peut porter atteinte à son existence, jusqu'à ce que cette liberté, forte et bien assise, puisse protéger elle-même tous les hommes sans compromettre son existence.

En 93, la classe travailleuse montrait au monde étonné que, considérée pour rien, elle était quelque chose.

Depuis, la pensée a marché, un travail s'opère ; tout porte à croire que le siècle qui a commencé en 99 ne s'achèvera pas sans un changement important : *la transformation de la société*.

Le jour vient, il est arrivé, où le peuple, qui est le nombre, la force, la nation, posera son bras nerveux, noirci par le travail, dans la balance de l'avenir. Il dira : Je suis ! et l'on comptera avec lui ; car ce qu'il réclame est la justice : je veux parler de sa part de liberté et sa place au festin.

SOCIÉTÉS COOPÉRATIVES.

Questions complexes, difficiles à résoudre et dont nous devons nous occuper ; mais ces associations ne peuvent soulager qu'un petit nombre de travailleurs.

On a dit : 93 n'a pas donné de suite les résultats qu'on aurait été en droit d'en attendre, et cela parce que la somme d'énergie et d'activité des peuples environnant la France n'a pas été à la même hauteur. Cette chaleur vitale de la France est allée s'amoindrir dans l'inertie des parties environnantes.

Cette appréciation est juste et est exactement vraie pour les sociétés coopératives, qui ne procureront jamais d'amélioration qu'à leurs adhérents, ou associés, et encore pas à tous. De plus, ajoutons que vous ne diminuez pas le moins du monde la cause du mal. Il est des professions qui prennent trop facilement des renforts parmi les manœuvres, c'est-à-dire en dehors de la corporation. Ainsi, depuis l'adoption des machines dans la lithographie, on voit des patrons recruter des ouvriers en dehors de la corporation, des *manœuvres*, et ces hommes sans expérience, conduits par un ouvrier expérimenté, s'en tirent tant bien que mal.

De même, dans la teinture, si vous supprimiez les manœuvres, les ouvriers ne seraient pas autant à la merci des patrons.

Les sociétés coopératives ne sont donc pas un remède, mais un petit soulagement. Il est aussi des professions qui ne peuvent que difficilement se constituer en sociétés coopératives. Il en est d'autres qui ne peuvent s'exercer que sur une grande échelle, demandant pour cela même une direction énergique et intelligente ; telle est la soierie. Un ouvrier n'acquiert pas facilement (en tissant, par exemple,) l'expérience du négoce, et pour administrer une semblable industrie en société, il faut une somme d'intelligence plus grande que pour l'administration d'une maison de commerce ordinaire.

Enfin, il en est des sociétés comme des individus, qui deviennent égoïstes avec la prospérité ; aussi ce n'est guère sur les corporations qui possèdent le plus ou le mieux des sociétés coopératives, que les corporations dans la peine doivent surtout compter. Le pauvre secourt facilement le pauvre, et le riche n'a la plupart du temps que des raisons à offrir et des prétextes pour ne pas faire.

Pour nous, le peuple est celui qui souffre. Nous nous le représentons réuni dans une grande salle, et au fur et à mesure qu'un de ses membres acquiert de l'aisance, il s'achemine vers la porte de sortie.

Le peuple se renouvelle sans cesse, il est immortel comme sa pauvreté ; on peut et on doit amoindrir sa souffrance; le guérir, cela n'est malheureusement pas possible.

Pour nous, le meilleur remède serait dans l'union de tous les travailleurs. Réunis d'abord par corporation ou groupe, selon le cas, se soutenant entre eux, se soulageant entre eux, et toutes ces corporations ou groupes fédérés ensemble, se prêtant une assistance réciproque, se procurant par cela même aide et protection, soutenant les faibles, faisant en sorte d'égaliser le travail aux uns et aux autres, on ne verrait pas des hommes abandonner facilement leur travail pour chercher mieux et malheureusement trouver plus mal encore, et offrant par cela même leurs bras au rabais ; réduisant par ce fait les ouvriers auxquels ils font concurrence à la merci d'un exploiteur ; mais il faudrait des volumes pour traiter cette question, et nous ne nous faisons pas illusion sur les difficultés à vaincre. La plus grande difficulté vient du travailleur lui-même, qui a peu d'enthousiasme et peu d'ardeur pour entreprendre ce qui ne lui produit pas immédiatement un bénéfice. Dans chaque société on ne voit qu'un petit nombre de citoyens dévoués à l'intérêt général ; les autres manquent d'énergie, de bon vouloir; ils croient que ce n'est pas à eux à s'occuper de ces soins généraux, mais que c'est toujours à d'autres.

SOLIDARITÉ.

La solidarité devrait être en même temps la fraternité ; en fait il y a une différence. Cette différence vient d'un manque d'entente, et ce manque d'entente vient peut-être d'une définition incomplète de la fraternité et de son application.

La fraternité et la charité, c'est exactement la même chose ; malheureusement ce mot sonne mal aux oreilles démocratiques, les jésuites s'y sont pris de telle façon que cette définition est usée.

La charité n'est pas l'aumône, la charité et la fraternité, c'est l'amour désintéressé d'un être pour son semblable, c'est l'amour dévoué qu'éprouve un père ou une mère pour son enfant, amour qui n'espère et n'attend rien en retour : amour et joie qu'on éprouve à obliger qui que ce soit dans le but unique d'être utile ou agréable.

Et ne dites pas que cela ne se voit pas ! cette vertu est moins rare qu'on serait porté à le croire parmi les travailleurs.

Si l'on veut y regarder de près, on verra que la solidarité n'est guère plus que la fraternité, ou bien que la fraternité peut se passer jusqu'à un certain point du mot solidarité ; néanmoins, si nous nous entendons sur le fond, c'est le principal.

La solidarité est encore peu comprise ; au mot de solidarité on se contente de verser pour un collègue ou une corporation affligée quelques sous, et ce sont toujours les mêmes qui se cotisent.

Mais qu'ils ne se plaignent pas trop, ces dévoués, de ce qu'ils comprennent mieux que d'autres les devoirs fraternels ! il n'est pas donné à tous d'être vertueux. Pour notre part, nous prisons bien haut ces obscurs citoyens, pauvres, et trouvant encore dans leur nécessaire quelque chose pour une œuvre fraternelle. Faisons tout notre possible pour gagner à cette cause les indifférents. La solidarité ne produira de bons fruits que lorsque les corporations, ainsi que les individus, comprendront que sans l'union et le soutien réciproques, ils ne sont que des corps morts.

ÉCOLES LIBRES ET LAÏQUES.

Cette question est trop importante et est appelée à jouer un trop grand rôle dans la génération qui vient pour que nous ne lui consacrions pas quelques lignes.

L'instruction, c'est l'avenir de la France. L'instruction est la moralisation ; c'est la régénération des masses ; c'est le peuple français reprenant sa place dans le monde ; géant pacifique apportant la paix, la science, l'industrie, la prospérité, le bien-être à tous.

Le peuple français ne marche que par bonds ; quand il recule, c'est pour avancer davantage. C'est là que doivent tendre nos efforts, avancer.

S'il est quelqu'un, dans la question des écoles, qui ait rendu service à la démocratie, on peut dire à coup sûr que ce sont les préfets du Rhône ; sans eux, sans le rétablissement par force des écoles congréganistes, la vie des écoles libres et laïques était languissante, leur existence était compromise : grâce à cette pression, la population lyonnaise a compris le danger, le courage est venu, on s'est mis à l'œuvre et la prospérité de ces écoles est un fait acquis.

Tout démocrate doit se faire un devoir de soutenir ces écoles, car c'est par l'instruction et une instruction bien entendue que l'on détruira le jésuitisme, cette gangrène anti-sociale qui ronge l'humanité.

RÉSUMÉ.

Tout bien considéré, nous croyons que l'horizon de la lithographie n'est pas plus noir que celui des autres corporations. La machine est le spectre qui nous effraie ; regardons ce fantôme entre les deux yeux, et que l'intelligence humaine l'asservisse et le fasse graviter à son profit. Par la pensée, supprimez non la moitié, mais le quart des ouvriers lithographes, immédiatement cette machine si terrible vous rapportera 10 fr. par jour, et 10 fr. n'est pas une fortune au prix où sont les choses, mais c'est la possibilité de vivre honorablement, et l'ouvrier ne demande jamais que cela.

Donc, pour nous, le remède serait le moyen de diminuer le nombre d'apprentis et de perfectionner l'éducation des jeunes gens, en faire de bons et et d'habiles ouvriers, qui soient en même temps de bons citoyens. C'est aux chambres syndicales à s'occuper de ce soin, c'eût été aux patrons à en avoir l'initiative ; mais ce n'est pas dans l'ordre des choses. L'avenir est à vous et surtout à vos enfants ; mais cet avenir est entre vos mains, il sera ce que vous le ferez. Sans la solidarité qui donne la force, sans la fraternité qui porte au bien, cet avenir se dissipera comme une ombre. Le bien devrait venir d'en haut ; on serait en droit de le croire, puisque dans les sphères élevées on espère trouver plus d'instruction ; en réalité, cela n'est pas ainsi : c'est par vous que viendra le bien ; mais il faut que vous le vouliez, et pour cela ne comptez pas sur votre voisin. Donc, assemblez-vous souvent, communiquez souvent entre vous vos idées, vos réflexions, et si ces idées et ces réflexions sont justes et désintéressées, elles porteront beaucoup de fruits.

C'est ce que nous vous souhaitons en terminant.

GAILLARD, J.-B. CHIGHIZOLA.

MAÇONNERIE

Chers Collègues,

La mission dont vous nous avez honorés est certainement bien au-dessus de notre instruction, et, pour cela même, nous n'avons rien négligé, selon nos connaissances, pour obtenir un résultat satisfaisant.

Nous n'avons pas, comme la plus grande partie des délégués des autres corporations, l'avantage de pouvoir vous présenter la différence qui existe entre les produits français et les produits étrangers ; il en est de même pour les matières premières de notre industrie. Nous n'avons qu'à constater leur absence à notre Exposition. Nous croyons cependant pouvoir vous dire ici que la ville de Lyon nous paraît assez favorisée sous ce rapport, car elle a, à sa portée, d'immenses carrières. Celles de Villebois et Montalieu, situées sur les rives du Haut-Rhône, nous fournissent des blocs pour la taille aussi considérables qu'on puisse les désirer. Cette pierre, d'un grain très-fin, est utilisée avec beaucoup d'avantage ; les fragments servent pour la maçonnerie et aussi pour faire d'excellente chaux. Les carrières de Couzon, sur les rives de la Saône, fournissent aussi de petite taille ainsi que des moëllons en quantité, et sauf quelques villes d'Italie qui font leurs plus beaux monuments en marbre, la ville de Lyon n'a rien à envier aux autres villes pour la construction. Les fleuves qui arrosent la ville fournissent du sable et du gravier en grande quantité. Nous ne donnons pas ici le prix de revient, crainte de commettre quelques erreurs qui nous soient préjudiciables ; nous tiendrons, au siége de la Société, un tarif de la Chambre syndicale pour être mis à la disposition des intéressés.

Nous avons remarqué une échelle mécanique à double engrenage exposée par M. Roland, de Lyon, et tout à fait conforme à celle dont nous nous servons actuellement, ainsi que des petits cabestans en fer, au prix de 220 fr. ; mais nous pensons que nos anciens en bois peuvent faire plus de force et être employés avec plus d'avantage. Un autre cabestan à arrêt par bascule peut nous offrir, en cas d'accident, un moyen de paralyser son dévidage ; en appuyant sur la bascule, on fait frotter fortement le ressort sur le tour, en même temps on fait tomber l'arrêt et dégrener l'arbre des manettes ; il est exposé par M. Cervy, près Neufchâteau (Vosges).

MM. Mégy-Echeveria et Bazan, de Paris, ont également exposé un monte-charge à vapeur qui pourrait être utilisé dans de grandes constructions ; mais nous pensons que notre système d'échelle mécanique est préférable, car pouvant être transportée à volonté, elle nécessite moins de bordage et, par conséquent, moins de frais. Des moufles suspendues par trois pieds ralliés ensemble au sommet peuvent rendre bien des services, soit pour poser des pierres de diable, soit toutes autres dans des fondations ; elles sont exposées par MM. Damiens et Kister, de Paris, représentés, à Lyon, par M. Jouffraud, rue Terme, 24.

M. Stanislas Ferrend, architecte-ingénieur de Paris, a exposé un modèle de mairie économique, flanqué de deux ailes octogones pouvant servir d'école, le tout construit en latis et platras. Le plâtre que nous employons à Lyon ne nous permet pas de faire ce genre de construction ; nous remplaçons les platras par des murs en plotet à plat ou en boutisse ; mais nous avons aussi le mâchefer qui est plus chaud, plus solide et plus économique que le système proposé par M. Ferrend.

Les travaux en maçonnerie de l'Exposition ont été exécutés par les ouvriers de l'Association ; la rapidité de leur exécution nous montre une fois de plus ce que pourraient faire les ouvriers s'ils comprenaient que c'est par l'association qu'est le seul moyen d'arriver à notre émancipation.

M. Vassivière fils, avenue de Saxe, 74, a exposé une cheminée d'usine, chaudière et calorifère. La bonne exécution de ses travaux lui a valu une médaille d'or. Ses coopérateurs sont M. Vassivière Léonard, qui a également coopéré à ceux exposés à Paris en 1867, et qui a obtenu de M. Léon Draux, ingénieur civil de Paris, un certificat pour la bonne exécution de ses travaux. MM. Tronché, Jaboully, Téraquoua, ont aussi participé à ceux de l'Exposition de Lyon.

M. Broussat, de Lyon, a également exposé un calorifère et deux modèles de cheminée ; il a obtenu une médaille de bronze.

N'ayant pas eu l'avantage de recevoir de délégations de notre corporation, nous ne pouvons vous parler des associations étrangères ; nous nous bornerons à émettre notre appréciation à ce sujet, et d'accord avec nos collègues qui nous ont précédés à l'Exposition de Paris en 1867, nous vous dirons qu'il est un moyen infaillible, s'il est bien employé (nous en sommes, comme eux, parfaitement convaincus) : notre affranchissement est dans l'association ; elle seule peut nous rendre les services dont nous avons besoin. Nos maux ont pour cause l'ignorance, l'isolement et le manque de liberté.

La loi du 6 juin 1864, tout en nous permettant le droit de réunion, nous laisse un cercle de liberté trop restreint pour qu'elle nous soit profitable. Les articles 291, 292, 293 et 294 du Code pénal, qui frappent de différentes peines les membres d'associations de plus de vingt personnes en sont une preuve. Aussi, nous vous le répétons, unissons-nous, instruisons-nous et réclamons sans cesse la liberté ; le gouvernement du pays par le pays peut seul nous donner les libertés dont nous avons grand besoin.

Nos collègues associés à Lyon doivent nous servir de guide dans cette marche progressive. C'est l'ignorance de quelques-uns qui les divise entre eux et retarde leur marche. Avant d'être associés il faut absolument être socialistes : l'union fait la force, ne l'oublions pas. En 1870, nous avons prouvé que ce mouvement ne devait avoir malheureusement que peu de durée. Nos patrons, ayant compris alors que nous étions résolus à faire résistance, ont signé avec votre Commission un tarif qu'aujourd'hui, par notre désunion, nous ne faisons plus respecter, car, isolés, nous n'y pouvons rien, pendant qu'eux, unis en Chambre syndicale, arrivent peu à peu à méconnaître ce qu'ils ont signé.

Il est donc nécessaire de faire comme eux : nous unir. Union et solidarité, voilà quelle doit être notre bannière, et abrités derrière ce principe : tous pour un et un pour tous, nous serons invulnérables. La Société de prévoyance et de renseignements nous offre ce moyen tout en nous soutenant en cas de maladie ou d'accident ; nous pourrons arriver à faire un capital suffisant pour créer un chantier ; alors les bénéfices résultant de cette coopération, joints à nos cotisations, serviraient à en créer d'autres dès que les fonds de la Société le permettraient. Ce capital étant à la corporation et non à des actionnaires, ne pourrait jamais être employé à nous exploiter. Voilà, chers collègues, comment nous pourrions détruire une honteuse concurrence qui se fait toujours à notre détriment.

Les nombreux accidents dont notre corporation est si souvent victime ne devraient-ils pas attirer les yeux de l'autorité ? Si l'on exigeait que l'on fasse les planchers et qu'on ferme les panières des bâtiments en construction à mesure de leur élévation, il y aurait, ce nous semble, beaucoup moins de dangers. L'échafaud volant qu'on emploie pour les façades ne devrait-il pas être mieux surveillé, et les cordages subir une épreuve sérieuse ? Nous ne saurions trop, chers collègues, vous recommander de grandes précautions à ce sujet ; car on voit trop souvent, hélas ! porter un ami sur un brancard. L'Hôpital et la Morgue, ces tristes lieux, voient plus souvent les constructeurs de somptueux édifices que les ouvriers de toute industrie, et si nous avons notre famille dans la ville même et qu'on nous transporte dans son sein à l'état de cadavre et meurtris de toutes parts, alors que notre vie va s'éteindre, alors ! amis, quel n'est pas le désespoir de nos épouses, de nos mères et de

toute notre famille de se voir ainsi privées bien souvent de leur unique soutien !
Qu'on nous pardonne ces plaintes si légitimes ; on peut les contenir pendant
un certain temps, mais lorsque la souffrance, au lieu de s'amoindrir, devient
de plus en plus vive, alors la plainte éclate et se manifeste par un cri de douleur ou par l'indignation, c'est-à-dire par la révolte contre l'injustice.

Faut-il que nous rappelions ici que nous sommes constamment exposés aux
intempéries des saisons, que les travaux dans les fosses d'aisances et ceux du
repiquage de façade sont des plus nuisibles à notre santé ? Nous pourrions dire
aussi combien sont longs les chômages que nous subissons : en moyenne, les
ouvriers maçons peuvent faire deux cents journées de travail par an ; à
4 fr. 50 c. par jour, cela fait 900 fr. par année, un peu moins de 2 fr. 47 c.
par jour à dépenser. Voilà quel est le salaire que nos patrons s'obstinent à ne
pas nous donner.

Avant de terminer notre rapport, nous ne saurions trop vous recommander
de vous instruire et faire instruire vos enfants, afin qu'un jour, par l'instruction,
ils puissent comprendre leurs droits de citoyens. L'ignorance, nous l'avons
déjà dit, est la cause première de nos maux. Efforçons-nous de donner nous-
mêmes l'exemple. Après nos dix heures de travail, prélevons-en quelques-unes
sur notre repos pour nous instruire, la Société de prévoyance vous en fournira
les moyens d'ici peu en ouvrant un cercle professionnel. Une bonne instruction
rend l'homme meilleur et le soutient dans l'adversité.

Ainsi, chers collègues, il n'y a pas temps à perdre. A l'œuvre donc ! de la
Société à l'association il n'y a qu'un pas ; unissons-nous, instruisons-nous,
voilà le salut !...

En terminant notre rapport, nous ne pouvons que remercier de tout cœur
M. le maire, le Conseil municipal, ainsi que tous nos collègues, pour le bienveillant concours qu'ils nous ont prêté pour l'accomplissement de notre
mission.

Vos délégués :

J. NONY, GASNIER.

MARBRERIE ET SCULPTURE

Association générale des Ouvriers sculpteurs-marbriers de Paris. — (Médaille de bronze). — 1° Une cheminée, pierre de Tonnerre, style Renaissance, avec emblèmes représentant l'*Amitié* et la *Trahison*. Le lézard représente l'*Amitié*, et le serpent la *Trahison*. Ce travail mérite beaucoup d'éloges comme composition de dessin et comme exécution de sculpture.

2° Deux pendules, marbre noir de Flandre (Belgique), style Renaissance, avec incrustations marbre rouge antique, et ses vide-poches même style, d'une pureté de dessin remarquable et d'une exécution hors ligne ; ce travail mérite de sérieux éloges.

3° Une pendule marbre blanc statuaire d'Italie, avec incrustations en marbre sérancolin et malachite, avec ses vide-poches même marbre, style Louis XVI. Exécution de sculpture et marbrerie hors ligne.

4° Un encrier, marbre noir de Flandre, sculpture et marbrerie style Renaissance, d'une exécution remarquable comme sculpture.

Maison Gauthier, de Molinges (Jura), représentée par la maison Duret. — 1° Une cheminée marbre brocatelle de Molinges (Jura), style Louis XIII ; commerce pour Lyon.

2° Une cheminée marbre jaune fleuri de Molinges, style Louis XV ; commerce pour Lyon.

3° Un coffret marbre blanc d'Italie, avec sculpture et une chaîne entrelacée.

Exposition de marbres réfractaires, serpentine de Savoie, représentée par M. Lavigne, marbrier à Lyon. — 1° Une cheminée marbre serpentine de Savoie, style Louis XIV ; échantillon ne pouvant servir au commerce comme marbre réfractaire.

2° Un bloc même marbre, comme échantillon.

Exposition de la maison Brun, de Livron (Ardèche), comme dépôt de marbres français et étrangers. — 1° Un bloc marbre blanc statuaire d'Italie et marbre en tranches très-bien scié. C'est ce travail qui mérite le plus d'éloges de l'exposition de sculpture-marbrerie.

2° Un guéridon, marbre mosaïque, très-bien exécuté.

3° Verre, tasse avec soucoupe et petit verre à liqueur, en marbre onyx d'Algérie, chef-d'œuvre de tournage.

Maison Duret, marbrier à Lyon. (Médaille d'argent.) — 1° Une cheminée, pierre granit rouge de Bourgogne, style Louis XIV, avec attique; commerce pour la ville de Lyon.

2° Une cheminée marbre vert de mer, avec garnitures en bronze doré; le mérite est attribué au bronze comme sculpture et à la garniture d'intérieur en fer poli.

3° Une cheminée marbre blanc d'Italie, style Louis XV avec sculpture; commerce pour Lyon.

Les marbres bleus et blancs d'Italie sont bien supérieurs aux marbres français.

RÉSUMÉ.

Après avoir mûrement établi nos appréciations sur les œuvres de marbrerie et de sculpture qui ont été exposées, nous déclarons, sans hésiter, accorder le plus de mérite à celles exposées par l'Association des Sculpteurs-Marbriers de Paris, et si cette association n'a pas obtenu un des premiers prix, c'est que le jury, presque toujours incompétent, ne s'est montré, de plus, en ce cas, ni juste, ni impartial dans la distribution des récompenses.

QUESTION SOCIALE.

Le mal qui, à Lyon, fait tant de tort à notre corporation doit être attribué en grande partie à la concurrence non raisonnée que se font les patrons, dont la plupart n'ont aucune connaissance en marbrerie. Les produits des patrons marbriers de Lyon sont payés cent pour cent au-dessous des produits des patrons marbriers de Paris, et ce résultat est dû, pour ceux-ci, à leur intelligence commerciale et à leurs connaissances professionnelles, et aussi à la bonne entente établie entre eux.

Le salaire des ouvriers marbriers de Paris est au moins de 40 pour 100 plus élevé que celui des ouvriers marbriers de Lyon. Cette situation, aussi inférieure pour ces derniers, provient surtout de ce qu'ils n'ont suivi que de très-loin le mouvement social, et que, par cela même, ils n'ont rien tenté encore pour améliorer leur sort. C'est là le mal.

Le remède qu'il faut appliquer à ce mal, c'est de former entre nous tous une association coopérative qui nous permettrait de créer, pour commencer, une école professionnelle de marbrerie et sculpture, dans laquelle les ouvriers intelligents pourraient développer au profit de l'œuvre commune leurs connaissances spéciales. Alors, notre corporation, unie par des liens fraternels, grandirait moralement et matériellement, et bientôt nous pourrions égaler nos frères de Paris.

Vouloir c'est pouvoir. A l'œuvre donc, et nous verrons le succès couronner nos efforts et récompenser largement tous nos sacrifices.

ALEXANDRE GILLY, BOUTIN, ANTOINE MOTTET.

MENUISERIE

Citoyens,

Je viens vous rendre compte de la délégation à l'Exposition universelle de Lyon dont vous m'avez honoré par vos suffrages en me confiant le mandat de vous représenter.

Citoyens, j'ai parcouru plusieurs fois le palais de l'Exposition pour me rendre compte des travaux exposés concernant notre industrie, et je regrette de vous dire que je n'y ai vu que peu de choses.

1° M. Charles Blümer, de Strasbourg, a exposé une porte d'allée en chêne à deux vantaux et à grand cadre, avec chambranle et chapiteaux. Beau chêne du Nord, mais d'une mauvaise fabrication, comme principe. Les cadres, au lieu d'être rembrevés, sont simplement rapportés et cloués et recouvrent de deux centimètres sur le bâti plus loin que l'arazement de la traverse, au lieu de tomber aplomb avec l'arazement, ce qui est tout à fait disgracieux, et sur les traverses de frise les cadres demi-cercle sont en deux pièces au lieu d'être d'une seule, ce qui ôte une grande valeur au travail ; enfin, ce travail est un peu enrichi de sculptures sur les panneaux et les chapiteaux.

Impossible d'avoir aucun renseignement.

2° M. Henri Brisson, à Serrières (Ardèche), a exposé le modèle en petit d'une chaire à prêcher avec son escalier, qui est assez bien exécutée par le patron lui-même.

3° M. Rabatel, de Marseille, au Prado, a exposé un parquet en marqueterie assez bien fabriqué.

4° Maison Bonhomme, fabricant de moulures à la machine, à Lyon-Guillotière. Les moulures sont loin d'être aussi bien faites que poussées à la main.

Enfin, la ville de Lyon n'a rien à envier aux travaux des autres villes, soit comme solidité, soit comme bon goût et principes de fabrication.

QUESTION SOCIALE.

Citoyens, permettez-moi d'attirer votre attention sur un sujet qui nous intéresse tous. La première chose qui attire mon attention en entrant à l'Exposition et que vous tous, citoyens, vous avez remarquée aussi sans doute, c'est cet énorme canon, ce terrible engin de destruction, pour détruire qui? quoi? La misère? Point du tout, au contraire, c'est tout simplement pour l'entretenir; eh oui! puisque avec ces terribles engins vous anéantissez en une heure ce que vous avez pu produire dans un siècle; hommes, villes, campagnes, tout est désolé, dévasté par ces terribles outils.

Mais pourquoi s'en sert-on? Pourquoi l'on s'en sert! c'est pour entretenir cette misère, cette ignorance, cet abrutissement et cette haine des peuples; pour empêcher toute émancipation des travailleurs, à la plus grande gloire de nos soi-disant grands et puissants seigneurs de la terre, qui forcent ceux-là mêmes qui ont produit à détruire, lesquels obéissent sans murmurer, quelquefois même avec une sorte de plaisir sauvage. Pourquoi? parce qu'ils sont ignorants; et ce qui est pire encore, ils forcent ces mêmes hommes à payer la destruction à la sueur de leur front et au prix de toutes les privations et de toutes les peines, et ces grands et puissants seigneurs qui ont fait détruire hommes, maisons, qui ont fait semer la mort et le deuil partout, sont-ils plus heureux, sont-ils plus riches? Non, car ce n'est pas en semant la mort que vous récolterez la vie. Car, sachez-le bien, grands exploiteurs de peuples, sans le travail vous n'auriez rien! et sans le travailleur, vous ne seriez rien!

Allons, messieurs les despotes et les ambitieux, employez votre génie aux outils de production, au lieu de destruction, et vous aurez des richesses de quoi vous satisfaire.

Ces milliers de bras qui sont employés à fabriquer des engins pour semer la destruction et la mort, s'ils étaient employés à la production, la richesse serait incalculable et le bien-être serait pour tous.

Lorsque le travailleur réclame son salaire et son droit, ne le lui refusez pas plus longtemps, messieurs les capitalistes; si vous voulez avoir des richesses, songez aux travailleurs. Ce conseil sera-t-il suivi par vous? Nous n'y croyons guère. Eh bien! c'est à nous, travailleurs, à prendre l'initiative de résoudre ce grand problème, car nous ne devons rien attendre de tous ces prétendus sauveurs de tous les pays qui ne s'occupent que de prendre le gâteau quand il est fait, et qui emploient tous les moyens pour le faire périr quand on ne veut pas le leur donner.

Pour arriver à cette grande réforme, que devons-nous faire? Nous devons nous unir et nous entendre, et nous instruire ; car l'instruction, c'est le premier levier de notre émancipation, non pas cette instruction ignorantine et jésuitique qui cherche à tenir les classes laborieuses dans l'hébêtement et la superstition, mais l'instruction libre et laïque qui fait de l'homme un citoyen, qui lui apprend à connaître ses droits et celui des autres, et qui fait de la femme des femmes libres, c'est-à-dire de bonnes épouses et mères de famille, en un mot de bonnes ménagères, ce qui est de première nécessité dans la classe ouvrière. Ainsi donc, nous devons porter tous nos efforts et notre attention sur l'enseignement libre et laïque.

Nous devons aussi porter toute notre attention sur le suffrage universel qui nous permet d'exercer notre droit de citoyen et qui est la véritable arme légale et pacifique, à seule fin de nommer des législateurs qui nous donnent des lois libérales et justes, et qui défendent et maintiennent la République, car nous devons revendiquer la liberté pour tous : droit de réunion et d'association, etc., car un peuple sans libertés est un corps sans âme.

Ainsi donc, citoyens, comme je le disais plus haut, il faut nous unir et nous entendre, et par cette union des travailleurs et par la solidarité défendre notre droit au travail contre le capital, afin d'avoir la juste rémunération de notre salaire, car tous nos grands capitalistes s'entendent très-bien pour nous exploiter et nous tenir dans l'ignorance et la misère.

QUESTION DES GRÈVES.

D'après les rapports de nos collègues de Paris, de Bordeaux et de Châlon, qui nous ont fait l'honneur de venir visiter notre Exposition, ils sont tous dans des dispositions d'union et de solidarité par le moyen de l'union des syndicats ou de leur fédération, car c'est partout les mêmes besoins, partout les mêmes tiraillements entre patrons et ouvriers par le refus et l'entêtement des premiers de ne jamais vouloir accorder la moindre augmentation de salaire aux ouvriers que la force des circonstances pousse à réclamer, vu l'accroissement constant des denrées alimentaires et de toutes les choses nécessaires à la vie.

Nous déclarons ici que les salaires sont insuffisants, pour le moment, dans notre industrie. Le prix de la journée de dix heures de travail dans notre ville est de 4 fr. 50 c. en moyenne, ce qui fait 45 c. l'heure.

A Paris, la journée de dix heures est de 5 fr., c'est-à-dire 50 c. l'heure.

A Bordeaux, la journée est de 4 fr. pour douze heures de travail. Le prix de la journée est donc tout à fait minime et le nombre d'heures de travail beaucoup trop considérable, attendu que la journée de dix heures offre déjà de graves inconvénients.

En effet, les machines font plus d'un tiers de notre travail ; par conséquent, nous sommes forcés de diminuer les heures de la journée pour occuper tous les bras ; c'est ce qui maintient l'abaissement des salaires par le moyen de la rareté du travail.

Donc, en diminuant les heures de travail vous évitez le chômage par le fait que le travail est plus abondant, et lorsque tous les bras sont occupés, nous pouvons mieux défendre notre salaire.

Ainsi, par exemple, un atelier occupe deux cents ouvriers, eh bien ! par le moyen des machines qui sont employées dans cet atelier, on en supprime un cent. C'est donc cent ouvriers qui sont jetés dans la misère, puisqu'on supprime leur seul moyen d'existence, et les cent ouvriers qui restent gagneront-ils davantage ? Non, au contraire ; s'ils réclament une augmentation, le patron s'empressera de la leur refuser, attendu qu'il sait qu'il y en a cent autres qui ont faim et à qui leurs enfants réclament du pain ; alors il renverra immédiatement les réclamants pour prendre les premiers, qui accepteront les conditions du patron que la misère leur impose.

Voilà donc à peu près notre situation à nous tous, travailleurs, si nous n'y prenons garde.

Une grande amélioration aurait besoin d'être apportée pour les jours de paie ; car un grand nombre de patrons ne font la paie encore que tous les mois ou ne donnent qu'un faible à-compte à la quinzaine. Il y en a aussi un certain nombre qui la font régulièrement toutes les quinzaines, ce qui est déjà une amélioration ; quelques-uns la font même tous les samedis, ce qui est de beaucoup préférable, et j'insisterai particulièrement sur ce dernier mode. L'ouvrier touchant sa paie tous les samedis s'en va content en emportant sa semaine dans son ménage ; au moins, le dimanche matin, sa femme peut aller faire ses petites provisions pour la semaine et n'est pas obligée de prendre à crédit chez tous ses fournisseurs, ce qui est très-onéreux pour l'ouvrier, car souvent il est obligé de prendre des marchandises inférieures au taux le plus élevé, attendu qu'il n'a pas d'argent pour aller choisir ce qu'il lui plaît ailleurs et à meilleur marché.

Il s'ensuit donc que, en ne recevant la paie que tous les mois, ou un faible à-compte à la quinzaine, l'ouvrier ne peut pas payer ceux à qui il doit ; les comptes des fournisseurs grossissent et il arrive quelquefois qu'il ne peut plus payer ; tandis qu'au contraire, en recevant sa paie tous les samedis il n'aurait plus besoin de grand crédit ; l'épicier et le boulanger seraient mieux payés, et l'ouvrier serait plus content.

Ainsi, pour parer à toutes ces tristes conséquences, nous n'avons qu'un moyen, qui est l'union des travailleurs, la fédération, la solidarité, ou union syndicale si vous aimez mieux. Que chaque corporation ou société corporative nomme un ou deux délégués qui se réunissent, et lorsqu'une corporation se trouve en désaccord avec ses patrons, la cause est étudiée par tous les délégués ; si elle est reconnue juste, après que cette corporation aura employé tous les moyens de conciliation envers les patrons sans avoir pu aboutir à une entente et se voyant obligée de recourir à ce terrible moyen, moyen extrême, c'est-à-dire la grève, les délégués de chaque corporation prennent l'engagement entre eux de soutenir et d'aider cette dernière moralement et matériellement, jusqu'à ce quelle ait obtenu justice pour ses droits méconnus ; car une corporation livrée à elle-même a bien vite épuisé ses ressources, ce qui fait qu'elle est presque toujours obligée de succomber et ce qui jette le découragement dans cette corporation ou société corporative.

Donc, l'union des travailleurs est un besoin indiscutable sous tous les rapports ; car, étant isolées, les sociétés tombent en décadence d'elles-mêmes. Par cette fédération, les associations viendront ensuite.

A Paris et à Bordeaux, l'union des syndicats est parfaitement établie et autorisée ; pourquoi resterions-nous donc en retard à Lyon? En nous voyant le plus souvent possible, nous pourrions nous encourager et nous soutenir moralement et matériellement ; nous amènerons à nous les indifférents qui ont méconnu leurs droits jusqu'à ce jour ; *il faut enhardir les timides et les tremblants.* Pour réussir dans cette grande entreprise, il faut de la persévérance et de l'énergie pour surmonter tous les obstacles qui peuvent surgir, et ne pas se décourager à la moindre déception et aux tracasseries de certaines administrations.

Lorsque les patrons nous sauront fortement constitués, ils s'empresseront d'adhérer à nos justes réclamations ; ainsi donc, par ce moyen, nous arriverons à la fin des grèves, ce moyen aussi préjudiciable d'un côté que de l'autre, et nous pourrons alors lutter contre le capital ; il ne faut pas nous y tromper, c'est la lutte entre le travail et le capital et ses prétentions excessives, car tous les jours les gros capitaux prennent des proportions considérables, grossissent avec une rapidité scandaleuse, tandis que le travailleur, le véritable auteur de la richesse, reste dans la misère.

Il faut donc absolument nous unir par des liens indissolubles si nous voulons sauvegarder nos intérêts. En attendant que les associations générales soient bien mûries, les corporations respectives peuvent se constituer en associations par elles-mêmes, tout en restant dans la solidarité vis-à-vis des autres corporations. Je ne saurais trop insister sur ces deux derniers points : *association, solidarité,* ce qui serait un grand pas fait dans le progrès, car nous ne profiterons réellement de nos peines que lorsque nous saurons nous passer d'intermédiaires et que nous aurons cette union générale des travailleurs qui amènera dans un temps prochain, il faut l'espérer, la fraternité des peuples ; alors nous pourrons nous tendre la main au lieu de nous tendre des canons ; nous n'aurons plus à nous mitrailler les uns les autres, et nous pourrons dire à tous nos oppresseurs : Arrière, c'est nous qui sommes les producteurs, et vous n'avez pas le droit de faire détruire parce que vous ne produisez rien.

Pour terminer, citoyens, je ne saurais trop vous encourager à travailler sans cesse à notre émancipation, c'est-à-dire à l'amélioration et au maintien de la République démocratique, sociale et universelle...

Lyon, janvier 1873.

THEVENET.

MONTEURS DE MÉTIERS

REMETTEUSES ET TORDEUSES

Chers Collègues,

Avant d'avoir accompli le mandat que vous avez bien voulu nous confier, il nous reste un devoir à remplir, celui de faire notre rapport comme question industrielle et comme question sociale.

Dans notre première visite à l'Exposition, chers collègues, nous avons été surpris de voir notre catégorie représentée d'une manière aussi restreinte ; ce qui ne nous permet pas de faire un rapport avec les proportions qu'il devrait avoir, car nous n'avons eu qu'une revue incomplète des métiers façonnés et armures.

Les premiers métiers que nous avons vus à l'Exposition sont les métiers Sallier et Desronzières dits métiers mécaniques. D'après notre appréciation, ces métiers mécaniques ont une très-bonne organisation, un ajustage parfait, et nous avons pu constater qu'ils avaient passé par des mains habiles et habituées. Le travail est très-doux et le battage nous a paru très-régulier. Nous croyons cependant qu'il y aurait une petite rectification à faire pour l'usure du remisse, et qui donnerait encore une plus grande douceur dans le travail : ce serait d'adapter une poulie correspondante aux deux lisses fonctionnant à l'inverse ; par ce moyen, l'on maintient sans aucune secousse la tension de la lisse en rabat ni par le soulèvement de la chaîne, ni par le rabat de la marche.

Maison Roche, métiers de velours unis. — Nous avons également vu le métier de velours unis de la maison Roche. Ce métier est monté avec un goût irréprochable et nous a paru fonctionner d'une manière très-satisfaisante.

Seulement nous croyons, en fait d'organisation pour l'usure du remisse, tenu en respect par une chaîne dont la tension est assez forte, que la platine adaptée au carète est préférable aux ressorts qui tendent toujours à enlever les lisses et subissent fortement l'influence de la température, et qu'il perdra par là le poids réel que la platine possède toujours.

Métier toile métallique. — Ce métier pour toiles métalliques nous a paru très-bien organisé, il est monté sur quatre lisses faisant une armure Batavia.

Maison Chanel. — Métiers châles au quart. Mécanique parisienne reconnue très-bonne, sous plusieurs rapports, pour l'ouvrier tisseur; par exemple pour un atelier de plusieurs métiers où il y aurait des métiers en deuxième vue, attendu que les jacquards, qui sont au nombre de deux pour les métiers châles au quart, tiennent à peu près un espace de deux mètres sur l'estase du métier et peuvent, par conséquent, obstruer la clarté du métier en seconde vue: attendu que le charroi des cartons, qui n'est que d'un paquet à la fois, abrége de moitié le travail de celui qui les transporte. Montage système Godemard. Montage peu usité entrainant beaucoup de difficultés par un empoutage faisant chevrons par rang par le pendage et l'appareillage des maillons tenus par une maille faisant pantin du maillon aux deux cordes correspondantes aux deux mécaniques. Dans un montage au quart ordinaire, la mécanique parisienne ne donne de difficultés que pour le colletage, au sujet de la réduction des crochets et du contresemplage des collets; mais elle offre beaucoup plus de facilités sous le rapport du pendage et de l'appareillage pour la tension des cordes, qui, par le fait, montent toutes à la même mécanique. Comme tissus et comme dessin, nous n'avons rien trouvé de nouveau.

Casse et fils, Fives-Lille (Nord). — Métier serviettes façonnées, montage ordinaire courant, mécanique spéciale très-bonne sous le rapport d'une deuxième planchette d'aiguille en acier pouvant s'adapter à toutes les mécaniques Jacquard, en allongeant un peu la pointe des aiguilles. La double planchette ne prête vis-à-vis du cylindre que du moment que la marchure ne fait pas un pas faux, ce qui fait que les coins du cylindre ne portent jamais sur la pointe des aiguilles.

Maison Henri. — Métier à la barre, montage ordinaire avec peigne à retrait.

Maison Rivoiron. — Métier de châles Bengalor. Comme spécialité de métiers de châles, nous avons remarqué le métier de châles dit Bengalor, de la maison Rivoiron. Le Bengalor est une parfaite imitation des châles de l'Inde dont le mérite principal est d'offrir des couleurs d'une grande pureté et sans altération du chinage, c'est-à-dire que dans l'exécution, les fils de laine rouge servent à tisser les portions de dessin destinées à être rouges; il en est de même pour toutes les autres couleurs. Comme montage, c'est un montage assez usité par un empoutage à deux cordes en doublant la deuxième corde, le remettage est fait par quatre fils au maillon, six lisses de levées remis par deux fils sur chaque lisse et douze lisses rabat remis par fils. Nous reconnaissons que le métier Bengalor n'offre aucune difficulté de montage, et nous nous empressons de faire des éloges à M. François Rougemond qui, d'après nos renseignements, est l'innovateur du métier Bengalor. Nous ferons également des compliments aux coopérateurs qui ont fait un travail qui, pour nous, est le premier qui ait mérité une récompense à l'Exposition de Lyon. Nous avons également remarqué le métier de tapis sans envers dit inversible, pour tenture et tapis de table, dont l'idée appartient au même innovateur. Quant aux coopérateurs, ce sont les mêmes que pour le métier Bengalor ; montage ordinaire, dont nous regrettons vivement la mauvaise organisation, par une économie d'ustensiles ne permettant pas un ajustage complet et régulier. En général, les mécaniques que nous avons visitées à l'Exposition, telles que Vincenzy, Parisiennes et Casse offrent pour nous quelques avantages, mais elles offrent également de grands désavantages par rapport à leur réduction trop serrée, et nous croyons que la mécanique Jacquard aura toujours la supériorité, surtout avec les améliorations qu'on y fait tous les jours. Nous invitons par la même circonstance MM. les mécaniciens à remarquer la double planchette d'aiguille de la mécanique Casse.

Voici, chers collègues, notre résumé sur la question industrielle, résumé qui, nous le savons, mériterait d'avoir une plus grande étendue, car la corporation du montage de métiers et remettage se rattache à tous les articles du tissage, du tissage qui est la principale industrie lyonnaise, son élément réel, et qui fut, pour ainsi dire, le moins représenté à l'Exposition de Lyon, car, à notre avis, les métiers montés avec le plus de goût sont ceux qui regardent le moins notre partie, tels que les métiers Tournier pour fabriquer les remisses, et le métier toile métallique.

QUESTION SOCIALE.

Quant à la question sociale, elle est pour nous, comme la question industrielle, enfermée dans un cercle excessivement étroit, attendu que les membres de notre corporation étant très-peu nombreux, nous sommes, vis-à-vis des localités françaises et étrangères où se fabriquent les tissus, regardés non pas comme corporation, mais simplement comme spécialité. Ainsi, par exemple, Nîmes, ville assez importante pour la fabrication des châles au quart et tapis pour l'article du Levant. D'après les renseignements que nous ont donnés les délégués de cette ville que nous avons reçus, le montage de métiers à Nîmes a très-peu d'extension et n'est pas une spécialité, car chaque métier monté s'use complétement. S'il y a un changement à faire, c'est généralement l'ouvrier qui se charge de réorganiser son métier entièrement. S'il y a un montage à faire, ce sont également des ouvriers faisant le châle qui le font à des prix très-modérés.

Nous avons appris par les délégués de Nimes que les patrons forment un cercle où les ouvriers ne sont pas admis. Nous désirerions de tout cœur voir dans toutes les corporations une société de prévoyance et de renseignements à laquelle serait attaché un délégué correspondant ; car pour nous, chers collègues, tous les industriels, patrons ou ouvriers, vivant du fruit de leur travail, doivent se grouper ensemble afin d'éviter les grèves, qui ont presque toujours été faites au détriment du travailleur, et nous croyons qu'il n'y a que l'union, la solidarité entre tous les travailleurs de toutes les corporations, quelles qu'elles soient, qui puissent faire valoir le droit du travailleur et prévenir toute dissidence entre le capital et la production. Maintenant, chers collègues, que notre mandat est terminé, nous vous remercions de la confiance que vous avez bien voulu nous accorder.

Lyon, le 16 janvier 1873.

A.-L. DESMARD, MAZUY, PUTHOD.

PASSEMENTERIE

Passementerie dorure.

Chers Collégues,

Lorsque vous nous avez délégués à l'Exposition universelle de Lyon pour vous rendre compte des produits concernant notre industrie, nous n'avons pu éprouver tout le plaisir qu'un tel honneur aurait dû nous procurer ; car nous savions déjà que, pour une aussi grande branche de la fabrique lyonnaise, notre mission était malheureusement rendue courte et facile par la petite quantité d'exposants de cette classe.

Les étrangers ont presque entièrement fait défaut ; une seule maison de Gand (Belgique), MM. Baillon Versavel, a répondu à notre appel et nous a envoyé ses produits, se composant d'une petite collection de systèmes en grande largeur, de systèmes colonnes et de l'enjolivure soie.

Ces articles, quoique soignés, n'ont rien qui doive nous inquiéter, car si nos fabricants lyonnais s'étaient plus empressés à embellir notre Exposition, ils y auraient certainement apporté des échantillons pouvant sans peine, et avec avantage, rivaliser avec ceux de cette honorable maison.

Nous avons donc à vous exprimer le regret que Lyon, qui est aujourd'hui pour la dorure ce qu'il était il y a trente ans pour la soierie, c'est-à-dire le grand centre de fabrication et la ville sans rivale, n'ait été représenté que par quatre maisons, et encore l'une d'elles ayant son siége à Paris, mais faisant faire chez nous la plus grande partie de sa fabrication par son représentant.

Par suite de cette négligence, la passementerie et la dorure lyonnaise n'ont pas montré aux visiteurs et fabricants étrangers tous leurs articles. Beaucoup, surtout en passementerie, entre autres le galon pour église, depuis le galon soie, systèmes droits, à crêtes, colonnes à cordonnet et colonnes à crêtes (ces derniers occupant un certain nombre de métiers), jusqu'aux galons d'exportation, galons du Levant, du Mexique, manquaient presque complètement. Et pourtant ces articles constituent une des parties essentielles de notre industrie.

En passementerie pour église, seule la maison Girerd a exposé des systèmes byzantins ; mais, vu l'importance de cette branche de fabrication, nous aurions désiré voir à l'Exposition les collections complètes de passementerie pour l'ornement d'église.

Néanmoins, nous allons vous donner le compte-rendu qui résulte de notre appréciation.

Vitrine Brunier-Maréchal. — L'exposition de cette maison contient spécialement l'article pour l'uniforme des pompiers ; nous remarquons une bannière ayant un casque brodé en filé et cannetille très-bien exécuté ; diverses épaulettes pour pompiers, et boutons d'uniforme en tous genres, c'est à peu près ce qui concerne la spécialité de cette maison.

Ensuite nous arrivons à la vitrine de la maison Henry, qui est sans contredit la plus importante et la plus complète, renfermant une variété de chasubles et une superbe bannière dont nos collègues de la guimperie rendent compte.

Pour ce qui est passementerie, elle est remarquable par son assortiment de galons fins, une jolie collection d'échantillons, galons à boyaux en tous genres, galons à feuilles d'olivier, des sous-bises et des sergents.

Nous mentionnons un galon de dix centimètres de largeur, formant une rose avec une petite bordure à esse très-bien réussi.

Galons du Levant à ruban et à chevron trente-six lignes. Cette collection de galons et échantillons filés est très-bien fabriquée, la plus grande partie, par la maison Jannet (passementier, rue Tholozan, 12), qui a trouvé et appliqué un procédé à la barre pour tisser les gazes, et dont M. Henry a voulu qu'un de ces métiers fût exposé ; mais malheureusement l'intempérie et la construction défectueuse où il se trouvait exposé lui ont empêché de fonctionner.

Nous mentionnons encore un galon de trait à raies rouges assez joli, des épaulettes très-bien montées et une paire de corps d'épaulette supérieurement tissé.

La vitrine de M. Lara est des plus complètes en épaulettes et galons de grade assez bien exécutés ; le tout pour uniforme français.

M. Lara a eu l'heureuse idée de mettre les prix sur chaque objet, et selon le dorage et la qualité, ce que nous avons regretté de ne point trouver dans les autres vitrines de dorure, car pour nous le mérite est de faire beau et bien et à des prix raisonnables.

Mais ce qui a surtout attiré notre attention dans cette vitrine, c'est un galon lambrequin, beau dorage, en trente-huit centimètres de large, ayant un dessin arabesque, avec fond étincelle et la fleur en relief entourée d'un liseré soie.

Ce galon, d'une richesse et d'un effet supérieurs, imite la brodure à s'y méprendre ; ce même galon est reproduit de cinq genres différents :

1° Avec fond or, ainsi que la fleur entourée d'un liseré rouge ;

2° Avec fond or, la fleur argent et liseré vert ;

3° Avec fond or et la fleur brochée lame or, liseré rouge ;

4° Avec fond argent, la fleur brochée cannetille argent et liseré vert ;

5° Avec fond argent, la fleur brochée cannetille or et liseré rouge.

Ce galon est destiné à servir en Orient comme baldaquin et dans nos contrées plus spécialement pour dais.

Ce nouveau genre de galon a été créé en vue de l'Exposition, ce qui est tout en l'honneur de M. Lara, qui n'a pas reculé devant les obstacles qu'il a fallu surmonter pour arriver à la réussite de cet article, qui est aussi complète qu'on puisse le désirer.

Nous mentionnons tout particulièrement le maître qui a monté ce galon de trente-huit centimètres de large sur un métier de passementerie à la main, avec une mécanique de quatre cents, tandis qu'il lui en aurait fallu une de six cents.

Ce maître se nomme Rabilloud, rue Bellecordière, 12, et l'ouvrier qui l'a tissé, Benoît.

La bannière orphéonique, simple comme composition, a néanmoins un certain cachet par le fini de broderie, qui fait honneur à l'ouvrière qui l'a exécutée, M⁽ˡˡᵉ⁾ Lapierre.

Nous ne terminerons pas l'examen de cette vitrine sans vous signaler une écharpe soie, trois couleurs, taffetas, tissée avec une seule navette ; par le moyen ordinaire il en faut trois ; en supprimant deux navettes, l'ouvrier a supprimé aussi le nombre de coups perdus de la moitié.

Avec trois navettes, il y a un envers produit par le crochetage ; ici pas d'envers, la jonction des nuances est aussi nette qu'on puisse le désirer, et sans plissage, ce qui en fait le mérite ; cette écharpe est encore fournie en chaîne ; elle a vingt-huit portées sur vingt-un centimètres de large. Nous nous sommes rendu compte *de visu* : l'ouvrier qui l'a tissée n'éprouve aucune difficulté ; il travaille au bouton et presque aussi vite que s'il faisait un tissu d'une seule couleur.

Il compte faire les drapeaux par le même procédé qu'il a déposé le 4 juin 1872.

Ce maître ouvrier se nomme Poncin, place Morel, 10, Lyon.

La maison Girerd a exposé l'ornement d'église, dont elle fait sa spécialité. Elle nous a montré quelques belles chasubles très-riches en broderie.

En passementerie, nous signalons deux belles collections de systèmes byzantins, l'une tramée soie, et l'autre tramée filé, quelques dessins très-jolis dont la plus grande partie appartiennent à cette honorable maison.

Mais notre attention s'est fixée sur plusieurs gazes brochées, dites devant d'autel ; ces gazes sont à colonnes et ont seize centimètres de largeur.

Le premier dessin forme une croix de Malte en cannetille entourée de deux épis. Le deuxième, dont le broché est en cannetille, représente un vase entouré d'épis. Le troisième dessin forme deux feuilles de chêne, entourant un vase broché en cannetille. Le quatrième, même dessin, mais sans être broché. Et le cinquième dessin forme la guirlande avec un fond brillant, et vase en cannetille.

Toutes ces gazes sont en or faux et cannetille argent ; elles sont très-belles et d'une parfaite exécution ; nous devons l'avantage de les avoir vues à l'initiative de M. Bruchon, maître ouvrier (rue Vieille-Monnaie, 2), qui les a créées et exécutées à ses frais, et à la complaisance de M. Girerd, qui a bien voulu les exposer dans sa vitrine.

L'exposition de MM. Truchy et Vaugeois est une des plus riches et des plus complètes pour l'uniforme militaire et administratif.

Epaulettes pour tous grades, uniformes français et étrangers, très-bien exécutés comme tissage, broderie et montage, ainsi que diverses épaulettes dont le corps est à gros boyaux.

De plus, des galons en tous genres pour grade et administration, de toute beauté comme matière et fabrication.

Une belle bannière orphéonique, mais ayant figuré à plusieurs expositions ; aussi, pour nous, nous la regardons comme hors de concours.

Nous aurions désiré nous rendre un compte plus exact de toutes ces belles choses, mais nous n'avons pu nous faire ouvrir la vitrine.

Nous n'avons pu établir aucune comparaison avec les produits étrangers, n'ayant que la vitrine de MM. Baillon Versavel, de Gand (Belgique), qui n'a exposé que des cartes d'échantillons systèmes, sur lesquels nous allons vous donner notre appréciation.

Les systèmes fins-colonne, depuis huit lignes jusqu'à trente-six lignes, sont assez jolis, mais tous d'anciens dessins.

Les systèmes mi-fin, en grande largeur de dix centimètres, sont assez bien exécutés ; les dessins sont un bâton rompu, un autre avec dessin à ruban doubles boyaux et bordure, et un dessin double esse et rosace avec grand clochant, boyaux et bandes glacées sur les bords, peu de fond.

Les dessins des systèmes faux sont très-ordinaires et médiocrement fabriqués, avec filé assez grossier.

Nous mentionnons une mi-colonne soie vingt-quatre lignes, le côté droit avec un lardon et trois boyaux au bord ; de l'autre côté un ruban genre double fond et le fond sergé.

Les galons de soie sont assez beaux. En un mot, l'ensemble de cette vitrine nous a paru très-ordinaire comme matière et fabrication.

Ainsi, chers collègues, notre désir aurait été de vous entretenir plus longuement des produits de notre industrie ; mais comme une grande partie de ces produits sont déjà connus, nous avons pensé ne faire qu'une appréciation sommaire, appelant seulement votre attention sur les principaux.

Aujourd'hui la fabrication a plus que doublé depuis l'Exposition de Londres, et quintuplé depuis vingt-cinq ans ; nous ne devons donc pas rester indifférents et nous arrêter dans nos progrès ; au contraire, notre devoir est de mettre tous nos moyens et tout notre savoir non-seulement à maintenir notre supériorité, mais à l'augmenter, étant facilités par la réunion de tous les éléments et catégories composant notre belle industrie.

Nous devons donc *des félicitations et des remerciments* aux maisons qui nous ont représentés à l'Exposition, et nous espérons que les récompenses obtenues seront pour l'avenir un encouragement et une invitation à ceux qui auraient dû nous présenter leurs produits.

Nous remercions également MM. Baillon Versavel de leur coopération, regrettant l'absence de la pluralité, car, comme nous le disions au commencement, nous avons été sincèrement affligés que l'étranger ait été si peu représenté ; mais nous croyons que les expositions dans une ville qui est supérieure dans une industrie ne sont pas faites pour attirer les fabricants étrangers, qui se décident difficilement à venir tenter la comparaison de leurs produits avec les nôtres.

Les délégations alors ne sont pas profitables, car elles n'atteignent réellement leur but que lorsqu'elles sont faites pour les expositions étrangères.

B. Hilaire, Maxime Janet, Josserand.

Passementerie nouveauté à la barre et à la main.

CITOYENS,

Le devoir des délégués envoyés par vous pour représenter la corporation à l'Exposition est de vous informer que, malgré le zèle et le dévoûment que nous avons mis à faire appel dans tous les journaux de la France et de l'étranger aux corporations, pour qu'elles nous envoient des délégués à l'Exposition de Lyon, aucune d'elles n'y a répondu ; nous le regrettons sincèrement, car nous nous étions promis d'étudier avec eux les moyens d'éviter les grèves, en nous plaçant au point de vue de notre corporation et de tous les travailleurs en général. Nous allons essayer de remplir une autre partie de notre programme, en vous donnant quelques renseignements sur les maisons qui étaient représentées à l'Exposition, concernant notre corporation.

Nous citons en première ligne la maison Denis, de Saint-Étienne, pour ses articles imitant la dentelle dite *guipure*. L'article est bien compris et très-riche, et probablement appelé à prendre une grande extension comme nouveauté. Cet article que l'on appelle à Lyon *article Grille*, et à Paris *article Giselle*, s'est enrichi par l'agrandissement des jours et formant divers dessins ; nous le recommandons aux chercheurs de nouveautés, car ces articles donneraient beaucoup de travail à notre corporation et permettraient aux ouvriers de bien gagner leur vie, par le moyen de la grande réduction que réclame cet article. Il est à présumer que nous arriverions à imiter l'article dentelle qui est fabriqué par des ouvrières qui gagnent un bien petit salaire. Nous remarquons aussi d'autres articles faits, d'après le même principe, par crochetage de navettes qui détermine un assemblage de nœuds et permet de faire de grands jours.

Nous avons remarqué aussi des articles rubans façonnés avec application, qui sont d'un très-bel effet; des articles galons forts avec chaîne soufflée et épinglée imitant le damier.

Nous terminerons en rendant hommage à cette maison pour tous ses articles et ses dessins en couleurs produisant des reliefs très-remarquables ; nous félicitons aussi les ouvriers qui ont coopéré à la bonne fabrication de tous ces articles.

Nous citons en deuxième ligne la maison Augier, de Saint-Étienne, pour ses ceintures de dames et ses cravates avec dessins cachemire et médaillons ; ces articles brochés sont d'une élégance qui ne laisse rien à désirer ; en un mot, nous citons tous ses articles qui sont d'une bonne fabrication. Nous rendons hommage aux ouvriers qui ont fabriqué tous ces articles.

Nous citons la maison Girodon, de Lyon , pour ses articles cols-cravates et ceintures de dames très-riches de nuances et de goût ; ses franges assorties, article fabriqué pour fichu ; nous remarquons des dessins cul-de-dé faisant double étoffe, article très-riche. Nous pouvons citer cette maison comme étant la première sur la place de Lyon pour les articles ci-dessus.

Nous citons, comme passementerie, la maison Gay, de Lyon, pour ses variations d'articles à dessins très-recherchés ; cela lui permettra d'arriver à une grande production de travail. Nous remarquons un article frange mouchet, lacet soie gaufré, à couleurs variées. Cet article fait un bien bel effet. Nous citons aussi son article frange enjolivée avec perles et sans perles, de bonne fabrication ; l'article fourrure avec application imitant le feuillage avec perles et sans perles, article très-riche comme nouveauté. Nous terminons en citant un article à jour orné de perles , d'un certain mérite.

Nous citons aussi la maison Rochet, de Lyon, pour ses articles franges haute nouveauté. Cette maison se distingue pour ses articles passementerie imitation dentelle. Nous remarquons aussi des articles franges, toujours imitation dentelle, contournées de perles ; des articles franges enjolivées pour fichu, à dessins très-variés et de plusieurs nuances ; en un mot, la main-d'œuvre est vraiment d'une exécution parfaite ; nous considérons cette maison comme étant la mieux représentée pour la complication de ses dessins très-riches.

La maison Neyret, de Saint-Étienne, se fait remarquer pour ses rubans moirés et couleurs, pour ses articles rubans décoration en tous genres ; tous ces articles sont de bonne fabrication.

La maison Richarme et Bonnetain, de Lyon, se fait remarquer par ses articles ceintures de dames, fabriqués à la barre ; ces articles sont riches de nuances et de goût ; les ceintures magistrature laissent beaucoup à désirer comme nuance ; elles sont très-ordinaires.

La maison Besson frères, de Saint-Etienne, représente la petite passementerie et cache-point enrichi de petits dessins très-recherchés et fort jolis ; son genre d'articles mérite des éloges comme fabrication.

La maison Massia, de Lyon, traitant l'article chapellerie, se fait remarquer par ses bourdaloux très-riches et de bonne fabrication ; on remarque aussi ses bourdaloux de plusieurs nuances modes et ne laissant rien à désirer comme fabrication.

La maison Brun, de Saint-Etienne, se fait remarquer pour ses articles tailleurs et bordure, par ses dessins très-recherchés et de bonne fabrication ; ses articles bourdaloux sont très-ordinaires, mais néanmoins sont de bonne fabrication.

La maison Grossat, de Lyon, a exposé des articles chapellerie bourdaloux noirs et couleurs modes ; tous ces articles sont très-légers et laissent beaucoup à désirer comme netteté ; nous avons remarqué un article galon ombré n'étant pas bien compris comme nuances ; tous ces articles sont bon marché et peu avantageux à l'ouvrier qui les traite.

La maison Peyrache frères et Briat, de Saint-Etienne, a exposé des articles bourdaloux pour chapellerie, très-ordinaires et bien légers et nécessairement peu avantageux pour l'ouvrier ; ils se traitent en fabrique dans la Haute-Loire.

La maison Martinet, de Saint-Etienne, est remarquable pour ses rubans imprimés et découpés formant des fleurs velours ; cet article offre un certain mérite. Cette maison a exposé aussi des rubans taffetas imprimé et très-ordinaires ; elle a exposé aussi des petits rubans de faveur de toute nuance, article courant et peu avantageux.

La maison Bonamour, de Lyon, a exposé des articles frangés, fabriqués à la barre et à la main ; des articles lacet et crépine. Tous ces articles sont très-ordinaires.

La maison Nicou, de Lyon, a exposé des articles d'ameublement, gland et torsade d'une grande beauté, et galons à crête à plusieurs corps avec dessins très-variés et avec application de nuances assorties aux tissus, qui sont d'un très-bel effet ; nous la citons en première ligne comme bonne fabrication.

La maison Armand Piliot, de Lyon, se fait remarquer par ses articles blancs pour ameublement, embrasses et giselles, le tout d'une beauté splendide. Nous citons aussi ses articles en couleur laine et soie de toute nuance, ainsi que ses articles gland et crête variée, d'une belle composition.

La maison P. André neveu, de Lyon, a exposé des articles d'ameublement et nouveauté, et un joli assortiment de galons à crête avec plusieurs corps et dessins variés ; tous ces articles sont très-ordinaires.

La maison Thevenin et Vial, de Lyon, a exposé des articles ameublement, galons crête et franges, avec assortiment de glands de plusieurs nuances très-variées. Rien de remarquable comme nouveauté.

La maison Boirivent, de Lyon, a exposé des galons de voiture en velours frisé et coupé, et galons pour poignées de voitures à dessins très-riches et de bonne fabrication.

La maison Baillon Versavel, de Belgique, a exposé, outre ses articles dorures, des articles galons de voitures très-ordinaires ; des articles franges nuancées et postillonnées sont aussi très-ordinaires comme passementerie.

La maison Auspork, de Paris, se fait remarquer par ses articles enjolivure, tels que frange et agrément cousu, d'un grand assortiment de dessins contournés de perles, qui sont d'une parfaite fabrication ; l'article gland pour manteaux de dames ; l'article fleurs en cordon soufflé et nuancé de plusieurs couleurs. Tous ces articles sont très-riches et ne laissent rien à désirer.

La maison Troutet et Thevenet, de Lyon, se fait remarquer par ses articles caoutchouc, qui sont d'un beau noir ; nous avons remarqué aussi ses articles à double fond, de deux couleurs ; le tout d'une belle fabrication qui ne laisse rien à désirer ; nous pouvons citer cette maison comme la première sur la place de Lyon pour sa bonne fabrication.

La maison Feynas et Dousson, de Saint-Etienne, est très-remarquable pour ses articles caoutchouc, très-bien fabriqués et très-riches. Nous la citons en première ligne pour sa bonne fabrication, et nous félicitons les ouvriers qui ont pris part aux articles exposés.

La maison Pascal, de Saint-Chamond, est très-bien représentée par ses articles caoutchouc à deux nuances et ses articles noirs ; ces articles ne laissent rien à désirer comme fabrication.

La maison Joannès et J. Guinard, de Saint-Etienne, a exposé des articles caoutchouc d'une fabrication ordinaire et n'ayant rien de remarquable.

La maison Reynaud, de Lyon, a exposé des articles caoutchouc d'une fabrication très-légère et n'ayant rien de remarquable.

Lyon, 12 novembre 1872.

EMILE FLEURET, BISCORNET, J. BAL, ISIDORE OGIER, B. BAUZIN, FOURNEYRON.

Observations.

Nous tenons ici à démontrer les causes de la hausse et de la baisse des prix de façon ; pour la ville de Saint-Étienne, ceci tient à deux causes :

1° Parce que l'ouvrier est tenu de finir son chargement ou la pièce qu'il a commencée, dût-il y mourir de misère. Pour remédier à cet abus, vous n'avez qu'à demander l'application de la loi sur la huitaine, car ce que vous avez n'est qu'un usage purement local que vous pouvez changer quand vous voudrez.

Comment, nous direz-vous, la huitaine fera-t-elle hausser les prix de façon ? Lorsque le fabricant, dans un moment de morte-saison, aura placé un chargement pour vous entretenir à l'agonie pendant deux ou trois mois, sachant bien que pendant ce temps-là il sera obligé de payer le double et le triple, il ne les placera plus à aussi bas prix, s'il sait qu'avec la huitaine vous pouvez cesser d'agoniser et prendre un autre travail plus lucratif, parce qu'il ne pourra plus trouver d'ouvriers assez fous pour finir un chargement mal payé quand il trouvera mieux chez le voisin.

La deuxième cause que nous avons à signaler tient au manque d'organisation. Tant que vous ne serez pas unis pour faire valoir vos droits, vous serez toujours la proie du capital. Organisez-vous en chambres syndicales, vous êtes seuls experts de votre travail et de ce qu'il vous faut pour vivre.

Ne cessez pas de réclamer la huitaine, elle vous est due, vous êtes les seuls qui, par une loi locale, êtes forcés de mourir de faim pendant près de six mois de l'année, et vos fabricants ne comprennent pas que la concurrence qu'ils se font entre eux fait tomber le ruban dans l'article dit camelotte.

BAUZIN, FOURNEYRON.

RAPPORT SOCIAL.

Le rapport des délégués de la passementerie nouveauté ayant été fait collectivement, nous n'avons rien à ajouter sous le rapport industriel. Qu'il nous soit permis de donner quelques appréciations sur nos recherches dans la question sociale. Ce n'est que sur notre corporation que nous pouvons donner des documents utiles à examiner.

La passementerie en nouveautés est un article de luxe, concentré dans deux ou trois grandes villes en France, telles que Paris, Lyon et Saint-Etienne. Les articles sont changeants et ne donnent que par périodes ; lorsque ces époques arrivent, l'ouvrage devient abondant et le salaire augmente ; par ce fait, il arrive à des proportions très-lucratives. Lorsque l'effet contraire se produit, que l'article en appelle un autre, alors arrive le manque de travail ; de là, la suppression des bras. *C'est sur ce point que j'engage le travailleur socialiste à méditer.* Le travail n'étant plus suffisant pour tous, l'égoïsme et la spéculation s'emparent de la position; la spéculation profite de la misère des uns pour offrir à ceux-ci un prix insuffisant à l'existence, et celui qui est pressé par diverses circonstances, que tous sont à même de juger, accepte forcément ; d'autres travailleurs égoïstes, se croyant plus privilégiés par la nature, épuisent leurs forces à de longues journées pour suppléer à la différence du prix de façon. Il est incontestable que c'est de cette situation que dérivent les plus grands maux chez les travailleurs, car, avec ce procédé, le travail devient de plus en plus rare, et le désordre dans la corporation arrive à son comble. Là commence la comédie humaine : l'homme faible succombe, l'homme généreux souffre moralement et physiquement, l'ignorant épuise ses forces, l'intrigant fait marcher les ficelles : *Courbettes, soumission, tout ce qui peut le servir lui est bon, même la ficelle congréganiste.* Quelquefois, dans cette situation, s'écoulent des années, et qui en profite? Le *Capital.* On dira ici : Le tarif doit prévenir ces conséquences. Erreur. Le tarif ne sera réellement observé que lorsque le travail sera abondant ou partagé ; dans le cas contraire, il devient un privilége pour les uns et une défection pour les autres. Il est malheureusement trop d'usage que lorsqu'un négociant n'a de l'ouvrage que pour la moitié du personnel qu'il occupe en moyenne, il le réserve à ses favoris, sauf *concession*; alors, malheur à celui qui n'a pas un truc, c'est-à-dire un moyen quelconque.

Au commencement d'un chômage dans une corporation, les hommes de cœur résisteront et le supporteront à eux seuls, mais la prolongation d'un manque de travail épuise vite les ressources, alors commence la malédiction contre ceux qui font tout ; ensuite vient la lutte des moyens et du chacun pour soi. On nous parle bien de caisse de secours ; moyen insuffisant. Il serait bien plus fraternel que celui qui travaille laisse une part de son travail à celui qui en manque plutôt que de lui donner une part du produit de ce travail même, dont l'un s'est emparé au préjudice de l'autre. On peut objecter que lorsque le travail manque dans une maison, on en trouve dans une autre ; cela est possible pour certaines corporations, mais pas pour toutes, et cela serait-il vrai qu'il serait encore préférable pour la dignité et l'intérêt des travailleurs de se répartir ce qui reste, au lieu d'aller solliciter ailleurs. Le capital ne manque pas d'en faire son profit ; c'est un moyen de pression sur son personnel et sur le solliciteur. Pour sortir de cet état de choses, il existe un moyen sûr : la fraternité, maxime qui est dans toutes les bouches ; que de la bouche elle aille au cœur, et le travailleur aura trouvé le moyen qui doit faire disparaître ses maux. Pour arriver à ce résultat, il faut se convaincre que le prix du travail se maintient et n'augmente que par la rareté des bras inactifs ou des chercheurs d'ouvrage. *Solliciter, c'est s'abaisser ; être sollicité, c'est se rehausser*. Lorsque le travailleur aura compris cette vérité, il ne sera pas loin d'avoir vaincu la tyrannie et l'égoïsme du capital spéculateur.

MOYENS D'ACTION.

Les corporations sont toutes dans de bonnes dispositions dues au principe des sociétés ; il y en a qui se trouvent placées dans une condition plus favorable par leur action dans un centre ; telle est celle de la passementerie, qui est doublement privilégiée, en ce qu'elle n'a pas de limite dans ses prix et que la baisse des prix ne peut se produire que par la spéculation des bras inactifs ; dans ce cas, une commission pourrait être nommée à l'effet de recevoir les déclarations des métiers sans travail ; elle compulserait la quantité de travail fait par les métiers travaillant et diminuerait la longueur de la journée proportionnellement à ce qu'il faudrait pour que chacun eût sa part. Devant cette justice découlant d'une loi naturelle et demandée bien des fois : vivre en travaillant, nul n'aura à protester sans devenir un soustracteur de la subsistance d'un de ses frères ; car quel est celui qui prétend à de longues journées quand son frère n'a pas de travail ? Par ce fait, nul n'aurait besoin de solliciter du travail, la part de chacun étant garantie. Par cette raison, le négociant ne trouvant point de prétexte pour faire succomber le travailleur, il en résulterait la régularisation dans le travail. Le producteur trouverait avantage à ce double point de vue : abolition de la concurrence entre travailleurs, régularité du travail pour l'avenir, journée moyenne permettant aux citoyens de se fréquenter, s'instruire et s'occuper de leurs propres intérêts, surtout une économie alimentaire résultant de la régularité du temps du travail de chaque jour pour chacun.

Pour démontrer les avantages de l'application du principe ici exposé, je cite un seul fait : Avant 1848, à Saint-Etienne, le négociant, dans un but d'intérêt facile à comprendre, ne mettait son travail en main que lorsqu'il ne lui restait que le temps nécessaire à l'exécution en soumettant l'ouvrier au passage de nuit. Le mouvement de cette époque ayant procuré un instant au travailleur l'occasion de délibérer sur cette déplorable spéculation, elle fut immédiatement combattue et retranchée par la fixation d'une journée moyenne acceptée par tous, ce qui était de la fraternité, et observée par les plus intéressés et les plus récalcitrants ; le rubanier de Saint-Etienne garde sa reconnaissance à cette énergique résolution. Si la mesure n'a pas été complète, du moins elle démontre le résultat à atteindre par le respect du droit au travail pour tous ; une tendance à ce principe s'infiltre déjà dans certaines catégories, chez les teinturiers par exemple ; il est vrai que l'initiative est due au chef d'atelier, en raison d'un autre point de vue, mais qui n'en met pas moins l'ouvrier à l'abri du manque total de travail.

Nous n'essaierons point de démontrer la supériorité de ce mode organique sur les autres, nous nous attacherons seulement à établir ceci, que le tarif nécessite une convention contradictoire entre patrons et ouvriers et gêne à notre point de vue le développement des affaires, au lieu de procurer la liberté.

Pour arriver à résoudre le problème ci-dessus énoncé, il faudrait d'abord que la corporation entière, divisée en plusieurs catégories de sociétés, n'en fit qu'une seule, car tous ces membres de telle ou telle société, de la même corporation, se jettent sur les articles qui se trouvent d'aller selon les époques du travail d'un article ou d'un autre, et lorsqu'un chef d'atelier qui fait partie d'une catégorie d'article, et qui, faute de travail, va dans les magasins où les autres catégories ont l'habitude de travailler, qu'arrive-t-il ? Ce chef d'atelier ne connaît pas les tarifs de cette catégorie, ni les règlements, et les conventions passées avec MM. les fabricants.

Voilà, citoyens, où est la plaie de la corporation, par la division qui existe entre toutes ces sociétés pour une seule corporation ; elle ne réussira jamais à faire respecter ses tarifs tant qu'elle ne formera pas une grande société pour toute la corporation ; de là dépend sa force, sa puissance ; à cette condition, elle pourra compter sur sa prospérité.

BISCORNET, EMILE FLEURET.

PEIGNES A TISSER

Nous inspirant de l'honneur que vous avez bien voulu nous faire en nous
désignant pour vos mandataires à l'Exposition universelle de Lyon, nous vous
prions de vouloir bien juger avec indulgence l'exposé que nous allons avoir
l'honneur de vous soumettre, d'autant plus que votre approbation nous mettra
à la hauteur du mandat dont nous sommes investis ; cela dit, nous allons vous
soumettre avec le plus d'impartialité possible les appréciations que comportent
l'œuvre et le programme de la Délégation, pénétrés que nous sommes des
grands principes industriels et sociaux que nous a légués notre collègue feu
Poncet, à la mémoire duquel nous rendons hommage.

QUESTION INDUSTRIELLE.

§ Ier. — *Etablir une comparaison entre les produits étrangers et les*
produits français.

Nous entrons dans l'arène des exposants se rattachant à notre industrie.

Deuxième galerie, 2me section.

Nous renfermant dans les limites de l'appréciation que nous avons à faire,
nous visitons tour à tour les six vitrines représentant ci-après les maisons

Troendlé (Mulhouse), Thevenet (Roanne, Loire), Durand et Souton (Lyon), hors concours ; Coint-Bavarot (Lyon), hors concours ; Gabriel Gras et Pichon (Lyon), nouveaux exposants.

1re vitrine. Maison Troendlé. — Nous remarquons un peigne pour enverjures à quadruples soudures et d'un fini assez remarquable ; plus un rasteau mobile s'élargissant et se rétrécissant par le moyen d'une vis sans fin et de deux rondelles fixées aux extrémités, dont l'une pour rétrécir et l'autre pour élargir. Nous regrettons de ne pouvoir donner les noms des coopérateurs.

2me vitrine. Thevenet, de Roanne. — Peignes poissés bien établis.

3me vitrine. Durand et Souton, hors concours. — Ce qui a frappé notre attention, ce sont divers peignes d'un fini assez net dans l'exécution, dont un 332 dents au décimètre ou 90 dents au pouce en 60 cent., pour brodeuse ; un 160 dents au pouce en 60 cent. pour article gaze à bluter, et un 340 dents au pouce en 50 cent., pour toile métallique ; enfin plusieurs peignes pour taffetas fort, d'une tension bien suivie et bien égalisée. Les coopérateurs pour les trois peignes signalés sont les citoyens Porral pour le montage, François Thomas pour le soudage, Bonnet pour le frottage, et Bouvier pour l'égalisage.

4me vitrine. Gabriel Gras, exposant pour la première fois. — Collection assez variée comme genre. Nous y remarquons : 1° peignes taffetas fort et ordinaire, 2° satin, 3° moire, 4° serge, 5° article du Levant, notamment peignes à éventail et peigne de gaze de 150 dents au pouce, en 60 cent. qui a dû offrir, selon notre appréciation, beaucoup de difficultés pour arriver au résultat obtenu. Les coopérateurs sont les citoyens Donat Lambert pour l'égalisage, et François Roumier pour le polissage.

5me vitrine. Pichon, exposant pour la première fois. — Articles variés comme genre et d'un travail ordinaire. Nous n'avons rien à signaler de particulier.

6me vitrine. — C'est avec peine que nous sommes obligés de tancer la maison Coint-Bavarot aîné ; mais, en face d'une obstination de la part de M. Coint, nous sommes obligés de déclarer qu'après nous être rendus plusieurs fois à sa fabrique pour lui demander qu'il veuille bien nous faire l'honneur de nous faire ouvrir sa vitrine, afin de nous rendre un compte exact des produits exposés, M. Coint a objecté qu'il ne pouvait satisfaire à notre demande. Passant outre, nous avons fait notre visite collective à l'Exposition pour laquelle nous nous sommes adjoints nos collègues faisant partie de la commission d'initiative.

Au moment où nous visitions les vitrines des autres maisons qui ont bien voulu accueillir notre demande, M. Coint passait devant la sienne, et alors le délégué Privat ayant insisté de nouveau pour faire ouvrir la vitrine, et cela avec toute la déférence voulue, il y eut de sa part la même obstination. En pareille occurrence, nous concluons que M. Coint, craignant la comparaison, n'a pas voulu, pour ce motif, acquiescer à notre réclamation.

Nous restons en droit de croire à l'infériorité de ses produits.

§ II. — *S'enquérir de la provenance des matières premières, du prix de revient et du prix de vente.*

Nous ne pouvons répondre sur ce sujet, attendu que nous n'avons pas eu l'honneur de recevoir, parmi les délégations qui sont venues nous visiter, des délégués de notre corporation. Les renseignements nous ont fait défaut sur ce point.

§ III. — *Mentionner ce qu'il y aurait à faire pour soutenir la concurrence, sans que ce soit au détriment de l'ouvrier.*

Nous croyons devoir répondre que, pour atteindre ce but, nous devons nous inspirer des principes démocratiques et faire tous nos efforts pour arriver à l'instruction libre et laïque, afin de nous préparer à établir une législation qui nous donnera des fonctionnaires qui percevront 1/4 de ceux que nous avons; et alors, par cette économie dans le rouage gouvernemental, nous pourrons soutenir la concurrence, vu la restriction des frais généraux. Maintenant l'association coopérative nous paraît plus efficace pour le présent comme moyen d'action.

§ IV. — *S'enquérir des nouveaux moyens de production.*

Nous renfermant dans les limites du présent, nous dirons, dans la mesure de notre appréciation, que le montage à la mécanique offre les meilleurs résultats, en ce sens que la dent étant contenue par la baguette du milieu, elle reste droite sans déviation et reste tout à fait solide à l'effet du soudage; ensuite, passant au polissage, n'a que peu ou pas besoin de passage en travers; la dent conserve sa force et sa tension; pour le soudage, nous croyons qu'il n'est pas utile de mettre d'aussi fortes baguettes à souder, car on est obligé alors de donner une chaleur à un tel degré, qu'il se produit un retrait dont il reste toujours quelque chose, quels que soient les moyens dont on puisse disposer.

Nous en concluons qu'avec des baguettes au 6 d'épaisseur et 27 de largeur, vous obtiendriez des peignes plus forts, c'est-à-dire qui auront plus de tension qu'avec des baguettes au 8 d'épaisseur et 25 de largeur. En outre, pour le chauffage des peignes, nous le reconnaissons d'utilité générale, vu la hauteur de foule et la finesse de la dent,

Pour terminer la question industrielle, nous ferons remarquer qu'il existe une lacune assez sérieuse pour la signaler : c'est de voir figurer des produits qui ont été exposés dans les Expositions passées ; ainsi, par exemple, une quantité de peignes de deux vitrines lyonnaises ont paru en 1851, 1855, 1862 à Londres ; 1867, à Paris. Pour remédier à cet état de choses, dans les Expositions futures, nous demanderions que tout ce qui a été exposé soit frappé d'une estampille.

QUESTION SOCIALE.

§ I�er. — *Demander aux délégués des sociétés coopératives de la France et de l'étranger des renseignements sur leurs moyens d'action.*

Même réponse qu'au § II.

§ II. — *Établir une comparaison entre les sociétés coopératives françaises et étrangères, en indiquant si les sociétés coopératives françaises sont supérieures ou inférieures aux étrangères ; rechercher la cause de la prospérité des unes et de la décadence des autres ; enfin s'intéresser à tout ce qui se rapporte à la coopération.*

Pénétrés des principes démocratiques et plus ou moins pénétrés des sentiments de progrès, nous croyons devoir donner une solution aux problèmes sociaux. Partant de là, nous souhaitons et désirons que les classes laborieuses puissent se réunir selon les besoins et les circonstances. Formulant nos vœux, nous entrons dans le domaine de la pratique, et nous inspirant de l'avenir de tous les travailleurs, nous manifestons le désir qu'il soit établi dans chacune des corporations une chambre syndicale représentant les parties en cause, c'est-à-dire les patrons et les ouvriers, afin de discuter les intérêts généraux et partiels.

Nous avons à considérer aussi, comme question d'avenir, une solution qui nous paraît indispensable : c'est celle de savoir si les corporations ouvrières ne pourront pas avoir le droit de se réunir sans une autorisation préalable, car le plus souvent, en face des obstacles que l'on craint, une corporation se trouve paralysée, n'ayant pas toute sa liberté d'action pour agir en vue de ses besoins présents et à venir.

Le droit de réunion est l'âme de toutes les sociétés ; sans lui on ne rencontre que difficultés.

§ III. — *S'enquérir des salaires chacun dans sa spécialité respective.*

La partie des peignes à tisser est sur ce point inférieure à toute autre ; et l'ignorance a contribué à ce résultat pour une large part. Ainsi, par exemple, il y a quelques années, dans certaines maisons de Lyon on faisait venir des quantités d'apprentis de la montagne à qui l'on donnait en commençant la somme de 1 franc ou 1 franc 25 centimes par jour pour l'un des articles, il est vrai, des plus faciles de l'état, mais aussi le plus pénible et le plus malpropre. Ces apprentis restaient une année ou une année et demie, plus ou moins, pour obtenir 2 francs 50 centimes par jour. Aujourd'hui la plupart de ces mêmes ouvriers, représentant les deux tiers de la partie, sont payés de 3 à 4 francs par jour. Ceci est pour le polissage et le soudage.

Les égaliseurs et les monteurs, que nous pouvons confondre, comme moyen d'action, attendu que dans beaucoup d'ateliers l'égaliseur est quelquefois forcé de prendre la place du monteur, sont payés de 3 francs 50 à 4 francs 75 centimes par jour. En retranchant les pertes de temps pour chômage, nous arriverons à une moyenne de 3 francs 50 centimes pour les polisseurs et les soudeurs, et 4 francs pour les monteurs et égaliseurs.

Citoyens, vu l'augmentation des denrées, nous espérons arriver à une solution par une entente cordiale et par toutes les voies de conciliation, afin d'obtenir de MM. les patrons une augmentation d'un 5me de la journée, pour les diverses catégories de la corporation, tout en nous ralliant aux observations de MM. les patrons qui voudront bien, nous l'espérons, acquiescer à notre demande. Pour parer à cette situation, il est évident que ces messieurs devront augmenter leurs produits.

Lorsqu'on nous demandera les moyens d'exécution pour arriver au résultat indiqué, nous nous empresserons de les faire connaître.

§ IV. — *Rechercher les moyens de maintenir les salaires à la hauteur des besoins du travailleur sans recourir aux grèves, et en général tous les moyens qui peuvent améliorer son sort.*

En répondant à cette grande question, nous invoquons les principes de 89, qui rendent les hommes égaux devant la loi ; tout en respectant le pouvoir fondamental, nous recherchons les causes qui, comme nous l'avons dit plus haut, empêchent les ouvriers de se consulter sans la présence d'un délégué de la préfecture ou d'un magistrat quelconque, qui porte atteinte à la libre discussion qui le plus souvent entraîne une solution définitive. Ainsi, la question sociale ne peut, dans aucun cas, troubler la paix publique ni même porter ombrage à la sécurité de l'Etat, attendu que c'est pour améliorer le sort des classes laborieuses. Nous dirons donc qu'il est difficile d'arriver à quelque chose de plausible sans avoir recours aux grèves, non en général, mais en particulier, c'est-à-dire partielles vis-à-vis des maisons qui, à propos de salaire à augmenter, opposeraient une résistance opiniâtre. Il serait même utile que les corporations, par des souscriptions hebdomadaires, puissent se créer des caisses de prévoyance, qui faciliteraient les grèves partielles et éloigneraient la misère de celui qui réclame son droit.

Ce qu'il nous faudrait encore, c'est une grande réforme dans l'administration qui nous gère et une diminution dans les charges de l'Etat : l'abolition de toute sinécure ; diminution de solde des hauts fonctionnaires civils ; séparation de l'Eglise et de l'Etat ; diminution des dignitaires de la magistrature. Nous aurons donc une économie de quelques centaines de millions, et par cela les frais généraux seront de beaucoup restreints ; il n'y aura plus de prétexte pour qu'on réponde à toutes nos réclamations que l'on est écrasé par les frais de toute nature dont, en réalité, tout le fardeau est porté par nous.

Pour conclure, demandons par voie de pétition la dissolution de l'Assemblée qui fera place à une Législative qui aura dans son sein un symbole de concorde et pour emblèmes : liberté, égalité et solidarité; qui rendra hommage aux travailleurs, car le travail est au-dessus du capital et doit régénérer le monde.

La corporation et nous, délégués, prions M. le maire d'agréer nos remercîments pour le bienveillant concours dont la Délégation lyonnaise a été l'objet relativement au droit de siéger au Palais-Saint-Pierre pour l'accomplissement de sa tâche.

Nous félicitons aussi le Conseil municipal pour nous avoir donné appui dans toute la mesure de ses forces à propos des recherches que nous avons eu à faire pour établir la liste des coopérateurs des travaux primés.

Nous les prions de vouloir bien agréer l'assurance de nos remercîments sincères.

Lyon, le 1er janvier 1873.

PRIVAT, GRISARD.

SERRURERIE

Messieurs,

Nommés par nos collègues pour visiter l'Exposition de Lyon, nous avons fait nos visites avec impartialité pour accomplir, autant qu'il était possible de le faire, selon nos modestes connaissances, le mandat qui nous a été donné.

Nous résumons plus loin ce qui a rapport à notre industrie.

Nous devons espérer que la délégation de 1872 aura une heureuse influence dans chaque atelier : 1° par la fédération des corporations ; 2° par l'établissement des mises à prix collectives ; 3° par la création de Chambres syndicales ouvrières, et surtout par le développement des Sociétés d'alimentation et de production, par l'étude des moyens à employer pour empêcher le retour des grèves désastreuses, tout en établissant la garantie des salaires.

Ceux qui dédaignent les délégations croient peut-être que notre compte-rendu de délégués roulera seulement sur la comparaison des objets fabriqués, qu'il ne sera qu'une compilation de tarifs, qu'une suite de réclames en faveur de tels ou tels patrons ; non, cela ne sera pas et ne peut pas être.

C'est par l'établissement des rapports entre les délégués des professions similaires que les comptes-rendus se compléteront mutuellement au point de vue industriel.

C'est par des confidences réciproques que les délégués de tous les pays apprendront la position sociale faite aux travailleurs de la France.

Nous croyons fermement que les ouvriers ne seront libres que le jour où ils voudront faire eux-mêmes et complètement les frais de leur émancipation.

En voici un exemple :

Les sacrifices nécessaires pour nommer des délégués qui doivent être des mandataires libres d'électeurs libres n'étaient pas si grands pour que la majorité des ouvriers n'y pût prendre part. Supposons notre corporation de mille travailleurs, dont le quart se préoccupent de l'intérêt spécial du métier et de l'intérêt général des travailleurs, il y aurait donc deux cent cinquante hommes qui auraient à se cotiser à raison de 50 centimes à 1 franc au plus pour sauvegarder indépendance et dignité.

Ainsi, moyennant 50 centimes chacun, ils pourraient donner à un délégué la somme de 36 francs pour le temps employé aux visites d'exposition, c'est-à-dire six journées à 6 francs, et il resterait 89 francs pour les frais et impressions de rapport pour un délégué.

Quant à la question sociale, nous avions d'abord l'intention de ne pas l'aborder, préférant nous en tenir à ce que la Commission de la délégation aurait fait, étant bien persuadés que son but est le nôtre ; mais nous pensons que nous devons le plus possible exprimer les idées qui nous sont suggérées par la situation. Nous disons que le bien-être de l'ouvrier dépend d'une bonne organisation ; ce qui nous manque, c'est une Société qui relierait toutes les Sociétés de la même corporation à cotisation très-réduite.

L'enseignement professionnel est, sans contredit, l'un des plus puissants éléments pour aider à préparer les travailleurs pour l'association de production, et il est inséparable de l'enseignement élémentaire. Aujourd'hui, l'ouvrier qui ne sait que lire, écrire et compter ne sait rien ; il faut qu'il sache bien travailler dans toute l'acception du mot.

Est-ce le manque d'argent ou le manque de bonne volonté qui retarde l'exécution de ce but tant désiré ? Non, nous ne craignons pas d'affirmer que ce n'est ni le manque d'argent, ni le désir qui empêchent la réalisation des institutions professionnelles ; nous avouons que c'est tout simplement le manque d'entente sur la portée réelle de cet enseignement qui produit une hésitation regrettable et pernicieuse.

Nous nous adressons principalement aux jeunes ouvriers et aussi aux jeunes apprentis qui délaissent totalement cet enseignement créé à Lyon depuis quelques années. Nous regrettons beaucoup que les cours de la Société d'enseignement professionnel du Rhône ne soient pas suivis plus sérieusement par notre corporation.

Pièces de forge.

Le département de la Loire est le seul qui ait exposé des pièces de forge de certaines grosseurs, telles que : arbre rompu pour navire, bielle, ancre de navire, essieu de vagon et chaînes. Nous citerons les maisons de MM. Petin et Gaudet, de Rive-de-Gier, pour les pièces en acier.

Maison Marrel frères, de Rive-de-Gier : bâtons rompus, une ancre de marine du poids de 3,285 kilog.; une plaque de blindage : longueur 6ᵐ 26 c., largeur 1ᵐ 48 c., poids 19,750 kilog. — Diplôme d'honneur.

Compagnie des forges et aciéries de Saint-Étienne : une plaque pour cuirasse de vaisseau italien, brut de laminage : longueur 6ᵐ 50 c., largeur 1ᵐ 25 c., épaisseur 0ᵐ 22 c., poids 25,000 kilog. — Diplôme d'honneur.

Quincaillerie, Sonneries ordinaires et Sonneries électriques.

MM. Vaillant, Ferté et Laour, de Paris (médaille d'argent). — Belle quincaillerie de luxe, telle que : crémones, espagnolettes, serrures, boutons, paumelles, targettes, verrous, etc., le tout d'un beau fini et sous les formes les plus variées.

M. Fournier, de Paris. — Grand choix de crémones et d'espagnolettes, serrures, paumelles de différents genres, etc. ; tous ces articles sont faits dans de bonnes conditions. — Mention honorable.

MM. Corcellet, Bernard et Jouguet, de Lyon (médaille de bronze). — Quincaillerie de luxe, telle que : paumelles, crémones, serrures, espagnolettes, etc. : le tout bien fini.

Comme grosse quincaillerie, nous citerons avec avantage M. Louis Balaiguer, de St-Bonnet-le-Château (Loire), et M. Durafour neveu, de St-Étienne (Loire).

MM. Bogey et Boige, de Lyon (médaille de bronze), ont exposé diverses sonnettes ordinaires à mouvement ; tableaux indicateurs pour hôtels, bains, châteaux et appartements, d'un nouveau système, pouvant se poser en long ou en large, fonctionnant très-bien ; monture simple, pose très-facile.

La même maison expose, en outre, un timbre à échappement à mentonnet ; monture très-simple et pouvant se poser en tous sens ; une cloche à battant et à marteau d'appel, et porte-voix acoustiques.

M. Maury, constructeur à Paris. — Croisée en fer, système Dumas, breveté s. g. d. g. ; cette croisée, d'une bonne fabrication, très-simple et qui permet de faire monter et descendre le gond de la paumelle sans être obligé de donner du jeu aux portes ouvrantes.

MM. Dumont et Boulieu, à Oullins (Lyon). — Spécialité d'arrêts à bascule pour croisées, portes et volets intérieurs ; les arrêts fonte sont à mentonnet, à bascule et très-simples.

M. Branchu, de Lyon. — Cuivrerie, spécialité pour bâtiments; étagères de magasins à béquilles, à ressort de rappel, et bec-de-canne à fouillot de rappel ; assortiment de béquilles cuivre, ivoire et buffle. Tous ces articles sont d'un fini remarquable. — Mention honorable.

M. Bocquet, de Lyon, a exposé des sonnettes, timbres, tableaux indicateurs de différents genres pour hôtels, châteaux et appartements, etc., et porte-voix acoustiques. — Mention honorable.

M. Chollet, de Lyon (médaille de bronze), a exposé des sonneries, signaux électriques, tableaux indicateurs de différentes formes et combinaisons, pour hôtels, bains, administrations, et un nouveau système de tableau indicateur à porte-voix ; porte-voix acoustique, boutons transmetteurs en chêne, acajou, palissandre et ivoire, de divers modèles. Cette vitrine est organisée avec goût, pose très-bien faite.

M. Boivin, de Paris (médaille de bronze). — Sonneries électriques de plusieurs systèmes, tableaux indicateurs et porte-voix acoustiques.

M. Billet, de Lyon. — Sonneries électriques, tableaux indicateurs et porte-voix acoustiques ; ces appareils sont très-ordinaires. — Mention honorable.

MM. Fayard et Giraud, de Lyon (médaille de bronze). — Nouveau fermeporte à ressort monté sur boîte fonte ; ce système peut s'employer aux portes à double effet.

MM. Orziol et Casati, de Lyon. — Nouveau système d'espagnolettes à poignée verticale montée sur embase ou sur barillet de différents modèles ; une espagnolette montée sur boîte à poignée verticale. Cette monture nous paraît de beaucoup préférable. Ce travail est bien fini.

M. Chalies, de Paris — Fermeture du bas des portes. Cet appareil, qui est des plus simples dans son mécanisme, est composé d'un excentrique et ressort de rappel avec pène ; par le frottement sur la partie fixe, en fermant la porte, on fait descendre une tôle qui ferme le vide sous la porte. Le prix de l'appareil, pour chaque porte, depuis 0ᵐ 70 c. de longueur, est de 9 francs, et un franc de plus pour toutes celles qui dépassent cette longueur. — Mention honorable.

Serrurerie artistique.

M. Pinet, rue de Vendôme, Lyon (médaille d'or.) — Barrière, claire-voie, kiosque, table, chalet, chaises, etc. ; assez bien confectionnés. On trouve des barrières à tous les prix, suivant le dessin et le poids ; les barrières exposées varient de 250 francs à 1,500 francs.

M. Sallard fils, ouvrier serrurier, seize ans (médaille de bronze), a exposé une petite grille en fer à remplissage de 0ᵐ 40 c. de hauteur et environ autant de largeur, faite avec beaucoup de goût pour un jeune homme de cet âge.

La maison Tranchant, à Lyon (médaille d'argent), a exposé une masse d'articles en serrurerie artistique, tels que : lit, table, chaise, kiosque, barrière, pont rustique, serre, et tout ce qui consiste dans l'ornementation d'un parc ou jardin ; tous ces travaux, faits à la hâte, sont très-abordables pour ceux qui possèdent parc et jardin. De cette maison, nous avons remarqué une barrière à deux vantaux qui fermait l'entrée du parc (côté du lac) ; cette barrière a deux pilastres et remplissage fonte, couronnement en fonte, ainsi que les remplissages des vantaux. De la même maison, nous avons aussi remarqué dans un kiosque un ameublement tout fer : chaise, fauteuil, causeuse, système torse assez gracieux à l'œil, mais qui a un défaut, c'est que tous les pieds torses sont tous tordus du même côté. Nous croyons que, pour la régularité et le coup d'œil, il en faudrait un à droite et l'autre à gauche.

La maison Fichet, de Paris, dont la succursale est à Lyon, rue d'Algérie, a exposé un coffre-fort d'une grandeur colossale ; ce coffre-fort est incombustible, à double encaissement, fermeture avec la serrure à gorge et verrous sur le champ de la porte ; il est poli intérieurement et extérieurement. Ce sont des pièces qui sont faites pour attirer le regard dans une Exposition, ou pour des amateurs comptant leur fortune avec une unité quelconque et beaucoup de zéros à la suite.

M. Aurran, de Marseille (médaille de bronze), a exposé des coffres-forts dits *autoclises*, ces coffres-forts ont l'avantage que voici : dès qu'on les a ouverts, ils se referment seuls, sans le secours d'une clé. Le système serait très-bon, s'il n'y avait pas de dérangement dans le mécanisme. Ce qui fait l'avantage de cette combinaison, c'est que si l'on oublie de fermer son coffre-fort, il se ferme seul ; à ce point de vue, il y a sûreté.

Les maisons Magaud Charf, de Marseille ; Félix Allard, de Paris (médaille de bronze), ont exposé des coffres-forts qui n'ont rien de particulier à noter si on les compare à ce qui se fait dans la ville de Lyon.

M. Comeau, de Lyon, (médaille de bronze), a exposé des outils de toutes sortes pour ce qui concerne la forge, ainsi que la serrurerie. Ses outils se vendent au poids.

Maison Brun, P. Coste successeur, cours Bourbon, 68 (médaille de bronze). — Forges portatives ; deux systèmes : un à vis sans fin s'usant très-vite ; l'autre, à poulie et pignon d'angle ; à notre idée, celui-ci est préférable. Les prix varient de 90 à 210 francs, suivant les forces.

Les forges de bord, dites marines, chauffent de 0ᵐ 07 c. carré à 0ᵐ 20 c., et se cotent de 250 à 750 francs.

M. Brun, rue Madame, 128 (médaille de bronze). — Fabrique de boulons de toutes qualités et de toutes forces à des prix très-abordables.

M. Terrasson, rue de Vendôme, 130, à Lyon (médaille de bronze), a exposé des moules et outils spéciaux pour la fabrication des pâtes alimentaires ; des outils et emporte-pièces pour découper les semelles et talons pour la chaussure ; ces outils sont en acier fondu.

M. Terrasson a, en outre, exposé une grille dite système Biscorn, dont les trous renflés sont sur angle. Ce qui fait sa valeur, c'est qu'elle est polie ; nous n'en voyons guère l'utilité pour un objet qui ne peut servir à rien.

M. Bienner Ridé a exposé des fermetures de croisée à lames bois reliées avec chaînette développant haut et bas ; plusieurs spécimens de ce système sont placés à Lyon.

MM. Traverse père et fils (médaille d'or), ont exposé une barrière à deux vantaux avec porte de service, deux pilastres à clocheton avec couronnement ; c'est un travail assez bien fini, mais qui n'a pas été construit pour être exposé, car il devait être placé avant l'ouverture de l'Exposition ; donc on aurait voulu savoir à qui en revient l'idée, du client qui l'a commandé, ou du constructeur. Ce travail est d'un style de toutes les époques ; sans critique l'on croirait qu'il a été commencé sous ce que l'on nomme le style Louis XIII et qu'il a été fini sous Louis XVI.

La même maison a, en outre, exposé une devanture de magasin se développant haut et bas, mais dont le système n'est pas tout de l'invention de l'exposant. Cette devanture n'a rien qui puisse la tenir fermée, quand les parties sont développées pour se joindre bout à bout ; est-ce oubli ou faute d'avoir trouvé le moyen ? Nous l'ignorons complètement.

La même maison a exposé un ferme-porte à double effet qui n'entrera jamais dans le commerce, vu son prix très-élevé. Les systèmes qui se font à Lyon, au prix de 8 à 10 francs, font autant d'usage que les susnommés et demandent beaucoup moins d'entretien.

Maison Jomain et Sarton, rue des Ecluses-Saint-Martin, Paris (médaille d'argent), a exposé un système de devanture de magasin comme nous en avons quelques-unes de placées à Lyon, système à chaîne sans fin avec noix et agrafe, arbre horizontal et vertical avec engrenage et pignon d'angle ; plus une persienne en tôle estampée d'une seule pièce avec encadrements fer à nervure.

M. Cavellier, Lyon (médaille d'argent), a exposé un entourage de tombeau d'un style ogival très-bien fini, mais dont le prix est de beaucoup trop élevé pour qu'il y ait des amateurs qui veuillent se passer la fantaisie de six mètres de serrurerie au prix de 10,000 francs.

Ce travail a beaucoup de pièces en cuivre ; à ce prix, il aurait pu se faire tout en fer, cela aurait été un très-beau morceau de serrurerie.

M. Salesse, d'Oullins (médaille d'argent), a exposé beaucoup d'articles de serrurerie d'art, tels que : appuis de communion, marteaux de porte, chenêts pour foyer, loquets, targettes, serrures, etc. ; le tout très-bien réussi.

A propos de travaux d'art, nous dirons et redirons : Quand donc les patrons et ouvriers serruriers auront-ils le goût de ne jamais mettre de cuivre pour ornement, ou du cuivre pour souder ; quant à nous, nous préférerions faire la pièce dix fois plutôt que d'y couler un atome d'une matière qui ne ressemble pas à du fer, surtout en fait d'objets à exposer.

M. Eullio, Lyon (médaille d'argent), a exposé une grille à deux vantaux d'un assez joli dessin. Le travail est bien fini ; mais à notre idée, il y a beaucoup trop de lime, ce qui sort tout le mérite au point de vue de l'art, car un travail trop limé ressemble beaucoup trop à la fonte. Cette barrière, dans l'ensemble des raccords, laisse quelque chose à désirer,

M. Guigue, rue Servient, Lyon, a exposé un pavillon-kiosque octogone assez bien réussi ; mais pour nous étendre davantage sur les travaux, nous aurions désiré que chaque exposant, en général, ait fait connaître les prix des travaux exposés,

La maison Ferrand, Lyon (médaille de bronze), a exposé une masse de lits et ameublements en fer pour jardin ; tous ces produits des exposants, dits artistiques, sont des travaux que nous voyons tous les jours dans leurs magasins.

La maison André et Fleury, rue Royale, Paris (médaille d'argent), a exposé un kiosque construit en dix jours ; ce kiosque est à huit pans. Selon notre idée, pour arriver à le faire, il s'agit de prendre huit hommes, de donner à chacun un pan à faire parce qu'ils sont tout à fait semblables, et le montage devient alors très-facile. La maison a oublié de mentionner combien d'hommes y ont travaillé. Ce pavillon abritait la machine à vapeur de M. Hermann-Lachapelle.

La même maison a exposé des barrières claire-voie construites avec une spécialité de fer à triangle, dit fer à baïonnette ; ces fers ne se trouvent pas dans le commerce à Lyon. La propriété de la fabrication de ces fers appartient à cette maison.

M. Maurias, à Bourg-Saint-Andéol, a exposé une clé et entrée torse ; c'est un jolie morceau de serrurerie d'art ; ce qui prouve que l'on ferait tout aussi bien aujourd'hui qu'il y a deux siècles, malgré le dire de quelques patrons, lesquels prétendent qu'il n'y a plus de bons ouvriers.

Maison veuve Delong, de Paris (médaille d'argent). — Métaux découpés à la scie mécanique, tels que cuivre, bronze, acier, fer, zinc, formant le dessin demandé, tels que panneau de porte, grille de comptoir, et toutes sortes d'objets à jour. Le prix varie suivant les dessins et l'épaisseur des métaux.

M. Perrot, serrurier à Vienne (Isère) (médaille de bronze), a exposé une voiture brisée pouvant entrer dans un espace réduit de 60 centimètres de largeur. C'est une économie pour les petits commerçants qui ne peuvent avoir un local pour remiser une voiture à bras ordinaire ; ces voitures sont bien conditionnées, légères et pas chères.

Une médaille d'or eût été une juste récompense à donner à ce travailleur ; mais le jury a fait son œuvre comme si l'on était sous l'Empire, il a cherché à contenter les gros bonnets, ou, pour mieux dire, les capitalistes.

Fait à Lyon, le 20 février 1873.

FRÉDÉRIC MÉRIQUE, D. COINY.

TAILLEURS D'HABITS

Citoyens,

Appelés par la corporation des tailleurs de Lyon à l'honneur de vous représenter près les délégations étrangères à l'Exposition universelle de Lyon, nous
venons aujourd'hui vous rendre compte de notre mission et du programme
qui nous a été délivré par la Délégation ouvrière de Lyon.

Notre mandat ne consistait pas seulement à examiner et comparer entre
eux les divers produits du vêtement, à en étudier les progrès accomplis et à
dire notre avis sur l'importance de ces progrès; nous avions aussi à nous
préoccuper de la situation morale et matérielle des travailleurs en général, et
des ouvriers tailleurs en particulier; cette partie de notre tâche n'a pas été
la plus facile, attendu qu'une seule délégation de Paris est venue lever et apla-
nir la difficulté qu'il y avait à remplir notre programme.

En ce qui regarde la question industrielle, nous nous sommes constamment
efforcés de bannir tout esprit de camaraderie en ne nous préoccupant pas si
nos conclusions plairaient ou déplairaient à telle maison ou à tel ouvrier.

Nous n'avons rien dit ni écrit que nous n'eussions pensé et discuté, et si
notre jugement, dans certains cas, n'est pas conforme à celui du jury qui a
décerné les récompenses, c'est que, d'accord avec la délégation parisienne,
nous nous sommes renfermés dans la plus stricte impartialité pour visiter le
travail que nous avons sous les yeux.

Pour traiter la question sociale telle que notre programme nous l'indique,
nous regrettons de n'avoir eu aucun document sur lequel nous aurions pu
établir la comparaison entre les Sociétés françaises et étrangères; néanmoins,
nous signalerons le malaise qui accable la corporation des tailleurs dans notre

cité, en faisant ressortir les avantages qu'ont sur nous les ouvriers de la capitale, avantages qu'ils trouvent insuffisants, au point de vue des besoins matériels.

Pour faciliter la lecture de notre rapport, nous allons le diviser en trois parties.

Dans la première, nous répondrons au questionnaire plus haut mentionné et dont le texte se trouve ci-après.

Dans la seconde, nous examinerons scrupuleusement la collection des vêtements exposés, en les comparant et en formulant notre avis sur l'exécution du travail sans perdre de vue les prix de main-d'œuvre.

Dans la troisième et dernière partie, nous examinerons la situation des travailleurs en général, et nous donnerons notre simple avis sur les efforts et les tentatives que nous devons faire pour améliorer notre position.

Nous faisons appel à l'indulgence de nos concitoyens pour les erreurs qui pourraient se glisser dans notre rapport, et nous sommes assurés d'avance qu'elles nous seront pardonnées en faveur de notre bonne volonté.

PREMIÈRE PARTIE.

PROGRAMME DE LA QUESTION INDUSTRIELLE.

§ Iᵉʳ. — *Etablir une comparaison entre les produits français et étrangers, indiquer si ceux-ci sont supérieurs ou inférieurs.*

Malgré sa qualification d'internationale, l'Exposition ne contenait que fort peu de produits étrangers. Pour notre catégorie spécialement, nous devons constater à regret une seule maison de Vienne (Autriche), qui a exposé de la draperie ; il y a eu aussi une maison de marchand-tailleur de Genève (Suisse). Nous les examinerons dans notre rapport industriel.

§ II. — *S'enquérir de la provenance des matières premières et signaler, autant qu'il sera possible dans les industries où ce mode sera applicable, le prix de revient et le prix de vente.*

Ne pouvant être renseignés sur le prix des matières premières, nous nous contenterons de signaler une grande partie des maisons qui s'intitulent marchands-tailleurs, telles que la Belle-Jardinière, la Grande-Maison de Paris et autres qui réalisent des bénéfices en vendant bon marché, au détriment des ouvriers. Pour nous, cette différence de prix que ces maisons nous représentent ne peut être acceptée que par de grands entrepreneurs qui ne s'occupent que de leur fortune sans voir que, par leurs combinaisons, ils perdent le prestige dont jouissait telle ou telle industrie.

§ III. — *Mentionner ce qu'il y aurait à faire pour soutenir la concurrence sans que ce soit au détriment de l'ouvrier.*

L'association de production et de consommation est le seul moyen pour nous préserver de ces retours funestes. Par l'association, le salaire de chacun allant en grandissant, la consommation augmentera, la production aussi, et cela augmentera à son tour le salaire de chacun ; enfin, l'homme sera entré dans une condition qui lui donnera l'espérance fondée d'abolir progressivement cette misère morale et physique qui souille encore la société et menace de la conduire à la mort. Nous croyons, pour nous, que la solution de cette question extrêmement importante, puisqu'elle touche aux bases mêmes de la société, se trouve tout entière contenue dans les associations coopératives ouvrières, et surtout dans leur organisation.

Sous le nom de question sociale, la question qui nous occupe est pour les uns un sujet de frayeur et d'épouvante ; pour les autres un sujet d'espérance. Pour nous, en considérant comme chimériques les craintes qu'elle inspire, nous sommes persuadés que la réalisation des aspirations des travailleurs dépend de leur volonté, de leur intelligence et de leur union, et que, lorsqu'ils le voudront bien, cette terrible question sociale sera résolue sans secousse par le moyen des associations, et surtout par la fédération, qui leur permettra d'obtenir tout à la fois le capital et le crédit ; sans cela, il n'est pas possible de soutenir la concurrence.

§ IV. — *S'enquérir des nouveaux moyens de production.*

Nous dirons ici que les nouveaux moyens de production dans notre industrie sont très-rares, et nous avouons n'avoir rien trouvé de nouveau qui attire notre attention.

§ V. — *Signaler les noms des ouvriers qui auraient exécuté les travaux les plus remarquables.*

Nous renvoyons cet article à la deuxième partie de notre rapport industriel.

PROGRAMME DE LA QUESTION SOCIALE.

§ Ier. — *Demander aux délégués des Sociétés coopératives de la France et de*
l'étranger des renseignements sur leurs moyens d'action.

Nous regrettons de n'avoir pu nous renseigner comme nous l'aurions désiré
pour remplir notre mandat, mais cependant nous devons dire que la délégation parisienne nous a fait ressortir les bienfaits que peut nous amener la
Chambre syndicale et nous a cité en même temps les résultats obtenus par son
entente, exemple : la suppression de l'essayage dans une grande partie des
maisons de Paris.

A Lyon comme à Paris, pour alléger ses frais généraux, l'ouvrier est obligé
de s'éloigner du centre de son travail, et malgré cette mesure, il finit, par les
courses qu'il est obligé de faire ou qu'on lui fait faire, par payer bien cher ce
qu'il croit économiser.

D'après les détails et les explications si précises qui nous ont été donnés,
nous nous sommes promis de faire tous nos efforts pour amener la corporation
lyonnaise à former une Chambre syndicale, et à l'avenir, Parisiens et Lyonnais
se tiendront mutuellement au courant de leurs opérations.

§ II. — *Établir une comparaison entre les Sociétés coopératives françaises et*
étrangères, en indiquant si les Sociétés françaises sont supérieures ou infé-
rieures à celles étrangères, rechercher la cause de la prospérité des unes et
celle de la décadence des autres ; enfin, s'intéresser à tout ce qui se rap-
porte à la coopération.

N'ayant pu avoir aucun rapport avec les délégations désignées dans cet
article, nous renvoyons à la troisième partie, où nous traiterons du malaise de
toutes les Sociétés ouvrières et de leur prospérité.

§ III. — *S'enquérir des salaires chacun dans sa spécialité respective.*

Dans la plupart des premières maisons, l'ouvrier, désigné sous le nom de
pompier, reçoit en moyenne un salaire de 4 fr. 50 c. par jour, qui représen-
terait un chiffre suffisant aux gens qui, selon leur position et leurs caprices,
peuvent dépenser de deux à cent fois plus et même davantage.

Les appiéceurs du dedans ou même du dehors sont loin souvent d'atteindre ce chiffre, soit que le chômage soit plus long, soit que le travail soit plus lucratif; aussi les voit-on demander à une prolongation du travail le surplus qui leur manque, et encore n'obtiennent-ils, le plus souvent, qu'un résultat insignifiant. Plus nous avançons, plus les mortes-saisons sont mauvaises, plus le salaire est nécessairement réduit. Aussi les appiéceurs, dans le but de se procurer les avantages du chez-soi, font-ils travailler leur femme avec eux ; cela augmente apparemment le budget de la famille ; mais, tout compte fait, si l'on diminue le temps perdu en courses faites chez le patron, et nous savons tous s'il en faut faire avec ces maudits essayages, et si l'on considère aussi les frais occasionnés par le chauffage des fers et l'éclairage, il ne reste que fort peu de chose du travail de la femme ; de sorte que le budget de l'appiéceur n'est pas plus gros que celui du pompier.

Nous disons que le budget de l'ouvrier qui travaille pour les premières maisons est insuffisant, et nous ne passons pas sous silence les ouvriers qui travaillent pour la confection ; eux aussi ont des pertes de temps moins sensibles, et cependant c'est à peine si par jour, en moyenne, leur salaire s'élève à 2 fr.

Nous nous permettrons de faire ici une petite réflexion sous forme de question. Croit-on qu'il soit possible à l'ouvrier tailleur, avec un salaire réduit de moitié par le chômage, de se nourrir lui et sa petite famille ; de s'assurer, avec cette faible somme et au moyen de ses économies, contre le chômage par les sociétés de solidarité, contre la maladie et la vieillesse par les sociétés de secours mutuels. Ses économies, en admettant qu'il lui soit possible d'en faire, lui permettent-elles de s'entourer, lui et sa famille, d'un luxe de précautions et de garanties de cette nature ?... Peut-il espérer de devenir un jour coopérateur-associé d'une Société coopérative quelconque? Cela n'est pas possible. Quelques-uns le font, il est vrai, mais ce sont les favorisés entre tous, et ils sont peu nombreux, eu égard au grand nombre de ceux qui végètent ou croupissent dans un état voisin de la misère.

Voilà le mal, où est le remède? Dans la garantie d'une répartition équitable du salaire, seule propriété de l'ouvrier et que l'on peut assurer par le droit de réunion et d'association. Le remède est là, croyons-nous, et non ailleurs.

DEUXIÈME PARTIE.

RAPPORT INDUSTRIEL.

Notre premier désir était de visiter à l'Exposition la galerie des vêtements. Il faut le dire, notre industrie est mal représentée. Le nombre d'exposants est de dix en tout ; sur ce nombre, il y a cinq tailleurs : MM. Marcerol, Caillat, Voland, Bertholon, et la maison Troin, de Paris.

Si notre impartialité nous oblige de mentionner des travaux faits dans des maisons autres que celles sus-indiquées, la faute en est aux maîtres tailleurs, qui n'ont jamais compris qu'en sachant conserver les ouvriers de mérite ils conservent eux-mêmes ce mérite ; cependant, nous ne doutons pas que si des maisons eussent voulu exposer des travaux qui se font journellement par leurs ouvriers habituels, on n'aurait pas été obligé de recourir à des travaux faits spécialement pour l'Exposition.

Mais nous ne devons nous occuper ici que des travailleurs, qui n'ont jamais été mentionnés aux distributions des récompenses par les jurys des expositions, qui, dans leurs appréciations, ne se sont guère occupés que de l'importance et du développement commercial et industriel des usines ou des maisons desquelles sortaient les produits qui étaient l'objet de leurs examens, et s'ils s'occupaient de la bonne exécution du travail et de la qualité des produits, ils ont toujours subordonné leur décision à la question du bon marché, sans jamais se soucier ou même se demander si l'ouvrier auteur du produit livré à bas prix au commerce avait gagné sa vie en l'exécutant.

C'est ainsi que l'on a vu les plus grandes récompenses accordées à certains produits, à cause de leur bon marché exceptionnel, lorsqu'il était constant que l'ouvrier qui avait exécuté le travail avait à peine gagné deux à trois francs par jour.

Ces récompenses, comme on le voit, n'ont pas d'autre résultat que de favoriser l'exploitation du travailleur, parce qu'en mettant au concours le plus bas prix possible sans se préoccuper du prix de revient et des bénéfices réalisés sur ce produit, on excite les chefs d'industrie à diminuer de plus en plus le salaire de leurs ouvriers, au risque d'exposer ceux-ci à mourir de faim.

Ainsi, dans leurs examens, les jurys des expositions ne se sont jamais occupés du véritable créateur du produit, c'est-à-dire l'ouvrier ; ils ne se sont pas davantage souciés de sa position morale et matérielle. Il est donc clair que leurs décisions n'ont pu être basées sur aucun principe de justice, et en cela ils n'ont fait que soulever de justes récriminations de la part des exposants honnêtes et consciencieux, victimes de ces étranges jugements.

Pénétrés de ces vérités, et dans l'impossibilité où nous avons été de connaitre tous les prix des façons, nous allons, dans notre examen, délaisser le côté commercial pour ne nous occuper que de la perfection et de la bonne exécution du travail, les deux choses qui, en définitive, méritent les récompenses.

Les produits qui ont appelé notre attention sont ceux exécutés par les ouvriers ci-dessous indiqués.

Maison Marcerol. — Un habit noir. Les bords sont remplis et piqués, le cran a la forme du V fermé. Cet habit est admirable et mérite le premier prix. Nous félicitons M. Lyonnet, qui a fait cet habit.

Maison Moreteau aîné. — Un autre habit noir ; les bords sont rempliés et piqués, collet à l'M. Nous avons été d'accord avec la délégation parisienne pour reconnaître le même mérite à M. Béziat, qui a fait cet habit, qu'à M. Lyonnet pour l'habit ci-dessus.

Nous avons aussi examiné un autre habit exposé par la maison Troin, de Paris ; il est fait en drap bleu bordé en soie, entre-deux drap, patte-mouille sur le revers, boutons d'or. Il peut être mis en parallèle avec les deux que nous venons de décrire plus haut. Nous regrettons d'ignorer le nom de l'ouvrier qui l'a exécuté.

La maison Moreteau a aussi exposé un paletot noir fantaisie, croisé, avec patte-mouille bordée d'une tresse. Une jaquette grands revers également avec patte-mouille, le bas de la manche abattu ainsi que le devant des basques, bordé à cheval.

La maison Marcerol a exposé une redingote en drap bleu et croisé avec anglaise grands revers, bords rempliés et piqués, parements rapportés. En outre, une redingote habillée, avec anglaise, parements rapportés et piqués et faux plis, faits par M. Lyonnet. Puis, une jaquette habillée croisée, également avec patte-mouille sur les revers bordés d'une soierie pliée, entre-deux drap à bords ouverts.

Ces trois vêtements, faits par M. Lyonnet, sont d'une exécution admirable.

Nous en dirons autant d'un gilet exposé par la même maison, fait par Mme Valère. Ce gilet est en peluche, le châle en velours assorti bordé avec l'étoffe du gilet, lequel est bordé de velours semblable au châle.

Mentionnons aussi plusieurs gilets exposés par la maison Moreteau et Sylvestre, et faits par Mlles Algret sœurs. Ces gilets sont de tous points comparables au précédent.

Même observation à l'égard d'un autre gilet exposé par la maison Caillat, en cachemire de couleur paille, à trois boutons ; le châle joint sans se croiser. Fait par Mme Perly.

Comme pantalon dont le travail puisse être comparé avec les précédents produits, nous devons citer un pantalon étoffe grise à bande et à baguette, exposé par la maison Marcerol, fait par M. Psalmon. Un autre pantalon gris-clair à baguette de satin piqué, fait par M. Florence, exposé par la maison Moreteau et Sylvestre. Enfin un pantalon demi-large exposé par la maison Caillat ; nous ignorons le nom de l'ouvrier qui l'a créé.

Nous avons remarqué avec intérêt les vêtements d'enfants exposés par la maison Mazière, et quoique ces produits n'aient pas autant de mérite que ceux qui précèdent, à cause de leur facilité d'exécution, nous devons néanmoins reconnaître qu'ils sont, comme ces derniers, parfaitement réussis.

Nous citons un paletot en drap Montagnac, larges revers, poches dans les suçons et une de poitrine, patte derrière, revers et collet de velours, fait par M. Lavigne. Exposé par la maison Moreteau aîné.

Une jaquette diagonale noire. Cette jaquette est croisée et bordée. Une jaquette fantaisie et paletot demi-saison, faites par M. Lantier, exposées par la même maison, et plusieurs gilets à châle avec cran, les uns arrondis et les autres en pointe. Tous ces produits sont d'une bonne exécution, de même que les suivants qui pourront concourir à une mention spéciale.

Ce sont : 1° une jaquette fantaisie parements avec boutons, poche de poitrine bordée à l'aide d'un point de boutonnière à la française, admirablement bien réussie, par M. Muler.

2° Deux redingotes noires faites par le même ouvrier, croisé sans anglaise, patte-mouille en satin, manches avec parements rapportés pour l'une et l'autre avec parements simulés et un bouton. Ces deux vêtements sont bordés à points de boutonnière à l'anglaise, d'ailleurs très-bien faits, mais dont le mérite n'est pas proportionné au temps et à la patience nécessités pour l'exécution de ce travail.

3° Un habillement complet, fantaisie, exécuté par M. Gontalès, bordé également d'un point de boutonnière.

Ces trois vêtements sont exposés par la maison Bertholon, de Lyon.

Ensuite vient un veston de forme droite, un habit grands revers avec patte-mouille, exposés par la maison Moreteau et Sylvestre ; puis un habit noir avec quatre boutonnières sur les revers, deux boutons sur les manches, suçons des basques rentrés, piqués, bords ouverts, exécutés par M. Verne, exposés par la maison Caillat, de Lyon, et un pardessus gris de forme droite, trois coutures, patte-mouille assortie, parements simulés, ouverture de la manche également simulée avec deux boutons, fait par M. Verne et exposé par la même maison.

Nous allons maintenant nous occuper des produits qui ne nous ont paru que d'une importance secondaire à cause de leur facilité d'exécution.

Voici quelques vêtements exposés par la maison Bertholon : une jaquette habillé, forme droite, petits revers et collet étroit ; cette jaquette est bordée d'un point de boutonnière à l'anglaise ; plusieurs tuniques militaires ; enfin un burnous blanc, capuchon chamarré doublé de rouge.

Nous remarquons que tous les vêtements exposés par cette maison ont un aspect lourd et disgracieux, résultat de la complication du travail qui est chargé, sauf quelques exceptions déjà citées. Ces produits sont pour nous sans aucun mérite, car leur exécution a dû absorber beaucoup de temps non en rapport avec le résultat obtenu.

Puis viennent ensuite les produits exposés par la maison Volland. L'ensemble n'a rien de remarquable et est d'une médiocre exécution. Il se compose d'un veston brut à long poil, revers, collet et parements matelassés, bordés d'une tresse piquée d'un côté et rabattue de l'autre ; d'un pardessus en peau d'ours, croisé, collet de velours bordé et piqué, poche sous les pattes, doublé de soie ; d'une jaquette fantaisie, bordée, entre-deux drap, collet de velours et patte-mouille ; de deux gilets dont l'un pareil à cette dernière, et l'autre imitation épinglé, châle à cran et recouvert d'un matelassé, bordé d'une tresse et piqué à la main.

La maison Moreteau et Sylvestre a aussi exposé deux vêtements que nous plaçons dans notre dernier groupe :

Un pardessus à taille, demi-saison, double piqûre, patte dans les plis, boutonné à la française.

Les piqûres à l'aiguille sont pour nous sans mérite parce que la machine les fait mieux et plus vite, et c'est perdre du temps que de les faire à la main.

Redingote en drap bleu croisé, avec anglaise et bordée d'une tresse posée en couture.

Ensuite vient une collection de vêtements d'uniformes civils de la maison Caillat. Ces vêtements sont destinés aux Facultés des sciences, de médecine, des lettres, de théologie ; d'uniformes des cours et tribunaux.

Tous ces costumes nous ont paru d'une bonne exécution, et nous leur accordons une mention spéciale.

La même maison nous offre aussi une jaquette habillé, en drap bleu, collet et revers de moyenne largeur, cran ouvert, jupe rapportée, double piqûre.

Nous avons vu une quantité de fourrures de toutes formes pour homme exposées par la maison Trévoux et Gusteau.

Nous avons été aussi arrêtés par un habit d'uniforme brodé et doublé de satin blanc de la maison Troin, à Paris. Cet habit est d'un travail irréprochable et d'un goût parfait ; nous regrettons d'ignorer le nom de l'ouvrier qui en est l'auteur.

Tel est l'ensemble des vêtements qui nous ont le plus frappés et qui nous ont paru devoir figurer dans ce rapport. Quant aux autres, ils ne nous ont rien présenté de particulier dans l'exécution du travail. En conséquence, nous ne nous en occuperons point, et nous ne parlerons que pour le souvenir de l'exposition de la Grande-Maison de Paris et de la Belle-Jardinière, qui n'offraient

qu'une famille mélangée et confuse de vêtements empilés les uns sur les aut[res]
et dont l'ensemble n'avait rien de remarquable, ni comme élégance, ni com[me]
exécution, laquelle, au contraire, laisse partout à désirer.

DES TISSUS.

Nous allons maintenant consacrer quelques lignes aux tissus qui ont a[ppelé]
notre attention.

Il est bien entendu que nous ne nous occuperons que des tissus destin[és à]
l'habillement. Voici les tissus qui nous ont paru mériter une mention spécia[le.]

Draperie d'Elbeuf. — Une collection de quarante coupons de panta[lon]
nouveauté, très-beau dessin, belle qualité, nuances agréables, exposée [par]
M. Jules Legrand.

Beau drap noir exposé par M. Alphonse Touzet.

Une autre collection de quatre-vingt-dix échantillons d'étoffes de nouve[au-]
tés exposée par M. Philippe, et enfin plusieurs échantillons d'articles p[our]
pantalons soie unie avec bande soie rayée ou à carreaux, exposés par [M.]
Laurent.

Draperie de Louviers. — Nous avons remarqué les produits exposés pa[r la]
maison Damet, consistant en nouveautés pour pantalons et draperies divers[es.]

Dans la fabrication étrangère, nous devons mentionner les produits expo[sés]
par MM. Brucart et Burle, fabricants à Vienne (Autriche). Cette maison, qu[i a]
fait faire de notables progrès à la fabrication, n'a cependant pu atteindre la p[er-]
fection des produits d'Elbeuf et de Louviers.

MACHINES A COUDRE.

La machine à coudre étant devenue un outil indispensable à l'ouvrier taille[ur,]
nous nous sommes attachés à observer à l'Exposition tous les perfectionn[e-]
ments et les améliorations que les inventeurs y ont apportés.

Un grave inconvénient attaché à l'emploi des machines à coudre po[ur]
la femme est la fatigue, et surtout une excitation physique toute sp[é-]
ciale, résultat du mouvement des jambes et de la trépidation du mécanism[e.]

rtain nombre d'ouvrières dont la santé s'était trouvée gravement altérée
es causes sont obligées de renoncer à la machine à coudre, ne pouvant
nter les effets des désordres physiques qui viennent d'être signalés. La
é de médecine s'en est même émue et a étudié la question. Plusieurs
ts ont constaté que les effets produits étaient désastreux. Pour nous, il
ident que si l'on avait voulu rendre l'usage de la machine à coudre inof-
pour la femme et diminuer ou atténuer l'influence fâcheuse qu'elle exerce
santé, il fallait en changer le moteur ou le remplacer à l'aide de l'élec-
, du gaz, de l'eau, de l'air comprimé ou de la vapeur. On a bien cherché
oteur dans l'application des poids ou des ressorts qui donnent le mouve-
aux horloges et aux pendules, mais aucun de ces divers moteurs ne nous
avoir encore atteint le but, parce que les uns, comme les ressorts, les
et l'électricité, sont trop faibles, et les autres tels que la vapeur, l'air
imé ou l'eau, ont beaucoup trop de puissance ; outre que leur emploi
site de grandes dépenses journalières, leur force n'a pu être distribuée ni
pour l'usage auquel on les destinait.

us avons remarqué d'abord une machine à coudre pourvue d'un moteur
atique, exposée par MM. Adam Garcin et Cⁱᵉ, à Amiens. Ce moteur con-
n un ressort renfermé dans un tambour cylindrique, lequel se monte ab-
ent comme une pendule ou une horloge.

s le répétons, toute ingénieuse que nous a semblé cette invention, nous
oyons pas que la force produite par le moteur automatique soit suffisante
l'exécution du travail habituel de l'ouvrier tailleur ; elle pourra rendre, en
de grands services à la lingerie et à la broderie, et en général à tous
dont le travail repose sur des étoffes molles et légères, mais elle sera dé-
e par le tailleur, qui devra chercher un moteur donnant plus de force à
; peut-être le moteur à poids remplira-t-il les conditions en question.
t aux autres moteurs, ils doivent généralement être rejetés jusqu'à ce
ait pu diminuer le chiffre de leur prix de revient.

xposition contenait une collection complète de machines à coudre de
ystèmes dont il est inutile de faire la description détaillée, attendu que,
la plupart, ils sont connus et que l'on a depuis longtemps su apprécier les
ages et les inconvénients de chacun d'eux.

pendant, nous mentionnerons la machine Belgroviv, fabriquée par
Brodbary et Cⁱᵉ, à Wellington (Angleterre). Cette machine est à navette
airement, mais elle reçoit divers appareils accessoires qui s'y adaptent,
els produisent, soit le point de chaînette simple, si connu, soit un contre-
sur la même couture.

tte machine nous a paru très-ingénieuse, et le prix de 225 à 250 francs
pas trop élevé ; seulement il est, de même que la machine automatique
nous venons de parler, d'un emploi peu pratique pour les tailleurs, quoi-
ait cherché à lui donner plus de force à l'aide d'un appareil tendant la

courroie lorsque l'aiguille doit s'enfoncer dans plusieurs étoffes de grosse épaisseur.

Puisque nous parlons des machines à coudre, nous dirons quelques mots sur leur invention. Un débat s'est élevé sur ce sujet ; il s'agirait de savoir quel pays lui a donné naissance. L'Angleterre, l'Amérique et la France revendiquent à la fois cet honneur. Nous nous croyons bien fondés à dire que l'idée première de coudre mécaniquement doit être attribuée à Thimonnier, de Lyon, dont les premiers essais sont antérieurs à 1830 ; il est l'inventeur du point de chaînette. L'Amérique prétend que l'invention du point de navette, qui est due à Howe, n'avait aucun rapport avec ce qu'avait fait Thimonnier et constituait le système d'une application utile et pratique que l'on cherchait. En conséquence, l'Amérique soutient que seul son compatriote doit être considéré comme l'inventeur de la couture mécanique.

Nous ne chercherons pas à troubler le débat, parce que nous honorons les bienfaiteurs de l'humanité, à quelque pays qu'ils appartiennent ; néanmoins, nous affirmons que la première idée de coudre mécaniquement est due à un Français.

Une autre question a été aussi très-longtemps débattue ; il s'agissait de savoir si l'emploi des machines en général et leur introduction dans les procédés industriels est utile ou nuisible aux ouvriers ; nous croyons, nous, que la machine est très-utile et qu'elle rend de grands services au travail, mais à la condition seulement que le travailleur en soit le propriétaire et en recueille le bénéfice, ainsi qu'il arrive pour nous dans l'emploi des machines à coudre. Considérée en général, l'introduction des machines dans l'industrie a pour premier effet de faire baisser la valeur du produit fabriqué et, par conséquent, de le rendre accessible à un plus grand nombre de consommateurs ; de sorte que le chiffre de la consommation augmente avec celui de la production. Il en résulte que lorsque l'équilibre se trouve rétabli, le même nombre de bras est occupé quand même ; et à ce point de vue les machines ne sont donc pas nuisibles au travailleur, puisqu'elles augmentent son bien-être en le mettant à même de se procurer et de consommer des produits qui étaient inaccessibles pour lui lorsqu'ils étaient fabriqués sans le concours de la machine. Donc, à tous les points de vue, l'emploi des machines est plus utile que nuisible aux intérêts des travailleurs.

TROISIÈME PARTIE.

VŒUX ET ASPIRATIONS.

Nous allons maintenant jeter un coup d'œil sur la situation qui nous est faite par les institutions sociales qui nous régissent, et formuler les conditions d'amélioration qui doivent être apportées au sort de l'ouvrier. Si nous considérons la société actuelle au point de vue de la morale naturelle, nous avons le regret de constater que les principes de justice et d'équité sont constamment et à tout instant violés par ceux-là mêmes qui s'en disent les apôtres. La ruse, la fraude, l'astuce et l'hypocrisie des hommes entre eux servent de base aux relations sociales et font que l'ensemble des institutions sociales ne repose que sur la force et la violence. Autrefois, la société était divisée en trois classes bien distinctes : la noblesse, le clergé et le tiers-état ; aujourd'hui, cette division est réduite à deux classes d'hommes : ceux qui possèdent et ceux qui ne possèdent pas.

A la place du principe de fraternité, ou du moins de solidarité, qui devrait unir les hommes dans un intérêt commun, qui consisterait à assurer le bonheur général, nous voyons, au contraire, régner l'odieuse maxime du chacun pour soi. Les hommes se livrent une lutte perpétuelle dans laquelle triomphent souvent les plus habiles, les plus hypocrites et les plus roués, en se couvrant du masque de la vertu, dont ils se font un privilège en s'intitulant eux-mêmes les honnêtes gens, lorsque des citoyens véritablement honnêtes et animés des sentiments de justice et d'équité sont vaincus et restent les victimes d'un semblable état de choses.

Il est donc évident, pour tout homme sensé et raisonnable, qu'une société qui ne repose que sur de mauvaises passions n'a aucune chance de stabilité, et que tôt ou tard le cancer qui la ronge l'anéantira si l'on n'apporte pas des réformes radicales à ces institutions vicieuses. Ces réformes, nous sommes en ce moment impuissants pour les effectuer ; cependant nous pouvons nous soustraire, en partie du moins, aux effets désastreux que nous avons signalés ; nous en avons les moyens, et ces moyens sont renfermés tout entiers dans l'association.

L'association seule contient en germe l'affranchissement du travail, et lorsque nous serons bien pénétrés de cette vérité, aucun obstacle ne nous arrêtera, et par cela seul que nous aurons la conscience de notre force, de notre puissance et de notre droit, la question sera résolue. En attendant, nous devons employer tous nos efforts d'abord à la propagation et à la diffusion de cette vérité, et ensuite à en essayer l'application.

Dans la déclaration des droits de l'homme et du citoyen, nos pères avaient affirmé en principe que la société est obligée de pourvoir à la subsistance de tous ses membres, soit en leur procurant du travail, soit en assurant les moyens d'exister à ceux qui sont hors d'état de travailler ; puisque la société actuelle semble méconnaître ces principes, c'est à nous d'y pourvoir et de nous organiser en vue de les appliquer pour nous-mêmes en assurant notre vieillesse et en nous garantissant contre les éventualités du chômage et de la maladie. Les plus grandes fortunes n'ont été créées qu'à l'aide du travail, non effectué par ceux qui les possèdent, mais à l'aide des bras qu'ils ont occupés, et trop souvent, hélas ! le véritable créateur de cette fortune est allé mourir à l'hôpital. Sachons donc rester les maîtres absolus du produit de notre travail, et disons-le encore, car on ne saurait trop le répéter, nous n'obtiendrons ce résultat que par l'application du principe de l'association, que nous recommandons hautement.

Mais, objecte-t-on, l'association dont vous vous faites les défenseurs serait certainement efficace si l'on possédait les moyens de l'appliquer ; mais le travail est à ce point dominé et gouverné par le capital, il est à ce point son esclave, que les capitalistes arriveront facilement à entraver toutes nos tentatives d'affranchissement, et ils feront ensuite peser plus lourdement que jamais leur joug sur les travailleurs, et mettront à néant tous les efforts que nous pourrions tenter.

Nous répondrons à ceci qu'en fait c'est nous qui sommes, si nous le voulons bien, les maîtres de la situation ; que nous seuls sommes en effet la source de la richesse publique, et que ce n'est que par notre ignorance et notre pusillanimité que nous nous laissons tondre la laine sur le dos. Nous avons moins besoin du capital que les capitalistes n'ont besoin de nous ; sans nous ils ne sont plus rien, et sans eux nous pouvons nous suffire à nous-mêmes. Dans tous les cas, notre condition ne pourrait être pire que celle qui nous est faite actuellement. Quant au capital, dont on nous fait un fantôme quand il s'agit pour nous de l'acquérir, nous répondrons que ce capital n'est, en définitive, qu'une fiction, puisqu'il n'est représenté que par des substances métalliques d'une valeur conventionnelle, mais en réalité nulle pour nous. En effet, ni l'or ni l'argent n'entrent dans la consommation. Cette valeur de convention cesserait d'être une valeur le jour où il nous plairait de la remplacer entre nous tous et entre toutes les associations ouvrières par une autre valeur que nous créerions nous-mêmes et que conventionnellement encore nous reconnaîtrions comme la première.

Il est donc facile de voir que le jour où tous les syndicats ouvriers auront résolu de créer des associations de production, le capital serait de suite créé par chacun d'eux puisqu'il suffirait d'établir de simples bons de travail qui constitueraient le moyen d'échange de produits à créer par chacune des corporations, et ces bons de travail auraient une bien plus grande valeur que les billets de la Banque de France, attendu qu'ils représenteraient réellement une valeur réelle, puisqu'ils n'auraient été donnés à leur premier possesseur qu'en échange d'un travail effectif, tandis qu'un billet de banque, qui n'est même pas entièrement garanti, ne représente que la somme d'or ou d'argent qu'il mentionne, qu'il n'a encore qu'une valeur de convention, et que sa valeur est nulle pour nous au point de vue de l'usage que nous en voulons faire.

Il est clair que cette théorie mise en application nous mettrait à l'abri de la tyrannie du capital ; mais il ne faut pas se le dissimuler, il y a des obstacles nombreux à rencontrer avant d'y arriver : d'abord l'ignorance dans laquelle nous sommes plongés pour la plupart les premiers, ensuite les dissensions de toute nature qui nous divisent et dont profitent nos ennemis, et même en supposant notre éducation sociale faite et notre accord parfait, il faut encore avouer que le travail ne peut s'exercer que sur la matière première que nous ne possédons pas, et que, quoique en principe nous la considérions comme donnée gratuitement par la nature, de même que l'air que nous respirons et la lumière qui nous éclaire, nous reconnaissons qu'il nous faudrait l'acquérir à l'aide d'une avance du travail faite à ceux qui la détiennent actuellement, sans quoi il nous serait toujours impossible d'en effectuer sa transformation par le travail, si elle n'est pas à notre disposition.

Tout ce que nous venons d'exposer n'est que le but final auquel doivent tendre nos efforts, et nous ne sommes pas assez naïfs pour croire à la réalisation immédiate de nos aspirations. Nous avons seulement eu l'intention d'indiquer ici le phare lointain qui doit nous guider dans la marche du progrès. Il est du reste toujours bon de savoir où l'on va, car l'homme qui garderait le bandeau qui lui a été mis sur les yeux piétinerait sur place sans avancer, ou risquerait en marchant de tomber dans quelque précipice.

Il résulte de ce qui vient d'être dit que l'affranchissement du travail ne doit pas être cherché ailleurs que dans l'association; c'est donc à nous à employer tous nos efforts et toutes nos facultés pour marcher dans ce sens, en commençant par fonder des noyaux ou groupes d'associations de production, qui reliés entre eux par un lien fédératif assureraient bientôt l'existence de chacun de leurs membres et serviraient de soutien à ceux en voie de formation.

Depuis que l'extinction du paupérisme est à l'étude, bien des essais ont été tentés, mais ils ont échoué, parce que leurs auteurs étaient dans l'ignorance des conditions sociales et des besoins des ouvriers. C'est à nous, travailleurs, qu'il appartient de formuler nettement nos aspirations et les conditions en vertu desquelles nous espérons leur réalisation; et c'est ce qui nous décide à le faire dans ce rapport, convaincus que nous sommes de faire une œuvre utile en propageant ce que nous croyons être la vérité.

Nous croyons encore qu'aucune amélioration sérieuse ne sera apportée à notre situation si nous ne le faisons nous-mêmes, car nous seuls connaissons bien l'importance et la nature de nos besoins. Maintenant que nous savons ce qu'il nous reste à faire pour arriver à les satisfaire, nous n'avons qu'à nous grouper, nous unir, en un mot nous associer.

Une condition essentielle de notre émancipation sociale, c'est l'éducation et surtout l'instruction qui manquent à la plupart d'entre nous. L'instruction élémentaire qui est donnée dans nos écoles est insuffisante; il semble, du reste, qu'on ait pris à tâche d'abrutir la jeunesse en lui bourrant le cerveau de préjugés et d'erreurs de toute nature dont on a la plus grande peine à se débarrasser lorsqu'on arrive à l'âge de raison. De ce côté encore l'association est nécessaire si nous voulons voir édifier des institutions exclusivement laïques dans lesquelles on n'enseignerait que les vérités morales, scientifiques, politiques et sociales. Nous avons l'espoir de voir se réaliser cette partie de nos aspirations.

Nous arrivons à la fin de notre tâche, non que nous croyons l'avoir remplie d'une manière irréprochable, car nous l'avons dit en commençant, nous regrettons notre insuffisance, qui ne nous a pas permis de faire mieux ni davantage; mais, nous l'espérons, nos collègues nous tiendront compte de notre bonne volonté.

Les délégués :

SAUNIER, CHANTEMESSE.

PROJET D'ASSOCIATION

Fédération Ouvrière

UNION — SOLIDARITÉ — PROGRÈS

Aucun homme n'a droit au superflu tant qu'un de
ses semblables manque du nécessaire.

Pendant que nos adversaires — dits hommes d'Etat — travaillent avec un acharnement incroyable et digne d'une meilleure cause pour éviter l'écroulement qui les menace de toutes parts, nous devons serrer nos rangs, faire abandon de nos personnalités et marcher résolûment vers le but de nos légitimes revendications, en déployant tout ce que nous possédons d'intelligence et d'activité pour faire disparaître jusqu'aux derniers débris de cette vieille société, honte de notre époque, puisque, toujours parasite, elle vit encore du prélèvement des plus précieux produits de cette ruche immense de travailleurs, qui, depuis trop longtemps, hélas! restent les victimes du capital, cette nouvelle féodalité.

La tâche est grande, mais non impossible, et pour réussir, nous aurons à déployer une dose de patience et d'activité qui ne devra avoir d'égale que notre persévérance.

Les obstacles ne manqueront pas de surgir de différents côtés, soit de la part de ceux qui ont un intérêt matériel à conserver, et, disons-le sans arrière-pensée, de la part peut-être de ceux-là mêmes qui ont tout avantage à voir le *travail équilibrer*, sinon *annihiler le capital*.

Malgré cela, et même par rapport à cela, point de découragement ; marchons sans regarder en arrière, et que notre cri d'espérance et de salut, répété par tous, soit aussi partout celui-ci : « En avant, toujours en avant », car nous ne devons pas ignorer que le progrès veut être conquis par un labeur de tous les instants.

Ne nous lassons donc jamais d'appeler et d'attirer à nous les hommes de bonne volonté, tous ceux qui ont à cœur ou éprouvent le besoin de secouer le joug sous lequel nous gémissons, au double point de vue physique et moral, et ils sont nombreux les hommes dévoués, victimes de l'apathie des uns, comme aussi de l'ignorance des autres.

Que nous faut-il pour vaincre ?..... De l'union, sans cesse et toujours de l'union.

C'est par l'union seulement que nous nous placerons au niveau de ces privilégiés, qui n'ont eu qu'à naître pour être heureux ; c'est par elle surtout que nous paralyserons les efforts dangereux de ceux qui, plus audacieux, savent mettre nos bras au bout des leurs pour travailler, puis, par une manœuvre habile, savent replacer les leurs au bout des nôtres pour ramasser l'or que nous avons aussi abondamment que péniblement gagné, ne nous laissant qu'une part très-savamment calculée pour être insuffisante à nos besoins, ce qui nous oblige de continuer à vivre sous cette ignominieuse trilogie : Souffrance, Ignorance et Misère.

Cette situation, si précaire cependant qu'elle soit, s'appelle quand même, par ceux qui possèdent : *Liberté*. Quelle amère dérision ! l'esclavage chez nos frères les noirs est moins révoltant.

Ces derniers appartiennent à un *maître*, c'est très-vrai ; mais ce maître doit les nourrir, et son intérêt suprême est de les conserver en bonne santé, forts et vigoureux, d'abord pour obtenir la somme de travail qu'ils doivent fournir, et enfin pour s'éviter les frais d'un remplacement qui deviendrait pour lui très-onéreux.

Quant à nous, pauvres esclaves d'une autre espèce, bien que l'on nous berce et console par de vains mots d'indépendance et de liberté, avons-nous une position aussi bien garantie ? Où donc est le simple travailleur capable de supporter un chômage, même relativement restreint, sans pressentir au moins, s'il ne ressent pas toujours, les horreurs de la faim ?

Et puis, devenu vieux avant l'âge, épuisé par des privations trop fréquentes et un travail trop assidu, si la mort ne se hâte de le frapper prématurément dans sa mansarde, quel autre abri lui reste-t-il? si ce n'est un hôpital ou hospice quelconque, soi-disant créé par la pitié et placé sous un vocable toujours philanthropique, mais qui, pour lui ne saurait être et n'est en effet qu'une prison véritable. Donc, en définitive, la prison pour le pauvre ouvrier épuisé par le travail ; à lui le pain des mendiants ou le pain des voleurs !...

Il faut donc nécessairement, pour arriver à l'émancipation du travailleur, que chacun apporte à l'édifice commun les matériaux dont il dispose.

Ne négligeons et surtout ne dédaignons rien. Celui qui ne fournit que sa goutte d'eau et son grain de sable doit être pour nous aussi méritant que celui dont les forces ou les moyens permettent davantage.

C'est dans ce but et persuadé de cette vérité que j'arrête ici mes réflexions pour vous soumettre un projet d'association qui, s'il était mis en pratique, serait, selon moi, appelé à un succès certain, sans exiger de la part des prolétaires des sacrifices impossibles, lesquels, d'ailleurs, seraient largement compensés par les avantages modestement calculés, mais assurés, qui découleraient naturellement de mon projet.

Le résultat de cette mise à exécution serait, tout en inaugurant la fédération ouvrière, de garantir à chacun d'eux la propriété de son travail, en même temps que les besoins produits par les accidents et les infirmités de la vieillesse.

Etant admis que les grands centres industriels présentent naturellement plus de facilité pour créer de grandes et solides institutions, supposons le siége de notre centre d'opération dans notre ville de Lyon.

Admettons comme base de principe une Société à capital variable composée de cent mille travailleurs de toutes les professions, souscrivant chacun une action de cent francs payable par un versement périodique de cinq centimes par jour ouvrable. (Les versements mensuels s'élèveraient à cent vingt-cinq mille francs.

Le versement devrait s'effectuer tous les dimanches entre les mains de collecteurs désignés à cet effet, qui prendraient le nom de décurions ou chefs de dizaine, pour être remis ensuite aux centurions, ou chefs de centaine, qui eux-mêmes seraient chargés d'en faire le dépôt dans un ou plusieurs établissements de crédit désignés comme offrant toutes les garanties nécessaires.

Après le premier versement mensuel, une commission nommée par la Société au nombre de deux ou trois délégués par corporation, devra louer à bail un local spacieux et commode, que l'on ferait agencer convenablement pour y recevoir tous les produits des différents corps de métiers qui devront être mis en vente ; véritable bazar industriel où le consommateur trouverait tous les objets indispensables à ses besoins, tels que lingerie, bonneterie, chaussure, chapellerie, toilerie, draperie, vêtements tout faits, ou sur commande, étoffes de toutes sortes pour vêtements de femmes et enfants, objets de literie, meubles, etc., en un mot, tout ce qui est d'un emploi quotidien, indispensable dans un ménage, serait appelé à concourir à cet immense approvisionnement.

Un appel serait fait à toutes les associations ouvrières existantes, ainsi qu'à celles en voie de formation dont on se hâterait de faire terminer la constitution, ce qui serait un moyen de stimuler le zèle des travailleurs et de les réunir dans un centre commun pour faciliter les débouchés de leurs produits.

Les magasins établis, et, comme base d'organisation, les recettes provenant des ventes devront être versées chaque jour dans l'établissement de crédit dont il aura été fait choix ; le ou les receveurs caissiers ne devant jamais posséder qu'une faible somme de monnaie divisionnaire indispensable pour le change.

Tout vendeur appartenant à un rayon quelconque de marchandises, sitôt la vente opérée, devra se présenter avec l'acheteur auprès du caissier pour effectuer le paiement de l'objet vendu par lui, puis chaque fois il lui sera délivré un ticket indiquant la nature de l'objet vendu par lui, pour lui servir de décharge. Ce moyen, très-simple, comme on doit le voir, met complètement sa responsabilité à couvert et empêche toute fraude ou malversation, tout en servant de moyen de contrôle.

Comme tout souscripteur serait nécessairement consommateur, admettons que chacun d'eux n'achète, en moyenne, que pour la somme de 250 francs par année ; le chiffre des ventes s'élèverait néanmoins à la somme de 25 millions par an ; admettons un profit de 20 0/0, ce qui donnerait un bénéfice annuel de 5 millions, qui, réunis à un million cinq cent mille francs de souscription, formeraient un produit brut de 6,500,000 francs ; admettons cinq cent mille francs pour frais généraux ; resterait encore pour la société la somme énorme de 6 millions.

Une somme de 10 0/0 devrait être prélevée sur celle des bénéfices nets pour l'appliquer à l'instruction libre et laïque ; de plus, par cette union, il nous serait très-facile de faire construire sous peu une maison d'asile pour la vieillesse, vaste palais dans lequel viendraient se reposer de leur long et fructueux labeur tous les citoyens de l'un et l'autre sexe qui auraient atteint l'âge du repos, ou qui y seraient contraints par les accidents ou les infirmités.

Que le travailleur réfléchisse et renonce à tous dividendes pour favoriser à ses frères l'entrée en participation et former des associations ainsi que des succursales en tous lieux où besoin sera ; alors le travailleur verra qu'il lui est très-facile d'être à la fois producteur et consommateur, ce qui lui a toujours été impossible jusqu'à présent, et surtout consommateur d'excellents produits, vu qu'il les aura fabriqués lui-même, de sorte qu'il ne sera plus exposé à être trompé par un *étalage mensonger*, ainsi que par des marchandises parées avec un art déplorable ; art déloyal qui est la source de tant de fortunes scandaleusement acquises.

Arrière tous ces *frelons* qui, jusqu'à présent, ont toujours envahi la ruche, pour se gorger des sucs accumulés par un labeur incessant.

Que désormais celui qui voudra vivre travaille ; abolissons la misère, les vices disparaîtront ; alors nous ne verrons plus, forcée par le besoin, la prostitution envahir et déborder les trottoirs de nos rues.

Citoyens, puisse ma faible voix être entendue et ma conviction passer dans vos âmes ! nous aurons alors constitué, non pas seulement la famille privée, mais la grande famille humaine, famille sainte par-dessus tout et aussi honorable qu'elle doit être justement et sincèrement honorée.

MARCEAU,

Conseiller municipal, membre de la délégation ouvrière des tailleurs à l'Exposition universelle de Lyon.

TAILLEURS DE PIERRES

Pour remplir la mission de délégué à l'Exposition de Lyon 1872 dont vous m'avez honoré, j'ai dû prendre toutes les mesures nécessaires pour vous rendre compte du rôle que jouait l'industrie de la pierre de taille.

Pour la comparaison des produits étrangers avec les nôtres, elle n'a pu s'établir, les produits étrangers faisant totalement défaut à notre exposition en matière de pierre.

Je ne puis donc parler que de la belle pierre de Villebois et de celle d'Hauteville qui faisaient rang à notre exposition, et dont la Société anonyme des carrières de Villebois, Serrières, Briou et Hauteville (Ain), Vercieu et Amblagneux (Isère) a fourni dans la section des machines la presque totalité des supports ou paliers de fondation.

La pierre de Villebois est celle qui est le plus fréquemment employée pour les installations de machines. C'est un calcaire à grains fins, très-dur et susceptible d'un certain poli. Sa résistance à l'écrasement, d'après les expériences faites au Conservatoire des Arts-et-Métiers, à Paris, est en moyenne de 655 kil. par centimètre carré, et son poids est de 2,650 kilog. par mètre cube. Posée en délit, la résistance de la pierre de Villebois est au moins égale à celle qu'elle donne posée sur lit, ce qui offre le précieux avantage de fournir des échantillons de grande longueur pouvant servir à la construction des supports isolés. Cette pierre est employée à de grandes distances des carrières pour les travaux de bâtiment, de chemins de fer, des ponts et chaussées et du génie; la grosseur des blocs atteint 8 mètres cubes.

L'échantillon le plus important qui figurait à l'Exposition de Lyon faisait partie de l'échantillon de MM. Louis Combe et Cie, constructeurs-mécaniciens à Lyon.

C'est un palier de fondation de 8 mètres 20 cent. de longueur, 1 mètre 41 de largeur et 0.65 d'épaisseur, soit 7 mètres 50 cubes, pesant environ 19,000 kilog. Il est percé de 14 trous verticaux de 0.065 de diamètre, et des niches ont été taillées à l'extrémité des trous.

Le prix des pierres de Villebois employées pour machines varie entre 80 et 90 fr. le mètre cube à Lyon, pour les dimensions ordinaires, et non compris les travaux accessoires, trous et entailles.

La pierre d'Hauteville est un calcaire très-dur, d'un grain très-fin, excessivement homogène, d'une couleur claire tirant sur le jaune. Elle prend le poli du marbre, et l'action du temps, loin de la détériorer, lui donne une blancheur étonnante, sans lui faire perdre de sa richesse et de son brillant. Elle a l'avantage sur la pierre de Villebois de ne présenter aucuns délits. Sa résistance à l'écrasement est de 912 kilog. par centimètre carré, et son poids de 2,750 kil. par mètre cube. Elle est utilisée pour les travaux d'architecture exigeant une perfection et des soins spéciaux.

Un échantillon de cette pierre consistait en un support de machine de 4 ^{m}20 $\times$ 0.92 $\times$ 0.75 qui figurait dans l'installation de MM. Buffaud frères, constructeurs-mécaniciens à Lyon. Son prix, ébauchée et rendue à Lyon, est d'environ 100 fr. le mètre cube.

Je dois ajouter, après cela, le salaire des ouvriers traitant la taille de pierre de la ville de Lyon.

Dans les chantiers de pierre de Villebois, situés sur les bas-ports de la Guillotière, la moyenne est de 3 fr. par jour les jours de travail.

Dans les chantiers de pierre de Tournus, dite bâtarde, la moyenne est de 2 fr. 75 par jour les jours de travail.

A déduire de cette moyenne la fourniture d'outils, la forge de ces outils, le mauvais temps qui joue un très-grand rôle, et le chômage qui n'est pas moindre, voilà quelques années, cela place notre corporation au rang du dernier manœuvre, c'est-à-dire à 700 fr. par année environ. Aussi voyons-nous déserter de ce métier d'art nombre d'ouvriers qui trouvent meilleur d'être hommes de peine dans n'importe quelle usine.

Pour les chantiers de pierre Saint-Just ou Saint-Restitut, dites pierres tendres, nous avons une moyenne un peu plus favorable que dans les autres pierres : elle est de 3 fr. 75 environ, ce qui fait une moyenne d'environ 1,100 fr. par an, et le péril est beaucoup plus grand ; on travaille généralement sur les échafaudages, ou alors dessous, ce qui ne vaut guère mieux.

N'ayant pu faire la comparaison des produits étrangers, je me borne à cela, qui est à peu près le plus intéressant pour notre ville et les carrières environnantes.

Le délégué de la corporation :

MICHEL.

TAPISSERIE

Chers Collègues,

M'ayant fait l'honneur de me désigner parmi vous, afin de représenter la corporation des ouvriers tapissiers à la Délégation ouvrière de Lyon, je viens, en vous témoignant mes remerciments, vous faire, non un rapport en bonne forme comme l'ont déjà fait mes amis et collègues délégués de la corporation à l'Exposition de Londres, ainsi qu'à celle de Paris, mais un simple résumé de ce que l'on a pu voir dans l'art de la tapisserie.

Ne pouvant pas (faute d'exposant dans notre corporation) juger la différence du travail de telle ou telle ville, je me bornerai à vous désigner les maisons qui ont exposé et le genre de travail qu'elles ont fait.

Je commence ma visite à l'Exposition en m'arrêtant devant une quantité de sommiers, et à mon grand regret, je n'en trouve pas un digne d'être mentionné, parce que, quoiqu'ils soient tous brevetés sans garantie du gouvernement, ils ne valent pas plus les uns que les autres. Pourtant il en est un qui a attiré particulièrement mon attention, c'est le sommier dit tabatière (le nom de son auteur, qui est de Grenoble, m'échappe); ce sommier qui est garni en deux parties, l'une supportant les ressorts et qui se trouve la partie fixe, offre le grand inconvénient de ne pouvoir guinder les deux rangs de ressorts du bord d'aplomb, ce qui produit un très-mauvais effet pour la bonté du sommier; la deuxième partie, qui sert de couvercle, est la partie garnie, qui ressemble, comme le dit le titre, à un couvercle de tabatière. Cette partie, qui s'ouvre, afin de faciliter le nettoyage intérieur du sommier, me semble avoir donné de la peine pour rien, car il vaudrait mieux, dans l'intérêt du consommateur, trouver le moyen de faire un sommier qui ne se salisse pas, ou dans lequel la vermine ne puisse pas s'établir, cela vaudrait mieux, dis-je, que de trouver le moyen de le nettoyer.

On a donc beau faire de nouveaux sommiers, rien ne vaut encore le sommier fait dans les ateliers de tapissier ; sommier sur châssis, sangles ou sur caisse à claire-voie, tout recouvert en étoffe en surgettant le dessous au lieu d'y coller une chevillière, comme nous avons pris l'habitude de le faire par économie.

Un sommier fait dans les conditions ci-dessus désignées sera toujours préférable à quelque genre que ce soit, il sera toujours plus propre et d'un meilleur usage ; d'ailleurs tous les clients qui désirent un bon confortable n'en achètent pas d'autre.

Je commence ma visite à la grande coupole ; c'est là que sont, à peu de distance les uns des autres, les exposants en tapisserie. Je m'arrête un instant devant la vitrine de M. Lemoine, de Paris, maison qui a obtenu à l'Exposition universelle de Paris 1867 le premier prix et a été mise hors de concours. M. Lemoine n'a exposé que quelques siéges ; c'est l'ébénisterie qui tient le plus de place dans sa vitrine ; ceci n'étant pas de mon ressort, je passe outre et je m'arrête devant quelques siéges que je vois avec regret un peu trop fanés ; il est vrai qu'ils ont déjà figuré à l'Exposition de Paris 1867. Ces siéges se composent de fauteuils style Louis XIV et Louis XVI, en bois doré, très-gracieux de forme, et couverts en partie d'étoffes d'Aubusson ; mais la garniture en est excessivement mal faite ; c'est très-regrettable, car il vaudrait mieux dans une Exposition s'appliquer à ne montrer que du travail irréprochable, que de faire luire aux yeux des visiteurs l'éclat d'un grand étalage.

Me voici devant la vitrine de MM. Menu et Hœfer, de Lyon. Cette vitrine offre un très-beau coup d'œil, par sa position et par la quantité de siéges qu'on y voit exposés ; ce sont, la plupart, des modèles de différents styles, tels que fauteuils ou chaises Louis XIV, Louis XV et Louis XVI, un fort joli modèle style néo-grec et divers petits siéges de fantaisie ; tous ces siéges ont été garnis dans l'atelier de MM. Menu et Hœfer par de très-bons ouvriers lyonnais ; le style, dans la garniture, a été rigoureusement observé, ce qui en fait le charme. Une chaise fantaisie a particulièrement attiré mes regards, c'est un siége avec bande au milieu et un ruché en satin par côté ; il a fallu à l'ouvrière, pour l'exécution de ce ruché (qui était d'une égalité parfaite), une patience surnaturelle ; j'apprends que c'est à Mme Menu qu'est dû ce travail. Voilà comme il nous faudrait avoir des ouvrières dans nos ateliers. On voit également au fond trois croisées qui sont très-bien exécutées, une Louis XVI, une Louis XIII et une en mousseline bouillonnée avec une bande de satin formant encadrement et bande. C'est assez bien comme travail, mais d'un goût douteux. Cette maison avait également exposé de la jolie ébénisterie, c'est ce qui lui a valu une médaille d'argent et une médaille de bronze pour la tapisserie ; elle méritait mieux que cela.

Vitrine de la maison Challessin Etiévant, de Lyon. — Le siége n'a tenu qu'une légère place dans l'Exposition de cette maison, mais l'ébénisterie y était largement représentée : parmi les siéges, j'ai remarqué un pouff rond à petit capiton, très-bien fait, et une chaise de salle à manger en cuir frappé, couverte avec tant de soin que l'ouvrier semblait l'avoir à peine touchée.

Passons à la vitrine de la maison Sicard, de Lyon. — Je ne me permettrai pas de parler de la belle ébénisterie qui est exposée dans cette vitrine, car ce n'est pas de ma compétence. Je passe à la tapisserie, qui est largement représentée : par un lit style Louis XVI à colonnes surmontées d'un riche dôme, avec rideaux en satin bleu ; la coupe des draperies était gracieuse. Pour les rideaux, quoique M. Sicard n'ait assuré s'être conformé au style, il me semble qu'on aurait pu obtenir une coupe plus gracieuse ; à mon avis ils étaient un peu trop ramassés ; j'aurais préféré, aux plis qui se trouvaient le long de la courbe de la tringle supportant le dôme, les plissés du rideau en avant, au lieu des plis crevés, qui rendaient cette partie du lit trop étoffée, lorsque généralement elle doit se trouver dégagée ; de là venait que le rideau tombait droit du bas, par la position de l'embrasse qui se trouvait au haut de la colonne et à la naissance de la courbe ; le rideau devait tomber en formant l'écharpe, et je crois que l'ensemble en aurait été beaucoup plus gracieux ; la passementerie, qui était fort riche, était un peu trop lourde pour une étoffe aussi délicate ; la courte-pointe du lit était très-gracieuse et assez bien réussie : en somme, l'ensemble mérite des éloges pour l'ouvrier qui a dirigé ce travail. Si quelque chose n'était pas bien fini, c'était plutôt la faute de l'ouvrière qui a fait le travail que de l'ouvrier qui a coupé. Cette maison a dans cette circonstance éprouvé le désagrément de ne pas avoir un atelier d'ouvrières, afin de pouvoir diriger soi-même sa couture.

J'ai vu également dans la vitrine de M. Sicard une Borne à trois faces admirablement faite comme travail de tapissier ; elle a été exécutée collectivement par deux bons ouvriers. En un mot, tous les siéges exposés méritent des éloges. Le jury a fait voir qu'il le comprenait en accordant à M. Sicard la médaille d'or, et à M. Larue, contre-maître tapissier, et M. Jacquet, contre-maître ébéniste, une mention honorable.

La vitrine de la maison Hébert, de Paris, n'avait rien de bien remarquable ; quelques siéges de fantaisie y étaient exposés, ainsi qu'un modèle de fauteuil Louis XVI ; comme travail, c'était très-ordinaire, rien ne méritait d'être mentionné.

Passons maintenant à la maison Guiraud, de Lyon. — Cette vitrine se trouvait la mieux garnie, comme quantité d'objets exposés. L'ébénisterie y était le plus largement représentée ; on y voyait aussi quelques siéges nus, très-riches comme modèle et travail ; le principal objet de cette exposition était un ameublement en bois couvert, capitonné et recouvert en satin rayé : rien, dans ce travail, ne sortait de l'ordinaire ; le lit qui était exposé et qui allait avec ledit ameublement était un lit à la duchesse, tuya et palissandre, surmonté d'un châssis de lit en bois doré, ayant peu d'harmonie avec le lit même ; pour la tenture j'aurais voulu pouvoir donner des éloges, mais ce n'est pas possible ; si M. Guiraud avait été tapissier, il aurait compris qu'il valait mieux ne pas exposer de la tenture aussi mal réussie ; en un mot, cela ne ressemblait à la tenture que par le nom et la forme. Je m'abstiens d'en donner des détails ; cette maison a été cependant désignée par le jury pour une médaille d'argent ; mais l'administration, fidèle à ses habitudes de préférence et sur les supplications de M. Guiraud, a bien voulu la convertir en médaille d'or.

Voilà comment quelques maisons ont été généreusement récompensées, sans l'avoir mérité par leurs travaux.

Vitrine de la maison Ringuet, de Lyon. — Le principal but de cette exposition était de démontrer l'avantage des encadrements faits par M. Ringuet pour les tentures des murs et la décoration des meubles, en broderie sur de l'ébénisterie : ce genre de panneaux est portatif, et par conséquent facile à remplacer par d'autres panneaux d'une autre étoffe. C'est une bonne idée, mais l'exécution en est très-coûteuse, car, outre les décors, il faut un emplacement nécessaire pour emmagasiner les décors de rechange, de plus préserver des mites les décors en magasin.

Je ne veux pas finir mon rapport sans le faire suivre de quelques réflexions sur notre organisation du travail.

N'ayant pas vu d'Exposition d'autres pays ou localités, il m'est impossible de juger si leur organisation, leur travail, valent mieux que chez nous.

Connaissant, par expérience et par mes nombreux voyages, et ayant vu l'organisation des principales villes de France, je suis obligé de dire à une grande partie des tapissiers de Lyon qu'ils ont tort de laisser dépérir, par leur manque de vouloir, une des branches principales de notre corporation : je veux parler de la couture, qu'on ne surveille pas assez. On fait coudre hors des ateliers pour que cela coûte moins cher, c'est une erreur ; car messieurs les tapissiers de Paris, Marseille, Bordeaux et de toutes les autres villes de France surveillent leur couture chez eux, et rien ne se fait hors de leurs ateliers ; vous croyez peut-être que cela leur revient plus cher ; c'est tout le contraire, ces messieurs connaissent parfaitement leurs intérêts.

C'est une erreur de croire que la couture faite hors de chez vous est moins coûteuse ; en comptant dans votre prix de revient la perte de temps d'aller et venir de chez vous à l'atelier de vos ouvrières, les corrections que vous êtes obligés de faire, et si on se trouve en ville, l'ouvrier, pour éviter soit une course ou pour tout autre motif, défait un pli ou met un clou d'un côté ou de l'autre pour pouvoir faire aller un travail qui n'est pas dans les conditions voulues. Si le travail était fait sous les yeux du patron ou du contre-maître de la maison, ces retouches ne seraient pas nécessaires, et le travail serait beaucoup plus gracieux.

Mais tout le mal n'est pas là, le mal capital est aujourd'hui presque irréparable : c'est la concurrence que vous vous êtes créée, car, aujourd'hui, vous avez tant d'ateliers de couture au dehors, que le décor ne vous passe plus par les mains. Les ouvrières que vous occupez ne craignent pas d'aller trouver le client et de lui dire que le décor n'est pas fait par vous, mais par elles seulement. Voilà où en est réduite la principale branche de notre métier. Si, au lieu de donner la couture hors de chez vous, comme vous faites, vous aviez continué à faire comme autrefois, vous ne seriez pas obligés, quand vous avez un travail à faire, de solliciter une ouvrière ; vous auriez des ouvrières formées à votre travail, qui iraient d'un atelier à l'autre, et à qui vous aideriez à gagner plus largement leur vie ; on pourrait avoir à Lyon de cent cinquante à deux cents ouvrières à qui vous pourriez donner de deux à trois francs par jour, selon leurs capacités ; votre travail serait beaucoup mieux organisé ; mais vous préférez donner à une maîtresse-ouvrière votre travail, et par ce moyen vous sortir tout embarras : vous voyez aujourd'hui le mal que vous vous êtes fait, et ce sera bien pis plus tard. Outre le mal fait à la corporation, il y a celui que vous faites supporter aux ouvrières qui sont sous la chef-ouvrière à qui vous donnez votre travail, elles occupent les filles très-peu de temps, de crainte que, sachant travailler, elles leur fassent concurrence, comme à vous ; elles ne donnent à ces filles que 1 fr. 25 c. ou 1 fr. 50 c. par jour, en leur faisant faire onze heures de travail. Et ces mêmes maîtresses-ouvrières vous leur faites gagner la journée d'un très-bon ouvrier. J'ai entendu dire à quelques-unes de ces ouvrières qu'elles se font de trois à quatre mille francs par an en employant deux ou trois ouvrières ; il faut qu'elles exploitent ces jeunes filles pour réaliser un pareil chiffre. Si l'on avait conservé les anciens usages, tout en donnant à une bonne ouvrière 3 ou 4 francs par jour, vous auriez maintenu l'art de la couture au rang qu'il mérite d'occuper dans notre métier, vous auriez évité le gaspillage des décors et la misère à beaucoup d'ouvrières; en en ayant une centaine occupées dans les divers ateliers et gagnant une meilleure journée, sans pour cela vous sortir votre bénéfice, vous auriez alors votre travail exécuté chez vous et dans des conditions irréprochables.

Voilà, messieurs, où en est notre industrie de la couture : il est encore temps d'y porter remède. Changez votre organisation, faites des ateliers, formez des ouvrières et tout ira bien.

Le délégué des tapissiers ,

Frédéric Castiglioni.

TEINTURE

Chers Collègues,

Nous venons aujourd'hui vous soumettre le compte-rendu de la mission que vous avez bien voulu nous confier.

Heureux si, par les travaux que nos faibles capacités ont pu élaborer, nous avons pu justifier votre confiance et nous en être rendus dignes.

Citoyens, nous regrettons vivement que la teinture lyonnaise n'ait pas été représentée, dans cette grande arène industrielle, selon son importance.

Les quelques maisons qui y ont été représentées n'ont rien mis de bien saillant ni de nouveau qui puisse augmenter le prestige de notre corporation; nous aurions préféré voir dans leurs vitrines de ces belles nuances foncées et variées qui se font à ce jour dans tous les ateliers de teinture, soie ou coton. Là, on aurait pu montrer le progrès que l'on a obtenu depuis peu avec les produits d'aniline et autres; nous regrettons aussi qu'aucune maison étrangère n'ait été représentée; de là manquent nos moyens d'appréciation des progrès faits à l'étranger vis-à-vis des nôtres. Nous ne pouvons donc vous faire connaître nos appréciations que sur les teintures de quelques maisons de Lyon, de Saint-Étienne, Saint-Chamond et Miribel, qui se sont fait représenter. Nous le ferons en nous tenant autant que possible dans les limites de la vérité.

La maison Corron et Vignat, de Saint-Étienne, mérite d'être signalée pour ses teintures de tissus soies et cotons, laines et soies sans apprêt, ainsi que pour ses tissus gazes, dont il n'y a rien à dire pour la teinture.

Nous tenons à signaler les noms des ouvriers qui y ont coopéré. Ce sont les nommés :

Maurice Vial, Grand'Rue Saint-Roch, 82.
Jean Perraud, à Valbenoite.
Pierre Bertrand, rue Richard, 2.
Pierre Rey, rue Chaude, 41.
Antoine Réveiller, rue Montebello, 3.
Pierre Béraud, Grange-de-Leuvre.

Laurent Jalabert, contre-maître, estimé du personnel qui se trouve sous sa direction.

Nous dirons que la maison Grobon, de Miribel, mérite les mêmes faveurs que la maison Corron et Vignat pour les mêmes articles. Nous avons remarqué également que cette maison a exposé des tissus en soie sauvage et autres, dont la teinture nous a paru très-bien.

Nous vous citerons le nom du citoyen Tabourin, chimiste, comme ayant le plus contribué à la réussite de ces belles nuances.

Nous avons aussi remarqué la vitrine de la maison Larpin, de Lyon, articles de soies à coudre, franges et cordonnet pour machines. Nous pouvons affirmer qu'elle a exposé une jolie collection de nuances variées dues au travail du citoyen Jean-Marie Martin, ouvrier de ladite maison.

La maison Dubois et Buénerd, de Lyon, par le fait de sa perfection, est arrivée à donner aux articles cotons et laines popelines des nuances très-belles dans leurs variations. Nous citerons le citoyen Jean Perrin, comme ayant coopéré aux teintures des laines.

La maison Renard et Villet. Exposition de peu d'importance.

La maison Gillet, de Lyon, a exposé une grande quantité d'échantillons de noirs cuits, fantaisie et cotons glacés. Nous n'avons pu nous rendre un compte exact sur les teintures de cette maison, vu que l'on avait négligé de mettre sur chaque genre de noir une étiquette donnant le poids de la surcharge ; de plus, vu la difficulté de se faire ouvrir la vitrine, nous n'avons pu nous rendre compte du toucher des soies et de leur solidité : quelques échantillons nous ont paru avoir passé à un lustrage de toute épreuve.

Ce qui nous a semblé bien, c'est quelques échantillons de soie sauvage ; mais, comme pour les précédents, les renseignements nous manquent.

La maison Puthod et Richard, de Saint-Chamond, a exposé des noirs souples qui nous ont paru très-bien.

Nous avons cherché à connaître les noms des coopérateurs; nous avons appris que c'est M. Francisque Bugnard qui est le contre-maître dirigeant toutes les opérations de teinture de ladite maison, un homme estimé et bien vu des ouvriers.

Citoyens,

En acceptant le mandat de délégués à l'Exposition, nous avons parfaitement compris que notre mission ne se bornait pas simplement à vous faire un rapport sur ce que nous pourrions voir de bien, exposé dans cette grande arène industrielle concernant notre corporation. Nous nous sommes donc occupés de toutes nos forces à chercher les moyens qui peuvent améliorer le sort des travailleurs. De concert avec tous les délégués des grandes villes de France qui sont venus nous apporter leur concours et leurs lumières, nous avons compris et convenu que ce n'est que par la fédération de tous les travailleurs, et en établissant un lien de solidarité entre corporations, que nous arriverons à être assez forts pour lutter contre le monopole, qui, à ce jour, tente de réduire l'ouvrier à la plus affreuse misère.

Nous devons donc nous grouper le plus tôt possible, afin de conjurer ce fléau. Par notre union et notre concorde, nous arriverons à faire réformer toutes ces lois qui aident à notre servitude et qui donnent la puissance aux ennemis de l'humanité. Il est temps de ne plus nous diviser sur les moyens à employer pour conquérir nos libertés; nous connaissons tous où est le germe du despotisme; nous devons aller droit au but et l'arracher pour toujours.

A l'œuvre donc! arrachons-nous de cette étreinte *réactionnaire* qui a de tout temps foulé à ses pieds le droit de l'ouvrier.

Un assez grand nombre de citoyens attribuent la cause des maux que nous supportons à notre système économique, soit dans l'application de la vapeur à l'industrie et aux grandes voies de transport, enfin à l'application de ces formidables engins de production.

Eh bien! nous avons la conviction que ce n'est pas de là que dérive la source de nos misères ni de cette dépréciation générale, mais bien de tel ou tel gouvernement et leurs acolytes qui ont toujours, par leur ambition et leur cupidité, trahi ceux qu'ils auraient dû protéger.

Depuis 1789 le peuple lutte et cherche une solution pour mettre un terme à ses maux; des milliers de citoyens ont sacrifié leur vie pour le triomphe de la liberté, et toujours le peuple reste plongé dans la même misère. A ce jour l'ouvrier tente de s'affranchir du despotisme par la coopération. C'est là qu'il voit une planche de salut. Oui, c'est notre idéal de l'avenir; mais méfions-nous, nos ennemis sont en grand nombre, ils pourraient bien détruire demain ce que nous pourrions fonder de bien aujourd'hui.

Le passé, le présent nous prouvent assez combien nous avons à travailler et à nous unir pour maintenir la République, veiller à ce que ce ne soit pas une république sans républicains ; il faut que ce gouvernement substitue à la place du principe du privilége la justice, et à la place de la puissance le droit : par là toutes ces entraves qui nous empêchent d'être des hommes libres et de vivre du fruit de notre travail seront renversées.

Nous venons de vous indiquer un remède au mal. Tâchons donc de faire comprendre à certain nombre d'ouvriers insouciants de leur liberté la cause principale de nos faiblesses et les moyens de devenir forts, afin de pouvoir subvenir aux besoins impérieux que réclament nos familles ; souvenons-nous de ce que nos pères de 1789 ont fait pour nous et tâchons que nos enfants puissent dire à l'avenir : Nos pères sont morts glorieux, ils nous ont légué la liberté. Donc, courage et persévérance, prouvons que nous voulons être libres et que nous sommes dignes de l'être ; que les mots Humanité et Solidarité soient notre mot d'ordre, et le jour où nous serons sortis de ce fatal isolement dans lequel on a su nous plonger, nous pourrons nous réchauffer au soleil de la liberté.

Fourneau, Rabier.

TISSAGE

Taffetas unis.

Nous ne traiterons que sommairement la question industrielle, car ceux qui nous ont délégués ont pu voir, de même que nous l'avons fait, ce qu'il y avait d'intéressant à l'Exposition pour notre industrie, et juger du mérite des étoffes exposées tout aussi bien que nous. Il serait parfaitement inutile de prouver la supériorité des tissus unis de fabrication lyonnaise sur ceux de fabrication étrangère ; nous n'avons pas eu la satisfaction d'exercer notre sagacité, car l'industrie étrangère des tissus de soie unis n'était représentée que par deux maisons, et nous regrettons sincèrement cette lacune.

Nous pouvons, sans craindre la critique, d'après les tissus unis étrangers que nous avons vus exposés, dire : que l'industrie lyonnaise atteint un degré de perfection éminemment supérieur, sans vouloir rabaisser le mérite de l'industrie étrangère et de ses coopérateurs que nous jugeons aussi intelligents, aussi capables que nous ! Nous disons de la fabrication étrangère : elle pourra nous égaler, mais jamais nous surpasser. Lyon restera longtemps encore supérieur par son industrie dans les tissus de tous genres.

Cependant, il ne faut pas qu'industriel et coopérateur nous nous endormions dans une fausse sécurité, comptant sur notre passé sans prévoir l'avenir. Le progrès marche à l'étranger ; il marche d'autant plus vite que le chemin est préparé.

L'industrie lyonnaise des tissus de soie, qui compte des siècles d'existence, ne doit sa grandeur qu'au désintéressement de ceux qui mirent leur honneur à faire de cette industrie le plus beau fleuron de notre cité et qui attachèrent leur nom à sa cause par les services qu'ils lui rendirent. Il serait temps que nos modernes industriels quittent leurs errements et songent un peu moins à leur intérêt personnel, et un peu plus à l'industrie qui fait la fortune de tant d'entre eux et la richesse de notre pays ; en songeant à l'avenir d'une classe nombreuse, intelligente et laborieuse, imitant leurs devanciers, s'adjoignant le concours des ouvriers intelligents et actifs, qu'ils maintiennent, non-seulement la prospérité de notre industrie, mais qu'ils la fassent progresser, qu'ils donnent un continuel essor aux inventions nouvelles qui peuvent contribuer à améliorer et perfectionner sa progression commerciale et industrielle.

Nous ne passerons pas sous silence l'une des causes de la splendeur de notre industrie : le mode de nos ateliers qui permet à chaque ouvrier d'apporter son genre d'organisation pour la fabrication des tissus, qui développe par cette immense décentralisation industrielle les intelligences, et permet à chacun d'apporter à l'œuvre commune son perfectionnement, est et sera toujours une des causes de la supériorité de l'industrie lyonnaise.

Si nous voulions faire ici de l'histoire et raconter les merveilles ingénieuses et les inventions sans nombre que les ouvriers lyonnais ont apportées à leur industrie, un livre ne suffirait pas pour notre rapport. Nous dirons seulement que les tisseurs lyonnais ont fait leur industrie ce qu'elle est, et que leur concours sera toujours plein d'abnégation pour la maintenir dans la voie du progrès. Il serait grand temps que ceux qui exploitent cette source de notre richesse nationale s'aperçoivent qu'à force d'énerver les ressources vitales de notre industrie, ils arriveront à les épuiser. Nous ne craindrons pas de le répéter encore ici dans notre rapport : la cause de la gloire et de la supériorité des tissus lyonnais, c'est l'atelier !... L'industriel peut, sous certains rapports, préférer la fabrique ; mais nous qui savons et qui voyons, nous disons que du jour où elle primera l'atelier, sonnera l'heure de la décadence de l'industrie lyonnaise.

Nous ne terminerons pas notre rapport sans parler de la cause première des bons tissus et de leur bonne fabrication ; il nous a été donné d'apprécier la qualité supérieure des matières premières employées par certaines maisons lyonnaises, nous ne pouvons que les encourager à poursuivre cette voie, et nous engageons celles des maisons qui, par des motifs que nous n'avons pas mission de rechercher, ne les imitent pas, à suivre leur exemple ; car il est incontestable que, pour avoir de la bonne fabrication d'une exécution supérieure, il faut donner aux tisseurs des matières de premier choix.

Nous terminerons notre rapport en émettant un vœu que nos collègues doivent faire comme nous, et qui sera sans doute compris par messieurs les fabricants de la cité lyonnaise.

Nous désirerions qu'il se formât entre tous les industriels lyonnais traitant l'industrie de la soie une association dont le but serait l'achat, sur les lieux de production, des matières premières servant à notre industrie.

Ce système serait une source de bénéfices pour les industriels, et cela leur éviterait de lésiner sur quelques centimes d'augmentation pour ceux qui font la richesse de la ville de Lyon.

Comptant que nos voix seront entendues, nous arrêtons ici nos conclusions en engageant nos collègues à faire, comme par le passé, tout ce qui sera nécessaire pour le maintien dans la voie du progrès et de la bonne fabrication des tissus unis lyonnais et surtout aussi pour le maintien et l'augmentation de nos salaires, selon les besoins et les exigences de notre époque.

Lyon, 10 janvier 1873.

Les délégués du tissage, 1re catégorie :

LOUIS PONCET, BAUD, DÉCRAND,
CONVERT, SALOMON.

CITOYENS,

Dans la visite collective que nous avons faite à l'Exposition lundi 21 octobre, le temps que nous avons consacré aux études industrielles a été assez restreint, mais je tâcherai, pour mon compte, de soumettre à la Délégation un rapport aussi complet que possible.

Dans les différentes visites particulières que j'ai faites à l'Exposition, je n'ai pu apprécier une foule de choses que *de visu* ; il m'a été impossible de faire une différence d'une manière exacte entre les produits français et les produits étrangers. Je n'ai pu obtenir l'ouverture des vitrines étrangères, mais on peut dire, sans crainte de se tromper, que les tissus unis lyonnais sont supérieurs.

Les différentes maisons de fabrique de la cité lyonnaise qui ont exposé des tissus unis, noirs, couleurs ou rayés, n'ont entre elles que la différence qui existe pour le mode et le besoin de leurs transactions commerciales, car articles de haut goût ou articles courants se distinguent tous par le parfait de l'exécution. La matière employée ou la charge en teinture seule apporte une distinction dans les produits; mais la main-d'œuvre est, d'une manière invariable, d'un fini parfait.

Il me semble oiseux d'apporter dans mon rapport des distinctions que nous, tisseurs, nous connaissons depuis longtemps, et de faire de la réclame pour telle ou telle maison de la fabrique lyonnaise ; mais cependant je crois que, dans notre intérêt, il y aurait peut-être quelque chose à faire dans le rapport général : nous devrions signaler les maisons qui emploient les matières premières dans les meilleures conditions, car elles ont une grande influence sur notre salaire.

Pour répondre au paragraphe 2 de notre programme, les moyens de se procurer les éléments nécessaires pour savoir la provenance des matières premières que nous avons vues à l'Exposition ayant fait défaut, je n'en parle que pour mémoire. J'ai vu de très-belle soie grège, mais voilà tout. Nous savons que l'industrie lyonnaise tire ses produits de tous les pays où s'élève le ver à soie ; quant au prix de vente et de revient, ceci embrasse une quantité de branches commerciales qui échappent à l'appréciation des tisseurs.

Le paragraphe 3 des questions industrielles se liant étroitement au paragraphe 4 de la question sociale, je le réserve.

Dans le paragraphe 4, je lis : « S'enquérir des nouveaux moyens de production. » Je signale à l'attention de mes collègues tisseurs d'unis, comme devant un jour renouveler entièrement notre système de tissage, le métier mécanique, non pas ceux que nous avons vu fonctionner à l'Exposition, mais d'autres que le génie humain perfectionnera. Je suis de ceux qui croient que l'homme, formé d'intelligence et de génie, doit mettre à sa disposition toutes les forces motrices, soit celles produites d'une manière naturelle, soit celles qui sont les conséquences de son travail ; car nous devons désirer d'être les instruments intelligents dirigeant la force matérielle du travail, mais non d'être cette force même.

La seule conséquence qui puisse nous nuire dans l'emploi des forces motrices, c'est que pour les établir il faut beaucoup de capitaux ; cependant ne perdons pas de vue que tout se perfectionne, que l'ancien métier à la tire a fait place à la jacquard ; que le métier à bras sera remplacé par le métier mécanique ; tâchons de nous associer pour conserver l'outil de notre travail, qui peut tôt ou tard échapper à nos mains.

Je ne parlerai pas du paragraphe 5 des questions industrielles, nous nous en occupons ; ni des paragraphes 1 et 2 de la question sociale, nous avons traité des questions qu'ils renferment avec les délégués des différentes villes que nous avons vus. Quant au paragraphe 3 de la même question, nous, délégués du tissage uni, il nous a été impossible de nous renseigner, n'ayant pas eu de délégués étrangers.

Les questions multiples contenues dans le paragraphe 3 de la question industrielle et du paragraphe 4 de la question sociale sont très-ardues. Chacun peut les apprécier d'une manière différente ; il est très-difficile de les résoudre d'une manière absolue.

Je vais tâcher d'émettre quelques idées à ce sujet. La question industrielle réside dans l'outillage perfectionné, permettant de produire beaucoup; mais si l'ouvrier ne possède pas cet outillage et qu'il travaille pour le compte d'un industriel quelconque, il produira beaucoup pour un seul, mais rien pour lui, et il sera souvent à la merci du chômage; donc, avant tout, il faut que l'ouvrier soit producteur et exploiteur.

Les moyens de communication largement répandus et se produisant librement dans tous les genres sont encore des facilités pour rendre possible la concurrence sans faire faiblir les salaires; plus les produits pourront s'écouler à bon marché, plus ils se renouvelleront et augmenteront leur consommation, et, par ce fait, produiront la hausse des salaires.

La suppression des impôts sur les matières premières, le libre-échange, la bonne administration des finances, la destruction des sinécures et hauts traitements, le gouvernement du pays par lui-même, sont des moyens politiques qui faciliteront le bien-être parmi les travailleurs.

Forcer les manufacturiers qui nous occupent à ne faire produire à leurs capitaux que le strict nécessaire, et non des fortunes scandaleuses; les amener à travailler un peu plus et ne pas tant faire travailler les autres, voilà, dans l'ordre social, les moyens que nous devons chercher à réaliser pour voir augmenter nos salaires. D'autres moyens qui sont les correctifs de ceux que je viens de signaler peuvent être mis en pratique, en attendant la solution des problèmes sociaux que les travailleurs poursuivent depuis longtemps : le droit de vivre et le droit au travail.

Que chaque travailleur ne néglige aucun acte de la vie publique appelé à se produire dans les affaires sociales ou industrielles; qu'il ne néglige aucun des devoirs que lui commandent les circonstances pour les intérêts de la commune, du département ou de l'Etat; qu'il se livre avec abnégation et dévoûment à toutes les fonctions où ses collègues l'appellent; que, ne négligeant aucun de ses devoirs, il sache faire valoir tous ses droits.

Que chaque travailleur lutte sans relâche pour l'affranchissement de l'intelligence par l'instruction; qu'il la demande gratuite, libre et laïque, partout et pour tous; qu'il l'organise et la fasse vivre avec ses deniers, en attendant de l'avoir par la Constitution. C'est une des premières conditions du maintien et de l'augmentation de nos salaires : plus diminuera le nombre des ignorants, plus diminuera le nombre de nos exploiteurs.

Pour détruire les grèves, fatales à l'industrie et aux travailleurs, créons des associations de consommation, de production; des sociétés d'épargne, de crédit; des ateliers coopératifs. Un grand nombre de petites industries dont nous sommes les membres actifs et intelligents nous permettraient de mettre en pratique les divers moyens que je propose. Combien de nous exercent certaines d'entre elles qui ne demandent qu'un peu d'entente et très-peu de capitaux ? Absorbons ces petites sources de l'industrie pour nous faciliter d'atteindre les grandes; c'est encore un moyen d'augmenter nos salaires.

Pour ceux qui ne peuvent pas atteindre ce but, ou qui l'atteindront plus tard, pour diminuer et corriger le mauvais effet des grèves, toujours si regrettables, cherchons les moyens qui nous aideront à établir l'ordre de choses que nous désirons, étudions toutes les questions qui peuvent tendre à amener des bons résultats pour améliorer notre sort ; voyons les services que pourraient nous rendre les Chambres syndicales. Poursuivons, partout où il nous sera possible de le faire, la création des Sociétés civiles de prévoyance ou de résistance pour le maintien ou l'augmentation des salaires ; mais, surtout, restons unis, et quand on touchera à l'un de nous, sachons épouser sa cause, car elle est la nôtre. Tendons-nous une main fraternelle pour nous aider à franchir les passes difficiles du prolétariat, et pratiquons, entre toutes les branches industrielles qui forment le grand faisceau des travailleurs, la solidarité ; car, hors de là, point de salut ! que chaque ouvrier sache que sa devise doit être : Un pour tous, tous pour un !

Lyon, le 4 novembre 1872.

Louis Poncet.

Citoyens,

A la suite de notre visite collective faite à l'Exposition lundi 21 octobre, je crois devoir donner ici le résumé de mes impressions personnelles, tout en regrettant vivement de ne pouvoir remplir qu'une faible partie de notre programme.

Après avoir examiné les différents tissus unis, exposés par les fabricants lyonnais, je crois qu'aucune comparaison ne doit être faite, à moins de porter préjudice à nos intérêts.

D'un autre côté, nous n'avons pu les comparer aux produits étrangers, seulement représentés par deux maisons, l'une belge, l'autre alsacienne, par la raison que nous n'avons pu obtenir l'ouverture de leurs vitrines. Toutefois, d'après les renseignements obtenus, les articles exposés par la maison belge seraient supérieurs à ceux exposés par V. Hermann et Coofen ; mais, autant que j'ai pu en juger, je crois pouvoir affirmer qu'ils sont de beaucoup inférieurs, comme fabrication, aux tissus lyonnais.

Maintenant, je vais aussi succinctement que possible vous donner mon idée relativement au difficile problème de la question sociale, question qui, à mon point de vue, ne peut se résoudre que par l'association du capital et du travail ; et pour arriver à l'union de ces deux intérêts, si éloignés l'un de l'autre, c'est aux travailleurs dévoués et intelligents à propager et répandre autant que possible le système de l'association, soit de consommation, soit de production, principalement cette dernière, et tâcher de les relier les unes aux autres par la fédération, ce qui permettrait, par cette solidarité, de faire toucher du doigt aux plus arriérés et aux plus égoïstes cette grande vérité : l'union fait la force.

Maintenant, il est un fait certain, c'est que du jour où le travailleur pourra jouir du bénéfice de son travail, le capital viendra forcément à lui. Ce n'est qu'une question de temps : ayons la patience et la persévérance nécessaires, et soyons convaincus que nous arriverons au but ; car il est bien entendu que le progrès se fait chaque jour. Seulement, il est inutile de vouloir le forcer, quoi qu'en pensent certains pessimistes, car tôt ou tard il reprend son courant, c'est ce qui donne lieu de croire qu'il a des mouvements de recul.

Notre salaire, mesuré avec tant de parcimonie, ne nous permet pas assurément de disposer de grands capitaux ; cela doit être une raison de plus pour nous de chercher tous les moyens possibles de le défendre, et, au besoin, de l'augmenter.

En un mot, je crois, citoyens, qu'en persévérant dans la voie coopérative, nous arriverons à créer de grandes choses et que nous atteindrons le résultat que nous cherchons, ou tout au moins nous aurons posé un sûr jalon pour la génération future qui, plus instruite que nous et vivant sous des lois plus hospitalières que les nôtres, il faut l'espérer, n'aura qu'à perfectionner le mécanisme de la solidarité coopérative, si péniblement élaboré par nous.

Recevez, citoyens, mes salutations empressées.

Lyon, le 27 octobre 1872.

BAUD.

DEUXIÈME CATÉGORIE.

1ʳᵉ SECTION.

Articles robes façonnés et armures.

Nous, délégués de la deuxième catégorie du tissage, articles robes façonnés et armures, regrettons sincèrement que MM. les négociants de la ville de Lyon n'aient pas exposé les riches soieries de la haute nouveauté qui sont les chefs-d'œuvre et la gloire du tissage lyonnais. Notre mandat a été restreint, vu le peu de tissus pour robes qui ont été exposés. Notre appréciation, n'ayant pu se baser que sur les produits de trois ou quatre vitrines, ne peut avoir un caractère bien sérieux. Cependant, désireux de rendre compte du mandat dont nous avons été investis, voici en quelques mots, et par ordre de mérite, le résultat de nos observations :

1° La maison Poncet père et fils, qui a obtenu une médaille d'or. — Son exposition d'étoffes armures est remarquable par la belle qualité de la soie, la belle nuance des couleurs et la bonne fabrication.

2° La maison Adam. — Nous avons remarqué ses divers genres d'étoffes brochées, quelques-uns des dessins sont de bon goût, les nuances sont belles et la fabrication est bonne. Cette maison a également obtenu une médaille d'or.

3° La maison Sisley et Colenille, dont les divers genres d'étoffes pékins et brochés méritent d'être appréciés.

N'ayant eu à comparer aux produits lyonnais que les étoffes unies et armures exposées par une maison de la Belgique, nous ne pouvons que déclarer que les tissus de Lyon leur sont supérieurs, et il nous est impossible d'établir une comparaison avec les tissus des pays étrangers.

Nous ne pouvons laisser passer sans en parler l'examen que nous avons fait d'un métier mécanique : avec de la bonne matière pour la chaîne, ce métier peut produire une plus grande quantité de tissu qu'un métier fonctionnant à la main, mais il est incontestable que sa fabrication lui est inférieure.

Pour les délégués :

RYKÉBUS, DOUILLET, NAUDOT.

2° SECTION.

Articles confection.

Nous avons à nous occuper ici d'un article de soieries pour confection de cols-cravates, qui se traite spécialement à Lyon ; c'est du moins ce que nous pouvons constater en l'absence de tout moyen de comparaison.

Cet article, remarquable par le grand développement dont il est susceptible, a été représenté par la maison Couderc qui a exposé un assortiment de tissus taffetas, satin, écossais, pékins, brochés, lancés, quadrillés, barrés, rayés, etc.

Ce que nous avons surtout remarqué, c'est le talent de l'exposant qui a su réunir dans un espace relativement très-restreint un choix aussi considérable et aussi varié (plus de 250 genres).

Néanmoins, nous trouvons ces étoffes presque inférieures à celles que nous fabriquons journellement.

Comment expliquer cette infériorité, si ce n'est par l'indifférence qu'ont apportée à l'Exposition les principales maisons de Lyon qui traitent cet article?

Nous avons aussi reconnu de nos étoffes confectionnées en de très-jolis cols-cravates par les maisons Rodolphe Augier, Marix-Picard, Merly-Matère.

L'article collier-châtelaine (à la barre) a été représenté avantageusement par la maison Augier, de Saint-Étienne; nous y avons remarqué des articles de très-bon goût : lancés, brochés, bayadères, etc.

La maison Girodon, de Lyon, ainsi que la maison Chambon, méritent d'être mentionnées pour leurs expositions en ce genre : étoffes riches, ceintures moirées, variétés de nuances en étoffes unies et armures avec franges.

Londres, David Evans. — Châtelaines, foulards soie imprimés, cravates, fichus, tissus très-légers. Cette maison ne pourrait soutenir la concurrence que par la modicité des prix.

RÉPONSES AU PROGRAMME DE LA DÉLÉGATION OUVRIÈRE.

QUESTION INDUSTRIELLE.

§ 1er. — Cette partie du programme est assez difficile à remplir pour le tisseur. Ayant peu de produits à comparer, nous ne pouvons établir un jugement sérieux.

§ 2. — Pour la provenance et le prix de revient des matières premières, nous laissons cette question à résoudre à nos fabricants lyonnais, qui s'en pourraient charger avec avantage.

§ 3. — Pour ce qui regarde notre cité, la seule concurrence à établir, sans qu'elle soit au détriment de l'ouvrier, est dans la belle exécution des tissus qui font de Lyon la ville inimitable pour la nouveauté.

§ 4. — Dans notre genre, nous signalons les métiers à la barre de nos voisins de Saint-Étienne, qui nous ont fait une sérieuse concurrence pour la fabrication des colliers-châtelaines en tous genres, lancés, brochés, même compliqués. — Ils peuvent faire 6, 8, 10 pièces à la fois, nous ne pouvons donc pas lutter pour le bon marché de la main-d'œuvre. D'un autre côté, ils peuvent faire ensemble tout un assortiment de couleurs.

§ 5. — Nous n'avons rien vu dans notre spécialité digne de remarque, les principales maisons lyonnaises n'ayant pas exposé.

QUESTION SOCIALE.

§ 1ᵉʳ. — Nous n'avons reçu que des délégués français; leurs tendances et leurs moyens d'action paraissent être la création de chambres syndicales ouvrières.

§ 2. — En fait de société ouvrière, nous pouvons citer la société civile des tisseurs de Lyon.

Cette société est composée d'au moins vingt mille travailleurs, fractionnés par séries de vingt, ayant chacune un président, un secrétaire et un trésorier responsables solidairement de leur caisse particulière.

Chaque sociétaire cotise 5 centimes par semaine pour chaque métier qu'il occupe; les sociétaires, ouvriers ou ouvrières, 5 centimes par personne.

Les trésoriers de chaque série versent à des collecteurs qui, eux-mêmes, versent au siége de l'administration 1/10 de leur cotisation mensuelle pour les frais généraux de la société.

Indépendamment de ce 10ᵉ, les séries doivent répondre à tout appel de fonds nécessaire dans l'intérêt général.

Cette faible cotisation a produit des résultats immenses pour la fabrique lyonnaise.

Les sociétaires sont divisés par catégories ou spécialités de tissage.

Chacune de ces catégories nomme, selon son importance, un ou plusieurs membres chargés des intérêts généraux de toute la société. Cela constitue l'administration.

Un bureau de renseignements complète cette organisation, qui compte trois ans d'existence.

En dehors de l'administration, chaque spécialité d'articles du tissage nomme sa commission, espèce de syndicat chargé de régler les prix avec les fabricants.

Ces prix, une fois établis, sont sous la protection de la société, représentée par l'administration et les commissions d'articles.

La société se déclare anti-gréviste, le déplacement des métiers suffit à garantir nos salaires.

Tel est, à peu près, le fonctionnement de notre société qui a contribué à la régénération de la fabrique lyonnaise.

§ 3. — Nous n'avons eu que très-peu de délégués tisseurs.

§ 4. — C'est l'association générale des travailleurs qui est appelée à résoudre ce problème.

C'est la multiplicité des systèmes qui, selon nous, entretient l'erreur et cause le retard apporté à la solution.

Tous les systèmes ont du bon ; si, laissant de côté les questions personnelles qui nous divisent, chaque citoyen, chaque travailleur venait apporter son tribut désintéressé d'intelligence et de dévoûment à la cause commune, à l'individu substituait la collectivité, la solidarité au chacun pour soi, de cette communauté de sentiments, de cette concentration d'efforts tendant au même but, naîtrait infailliblement une idée ; cette idée prendrait bien vite une forme, un corps, et s'imposerait d'elle-même à la génération présente.

Nous devons donc travailler à nous améliorer en nous instruisant; l'instruction est la clé qui nous ouvrira toutes les portes. Nous entendons cette instruction saine, virile, dégagée de toute doctrine ou préjugé superstitieux qui tue la raison au profit de la foi.

Pour nous résumer, il faut :

1º Créer des écoles libres-laïques d'instruction élémentaire et supérieure pour la jeunesse ;

2º Des écoles professionnelles pour les travailleurs (être bon ouvrier dans sa profession est déjà une émancipation) ;

3º Des écoles de droit politique et social;

4º Des chambres syndicales ouvrières pour réglementer les corporations;

5º Et, en dépit des conservateurs sociaux, relier entre elles toutes les sociétés de production, de coopération, de consommation, d'alimentation, etc. ; abandonner ces idées de proratas et de dividendes qui ne sont qu'une exploitation déguisée ;

6º Revendiquer constamment les libertés qui nous manquent ;

7º Travailler constamment à la consolidation de la République, appelée à faire droit à nos légitimes aspirations ; en un mot, créer, propager la chose sans nous inquiéter du nom.

Lyon, novembre 1872.

Les délégués de la confection,

Mathé, Fouillat.

TROISIÈME CATÉGORIE.

Ameublement.

D'après notre appréciation, nous avons reconnu que les articles armures exposés se tissant par la mécanique à vapeur sont loin de pouvoir remplacer l'ouvrage qui s'est fait dans nos ateliers jusqu'à ce jour. Car, d'après les expériences déjà accomplies et les renseignements mêmes de l'exposant, la secousse qui se produit par l'échappement de la marche détériore bien vite l'organisme entier de la mécanique armure et occasionne par ce motif, à celui qui a la responsabilité de soigner l'étoffe, de grandes pertes de temps. Nous en avons conclu que les étoffes faites par ce mode de mécanisme sont loin d'égaler celles faites sur nos métiers.

Nous n'avons donc rien à craindre de l'organisation des fabriques qui pourraient, à un moment donné, porter préjudice à nos salaires, car ceux qui possèdent les capitaux seraient toujours bien aises de profiter de ces inventions qui sont plus ou moins bonnes et qui occasionnent une concurrence effrénée par ces moyens rapides de fabrication d'étoffes qui sont déplorables, qui perdent la réputation de notre industrie locale et la déplacent. Tels sont les fruits d'une rapacité qui nous occasionnent de si longs chômages en organisant des fabriques où certains industriels croient faire fortune plus vite sans comprendre qu'en faisant notre perte ils font la leur, et tout ça parce que nous leur avons demandé quelques modifications de salaire.

Quant à nos articles, spécialement, nous ne pouvons que constater, comme tous ceux qui ont visité l'Exposition, une grande indifférence de la part de nos fabricants lyonnais, et cependant nous avons de ces messieurs dans notre catégorie qui ont été diplômés.

Maison Fleury-Jouve, grand diplôme d'honneur. — Nous croyons que ce diplôme lui a été accordé pour ses broderies d'une richesse matérielle comme dessin, et en un mot pour sa vitrine immense où se trouvaient entassées une grande quantité de dorures étincelantes.

Maison Tassinary et Chatel. (Médaille d'or.) — Étoffes d'ameublements, de riches dessins à grands ramages combinés avec des nuances de bon goût.

Articles ornements d'églises, dont la chappe est le principal, avec sa garniture toute brochée à la main, or et nuances fines et de bon ton, montée sur un fond lampas, dorure d'une grande richesse, à laquelle contribuent aussi le dessin, le travail ainsi que la confection, qui sont très-soignés.

Nous croyons devoir féliciter ces messieurs de n'avoir pas montré l'indifférence de leurs collègues vis-à-vis de l'Exposition.

Maison J.-M. Bidon, (fabricants d'ornements, ameublement et articles du Levant). Médaille d'argent. — Nous ne pouvons nous empêcher de reconnaître le peu d'appréciation qu'a montré le jury dans cette spécialité surtout. L'ornement d'église dans cette vitrine était assorti on ne peut mieux, car on y avait exposé depuis les plus petits articles jusqu'aux plus riches qui se traitent sur le métier, telles que croix et garnitures damas blanc, d'une grande fraîcheur et d'une belle fabrication, des fonds liston, des draps d'or unis et brochés, des moires or et argent superbes, de belles étoffes pour le Levant, surtout les brillantines brochées or et nuancées à riches dessins. Parmi ces mêmes étoffes on en remarque dont le dessin forme une dentelle, broché ou lancé d'une grande beauté.

Maintenant nous aurions voulu pouvoir donner de plus amples renseignements sur cette seule et unique vitrine d'ameublement, qui est à MM. Leverra et Cⁱᵉ de Turin, lesquels ont exposé des articles qui sont très-inférieurs en fait de fabrication, et pourtant ils ont obtenu une *médaille*. Il est vrai que cela n'était pas difficile, vu l'indifférence des fabricants étrangers, qui a égalé au moins celle des Lyonnais.

Arrivons au Questionnaire si restreint, et qu'on a eu peur de développer par des questions plus nombreuses et surtout plus claires, sans doute pour éviter des réponses violentes et délictueuses à la classe ouvrière qui a tant besoin d'étudier et de rechercher les moyens de sortir de cet abrutissement où elle est plongée par son manque d'instruction.

1ʳᵉ QUESTION. — *Établir une comparaison entre les produits français et les produits étrangers en indiquant si les produits français sont supérieurs ou inférieurs aux produits étrangers.*

Les produits français sont de beaucoup supérieurs aux produits étrangers en étoffes d'ameublement, d'abord par leur richesse de tissus et de dessin et par leur belle fabrication.

Les étoffes étrangères sont très-communes ; leurs tissus ne peuvent égaler les nôtres, même les plus ordinaires, sur aucun point.

2ᵉ Question. — *Mentionner ce qu'il y aurait à faire pour soutenir la concurrence sans que ce soit au détriment de l'ouvrier.*

Nous demandons que des sociétés soient organisées dans tous les corps d'état de manière à se mettre en communication intime pour arriver à unifier les prix et les heures de travail selon les besoins de la vie.

De la façon dont la corporation du tissage est organisée à Lyon, elle pourra toujours soutenir la concurrence par sa belle fabrication, et parce que les fabricants n'ont aucuns frais de montage, d'entretien et de location nécessaires à l'emplacement des métiers, ni des contre-maîtres à payer.

Dans les pays étrangers, même en France, à Tours, par exemple, les fabricants ont tous ces frais à leur charge, et ils paient le travail à peu près comme il est payé à Lyon. Avec la surcharge des frais, le prix du travail dépasse donc en quelque sorte celui de Lyon.

Lyon n'a donc point de concurrence à craindre, c'est pourtant le mot dont les fabricants se servent chaque fois qu'une commission d'ouvriers se présente devant eux pour leur demander une petite augmentation de salaires que la cherté des vivres, ainsi que le surcroît des impôts, qui vont de plus en plus croissant, nous obligent à demander.

3ᵉ Question. — *S'enquérir des nouveaux moyens de production.*

Les meilleurs moyens pour avoir de belles productions dans notre corporation du tissage, ce serait d'appuyer et de stimuler les prud'hommes, nos élus, afin qu'ils obtiennent par tous les moyens possibles une surveillance plus minutieuse des élèves pendant leur apprentissage, de manière à faire de bons ouvriers qui puissent contribuer à la bonne renommée de nos produits tout en faisant respecter les tarifs de main-d'œuvre.

Ensuite nous demandons instamment l'organisation d'un syndicat qui pourrait se prendre dans chaque commission d'articles et qui jugerait avec connaissance de cause avant d'aller devant les prud'hommes, dont les décisions ont force de loi et qui rendent trop souvent des jugements critiqués faute par eux d'être compétents.

La production, dans certaines étoffes, pourrait quelquefois se faire plus belle; mais ceux qui ont par leurs études industrielles trouvé le moyen de faire mieux un article voient le plus souvent leur temps perdu en recherches dont on ne leur tient pas compte; ils sont bien forcés, quand ils voient qu'il faut travailler pour pouvoir nourrir leur famille, de renoncer à toute amélioration de travail, et la production se fait moins bien par conséquent.

Il y a des fabricants qui voudraient qu'on leur cherchât les moyens de rendre leurs étoffes plus belles que celles de leurs voisins, auxquels ils donnent le nom de concurrents ; mais quand il faut qu'ils encouragent pécuniairement l'ouvrier innovateur d'une production nouvelle, ils font sourde oreille, et cependant celui-ci ne demande que juste, bien juste le prix du temps perdu. A-t-on demandé quelquefois ce qu'on mérite réellement? Non, jamais. Malgré la rapidité avec laquelle les fabricants font fortune, ils vous répondent : Nous ne pourrons jamais vous payer tel ou tel prix, nous serons obligés d'abandonner l'article ; et ils parlent de concurrence étrangère, qui n'existe qu'en paroles. Avec les moyens dont ces messieurs se servent, l'augmentation qu'on leur demande on ne l'obtient presque jamais on seulement avec de grandes difficultés. Pourquoi? Parce qu'il nous manque l'instruction, car sans elle on n'a pas cette élocution facile qu'il faut vis-à-vis de certains hommes, et on fléchit, on succombe quelquefois dans ce duel de l'intelligence et de la parole. A nous, ouvriers de tout état, à demander l'instruction libre et laïque, l'instruction gratuite à tous les degrés. A nous donc de réunir nos cotisations pour que cette instruction soit pour toujours assurée à nos enfants ; à nous de mieux nous entendre en resserrant les liens de la solidarité et aussi ceux de la fraternité, surtout pour demander des salaires suffisants pour que nous ne soyons pas obligés de faire travailler nos enfants dès l'âge de huit ou dix ans et de les laisser étioler par un travail que leur force ne leur permet pas de faire, mais sur lequel nos faibles salaires nous ont forcés de compter jusqu'à ce jour.

A nous, tisseurs, de demander à gagner notre journée dans le même nombre d'heures que les autres corporations, afin que nous puissions, après la journée finie, envoyer nos enfants et nos élèves aux écoles pour qu'ils soient, à l'âge de leur majorité, assez instruits pour faire des citoyens à même de connaître leurs droits et de les faire respecter.

Les délégués :

> Pour l'ameublement : ALLARD, SIMON.
> Pour les ornements : BOCON, VUILLEROT, GUÉRIN.
> Pour les articles du Levant : GUILLAUD, DELOCHE.

QUATRIÈME CATÉGORIE.

Articles gilets, velours armures et velours façonnés.

Citoyens,

L'article gilet velours et étoffes façonnées ou armures a été, au grand étonnement de tous les tisseurs traitant ledit article qui ont visité nos galeries, tout à fait invisible à l'Exposition. Aussi avons-nous, lors de nos visites particulières ou collectives, fouillé du regard les coins et recoins des vitrines dans lesquelles étaient renfermés les tissus lyonnais, mais pas un seul morceau de velours façonné ou armure, pas un seul gilet que nous tissons, ce qui nous a fait croire que nos négociants devaient avoir eu quelques motifs assez graves pour s'être abstenus d'exposer les étoffes que nous tissons dans notre catégorie.

Toutefois la maison Tassinari et Châtel, place Croix-Pâquet, n'a pas suivi cet exemple et n'a pas craint de montrer au peu d'étrangers qui ont visité notre Exposition des velours fond satin ciselés et façonnés pour meubles et tentures, magnifiques comme nuance, dessin et fabrication. Ces étoffes ont été tissées dans les ateliers du citoyen Bois, rue d'Ivry, n° 35, à la Croix-Rousse, ateliers renommés pour la fabrication de cette spécialité. Aussi avons-nous cru devoir désigner à la commission de rédaction les noms des ouvriers qui ont tissé les étoffes exposées afin qu'ils soient récompensés s'il est possible. Ce sont les citoyens Bois, patron; Mercier François, ouvrier; Bouchacourt, ouvrier; Gauthier Joseph, ouvrier.

Etant veloutiers, et pouvant par conséquent juger avec connaissance de cause, nous avons cru aussi devoir signaler, dans ce présent rapport, les velours frappés et imprimés de la maison Piquet frères, de Paris, ainsi que ceux de la maison Charles Steiner, d'Alsace (Haut-Rhin), dont les dessins, la variété des couleurs et l'excellente fabrication ne laissent rien à désirer.

Voilà, citoyens, nos appréciations concernant les tissus que nous connaissons. Quant aux perfectionnements apportés dans les divers mécanismes, ustensiles, outils dont nous nous servons, nous vous signalerons :

Les mécaniques à dévider, cannetières, doubloirs du citoyen Sallier, rue Tronchet, 53, Lyon ;

La cannetière du citoyen Vieux, montée Saint-Sébastien ;

La cannetière et la jacquard perfectionnée du citoyen Vincenzy, rue Imbert-Colomès ;

Les peignes à tisser de la maison Coint-Bavarot, rue des Capucins, remarquables par leur finesse et leur belle fabrication.

Ceux aussi de la maison Durand et Souton, rue Terraille ;

Les navettes en tous genres de la maison du citoyen Ferlat, côte Saint-Sébastien ; des citoyens Relave, montée Saint-Sébastien ; Orele, rue de Flesselles ; etc.

Les remisses tissés de la maison Tournier, très-remarquable invention ;

Les maillons de verre du citoyen Vial jeune.

Citoyens, en terminant notre rapport, nous avons constaté, non sans peine, que cette grande industrie soyeuse, que nulle ville au monde ne peut rivaliser, a été très-pauvrement représentée à notre Exposition. Aussi espérons-nous qu'à l'avenir MM. les négociants sauront combler les vides qui se voyaient dans nos galeries, en montrant ce que nous pouvons et savons faire aux yeux étonnés et ébahis de tous les visiteurs étrangers à notre localité, lesquels pourront alors voir et admirer nos chefs-d'œuvre et nos richesses.

Veuillez agréer, citoyens, nos salutations toutes fraternelles.

MICHALET aîné, BES, DORNON.

CINQUIÈME CATÉGORIE.

Satins unis.

A envisager l'article dans sa position actuelle et la place qu'il a tenue dans la fabrique lyonnaise par sa richesse de tissu qu'aucune étoffe unie n'a pu égaler, on se prend à regretter le temps où cet article jouissait de la faveur générale du monde entier.

C'est, nous le croyons, la première idée qui a dû frapper chaque visiteur de l'Exposition universelle de Lyon en voyant le peu d'empressement de la plupart des fabricants de l'article satin et la place minime qu'occupait cette catégorie.

Si l'on en excepte un petit nombre, bien peu ont tâché par leurs efforts, dans cette circonstance, de relever d'où il était tombé un des principaux genres d'étoffes qui a fait si longtemps la renommée de notre fabrique.

Nous ne désignerons dans cet exposé aucun nom de fabricant; nous nous bornerons à reproduire le peu que nous avons remarqué dans cette Exposition où nous nous serions attendu à voir une plus grande quantité d'exposants soit de Lyon, qui en a eu un nombre très-restreint, soit des autres localités, qui se sont fait remarquer par une absence complète.

Ce n'est pas à dire, cependant, que parmi le peu de produits exposés il n'y ait rien eu qui mérite d'être cité.

Nous citerons les satins d'une des principales maisons de Lyon qui se faisaient remarquer par leur bonne fabrication et par le choix heureux de nuances tout à fait nouvelles; sauf quelque chose dans les chaînes un peu duveteuses qui en amoindrissaient la beauté, l'on ne pourrait élever cet article à un plus haut degré de perfection.

Un autre genre qui mérite d'être cité, ce sont les satins pékins double face exposés par une autre maison; c'est un des articles les plus riches que nous ayons vus, mais qui péchaient par la fabrication.

Quelques satins noirs bien réussis et notamment ceux d'une maison qui se faisaient remarquer par la beauté du noir et par la belle qualité des chaînes qu'on y avait employées compléteront ce que nous avons jugé digne d'être cité.

Après avoir jeté un coup d'œil sur cette Exposition en général et apprécié à notre point de vue comment chacun y a coopéré, nous le répéterons, il y a à regretter le temps où le satin formait une des principales branches de notre industrie.

Pourtant, si nous avons à le regretter comme nous venons de le dire, ce n'est pas au point de vue du profit qu'en retire le tisseur par son salaire, car il est difficile de comprendre comment cet article, du luxe le plus grand, et par conséquent n'étant consommé que par les plus grands patrons, offre le moins de gain à l'ouvrier qui le fabrique ; aussi voit-on à la moindre reprise du travail les spécialistes de cet article l'abandonner pour en prendre un autre, n'y revenant qu'en dernier ressort et lorsqu'ils ne peuvent mieux faire.

C'est ce que devraient voir la majorité des fabricants. Ils devraient s'efforcer d'apporter un remède à cet état de choses en rendant le satin aussi avantageux par ses prix de façon que les autres articles.

FLEURY AUDIFFRED.

———

SIXIÈME CATÉGORIE.

Gaze et grenadine.

CITOYENS ET CHERS COLLÈGUES,

Les produits de notre catégorie, quoique largement et dignement représentés à l'Exposition, ne nous ont donné lieu à aucune étude qui puisse nous être utile à aucun degré. Des études comparatives nous étaient impossibles par suite de l'absence de produits similaires provenant d'autres centres de tissage. Il serait oiseux de vous donner nos appréciations sur les divers produits exposés par les maisons de fabrique de la localité : ces produits, vous les avez tous les jours sous les yeux.

Nous nous abstiendrons également de vous entretenir de tout ce qui a été exposé concernant la fabrique lyonnaise, tel que outillage, matières premières, etc. Nous ne pourrions en cela que répéter ce que nos collègues les délégués des autres catégories en ont rapporté ; nous nous en référons à leurs rapports.

Mais, citoyens, le mandat que vous nous avez donné ne se renferme pas seulement dans des études professionnelles qui étaient, du reste, impossibles ; vous aviez pensé avec raison que, dans des assemblées composées de délégués de toutes les corporations, où, naturellement, se trouveraient réunis les travailleurs les plus intelligents et les plus éclairés sur leurs droits et sur leurs devoirs, il devait se faire des études d'intérêt général dont, nécessairement, il sortirait quelque chose d'utile pour tous. Vous espériez que dans ces assemblées s'agiteraient inévitablement ces grandes questions d'améliorations sociales dont la solution est l'objet de vos aspirations légitimes, et vous attendez que nous vous rendions compte aujourd'hui de cette partie de notre mandat, que vous considériez, alors que vous nous l'avez donné, comme la principale raison d'être de toute Délégation ouvrière.

Malheureusement le travail de la Délégation a été presque nul à cet égard. Nous croyons devoir attribuer cette circonstance fâcheuse : 1° à notre manque de pratique et d'éducation sociale ; 2° à la lenteur de l'organisation de la Délégation, et ensuite à son organisation même, qui était fondamentalement vicieuse. Nous sommes donc réduits, à défaut d'études contradictoires, à vous donner simplement notre opinion personnelle sur les questions sociales ; nous la livrons à vos réflexions.

DE LA SOCIÉTÉ CIVILE DE PRÉVOYANCE ET DE RENSEIGNEMENTS DES OUVRIERS
TISSEURS DE LA VILLE DE LYON.

C'est aux délégations ouvrières de 1862 que nous devons la renaissance de l'idée coopérative en France, comme c'est à celles de 1867 que nous devons l'impulsion et un commencement de pratique sérieuse de l'idée de résistance organisée contre l'avilissement des salaires. Depuis cette époque, tous les travailleurs qui ont la conscience de leur valeur et de leurs droits, ainsi que le sentiment de leurs besoins, se sont surtout attachés à s'unir pour se défendre contre l'exploitation dont ils sont l'objet ; l'idée de la nécessité des sociétés corporatives est donc généralement admise. C'est au service de cette idée que nous devons actuellement mettre tous nos efforts et consacrer une grande partie de notre intelligence. Il est du devoir de tous de rechercher les moyens les plus rationnels d'organiser régulièrement les rapports de maître à ouvrier, afin que le prix de la main-d'œuvre ne soit plus soumis aux oscillations anarchiques de l'offre et de la demande, car il est une limite minimum que cette loi économique ne doit pouvoir jamais franchir. Cette limite est fixée par le droit. Or, les ouvriers ont le droit imprescriptible de vivre de leur travail. C'est en créant, en améliorant, en fortifiant et en unissant légalement les sociétés de ce genre que nous réaliserons cette idée; son triomphe sera une première étape dans la voie de la solution du problème social.

C'est pour cela, citoyens, que nous appelons toute votre attention sur notre Société civile de prévoyance. Fondée à la veille d'événements terribles, et malgré la crise effroyable que nous avons traversée, nous avons la satisfaction de voir les bons résultats que nous en avons déjà obtenus, résultats heureux surtout en ce qu'ils nous sont un garant de tous les avantages qu'elle nous réserve pour l'avenir. Mais la puissance à laquelle elle semble prédestinée, elle ne l'acquerra qu'à cette condition essentielle que chacun de nous, sentinelle vigilante, veillera sans relâche à ce qu'elle fonctionne régulièrement. Nos devoirs de sociétaires ne se bornent pas à payer nos cotisations mensuelles; nous devons encore observer strictement les conventions consenties amiablement avec les fabricants; nous voulons dire par là que tout sociétaire, en entrant dans la Société, contracte l'engagement formel de ne prendre jamais de l'ouvrage au-dessous des prix arrêtés et librement consentis avec la Société civile, et quiconque prend sciemment de l'ouvrage au-dessous de ces prix se met en contradiction avec son engagement et forfait à son devoir de sociétaire. L'administration fera bien de veiller à cela et d'aviser au plus tôt, si ce fait venait à se présenter; car, dans ce cas, l'impunité pourrait amener le découragement parmi les bons sociétaires et porter un préjudice grave à la Société. Il serait oiseux de pousser plus loin la démonstration qu'elle a le devoir impérieux de prononcer la radiation d'un sociétaire délinquant au nom de l'intérêt général.

La Société, dans les mesures qu'elle a à prendre en vue de son amélioration, doit continuer à se généraliser autant que possible, et, pour cela, rechercher les moyens les plus efficaces pour la rendre de plus en plus indispensable et nécessaire aux indifférents et aux récalcitrants. Il est triste de le dire, mais il y a des gens et il y en aura encore longtemps dont l'égoïsme étouffe nonseulement tout sentiment du devoir, mais encore le sentiment même de leur intérêt véritable; nous devons faire nos efforts à rendre impuissant cet égoïsme qui est nuisible à tous. C'est dans ce but que la Société a le devoir de ne négliger aucune circonstance qui peut lui être donnée d'acquérir des forces nouvelles; elle doit au plus tôt se rallier la Société des monteurs de métiers au même titre qu'elle s'est rallié celle des plieurs; cette union est de nécessité absolue, même au prix de certains sacrifices.

La Société et *les sociétaires* doivent également faire leurs efforts pour soutenir les bureaux indicateurs fondés par les ouvriers et faire le possible pour arriver à en créer dans les quartiers qui en sont encore dépourvus. Ces bureaux indicateurs, outre qu'ils sont d'un intérêt direct pour la Société, sont encore un moyen de moralisation générale dont nous devons encourager le développement; là on apprendra réciproquement à se connaître, les bons rapports deviendront une nécessité pour tous, et nous en aurons fini de ces divisions entre ouvriers et chefs d'ateliers.

Nous devons aussi, citoyens, nous tenir en garde contre la calomnie; cette plante vénéneuse n'a jamais été aussi bien cultivée qu'à notre époque. Ses exhalaisons délétères sont funestes, et ses cultivateurs intéressés les répandent avec acharnement sur tout ce qui tend au progrès. Il est du devoir de chacun de nous de ne négliger aucune occasion de confondre les calomniateurs; nous n'avons pour cela qu'à opposer la vérité au mensonge, ce qui nous sera facile, puisqu'il n'y a rien de caché dans notre association, que tout s'y produit au grand jour, que pas un centime ne peut être employé sans que sa destination n'ait été motivée par un vote public, et que son emploi ne soit immédiatement révélé par une comptabilité régulièrement tenue. Chaque fois qu'on le voudra, il sera très-facile de se convaincre de la vérité de cette assertion : la Société n'éprouve aucune crainte d'une vérification quelconque, n'en déplaise à ces vils folliculaires stipendiés dont la mission malsaine consiste uniquement à nuire à tout essai d'amélioration soit politique, soit sociale, dans l'intérêt des castes privilégiées.

Dans nos aspirations à combattre l'avilissement des salaires, on nous accuse assez souvent, et notre Société est particulièrement en butte à cette attaque, on nous accuse, disons-nous, de vouloir peser tyranniquement sur l'industrie et le commerce. Cette accusation banale est le grand mot de nos détracteurs, et au nom de la liberté qu'ils entendent exploiter à leur seul bénéfice, ils protestent contre toute société de résistance. Cela se comprend; ils préfèrent l'isolement des travailleurs et la continuation du marchandage. Mais c'est une grande erreur. Loin de vouloir peser sur l'industrie et le commerce, nous ne recherchons que la pratique loyale de notre droit, ce droit qu'a tout travailleur de vivre de son travail. Nous ne sachons pas que l'industriel et le commerçant aient un autre droit que le nôtre, et si l'industriel est libre de nous offrir arbitrairement tel prix qu'il entend de notre travail, nous sommes libres, nous, de le refuser si ce prix ne nous paraît pas suffisamment rémunérateur; comme nous sommes également libres, nous qui n'avons d'autre puissance que celle du nombre, de nous associer pour nous donner la force que nous n'aurions pas isolément pour nous défendre contre un salaire insuffisant. Nous voulons laisser à l'industrie et au commerce tout ce qui lui revient; mais nous voulons aussi qu'on laisse au travail tout ce qui lui est acquis par son droit. Notre idéal se borne à ce que dans l'avenir l'ouvrier puisse enfin pourvoir largement à tous ses besoins, aussi bien que l'industriel et le commerçant, par les seuls fruits de son travail. Sans doute, dans l'état actuel peu de gens meurent de faim, et l'ouvrier finit toujours par élever sa famille tant bien que mal, mais à quel prix! Nous savons malheureusement trop que l'ouvrier qui n'a que ses bras pour y suffire, dans les conditions qui lui sont faites, est presque toujours forcé de se courber sous l'humiliation dégradante de l'aumône; c'est ce qui nous saigne le cœur; cette pensée nous révolte contre les injustices sociales et nous donnera la force de nous y soustraire. Certes, nous n'admettons pas (à ce point de vue, bien entendu) et nous rejetons de toutes nos forces ce qu'on est convenu bien à tort, selon nous, d'appeler le principe de la charité chrétienne, car nous estimons qu'il serait plus juste qu'on nous laissât par notre salaire tout ce qui nous revient de notre travail, que de nous le voir restituer par la voie avilissante de la mendicité. Nous ne savons pas si ce sont là les doctrines de l'Internationale, ce spectre fantasmagorique de nouvelle invention; tout ce que nous savons, c'est qu'elles sont l'expression de la justice et de la vérité.

Citoyens,

Restons toujours unis, l'union est de nécessité absolue et la condition essentielle d'un avenir meilleur. Oh! certes, si pour des raisons quelconques nous nous laissions entraîner à faillir à l'œuvre que nous avons entreprise en fondant notre Société civile de prévoyance, nous ne tarderions pas à nous repentir amèrement et à payer cher notre faiblesse; nous verrions immédiatement renaître le marchandage des salaires et le prix de notre travail s'avilir de plus en plus. De ce jour aurait sonné l'heure de la décadence et peut-être de la ruine de cette belle industrie soyeuse qui est la gloire de Lyon, et nous deviendrions l'objet des malédictions des générations futures. Mais non, citoyens, nous serons forts, nous résisterons à tout entraînement qui tendrait à nous désunir, nous vaincrons toutes les défaillances qui pourraient naître de notre manque d'éducation sociale; nous nous souviendrons que les ouvriers anglais ont lutté pendant plusieurs siècles avec une ténacité invincible pour conquérir cette liberté sociale dont nous sommes jaloux et qui doit être l'objet de notre constante revendication.

Alors, forts de notre droit et de la puissance de notre organisation, n'agissant jamais que par la persuasion et dans la limite de la plus stricte justice, nous forcerons nos détracteurs à l'estime, et alors aussi, comme les grandes Unions de travail de l'Angleterre, nous traiterons d'égal à égal avec nos maîtres, et avec le capital, de puissance à puissance.

DES SOCIÉTÉS COOPÉRATIVES DE PRODUCTION AU POINT DE VUE DE L'INDUSTRIE DE LA SOIERIE.

Nous vous disions, plus haut, que de l'époque des délégations ouvrières de 1862 datait en France la renaissance de l'idée coopérative; nous devons cons tater qu'elle n'a pas suivi tout le développement qu'elle comportait, et de plus, nous devons également constater que c'est alors que les nouvelles lois semblaient les favoriser, que les sociétés coopératives se sont arrêtées dans leur développement. On dirait même qu'à cet égard, et depuis cette dernière époque, il s'est produit au contraire une réaction dans l'esprit des ouvriers. Nous avons peine à nous expliquer cette espèce de défaillance générale ; il est regrettable, à tous égards, que cette idée ne se soit pas réalisée sur une plus grande échelle. On attribue l'abandon de cette idée à la légèreté de notre caractère, à notre manque de ténacité. Nous devrions faire justice de ces rengaines que les intéressés insinuent adroitement à tout propos dans le seul but de nous décourager d'entreprises qui ne font pas leurs affaires.

Sans doute, il est bon, il est excellent même d'arriver à une réglementation rationnelle du salariat ; mais le salariat, même dans ces conditions, n'en sera pas moins le salariat, c'est-à-dire encore l'exploitation dans une certaine mesure, exploitation dont les travailleurs doivent tendre à s'affranchir, et si nous sommes enfin et une bonne fois bien convaincus de cette vérité, nous reformerons notre caractère, puisque caractère il y a ; de léger nous le rendrons sérieux ; nous nous remettrons à l'œuvre avec courage et avec une nouvelle ardeur. Alors nous verrons cette œuvre couronnée d'un succès infaillible ; nous nous engageons à vous en indiquer les moyens.

Sans doute, si l'on suivait les errements du passé il serait difficile, nous dirons même impossible, d'aboutir à un résultat réalisable, et nous sommes loin de vouloir donner un aussi funeste conseil. Ainsi, au lieu de vouloir entreprendre tout à la fois : l'ameublement, les taffetas noirs et couleurs, la robe haute nouveauté, les satins de Lyon et autres, nous nous bornerons sagement, dans chaque catégorie même, à n'entreprendre qu'une seule spécialité ; c'est ainsi qu'on rendra la société coopérative de production très-praticable et que, plus tard, ces sociétés pourront devenir un refuge assuré pour les victimes de la résistance, pour ces hommes énergiques que les puissants de l'industrie auront mis à l'index ; ajoutons aussi que la création de quelques maisons de ce genre serait le moyen le plus puissant qu'on puisse mettre au service de la Société civile de prévoyance. Nous savons qu'on va nous crier à l'utopie. Et les capacités et le capital nécessaires, où trouverons-nous tout cela ? Nous répondrons que le capital coule constamment entre nos mains ; c'est à nous à le retenir par l'épargne collective dont la puissance est incalculable, à le forcer à se répandre en bienfaits sur le travail et à reprendre ainsi son cours naturel. Pour ce qui est des capacités, nous travaillerons à les acquérir. A ceux qui crieront à l'impossible, nous répondrons : Voyez ce que nous avons produit en deux ans en versant un sou par métier et par semaine à la Société civile. Le produit de cette misérable cotisation nous a pourtant permis d'accumuler un capital relativement considérable, malheureusement infructueux à certains égards. Ce fait palpable démontre surabondamment la possibilité absolue de réaliser l'idée d'association de production quand nous le voudrons. Qui nous empêche, pour cela, de créer à côté de la Société civile des sociétés d'épargne dans chaque catégorie, sociétés qui seraient parfaitement indépendantes, organisées également par série où chacun pourrait capitaliser ses épargnes dans la mesure de ses moyens et dans le but que nous indiquons? Il serait aussi facile d'entourer de garantie ce capital que celui de la Société civile. Avec de l'ordre, de l'économie et en faisant valoir cet argent avec intelligence, nous arriverions rapidement à posséder 30, 40 ou 60,000 fr. dans chaque catégorie ; nous pourrions alors, sans discontinuer nos versements, arriver à la réalisation de cette idée, dont la réussite serait d'autant plus sûre que le commencement aurait été plus modeste. Nous ne croyons pas qu'il soit possible d'opposer une raison sérieuse à ce projet. Sans doute il faudra du temps et de la patience ; mais ce temps qui s'écoule infructueux pour tous, nous avons le devoir de l'employer utilement pour l'avenir. Qu'aurons-nous de plus dans dix ans si nous n'avons rien fait? Pour n'avoir rien prévu, nous en serons où nous en sommes ; nous attendrons encore que quelque sauveur nous tombe du ciel pour nous tirer du bourbier où nous sommes, et nous aurons passé tout ce temps à réfléchir sur nos misères de chaque jour, sans seulement être parvenus à comprendre que nous en sommes les artisans insouciants par notre ineptie et notre défaut d'initiative sociale. Mais si, au contraire, quelques hommes courageux se mettent résolûment à l'œuvre dans chacune de nos catégories, dans dix ans nous aurons des maisons de commerce prospères issues de ces associations, et alors, citoyens, ces hommes auront fait faire un grand pas à la solution du problème social, car ils auront démontré une fois encore que nous ne devons compter que sur nous-mêmes.

DES SOCIÉTÉS EN PARTICIPATION.

Il nous reste à vous entretenir d'un genre d'association qui obtient actuellement en Angleterre un grand succès. Ce genre d'association est à peu près inconnu parmi nous. Bien des gens le confondent avec ce qui se passe dans certaines maisons où les chefs d'atelier reçoivent une prime à l'inventaire, prime qui est basée sur la quantité et la qualité des étoffes qu'ils ont fabriquées dans le courant de l'année. Nous applaudissons à cette mesure qui est excellente en elle-même, car elle encourage les ouvriers à soigner leur travail et à le faire rapidement ; mais ces primes, distribuées et classées d'après des numéros d'ordre à chaque rendue, sont délivrées arbitrairement par des employés quelquefois très-capricieux ; il en résulte qu'elles peuvent être l'effet d'une faveur au lieu d'être l'expression d'une répartition équitable, et, dans ce cas, le but que s'était proposé le fondateur se trouve manqué.

Mais, du reste, notre intention n'est pas de faire la critique de cette institution. Nous nous bornons à observer que quoique certains ouvriers, au choix du fabricant, participent pour une part dans les bénéfices, ce système ne saurait être considéré pour une société en participation. Dans les sociétés anglaises, rien n'est livré à l'arbitraire ; tout s'y passe au grand jour, les ouvriers participent au bénéfice dans la proportion du capital qu'ils ont versé si toutefois ils sont actionnaires et dans la mesure du travail qu'ils ont fourni d'un inventaire à l'autre. Les maîtres ont considérablement gagné à établir ce genre d'association.

C'est ainsi que des industriels anglais, en butte à une haine mortelle de leurs ouvriers, sont parvenus à se les rattacher solidement en les associant à leurs bénéfices. Désormais plus de grèves pour eux, la bonne harmonie dans les rapports a remplacé les provocations journalières, l'ordre a remplacé la dilapidation ; on ramasse un clou qui traîne par terre, on surveille son voisin dans son travail, on le réprimande au besoin ; aussi, il est arrivé que lors même que les ouvriers touchent pour leur travail intéressé un boni de 200 à 275 fr., le capital industriel a presque doublé de valeur. Des actions de 250 fr. se sont élevées à 475. Il nous semble qu'un pareil résultat est bon à noter et que nos fabricants feraient bien de mettre à profit ce renseignement ; le bien qui en résulterait pour la fabrique serait immense, soit au point de vue matériel, soit au point de vue moral. Au point de vue matériel, nous sommes certains qu'il en résulterait une grande amélioration dans les produits et une économie sérieuse dans la production. Au point de vue moral, nous verrions disparaître cet antagonisme fâcheux qui existe à Lyon entre fabricants et ouvriers depuis 1830. Nous croyons aussi que ce serait pour les ouvriers une bonne école et un moyen transitoire excellent pour arriver à la coopération que nous considérons toujours en tout comme notre but, notre idéal. Mais, à cet égard, il ne faut pas nous faire illusion ; tous les beaux discours que nous pourrions tenir à ce sujet à messieurs nos fabricants ne les persuaderont pas et ils ne sont pas tout à fait prêts à nous associer à eux, il nous semble les voir sourire à cette proposition. C'est que, dans l'état de faiblesse où nous sommes encore, nous inspirons peu de confiance ; mais si, par notre constance, par une ténacité invincible, nous devenions forts, forts par notre union, puissants par les moyens et même les capitaux dont, à notre tour, nous pourrions disposer, oh ! alors, nous deviendrions une puissance avec laquelle il faudrait compter, et alors, sans doute, ils auraient autant d'intérêt à nous associer à eux en participation de bénéfice qu'ils en ont aujourd'hui à s'associer ainsi leurs principaux employés. Qu'il nous soit permis, à ce propos, et pour terminer cet exposé, de citer un extrait du beau livre de Martin Nadaud (*Histoire des classes ouvrières en Angleterre*, p. 290) : « Il est bien aisé de dire que les grèves, les Trades-« Unions ont été nuisibles en tout temps aux ouvriers, mais il n'est pas facile « de le prouver. Un fait certain, c'est que l'idée d'intéresser les ouvriers dans « les bénéfices du travail n'est pas née dans les comtés où ces derniers étaient « restés désunis, isolés. Dans ces comtés, comme dans celui du Derbyshire, où il

« n'y a des sociétés ouvrières que depuis peu, le peuple est à la merci des
« maîtres, et il n'est pas rare de trouver des endroits où on travaille encore
« douze heures par jour pour un salaire insignifiant. Tandis qu'au sud du
« Yorkshire, où les ouvriers sont fortement organisés, ils travaillent moins,
« gagnent plus, et c'est là où ils sont arrivés à établir des sociétés en parti-
« cipation. Le moyen d'en finir avec les grèves est trouvé, il n'est pas ailleurs.
« Où a-t-on vu que des hommes intéressés dans une affaire se soient révoltés contre
« eux-mêmes? C'est impossible. Pourquoi? Parce que les causes qui engen-
« drent ces luttes héroïques entre ceux qui meurent de faim et ceux qui meu-
« rent d'indigestion a cessé. Le travail a pris la haute main sur le capital.
« Il y aurait folie de la part du peuple à ne pas continuer ces luttes, à ne pas
« organiser ses forces. Je vais plus loin : ceux qui restent indifférents pendant
« que ces grandes batailles de la faim se livrent manquent à leur devoir ; ils
« agissent comme Louis Bonaparte à Sedan, ils se déshonorent et commettent
« une action blâmable et lâche. » Nous avons profondément médité ces paroles, méditez-les à votre tour, citoyens, et vous serez convaincus que, quand
nous le voudrons énergiquement, la participation deviendra réalisable, qu'elle
s'imposera d'elle-même comme une nécessité impérieuse, absolue.

P. Moulin, Peyrard.

SEPTIÈME CATÉGORIE.

Foulards façonnés.

L'exposition des foulards façonnés offre les mêmes lacunes que les autres
expositions lyonnaises : un grand nombre de fabricants se sont abstenus.
Nous constatons cette abstention sans pouvoir l'expliquer. Les expositions de
foulards sont donc peu nombreuses et ne sont, en général, que la reproduction
d'articles connus de fabrication lyonnaise.

Une vitrine seulement a surtout fixé notre attention, c'est celle de
MM. Graissot et Cⁱᵉ, de Lyon. Cette vitrine contenait, dans un étroit espace,
une foule d'articles très-bien traités: foulards pour dames, tissus pour robes,
cache-nez de toute espèce. Deux cache-nez nous ont surtout frappés par
leur exécution parfaite ; ce sont des cache-nez jacquard, genre taille-douce,
imitant parfaitement la gravure ; l'un de ces cache-nez représente le tunnel

du Mont-Cenis, l'autre les quatre éléments. Le dessin va d'une rive à l'autre en un seul chemin de 80 centimètres de large, avec des découpures très-fines.

De nos renseignements et de notre attentif examen, il résulte que MM. Graissot et Cie créent un nouveau tissu foulard, chaîne coton, tramé soie ou fantaisie, teint en pièce, soit blanc ou couleur. On a donné à ce nouveau produit le nom de *Mossoul*, nom sous lequel il est entré dans la consommation.

Ce nouveau tissu est d'un aspect charmant ; il est meilleur à l'emploi et plus flatteur à l'œil que le foulard anglais et coûte pourtant 25 0/0 de moins. Aussi le foulard Mossoul a-t-il remplacé le foulard anglais sur un grand nombre de marchés, et ce n'est pas trop dire en fixant à trois ou quatre millions le chiffre qui en a été produit cette année.

Nous sommes étonnés de la récompense accordée à MM. Graissot et Cie d'après le mérite de leurs produits. Cette récompense, selon nous, aurait dû être d'un ordre bien plus élevé. Si nous nous sommes arrêtés longtemps devant l'exposition de M. Graissot, ce n'est pas seulement pour admirer ses produits ; mais comme délégués ouvriers, nous devons établir le service rendu à la classe des tisseurs de façonnés par l'invention de M. Graissot, destinée à faire concurrence aux articles anglais, que le Mossoul remplace avantageusement.

A propos d'inventions et de nouvelles découvertes, notre attention a été particulièrement attirée par des dessins imitant la peinture, destinés à servir de tête de pièces ou *chefs* à plusieurs maisons de soieries unies.

Les sujets de ces dessins sont : le *cheval*, le *lion*, le *griffon*, le *vaisseau*, le *Rhône et la Saône*, le *coteau de Fourvières*, etc.

Tout en reconnaissant le talent artistique des dessinateurs, MM. Mesoniat et Baudin, ainsi que des ouvriers qui ont tissé lesdits tableaux, nous voyons là quelque chose de plus important et de plus utile, c'est le montage de métier qui en a rendu l'exécution possible, sur un principe nouveau.

Jusqu'à ce jour, ces genres de dessins ont été exécutés sur des montages avec un plus ou moins grand nombre de fils au maillon et une chaîne spéciale à lisses de rabat pour lier les trames ; mais ces genres de montages ont l'inconvénient de lier les trames d'une façon régulière, ce qui donne à l'aspect général du dessin une forme plate et en empêche le modelé. Nous pouvons donner pour exemple de ce genre de tissu ce tour de force énorme, la reproduction du tableau de fleurs de De Saint-Jean par la maison Lamy et Giraud, lors de l'Exposition universelle de 1867.

Ici, ni chaîne de liage, ni lisses de rabat, le dessin est exécuté absolument comme sur un tout à corps, ce qui a permis à l'artiste de varier ses liages des trames à l'infini, d'obtenir divers tons avec la même trame et de modeler son dessin avec le fini que l'on remarque dans tous ces dessins, mais surtout dans ceux du *lion* et du *cheval*, qui sont des chefs-d'œuvre d'exécution.

La découverte de ce montage de métier, due à MM. Gauthier frères, liseurs de dessins, rue des Tables-Claudiennes, est une vraie richesse pour la fabrique lyonnaise; car ce montage, d'une grande simplicité et ne demandant qu'un nombre restreint de crochets, peut s'appliquer à tous les dessins s'exécutant par les trames, lancés ou brochés, et cela non seulement pour les articles soieries, mais pour tous les genres de tissus : *châles, crêpe de Chine, meubles, tapis*, etc.; ces deux derniers genres surtout, qui, croyons-nous, peuvent être transformés d'une façon merveilleuse par l'application de ce nouveau montage.

Nous recommandons ce montage principalement pour les articles compliqués, tels que métier en 1,800 et 2,000, où il faut employer plusieurs mécaniques et spécialement pour les grands foulards, article où il faut rechercher surtout l'économie dans la production; il en résulterait une grande facilité pour le travail et une économie de la moitié des frais nécessités par les cartons.

Lyon, le 28 décembre 1872.

Les délégués de la 7ᵉ catégorie du tissage,

MARTIN, JOURNET, AMBLET.

HUITIÈME CATÉGORIE.

Châles laine, tapis et bourrettes.

CHERS COLLÈGUES,

Appelés par vos suffrages à faire partie de la délégation lyonnaise près l'Exposition universelle de Lyon, nous vous soumettons le compte-rendu de la mission dont vous avez bien voulu nous honorer. Nous serons heureux si nous avons pu vous satisfaire, tout en suivant le programme qui a été tracé par la Commission ouvrière, et qui se résume en deux questions, qui sont : question industrielle et question sociale.

QUESTION INDUSTRIELLE.

2ᵐᵉ galerie. — Exposant : M. Chanel, de Lyon, (médaille d'or). — Nous avons examiné un métier de châles longs au quart, organisé par M. Chanel, négociant de notre ville.

M. Chanel, dans une carte-prospectus, s'exprime ainsi sur le système qu'il a employé : « Métier pour la fabrication du châle, système fonctionnant depuis sept ans ; suppression d'une mécanique ; économie de 25 0/0 ; réduction sur le carton employé au dessin, 50 0/0 ; suppression d'un lanceur, 1 fr. 25 c. par jour ; économie sur l'arcade et le remisse ».

M. Chanel préconise un système qui, si économe qu'il soit, ne nous paraît pas présenter toutes les garanties désirables. Nous ne parlerons pas de sa mécanique ; bon nombre d'ouvriers ont travaillé avec ce système qui nous vient de Bohain en Picardie (Aisne). Cette mécanique porte le nom de Macaigne, dont le vrai inventeur est un nommé Maréchal, demeurant à Bohain, rue de Guise.

Nous ne parlerons pas du dessin ou cartons, ni du remisse, car le remisse n'est pas une chose nouvelle, attendu qu'il y a longtemps qu'il est mis en usage dans les ateliers ; nous ne nous occuperons que du battant lanceur.

Le battant lanceur n'a pas tout l'agrément désirable, car s'il supprime le lanceur, la journée se trouve diminuée d'un tiers, les navettes lancées par le battant étant contre-samplées, il arrive que le cordon ou lisière du châle se trouve fixé avec la grande quantité de trames qui forment la cordeline ; il faut, lorsque le châle est sorti du métier, approprier le cordon, le faire repriser par une raccommodeuse avant de le livrer au découpage, ce qui est très-préjudiciable. (S'il arrivait que les cordons fussent ainsi faits sur les métiers qui fonctionnent avec un lanceur, on déclarerait immédiatement que le châle est invendable, et qu'il faut que ces métiers cessent de fonctionner.)

Comment gagner de quoi vivre en travaillant, puisque la journée est d'un tiers de moins ; il faudrait pour cela une augmentation sur le prix de façon, et comment augmenter quand MM. les négociants se plaignent continuellement que l'article châle est trop payé à Lyon en proportion des autres villes de France et de l'étranger ?

L'ouvrier tisseur qui a travaillé sur le métier exposé par M. Chanel dans la 2ᵐᵉ galerie pendant quatre mois et demi, et l'a mis en activité, se nomme Jean-Baptiste Ravet, demeurant ruelle des Tapis, 8 (Croix-Rousse). M. Héraut, employé de service chez M. Chanel, négociant, a été chargé de la vérification du travail et de l'entretien du métier. M. Chanel, quoique n'ayant pas de vitrine, a exposé des châles de bonne réduction ; mais pour nous, ouvriers, nous ne pouvons nous occuper que de la main-d'œuvre ou du citoyen qui a fait preuve de capacité par son intelligence.

Observations. — Malgré toutes les économies que fait entrevoir M. Chanel, le métier qu'il a monté dans la 2me galerie lui a coûté autant qu'un métier monté avec la Jacquard.

Ce métier n'étant pas organisé dans la largeur voulue, il ne peut servir à tisser que les châles longs ; pour tisser les châles en deux mètres de largeur, ce serait une grande complication, le travail serait plus pénible et moins avantageux qu'avec les métiers ordinaires.

Galerie des tissus. — Exposants : MM. Pin fils et Clugnet, (médaille d'or). — Châles exposés dits châles indiens, châles nouveautés rayés imitation de l'Inde.

Nous avons à établir une comparaison entre le cachemire de l'Inde et les châles exposés par MM. Pin fils et Clugnet.

Beaucoup de personnes qui ont admiré la richesse des dessins des cachemires qui nous viennent de l'Inde, sans se rendre compte de la manière dont l'étoffe était fabriquée, ont pu voir, en examinant sérieusement la fabrication, que, pour établir un châle indien en entier, il faut que les fleurs ou rivières ayant un même rapport soient cousues ensemble ; c'est ce qui est cause qu'on trouve des fleurs dont les rivières sont imperceptibles par l'inégalité des coutures et de la réduction ; aussi ces châles sont-ils remplis de défauts que l'on ne peut nier. Les ouvriers indiens qui fabriquent ces châles, divisés en morceaux, restent quelquefois deux ans pour en fabriquer un. Le prix de ces châles est très-élevé, malgré le peu de gain de l'ouvrier. Les châles exposés par MM. Pin fils et Clugnet, dits châles indiens, n'offrent pas les mêmes inconvénients ; étant tissés d'une seule pièce, les fleurs sont d'une régularité parfaite, les rivières sont intactes et les couleurs sont pures, les dessins sont de bon goût et d'un bon coloris. Nous pouvons dire en connaissance de cause que MM. Pin fils et Clugnet sont les inventeurs de ce genre de fabrication, qui peut avantageusement remplacer le cachemire de l'Inde.

Il serait à désirer que chacun fût appréciateur et nous verrions bientôt revenir le tissage du châle sur la place de Lyon. Nos félicitations à MM. Pin fils et Clugnet pour avoir trouvé le moyen d'imiter parfaitement le cachemire de l'Inde.

Voici les noms des coopérateurs qui ont modifié et tissé les articles de MM. Pin fils et Clugnet :

 Guérin (Hubert), dessinateur ;
 Chassagne, employé de service ;
 Chamberland (Pierre), rue de la Terrasse, 4 ;

Durand (Louis), ruelle des Tapis, 8 ;

Cazaud (Antoine), rue de Belfort, 35 ;

Mille (Pierre), côte Saint-Sébastien, 21 ;

Bruny (Alexandre), rue de la Tour-du-Pin, 5 ;

Pradel, rue Baudin, 1 ;

Alig, ouvrier chez M. Mille ;

Bonnet, ouvrier chez M. Duret ;

Naquin, ouvrier chez M. Parent.

M. Rivoiron (deux médailles d'argent, une pour châles Bengalor, une pour tapis sans envers). — L'article Bengalor de M. Rivoiron, parfaitement réussi, représente les couleurs naturelles, c'est-à-dire qu'ayant quatre fils au maillon pour les couleurs principales, chaque fil étant tissé avec la trame de la couleur qu'il représente, on n'éprouve pas le désagrément, lorsque le châle se commence ou se finit, d'avoir les mignonnettes tachées par la chine rouge de la galerie, ce qui est un grand avantage pour l'article châle.

Cette découverte est due à l'intelligence de M. Rougemont François, demeurant rue du Mail, 22, Croix-Rousse, employé de service chez M. Rivoiron.

M. Rivoiron a exposé des tapis de table longs et carrés.

Ce qui nous a surpris lors de notre visite collective à l'Exposition le 21 octobre 1872, c'est un tapis sans envers représentant un dessin différent de chaque côté ; c'est ce tapis qui a attiré notre attention, soit par l'organisation du métier, le lisage et le dessin. M. Rougemont François est l'initiateur des tapis sans envers. Nous avons à signaler M. Descombe comme dessinateur, qui a représenté la maison Rivoiron durant l'Exposition ; M. Lèbre, comme tisseur ayant tissé les tapis sans envers avec une régularité parfaite ; M. Combet, comme dessinateur pour châles cachemires Bengalors.

Le numéro qui patronne les tapis sans envers est 2,046.

M. Rivoiron a exposé un lisage pour lire les dessins, il a fait monter deux métiers, un pour tisser l'article tapis à médaillons brochés, l'autre pour tisser l'article châle Bengalor avec un battant lanceur ; le battant lanceur ne fonctionne pas comme on l'espérait.

L'ouvrier qui a travaillé sur ces métiers se nomme Lambert, demeurant rue Villeneuve, 1. Il est regrettable pour nous, tisseurs de châles, que le battant à douze boîtes tournant autour de la masse n'ait pas été exposé sur un métier ; avec un sérieux examen nous aurions pu obtenir une conclusion, mais vu l'impossibilité, nous disons qu'aucun des deux battants exposés, l'un sur le métier de M. Chanel, 2me galerie, l'autre sur le métier de M. Rivoiron, galerie des tissus, ne peut être mis en usage pour la fabrication du châle, à moins d'une amélioration et d'une augmentation de salaire sur cet article.

Nous félicitons M. Rivoiron sur le travail d'ensemble qu'il a exposé.

MM. Gamot et Delahaye (médaille d'argent) ont exposé des tapis de table longs et carrés, bourrettes sergées façonnées, bourrettes imprimées. Ces articles, qui depuis six ans sont traités par cette maison, méritent une attention sérieuse ; les dessins sont d'un goût et d'un coloris bien fini ; les chaînes sont bonnes à employer ; le liage qui est employé dans l'article tapis de table est de première qualité, les chefs d'atelier et ouvriers qui travaillent pour cette maison ont beaucoup de facilité pour tisser l'étoffe de cet article.

MM. Gamot et Delahaye n'avaient pas eu de concurrents dans la ville de Lyon ; mais depuis quinze mois que M. Rivoiron a entrepris cet article, il y a rivalité entre ces deux maisons.

Les bourrettes sergées façonnées à trois lats suivis ou latées n'ont pas l'avantage de satisfaire aux besoins du travailleur. Cet article a trois inconvénients : 1° il faut continuellement trois personnes pour un métier ; 2° la façon des pièces est moins élevée que dans l'article tapis ; 3° les chômages sont plus fréquents. Nous prenons cet article pour servir de base en faisant connaître le montant d'une journée de travail.

Nous disons journée moyenne, 10,000 coups de navettes par jour, à 0 fr. 65 le mille les bourrettes latées.

10,000 à 0 fr. 65 le mille donnent le chiffre de 6 f. 50 par jour.

Location par jour	0 f. 40		Journée	6 f.	50
Lanceur	1 25		Dépenses	4	35
Cannetage	1 25				
Chauffage	» 40				
Usure, pliage, tordage	» 75		Reste	2	15
Frais imprévus	» 30				
Total	4	35			

Reste au chef d'atelier qui passe 10,000 coups de navettes par jour 2 fr. 15 pour se nourrir, se vêtir lui et sa famille. Si nous faisons connaître les recettes et les dépenses sur l'article bourrette, ce n'est point une critique que nous avons voulu établir, ce n'est que pour faire comprendre combien le tissage est peu rémunéré en proportion des autres professions et des heures de travail de la journée. Nous ne nous sommes pas occupés des autres articles, car l'énumération en serait trop longue, attendu qu'ils se trouvent tous dans les mêmes conditions.

Noms des coopérateurs de la maison Gamot et Delahaye :

Bergeret et Imbert, dessinateurs ;
Melleton, dessinateur ;
Serre jeune, tisseur ;
Rampignon, tisseur ;
Renouard, tisseur, devenu leur contre-maître de fabrique.

Exposants de Paris (Galerie des tissus) :

Boutard et Lasalle, Châles et cachemires français (Médaille d'or).
Calenge et Mahaut,   idem.   (Médaille d'argent).
Henri Lair et Hippolyte Lair   idem.   (Médaille d'argent).
Hennequin   idem.   (Médaille de bronze).
Tresca et Thorel   idem.   (Médaille de bronze).

Les châles de MM. les négociants de Paris sont tissés dans les villes ou villages de la Picardie, tels que Fresnoy-le-Grand, Fresnoy-le-Petit, Bohain, Bussigny et les environs. C'est sous le prétexte de soutenir la concurrence que les négociants de Paris ont abandonné la capitale pour fixer le tissage en Picardie. En examinant bien cet ordre de choses, nous voyons que ce n'est que pour l'abaissement des salaires qu'ils ont établi le tissage du châle dans cette contrée de la France.

La manière dont le chef d'atelier est installé est cause qu'il ne peut discuter le prix de son travail ; le négociant lui fournit une grande partie du matériel, tel que mécaniques, arcades, maillons, peigne et montage de métier ; le chef d'atelier ne fournissant que la charpente, il se trouve placé, étant ainsi organisé, sous la tutelle du négociant qui l'occupe ; dès qu'il réclame une augmentation de salaire, le travail lui est retiré, ainsi que le matériel appartenant au négociant.

On ne connaît pas d'ouvriers désignés sous le nom de compagnons dans cette province.

Exposants de la ville de Nîmes :

MM. Ducros et Robert, châles taffetas (Médaille d'argent) ;
     Cade et Valentin,   (Médaille de bronze).

MM. les négociants de la ville de Nîmes ont exposé des châles taffetas bon marché ; la fabrication est bonne, le coloris aussi. Nous aurions cru que, pour une exposition, MM. les négociants pouvaient quelquefois faire préparer des dessins ; il n'en est pas ainsi, car ces messieurs ont exposé des châles très-ordinaires, et voici comment :

Les châles exposés représentant six couleurs n'avaient pas le nombre des couleurs tissées qu'ils représentaient ; la couleur représentée verte est tissée bleue, on la fait devenir verte par le moyen d'une composition que l'on passe sur le bleu dans les endroits indiqués par le dessin ; le bleu devient vert, c'est pour cela que les châles sont livrés à bon marché, il y a économie de carton, de trame et de façon. Ce procédé a d'abord été employé dans la ville de Nîmes, il s'est propagé à Lyon ; les négociants de Paris ont peu pratiqué cet usage.

Nous ne faisons aucune énumération des prix de façon ni des dépenses et frais journaliers d'un chef d'atelier de cette ville; nous dirons seulement que les contributions indirectes étant moins élevées qu'à Lyon, ils peuvent tisser à plus bas prix, c'est ce qui est cause de la concurrence entre Nimes et Lyon.

OBSERVATIONS. — Les négociants de Paris disent que Lyon leur fait concurrence. Les négociants de Lyon disent que les châles étant tissés en Picardie à plus bas prix qu'à Lyon, c'est Paris qui leur fait concurrence. Les négociants de Nimes disent que Paris et Lyon leur font concurrence pour la vente des châles d'un prix élevé. Nous terminons cet exposé en disant que c'est au nom de la concurrence que des milliers d'industriels de tous les pays végètent et se ruinent. Qui ne sait encore qu'au nom de la concurrence un nombre incalculable de travailleurs sont, pieds et poings liés, livrés à la misère?

Noms des coopérateurs de la maison Ducros et Robert, de Nimes : Roudil Jean, dessinateur ; Ménard Maurice, contre-maître ; Daufès Charles, tisseur ; Rebuffat père, tisseur ; Dupuy Nicolas, tisseur ; Coulet, tisseur.

Noms des coopérateurs de la maison Cade et Valentin, de Nimes : Poinso, dessinateur ; Combe André, liseur ; Rouverol père, tisseur ; Chazard, tisseur ; Assier ou Astier, tisseur.

QUESTION SOCIALE.

Après avoir examiné tous les systèmes touchant la question sociale, nous en venons à dire :

Qu'on assure du travail à tous les travailleurs valides, des moyens de soulagement aux infirmes, et des emprunts faciles aux laboureurs et artisans qui manquent d'ustensiles pour travailler ; que les travailleurs appartiennent à la société comme les riches ; il est temps qu'ils recueillent quelques avantages de la force commune, et l'instruction publique étant plus avancée qu'elle ne l'a jamais été, la législation ne peut livrer uniquement à la charité des riches la subsistance des travailleurs ; que l'amélioration des mœurs, le bonheur et la sûreté de tous dépendent essentiellement d'établissements propres à prévenir le désordre et les crimes que produisent la misère et l'oisiveté ; que chaque département soit tenu de pourvoir à la subsistance des travailleurs invalides; que dans chaque arrondissement, il soit établi un atelier dont les fonds seront composés des contributions volontaires pour assurer un travail constant aux citoyens valides ; qu'on institue des ateliers publics où tous ceux qui sont en état de travailler puissent trouver de l'ouvrage moyennant un salaire proportionné au prix commun des denrées de première nécessité ; que les personnes de tout âge et de tout sexe, valides ou invalides, puissent trouver dans tous les temps et surtout pendant l'hiver une occupation selon leur état et leur situation ; que le travail se fasse dans les maisons, à l'égard des personnes connues et domiciliées. Là où le cœur du citoyen palpite pour une patrie, les vagissements de l'enfant abandonné appellent cette même patrie à son secours. Homme, il sollicite du travail ; vieux, il a droit à la nourriture et au repos.

Ce n'est pas assez pour le peuple d'abattre les factions, ce n'est pas assez de renverser les hordes étrangères, de rappeler le règne de la justice et de la vertu, il faut encore faire disparaître du sol de la République la servilité des premiers besoins, l'esclavage de la misère et cette trop hideuse inégalité parmi les hommes qui fait que l'un a toutes les intempérances de la fortune, et l'autre toutes les angoisses du besoin. Le droit de propriété est borné comme tous les autres, il ne peut préjudicier ni à la sûreté, ni à la liberté, ni à l'existence de nos semblables. Toute possession, tout trafic qui viole ce principe est illicite et immoral.

La société est obligée de pourvoir à l'existence de tous ses membres, soit en leur procurant du travail, soit en assurant des moyens d'exister à ceux qui sont hors d'état de travailler.

ORGANISATION DE L'ENSEIGNEMENT.

Mettre l'instruction gratuite, laïque et obligatoire à la portée de tous les jeunes citoyens, et placer un instituteur national comme guide et comme lumière au milieu de la moindre agglomération de population. L'instruction est le besoin de tous ; la société doit favoriser de tout son pouvoir les progrès de la raison publique et mettre l'instruction à la portée de tous les citoyens.

Tout ce que nous venons d'énumérer appartient à la question sociale et se rapporte au gouvernement de la République ; en effet, que la France se donne des institutions sociales démocratiques, elle possédera la République de fait ; mais qu'elle ait la République et n'ait point ces institutions, elle aura la République de nom que renversera le premier vent de l'esprit monarchique.

Laissons là ces sortes d'intrigues politiques, organisons nos communes populaires, notre justice populaire, notre armée populaire, notre travail populaire. Demandons l'abolition des lois rétrogrades qui régissent le droit de réunion, le droit d'association. Quand nous aurons ces institutions, l'espoir d'un avenir meilleur sera assuré.

Salut et fraternité.

ANDRÉ DUPRÉ, JEAN PARENT.

VELOURS UNIS

Messieurs et chers Collègues,

Appelés à l'honneur de représenter notre corporation au sein de la Délégation ouvrière près l'Exposition universelle de Lyon, nous avons mis dans l'accomplissement de notre tâche tout le zèle et tout le dévoûment dont nous sommes capables. Malheureusement, sous le rapport de la question industrielle, le champ de nos études s'est trouvé bien étroit, et si notre mandat n'avait pas eu en vue un but plus grand et plus élevé, notre travail aurait bientôt touché à sa fin.

Nous ne vous ferons pas la description de l'Exposition, chacun de vous aura pu la voir ; mais dans le parcours de ces vastes et spacieuses galeries où sont entassées tant de merveilles créées par la main et le génie des travailleurs, n'oublions pas, en passant, de payer notre tribut d'admiration à ces œuvres de l'activité humaine : puissantes et gigantesques machines multipliant des milliers de fois la force de l'homme, façonnant et transformant la matière au gré de leur ingénieux mécanisme ; objets d'art, objets utiles, partout le travail étale avec un luxe inouï les produits qu'il a créés.

Soyons fiers, nous travailleurs, car nous pouvons revendiquer hautement les plus beaux titres qu'il soit donné à l'homme de posséder : ne sommes-nous pas les fils et les continuateurs de ceux qui ont enrichi et embelli le monde depuis l'enfance de l'humanité jusqu'à nos jours ?

Arrivés dans la grande galerie des tissus, nous restons étonnés de voir notre catégorie de tissage aussi pauvrement représentée. Trois maisons seulement ont exposé quelques articles en velours unis, principalement en couleur : ce sont les maisons Sigaud Gondard, Troubat, Charbonnet et Roche Janet.

La maison Gelot Vermorel a exposé, au milieu d'une belle collection d'articles nouveautés, un 90 cent. de large, noir, tissé par M. Pellet, ouvrier chez M. Bossy, à Lyon.

Nous n'avons pas à apprécier ici quels sont les motifs qui ont pu déterminer la majeure partie de nos fabricants à rester en dehors de ce grand concours du travail et de l'industrie ; néanmoins, devant cette indifférence presque complète, nous avons le droit de dire que nous attendions mieux, surtout des maisons les plus recommandées par leur réputation.

Notre industrie, qui occupe 10,000 métiers et dont les produits toujours si beaux, si riches, sont recherchés du monde entier, méritait certainement une plus large place à l'Exposition ; puis il nous semblait, après tous les désastres qui ont frappé notre malheureux pays, que nos fabricants lyonnais devaient avoir à cœur de montrer à l'Europe et au monde que l'industrie française n'avait pas dégénéré.

Nous réservons donc tous nos éloges pour MM. les fabricants qui ont compris qu'en cette circonstance il y avait mieux à faire que de s'abstenir.

La maison Sigaud Gondard a exposé une assez jolie collection de velours couleur en 22 portées, tramés soie ou coton. Nous avons particulièrement remarqué un saumon et un vert Nil, tissés par M. Clapisson, de Soucieux (Rhône), très bien réussis et d'un bel effet de nuance ; un grenat en 22 D., tramé soie, et un 3 B. ponceau, tramé coton, tissés par M. Dussud, de Saint-Martin-en-Haut (Rhône), également bien réussis.

Enfin un 30 P. noir, tissé par M. Lhôpital, de Sainte-Foy, d'une très-bonne fabrication.

La maison Troubat a exposé, à côté d'articles taffetas, quelques velours également en couleur assez bien réussis, sauf un bleu national et un vert laissant à désirer comme battage.

La maison Charbonnet fils et Roche Janet a exposé quelques échantillons de petits articles en couleur, tramés coton, que nous n'avons pu apprécier tellement ils étaient détériorés par l'effet de l'humidité et même par la pluie qui est tombée dans la vitrine.

Cette vitrine était tendue de velours mécanique, dit à deux pièces, qui nous a paru très-bien fait.

La maison Gelot Vermorel a exposé une collection de velours bosselés admirablement bien faits ; des peluches, des duvets astrakan ne laissant absolument rien à désirer sous le rapport de la belle et bonne fabrication.

Ces articles ont été tissés par M. Guy aîné, de Lyon.

N'oublions pas de citer pour mémoire le métier de velours unis monté par la maison A. Roche et qui fonctionnait à l'Exposition.

Ce métier ne présentait rien de nouveau comme montage ou disposition.

Nous avons cherché, presque en vain, des maisons étrangères à Lyon ou à la France ayant exposé des velours unis. Nous n'avons trouvé que la vitrine des frères Levera, de Turin, qui, au milieu de brocatelles et de satins pour ameublements, ont exposé un coupon de velours grenat en grande largeur, d'une bonne nuance, bien étendu, faisant bon effet, mais très-mauvais comme qualité et fabrication.

Pour répondre à notre programme, nous aurions voulu pouvoir indiquer le prix de la main-d'œuvre dans les pays étrangers où le velours unis se fabrique ; mais cela ne nous a pas été possible, attendu que nous n'avons reçu aucun délégué veloutier de ces pays.

Cependant, ce que nous pouvons affirmer, c'est qu'en Italie, à Turin, Gênes et Milan, villes où il se fait encore beaucoup de velours unis, la main-d'œuvre est moins payée qu'en France ; mais aussi la vie y est à meilleur marché.

Quant à la qualité des produits, nous pouvons assurer que les velours sortis de la fabrique lyonnaise sont très-supérieurs comme beauté, richesse et bonne fabrication à ceux tissés par les villes d'Italie, qui furent cependant le berceau de l'industrie des velours unis.

Les prix des matières premières sont, croyons-nous, à peu de chose près, les mêmes partout, attendu que pour ces prix les marchés aux soies de Londres, Milan et Lyon maintiennent entre eux l'équilibre.

Ici se présente naturellement la question posée par notre programme : Qu'avons-nous à faire pour soutenir la concurrence étrangère sans que ce soit à notre détriment?

A cette question si difficile à résoudre, nous n'hésitons pas à répondre carrément : Pour soutenir la concurrence étrangère sans que ce soit à notre détriment, il faut à tout prix que nous conservions la supériorité de notre main-d'œuvre. Alors nos étoffes, toujours belles, toujours riches, toujours bien fabriquées, pourront se présenter sans crainte sur les marchés des deux mondes et lutter avantageusement avec les produits de n'importe quelle fabrique étrangère. Nos produits, étant toujours bien recherchés, seront toujours bien payés.

Mais si nous voulons conserver la supériorité de notre main-d'œuvre, il faut que nous appliquions un remède énergique au mal qui existe dans notre corporation et qui se propage de plus en plus, surtout dans les campagnes, où il se fait un nombre considérable d'apprentis, et dans des conditions tellement mauvaises, qu'il est impossible de faire de ces apprentis de bons ouvriers.

Ne l'oublions pas, les villes de Turin, Gênes et Milan, débarrassées actuellement de toute préoccupation politique trop directe, soit parce qu'elles sont aujourd'hui éloignées du siége du gouvernement, soit enfin parce que leurs vœux les plus ardents ont été satisfaits dans l'unité nationale, se sont jetées entièrement dans le commerce et luttent énergiquement pour relever chez elles l'ancienne industrie du tissage des étoffes de soie, et surtout celle des velours unis. Ainsi, le velours, qui ne se fabriquait guère il y a dix ans que dans les villes citées plus haut, se fabrique aujourd'hui à Suse en Piémont, et à Côme en Lombardie. Chaque jour cette industrie prend de l'extension. Si l'on ajoute à cela que ces pays fournissent les plus belles soies qui existent et que, par conséquent, les belles matières premières peuvent être aussi bien employées chez eux que chez nous, nous verrons que nous n'avons pas à nous endormir dans une fausse sécurité et qu'il nous faut travailler sans cesse à perfectionner notre main-d'œuvre si nous ne voulons pas avoir dans l'avenir de trop rudes concurrents.

Disons encore qu'en Espagne il se monte de nombreuses fabriques de velours unis et que, dans ce dernier pays comme en Italie, le velours se fabrique absolument comme chez nous, avec la seule différence cependant qu'au lieu de couper sur soie, les ouvriers de ces pays coupent sur étoffe. Les métiers sont aussi bien montés que chez nous, et nous savons de source certaine qu'il s'y fait tous les jours des envois considérables de régulateurs, bascules, battants et carrettes au dernier perfectionnement.

Ajoutons à ces renseignements que l'on cherche, à Lyon, à embaucher des ouvriers pour l'Italie et l'Espagne et que ce n'est peut-être que grâce à notre bureau que ces aimables embaucheurs ont été éconduits.

Voilà le danger, il est réel, et nous le signalons sans le grossir.

Que nos amis de la campagne soient donc bien persuadés que, pour maintenir notre corporation au niveau satisfaisant dans lequel elle se trouve aujourd'hui, il faut à tout prix faire de nos élèves de bons ouvriers.

Or, que faut-il pour faire un bon ouvrier? Il faut d'abord que l'apprenti soit placé sous la direction d'un maître capable, ensuite que l'apprentissage soit sérieux comme durée, attendu que l'article demande un certain temps de pratique pour le connaître à fond.

Tandis qu'avec les conditions d'apprentissage employées actuellement dans les campagnes, l'on n'arrive qu'à former des ouvriers qui, dans un avenir peu éloigné, compromettraient entièrement la fabrique lyonnaise pour notre catégorie de tissage.

Faire de la mauvaise étoffe n'est pas plus un avantage pour l'ouvrier que pour le fabricant, par cette raison que la vente des mauvais produits ne s'effectuant pas facilement, les capitaux restent paralysés jusqu'au moment où le fabricant se voit obligé de vendre. Alors il vend, mais toujours à perte. Et dans ce cas qu'arrive-t-il? Ces mauvais produits exportés en Amérique ou en Russie portent une grave atteinte à la bonne réputation de la fabrique lyonnaise ; les prix de vente sont dépréciés, et, conséquence inévitable, la main-d'œuvre se voit frappée par l'abaissement du prix de façon.

Si cet état de choses se perpétuait, nous verrions bientôt les commissionnaires étrangers s'approvisionner sur d'autres marchés, comme cela se fait déjà aujourd'hui pour nos 22 S. auxquels beaucoup d'acheteurs préfèrent les velours fabriqués à Crefeld (Prusse.)

Nos plaintes sont donc bien fondées. D'ailleurs, comment se peut-il que l'ouvrier qui n'a fait qu'un apprentissage incomplet puisse à son tour faire un bon élève? Là encore le mal produit le mal.

Ne l'oublions pas, c'est à nous que revient l'honneur d'avoir relevé notre industrie dans la fabrique lyonnaise. Si l'état de choses qui existait avant notre organisation actuelle eût duré plus longtemps, nous aurions vu peu à peu l'article velours abandonné, nos campagnes où battent tant de métiers devenir désertes, et les fabriques étrangères hériter d'une industrie qui depuis long-temps fait, pour une grande part, la prospérité de Lyon et tient une si grande place au milieu de nos plus belles industries nationales.

Soyons donc très-sérieux sous le rapport de l'apprentissage, ne cherchons à produire que de bons ouvriers ; ne nous laissons pas entraîner par un in-térêt plus factice que réel, plus passager que durable, et nous aurons donné à notre corporation de solides garanties de prospérité pour son avenir.

Voilà pour la concurrence étrangère.

Si nous voulons conserver les prix de façon établis par nous, il faut encore que nous maintenions énergiquement l'organisation actuelle de notre corpora-tion ; il faut nous livrer sans retour aux bienfaits de l'association en faisant tomber pour toujours l'égoïsme et la défiance, ces deux maux qui nous amoin-drissent et nous divisent pour nous rendre plus faibles par l'isolement.

Notre Société présente ce caractère particulièrement heureux dans son orga-nisation, c'est-à-dire que sa forme, tout à fait en rapport avec les idées nou-velles, est à peu près celle d'une fédération. Cette forme est surtout accentuée dans la campagne, dont les 104 communes qui, aujourd'hui, sont unies avec Lyon, forment autant de groupes distincts, reliés entre eux par un règlement général, il est vrai, mais conservent presque entièrement leur autonomie. En effet, chaque groupe ou localité nomme avec toute indépendance sa direction, conserve et régit ses fonds et peut prendre toutes les mesures locales qui lui paraissent convenables.

Le seul défaut à ce système, défaut produit par des résistances non raison-nées, c'est que la solidarité n'existe encore qu'incomplètement entre les divers groupes qui composent notre Société, et les efforts que fait notre Commission administrative pour y arriver ne sont pas, malheureusement, toujours bien compris.

Il faut que nos collègues de la campagne se pénètrent bien de cette idée, que sans solidarité notre Société ne sera jamais véritablement forte, car, avec ce grand principe, on met les forces de tous au service d'un seul, et récipro-quement.

Notre Commission veut solidariser et non centraliser, comme on a pu le croire ; elle veut le concours de tous pour l'œuvre commune, mais sans res-treindre l'initiative individuelle ou locale dont les actes sont mieux compris et toujours plus favorablement accueillis que s'ils émanaient d'un pouvoir central.

Enfin, à cet argument que quelques membres de notre corporation invo-quent encore : « *Si la Société n'existait pas, les velours seraient payés tout autant,* » nous répondrons ceci :

Si notre Société n'existait pas, l'uniformité des prix de façon ne se main-tiendrait pas six mois, par la raison toute simple que parmi nos fabricants il s'en trouverait toujours qui, excités par l'appât d'un plus grand bénéfice, cher-

cherraient à faire concurrence à leurs collègues, plus consciencieux, en baissant le prix de la main-d'œuvre. Ceux-ci seraient entraînés malgré eux sur cette pente où il n'y a pas d'arrêt, et alors nous arriverions rapidement au point où nous étions placés avant que notre Société fût fondée.

D'autres, invoquant un argument à rebours, prétendent qu'à cause des prix uniformes que nous avons établis, le fabricant se verrait dans l'impossibilité de donner de l'ouvrage dans les moments où le commerce est en souffrance et que les ouvriers qui font partie de la Société seraient peut-être les premiers frappés.

D'un côté comme de l'autre il y a erreur. Nous avons établi, pour nos prix de façon, un tarif qui est la base du salaire que nous devons nécessairement gagner pour faire face honorablement aux exigences de la vie, si pénible aujourd'hui; mais ce tarif n'est pas élevé au point de gêner les fluctuations du commerce. Trois ans d'expérience, pendant lesquels les bons et les mauvais temps se sont fait sentir, prouvent la vérité de cette assertion. Ainsi, pendant la dernière guerre le tarif n'a pas été dépassé par les fabricants, mais aucun n'est allé au-dessous. Après la guerre, le commerce ayant repris avec activité, beaucoup de fabricants ont dépassé le tarif de 50, 75 cent. et même de 1 fr. par mètre.

Aujourd'hui (décembre 1872) que nous subissons une nouvelle crise, tous les prix sont de nouveau redescendus au niveau du tarif.

Cette expérience, suffisamment longue, prouve que notre industrie a ses coudées franches et que les variations qu'elle peut subir ne doivent être attribuées qu'à la loi commerciale de l'offre ou de la demande.

Donc notre tarif n'est que la limite au-dessous de laquelle le fabricant ne peut aller s'il veut que ses ouvriers puissent gagner un salaire qui n'est, en définitive, qu'à peine suffisant, et cette limite, loin de le gêner, lui permettra dans les moments de crise prolongée de faire travailler d'avance, ayant la certitude que son voisin ne pourra profiter de la mauvaise situation du commerce pour faire tisser à meilleur marché que lui et, partant, vendre meilleur marché que lui à la reprise des affaires.

Nous n'avons donc mis des entraves ni au commerce, ni à la loyale concurrence reposant sur la bonté et la beauté des produits. Ce que nous avons détruit par notre tarif, c'est la concurrence sans bornes que les fabricants se faisaient entre eux, concurrence dont nous faisions tous les frais, puisqu'elle avait pour moyen l'avilissement de la main-d'œuvre. Et en cela nous pouvons dire que nous avons complètement réussi, car il n'y a pas d'exemple dans notre corporation que les prix de façon se soient maintenus pendant trois ans de suite à un niveau qui aurait été considéré comme très-élevé dans les meilleurs temps avant l'établissement du tarif, et au-dessous duquel ils n'ont jamais descendu, même dans les plus mauvais temps depuis l'établissement du tarif.

Voilà les excellents fruits de l'association.

Restons donc toujours unis, attachons-nous à perfectionner les divers rouages de notre organisation, afin d'arriver pas à pas et sans brusquerie à pratiquer entre nous le grand principe de la solidarité.

Créons-nous par l'épargne de fortes réserves avec lesquelles nous pourrons nous soutenir dans les mauvais jours.

Choisissons pour administrer notre Société des hommes qui ne sacrifieront jamais l'intérêt général au profit de leur intérêt particulier; surtout rappelons-nous bien qu'il n'y a point d'hommes indispensables. Que ceux que nous reconnaîtrons capables de diriger l'œuvre que nous avons entreprise soient mis en face d'un principe invariable et qu'ils soient tenus de s'y conformer. Un homme doit s'honorer d'être le serviteur d'une bonne et grande cause; mais il mériterait d'être flétri si, oubliant son mandat, il voulait s'imposer en maître.

Enfin, instruisons-nous, et selon nos moyens et nos forces travaillons pour que l'instruction soit largement accordée à tous. L'instruction relève l'homme, développe et grandit son intelligence et le rend apte à être utile à la société et à lui-même.

C'est l'instruction qui nous apprend à connaître nos droits et nos devoirs de citoyens, et c'est elle qui nous donnera les moyens de revendiquer hautement les libertés qui nous sont nécessaires pour arriver pacifiquement à améliorer notre sort.

En Angleterre, le droit de réunion et d'association qui, aujourd'hui, peut s'exercer librement, n'a été obtenu que par la persévérance qu'ont mise les travailleurs de ce pays à le revendiquer.

Aussi les sociétés ouvrières en Angleterre sont presque toutes dans un grand état de prospérité, et nous pourrions citer telle ou telle de ces sociétés dont le budget annuel se solde par des centaines de mille francs, ce qui leur permet d'apporter à la condition sociale de chacun de leurs membres une immense amélioration et morale et matérielle. Soyons donc tenaces, persévérants, opiniâtres même dans la revendication de nos droits et dans l'accomplissement de nos devoirs. N'oublions pas que nous ne devons compter que sur nous-mêmes, et que nous devons être les artisans de notre propre régénération.

Donc plus de vaines et stériles déclamations contre les exploiteurs et contre le capital; entre nous plus d'égoïsme, plus de défiance; mettons résolûment nos forces, nos moyens, nos idées au service de l'œuvre commune pour améliorer et transformer progressivement l'ordre de choses existant, et surtout rappelons-nous bien que nous ne pourrons arriver à ce résultat que par l'application des grands principes d'*Union* et de *Solidarité*.

Vos délégués :

MURIAT, BERNE, CHARRET.

TULLES

A LA CHAINE ET CIRCULAIRES.

Nous venons vous rendre compte du mandat que vous nous avez confié en nous nommant vos délégués à l'Exposition universelle de Lyon pour l'examen, l'étude et la comparaison des produits industriels concernant chacune de nos spécialités.

Nous commençons par constater avec un sentiment de peine bien marqué que les articles fabriqués sur les métiers à la chaîne, ainsi que les tissus pour gants et les articles fabriqués sur les métiers circulaires, n'ont pas été représentés par nos industriels lyonnais ainsi qu'ils l'auraient pu faire et qu'on avait lieu de l'espérer.

Aussi vos délégués ont-ils le regret de ne pouvoir vour faire un rapport circonstancié sur la comparaison des différents produits qui vous intéressent, et desquels ils espéraient tirer des conclusions avantageuses pour le progrès de l'industrie qu'ils ont l'honneur de représenter.

M. Boucharlat jeune, de Lyon, mention honorable. — Cette exposition composée en partie de tulles façonnés, fabriqués sur les métiers à la chaîne, sans être complète comme variétés de ce genre, mérite d'être appréciée autant pour la régularité du tissu que pour le bon goût des dessins. Un châle décroché, des dessus d'ombrelles et des voiles quatre rangs composaient la partie des articles qui nous intéressent. Le châle tendu sur le fond de la vitrine attirait les regards des visiteurs qui, pour la plupart, l'ont apprécié comme de la dentelle mécanique.

L'exposition de M. Boucharlat jeune était complétée par des articles lama de différentes formes.

MM. Micoud et Demey, de Lyon, successeurs de M. Lelarge, ont obtenu une médaille de bronze. — L'exposition de ces messieurs se composait, pour l'article chaîne, de deux châles genre décroché, qui, quoique d'une maille ordinaire, ne manquaient pas de cachet comme fabrication et comme dessins.

Cette exposition se composait en grande partie des articles lama blancs et noirs. Nous avons remarqué des rotondes lama à 12 fr. 50 et des pointes de 12 fr. 50 à 16 fr. 50. Nous ne pouvons établir aucune comparaison pour les articles façonnés fabriqués sur les métiers à la chaîne. Les produits nous font défaut pour l'examen de ces genres.

Articles bonneterie fabriqués sur les métiers de bas et rectilignes et sur les métiers circulaires. M. Cambon, dont les magasins sont situés rue Centrale, 44, et rue Ferrandière, 1, à Lyon.

M. Cambon a exposé les produits de ses fabriques de Troyes et de Sumène. Aussi a-t-il un grand assortiment d'articles bonneterie en tous genres. Nous signalerons particulièrement des bas en coton blanc d'une maille très-fine et bien garnie ; des bas en fil d'Ecosse extra-fin unis, brodés et à jours, le tout bien fini avec diminutions mécaniques.

Tous ces articles sont fabriqués sur des métiers de bas et sur des métiers rectilignes.

Il y a également des articles nouveautés de divers genres et diverses formes. Nous remarquons des manteaux d'enfants tout laine et laine et soie avec des dessins bien compris ; des mittons filet noués ; des fichus unis et à jours, et plusieurs autres genres fabriqués par divers procédés.

Les gros articles coton sont fabriqués sur les métiers circulaires.

MM. Carret frères, de Troyes, ont obtenu une médaille de bronze pour la variété remarquable de leurs produits spéciaux consistant en bas imprimés et rayés, sur des tissus unis et à côtes avec diminutions mécaniques. Ces articles sont fabriqués sur des métiers de bas et sur des métiers rectilignes.

Le grand avantage des produits de MM. Carret frères est dû à leur spécialité pour le blanchissage et l'impression sur l'article bonneterie.

M. Alphonse Cottaz, de Grenoble. — Les produits de M. Cottaz sont d'une fabrication toute spéciale : ils se composent de flanelles, tricots, gilets, caleçons, bas et bonneterie, le tout en flanelle bien finie, avec diminutions mécaniques. Tous ces articles sont fabriqués sur des métiers de bas et sur des métiers rectilignes.

MM. Contout, Marchaux et Cᵉ, rue des Deux-Boules, 8, à Paris, médaille
de bronze. — Les articles bien fabriqués de cette maison lui ont attiré l'attention
du jury, qui lui a décerné une médaille de bronze pour les jupes, les caleçons,
les gilets et les manches faites avec des tissus unis à côtes et jours. Ce sont de
gros articles bien finis, diminués à la mécanique et fabriqués sur des métiers
de bas et sur des métiers rectilignes.

Parmi ces articles figurent des jupes fabriquées sur des métiers circulaires.

Articles bonneterie fabriqués sur les métiers à la chaîne grosse jauge.

La variété des articles bonneterie que l'on peut produire sur les métiers à la
chaîne est incalculable. Nos voisins du Gard sont sur ce point plus intelligents
que nous. Ils nous donnent, par l'achat de nos métiers qu'ils font chaque
année, des leçons sur ce genre d'industrie qui semblait, il y a peu d'années,
appartenir exclusivement à la cité lyonnaise.

Aussi, plus nous avançons, plus nous nous apercevons que cette industrie
nous échappe. Et notre matériel acquis avec beaucoup de peine ressemble
aujourd'hui aux débris d'un navire naufragé que les vagues entraînent.

La partie intelligente qui voyait cet écueil grandir chaque jour a bien essayé
de l'éviter par l'application du principe social, et elle aurait réussi, car elle était
convaincue de la régénération de son industrie par la centralisation des intelligences et par l'union des intéressés.

Mais encore cette fois (espérons qu'elle sera la dernière) le monopole appuyé
sur l'ignorance et l'égoïsme a triomphé du progrès qui nous apportait, avec
l'union, la confiance et le bien-être moral et matériel.

Au lieu de ces dons bienfaisants, nous avons la décadence qui amènera
inévitablement et à bref délai la ruine complète de notre industrie à Lyon, si
l'on n'y porte un prompt remède.

Nous allons, messieurs, vous donner un aperçu des progrès de la bonneterie
fabriquée sur les métiers à la chaîne.

M. Germain fils, de Nîmes (médaille d'argent), a obtenu par la variété de
ses genres et la bonne fabrication de ses produits une médaille d'encouragement bien méritée. Ses tissus sont d'une grande variété en dessins unis et à
jours, en dessins et dispositions en reliefs et des articles nouveautés en tous
genres, qui sont composés de burnous, vestes, manteaux d'enfants aux dessins bien variés, fabriqués en laine et en laine soie, des manchettes, cravates,
fichus, coiffures pour dames, sacs, couvre-lits, pièces de fond, grand assortiment de mittons en laine et divers articles bien variés, quelques articles ou
quelques parties de ces articles sont fabriqués par différents procédés, mais la
base fondamentale a été fabriquée sur les métiers à la chaîne.

Nous remarquons également des bonnets en soie fabriqués sur les métiers
circulaires.

M. Tholozan et Cie, de Nîmes (médaille de bronze). — Quoique M. Tholozan ait obtenu une récompense inférieure à son compatriote, nous estimons ses produits au même degré de valeur que ceux exposés par M. Germain fils. Nous avons apprécié la grande variété des genres, la bonne fabrication de ses tissus dont les dessins et les dispositions sont d'une grande variété en dessins unis et à jours et en reliefs, et enfin en nouveautés en tous genres; il y a également ment des burnous, manteaux d'enfants, vestes, cravates, cache-nez, fichus, coiffures pour dames, couvre-lits, pièces de fond, assortiment de mittons et divers articles bien finis et bien variés. Tous ces genres sont fabriqués sur les métiers à la chaîne, à l'exception de quelques articles fabriqués par différents procédés.

M. Muller, de Lyon (mention honorable). — Tous les articles de M. Muller sont fabriqués sur des métiers à la chaîne. Nous avons remarqué la bonne fabrication, les genres variés et le bon goût des dessins et dispositions sur tissus unis et à jours, ainsi que les dessins en reliefs, et une grande variété d'articles nouveautés tout laine. Nous citerons les fichus, camails, cache-nez, tours de cou, peluche, capelines, nouveautés, coiffures pour dames, couvre-lits, pièces de fond et divers gros articles, le tout bien conditionné.

Ces beaux produits, fabriqués à Lyon, sont d'un bon goût et d'une bonne fabrication qui ne laissent rien à envier aux produits du même genre.

Tous ces articles de bonneterie sont de bon goût comme disposition et comme dessins; la consommation en est régulière. Avec une fabrication bien soignée, l'avenir est assuré à ses auteurs.

Les gants tissus, fabriqués sur les métiers à la chaîne, sont représentés par trois paires de gants tissus unis maille droite bien grenée en fil extra-fin; ces gants ont été fabriqués dans la fabrique de MM. Tailbouis et Renevey, de Paris. Ils étaient exposés dans la vitrine de M. Crépy, filateur à Lille, qui les a exposés pour montrer les produits perfectionnés de ses filatures.

La ganterie laine, fabriquée sur les métiers à la chaîne et sur les métiers circulaires, a complètement fait défaut à l'Exposition, malgré la quantité considérable que l'on fabrique à Lyon. Il paraît que les négociants de cette industrie n'ont pas jugé convenable d'exhiber leurs produits.

En présence d'une indifférence aussi grande, nous n'hésitons pas à donner notre opinion sur les expositions internationales dont le progrès nous semble incontestable pour l'industrie en général. Notre appréciation ayant pour but le progrès industriel, nous constatons que l'exposition de tous les produits est un stimulant énergique, qui donne des résultats avantageux pour la fabrication, et réduit la concurrence à sa plus simple expression. Dans ce vaste champ où s'étalent les produits de l'intelligence, le travailleur et l'industriel peuvent rapprocher leur travail de celui de leurs voisins, mesurer leurs efforts et juger leurs produits. Dans ces tournois industriels et artistiques, ils apprennent plus en un jour qu'ils ne l'auraient pu faire dans une année de solitude et de monopole.

Nos appréciations étant données en vue du bien-être général, nous espérons qu'elles seront bien accueillies, et qu'à l'avenir justice sera faite de l'indifférence que nous avons la douleur de constater.

Nous ne terminerons pas notre rapport sans vous faire connaître les noms des citoyens qui ont été présentés à la Société des ouvriers tullistes, chaîneurs, bonnetiers de la ville de Nîmes, pour les faire participer aux récompenses décernées aux coopérateurs les plus méritants qui ont contribué à la fabrication des produits exposés :

Le citoyen Charles Causse, rue de Lagau, à Nîmes, premier ouvrier de M. Germain fils, qui a obtenu une médaille d'argent ;

Le citoyen François Roulant, boulevard du cours Neuf, 35, à Nîmes, premier ouvrier de MM. Tholozan et Cⁱᵉ, qui ont obtenu une médaille de bronze.

Nous sommes heureux de signaler à votre attention l'application du principe de répartitions coopératives qui jusqu'à présent n'a pas eu l'application générale que la délégation ouvrière de Lyon lui prépare pour l'avenir.

Le concours empressé que le Conseil municipal de Lyon a donné à la Délégation ouvrière, pour lui faciliter l'exécution de ce grand principe, est pour nous la garantie de son application future.

Aussi, pour notre part, offrons-nous au Conseil municipal de Lyon l'expression de notre bien fraternelle sympathie.

Lyon, le 30 décembre 1872.

J.-B. Fontaine, Abel Demilly, Jean Vidal.

TYPOGRAPHIE

Chers Collègues,

La réunion typographique qui fut organisée pour procéder à la nomination des délégués à l'Exposition lyonnaise permit de se faire une idée de la mission qui allait être donnée à vos mandataires.

En effet, après un échange d'observations, il fut décidé que, lors même que l'imprimerie ne serait pas représentée à Lyon d'une manière très-importante, il n'y avait pas moins lieu de participer, par la réunion des délégués de toutes les professions, à la manifestation pacifique de ces nombreux travailleurs qui, lorsqu'on expose les produits auxquels ils ont mis la main, doivent trouver bon d'exposer à leur tour ce qu'il y a d'imparfait dans les lois et coutumes qui contribuent à maintenir l'ouvrier dans une situation précaire.

Indépendamment de ce but général à poursuivre, il y avait encore à rechercher tout ce qui peut apporter une amélioration à l'imprimerie lyonnaise et aux ouvriers qu'elle emploie.

C'est dans cet ordre d'idées que notre rapport a été fait. Vous voudrez bien reconnaître, — nous l'espérons, du moins, — que, à défaut de talent, nous avons mis toute notre bonne volonté à rester fidèles au mandat qui nous a été confié.

Le programme que nous allons aborder, et qui est en harmonie avec les prémisses que nous avons posées, a été emprunté presque en entier par la Délégation de 1872 à celle de 1867.

QUESTION INDUSTRIELLE.

§ Ier. — *Établir une comparaison entre les produits français et les produits
étrangers, en indiquant si le produit français est supérieur ou inférieur
au produit étranger.*

Avant d'entrer dans le détail des ouvrages exposés, nous croyons résumer
l'impression générale des visiteurs de l'Exposition en disant que l'imprimerie
y a occupé une place beaucoup trop restreinte. Il y a eu, en effet, un petit
nombre d'exposants, et pour dissimuler sans doute cette industrie trop peu
représentée, on a eu l'idée de la reléguer dans une des parties les plus obscu-
res de l'Exposition. Aussi devons-nous déclarer que notre travail d'appréciation
a dû forcément souffrir de cet état de choses. Dans le plus grand nombre de
cas, nous nous sommes trouvés en présence de ceci : lieu obscur et vitrines
fermées. Il n'y a vraiment pas à s'étonner que l'installation de l'imprimerie ait
été une source de récriminations de la part des exposants et de la part du
public.

On ne saurait donc trop insister pour que, à l'avenir, les produits de la
typographie soient mis en pleine lumière.

Nous allons examiner maintenant, d'une manière sommaire, les travaux
exposés.

M. Guyot, Bruxelles. — Il y a dans cette exposition un spécimen d'actions
et d'obligations dont les encadrements en couleurs sont d'une très-grande
variété et d'un assez bel effet, surtout si l'on considère que ce sont des travaux
courants que la maison Guyot a voulu exposer.

Nous regrettons de ne pas avoir rencontré à l'Exposition l'une des maisons
de Paris qui ont abordé cette spécialité, la maison Paul Dupont, par exemple,
qui a imprimé les ravissants spécimens d'actions et d'obligations de l'album
Derriey. Tous ceux qui ont pu admirer le chef-d'œuvre que nous venons de
citer peuvent être assurés comme nous que la légèreté, la grâce, le fini d'exécution des travaux artistiques français ne seront que fort difficilement dé-
passés.

Quant à la maison Guyot, le jury n'a pas eu à statuer sur le mérite de ses
travaux, cette maison étant hors concours ; M. Guyot, du reste, était membre
du jury.

M. Jouaust, Paris. — Cette maison s'est donné pour mission de reproduire les ouvrages anciens. Dans la collection exposée, on rencontre *Daphnis et Chloé*, l'*Eloge de la Folie*, avec dessins d'Holbein, l'*Heptameron*, etc., etc. Nous comprenons parfaitement qu'un bibliophile veuille posséder ces bijoux typographiques, car il règne une délicieuse harmonie entre les fleurons, vignettes, lettres ornées et le type des caractères, le tout emprunté au XVIe et au XVIIe siècle dans ce qu'ils ont eu de plus parfait. De belles gravures à l'eau forte viennent encore rehausser le mérite de quelques-uns de ces ouvrages.

Par exemple, nous trouvons beaucoup moins heureuse la prétention de traiter les ouvrages modernes de la même façon que les anciens, et nous sommes parfaitement de l'avis de ceux qui disent que les caractères elzéviriens doivent être exclusivement consacrés à la réimpression des ouvrages anciens. Nous espérons que la maison Jouaust se ralliera à cette opinion, qui a déjà un grand nombre de partisans.

Le jury a cru devoir, pour la distribution des récompenses, placer sur le même rang la maison Jouaust et la maison Chenevier et Chavet, par exemple ; c'est son affaire. Mais le public n'a pas été tout à fait de son avis. D'autre part, on se souvient que, peu de temps après la distribution des récompenses, M. Jouaust a été nommé chevalier de la Légion d'honneur, dans le but, sans doute, de lui faire mieux accepter sa médaille d'argent de l'Exposition.

M. Donnaud, Paris. — Que pourrait-on dire de cette maison, sinon que les spécimens qu'elle a mis sous les yeux du visiteur ne sont qu'un assemblage de frontispices, de couvertures, etc., d'une exécution très-ordinaire ? — Médaille de bronze.

M. Delalain, Paris. — Exposition de classiques dont il n'y a de visible que la couverture. Nous regrettons de n'avoir pu visiter les ouvrages si utiles que cette maison a exposés. — Médaille d'argent.

MM. Lecoffre et Cie, éditeurs, Paris et Lyon. — Volumes de différents formats et journaux illustrés, le tout d'un aspect satisfaisant. — Médaille d'argent.

M. Jules Grinsard, Nantes. — Cette maison a produit des ouvrages assez importants, entre autres le *Livre doré de l'hôtel de ville de Nantes*, in-4e, caractères elzéviriens ; les *Tablettes chronologiques et historiques des seigneurs de Laval*, etc., in-folio, tirage rouge et noir, avec des encadrements un peu lourds, mais bizarres et d'un effet original. — Mention honorable.

Ancienne maison Fiévet; Bonnedame et Cie, successeurs, Epernay. — Cette maison a pu établir sa vitrine dans une position fort avantageuse sous le rapport de la clarté. MM. Bonnedame ont exposé, entre autres choses, des reproductions d'ouvrages du XVIe et du XVIIe siècle. Un tirage très-soigné sur du papier de choix et sur le vélin recommandent ces ouvrages à l'attention du visiteur. — Médaille de bronze.

Dans l'intérêt de la justice, nous croyons devoir rectifier ici une erreur de laquelle n'a pas voulu sortir l'administration de l'Exposition, en faisant attribuer la récompense ci-dessus au nom de M. Fiévet, tandis que celui-ci n'était que le prédécesseur de MM. Bonnedame et Cie, lesquels sont titulaires de l'imprimerie depuis mars 1870 et sont, par conséquent, les seuls et véritables exposants.

MM. Chenevier et Chavet, Valence. — Reproduction d'ouvrages anciens l'*Histoire du Dauphiné*, par exemple. Ici nous voyons revivre le passé avec ses qualités, c'est-à-dire avec une bonne impression; mais nous ne pouvons nous empêcher de remarquer que ses défauts ont été copiés scrupuleusement : nous voulons parler de ces frontispices si lourds, si encombrants, dans lesquels la disposition des lignes laisse tant à désirer. Néanmoins une médaille d'argent a été donnée à cette maison.

M. Timon, Vienne. — Ouvrages bien imprimés, types modernes choisis avec goût. — Médaille de bronze.

M. Savigné, Vienne et Givors. — Toutes sortes de travaux sont étalés dans la vitrine de cette maison, et nous ne demanderions pas mieux que d'en faire le compte-rendu. Malheureusement il nous a été impossible d'apprécier nettement la valeur des produits exposés, tellement l'obscurité régnait en souveraine dans cette partie de l'Exposition dévolue à l'imprimerie. — Médaille d'argent.

M. Serrière, Paris. — Cette maison a exposé des clichés de grands et de petits journaux. Ces clichés sont tout d'un bloc et facilitent ainsi le tirage en évitant les accidents que d'autres systèmes de clichage peuvent occasionner. — Médaille d'argent.

M. Jules Boyer, de la maison Dupont, Paris. — Exposition de cadres pour actions et obligations dans l'épaisseur desquels on a ménagé de la place pour recevoir une série de passe-partout, ce qui permet de faire servir ces cadres à plusieurs fins. Ce moyen est ingénieux, mais il ne saurait, à lui seul, remplacer la variété dans le dessin des encadrements, variété généralement recherchée aujourd'hui. — Médaille d'argent.

Mme veuve Routier et Peignot, fondeurs à Paris. — Cette maison a exposé un coupoir perfectionné à échelle typométrique et à justifieur automatique. Ce coupoir, solidement construit, paraît, à première vue, destiné à prendre une bonne place dans l'outillage typographique. Cependant, après l'avoir quelque peu essayé, il nous a paru avoir encore besoin de perfectionnement.

Entre autres choses exposées par cette maison, il y a des lames d'interlignes fondues sur un point. Ces lames dépassent en longueur ce qui a été fait communément jusqu'à ce jour.

Nous arrivons à l'imprimerie lyonnaise, qui a été représentée à l'Exposition par les seules maisons Mougin, Vingtrinier et Pitrat.

Vitrine de M. Mougin-Rusand. — Vraiment, nous éprouvons un sentiment pénible à parler de l'exposition de cette maison, car nous nous trouvons en face de l'une des victimes de cette obscurité qui est si préjudiciable à l'inspection des travaux de l'imprimerie. Il y a eu comme un *sort* jeté sur cette maison. Après avoir abandonné la place qui lui avait été primitivement assignée à côté de la maison Savigné, et où il faisait clair comme dans l'intérieur d'un sépulcre, elle a transporté ses produits dans un endroit qui était un peu plus favorisé sous le rapport de la lumière. Nous avons voulu alors faire ouvrir la vitrine pour en examiner consciencieusement le contenu; mais il a fallu y renoncer, le panneau ayant refusé de se prêter à notre tentative. M. Mougin-Rusand a obtenu une médaille de bronze.

Vitrine de M. Vingtrinier. — En approchant de la vitrine de cette maison comme de celle de la maison Bonnedame, nous faisons la découverte d'une chose rare et que vous ne devineriez jamais, ami lecteur. Eh bien! le crépuscule, avec lequel nous avons fait si piteuse connaissance, a disparu, et nous trouvons ici de la clarté, de la lumière; nous saluons le jour avec empressement, et une fois notre éblouissement passé, nous voyons devant nous d'excellentes éditions, par exemple : la *Monographie de la Table de Claude*, grand in-folio dont le frontispice est on ne peut plus majestueux (l'ensemble de cet ouvrage est, du reste, fort bien traité); *Origines et Bases de l'Histoire de Lyon*, autre ouvrage monumental qui mérite des éloges; le *Nouveau Spon*, l'*Armorial de Bresse et Bugey*, tirage à deux couleurs; les *Violettes*, la *Bibliothèque de M. Coste*, les *Vieux Papiers d'un Imprimeur*, dont l'auteur est M. Vingtrinier, etc., etc. En somme, cette maison mérite bien la médaille d'argent qui lui a été décernée.

Nous ajouterons que M. Vingtrinier a droit à tous nos remerciments pour l'acte de justice qu'il a accompli en enregistrant avec soin dans plusieurs volumes les noms de ses collaborateurs ouvriers.

Vitrine de M. Pitrat. — Nous sommes toujours en pleine lumière, et c'est fort heureux, car nous pouvons apprécier des ouvrages qui se recommandent par la pureté de l'impression, l'heureux choix des types et du papier. Entre autres ouvrages de luxe, nous citerons les *Souvenirs du Mont-Pilat*, les *Fian-*

cailles de la Bergère d'Eza. Ce dernier volume est tout simplement ravissant. C'est une véritable perle de l'art typographique. Quant aux ouvrages courants, il faut rendre justice à cette maison pour le soin qu'elle apporte à leur exécution.

Dans ces conditions, M. Pitrat a pu trouver sa médaille d'argent un peu... légère.

Pour clore cette partie de notre rapport, nous croyons devoir donner ici la composition du jury de l'imprimerie :

MM. Alphonse Kléber, fabricant de papiers à Rives (Isère);
Laurent de Montgolfier, fabricant de papiers à Annonay;
Poure, chef de la fabrique de plumes métalliques de Blanzy;
F. Guyot, imprimeur typographe et lithographe à Bruxelles;
Bonnet, lithographe à Lyon;
Storck, imprimeur à Lyon.

D'accord en cela avec tous les délégués lyonnais, nous émettons le vœu qu'à l'avenir des ouvriers soient adjoints au jury pour faire obtenir officiellement des récompenses ou diplômes aux ouvriers coopérateurs de travaux remarquables. Nous devons vous dire qu'une proposition dans ce sens avait été faite à l'administration de l'Exposition, mais elle a été, à plusieurs reprises, complètement repoussée.

§ II. — *S'enquérir de la provenance des matières premières et signaler autant que possible, dans les industries où ce mode sera applicable, le prix de revient et le prix de vente.*

Pour traiter d'un mot cette question, nous dirons que ce n'est pas à l'Exposition lyonnaise qu'on aurait pu se procurer des renseignements sur le degré de valeur ou d'utilité des machines, encres, papiers, caractères, etc., par la raison fort simple que ces choses étaient fort peu représentées, quand elles ne l'étaient pas du tout.

Quant au prix de revient et au prix de vente des produits, nous répéterons ce qui a été dit dans le Rapport typographique de 1867, que cela dépend des difficultés qu'offre tel ou tel travail, du soin qu'on apporte à l'exécution, du nombre d'exemplaires et des exigences relatives aux droits d'auteur.

§ III. — *Mentionner ce qu'il y aurait à faire pour soutenir la concurrence sans que ce soit au détriment de l'ouvrier.*

Nous répondrons à cette partie de notre programme en faisant d'abord remarquer que la concurrence qui nous était faite autrefois par les départements limitrophes n'est plus guère à craindre. Actuellement, dans les petites villes, les prix de la main-d'œuvre se rapprochent beaucoup de ceux pratiqués à Lyon, et il en sera toujours ainsi désormais. Cela se comprend : le prix des subsistances est presque aussi élevé dans les petites villes que dans les grandes. A cette raison, il faut ajouter que l'organisation ouvrière dans les petites villes commence à devenir une réalité, ce qui n'est, après tout, que la conséquence forcée de l'élévation du prix de toutes choses.

Quant à la concurrence que Paris et sa banlieue ont pu nous faire antérieurement, elle s'expliquait par la rapidité avec laquelle on y exécutait toutes sortes de travaux. Sous ce rapport, Lyon s'est mis à la hauteur des exigences modernes, et les clients peuvent le plus souvent trouver chez nous la célérité qui les attirait ailleurs. Du reste, l'infériorité qui existe encore pour Lyon, relativement à cette lutte de grande vitesse, est largement compensée par les inconvénients nécessités par l'envoi et le renvoi de la copie, des épreuves, etc., etc.

Ensuite de toutes ces raisons, Lyon défie mieux que jamais la concurrence. Toutefois, si c'est là une victoire, il nous reste à examiner s'il y a des blessés parmi nous, et les ouvriers aux pièces pourraient bien prétendre parfois à ce rôle-là. Il n'y a pas de doute qu'aujourd'hui le travail se fait à toute vapeur; on arrive vite; mais que de soubresauts et de saccades il en résulte pour l'ouvrier ! Et cependant, bon gré mal gré, il faut prendre notre parti de cette situation, qui ne nous paraît pas devoir se modifier dans l'avenir. Les tarifs protecteurs, fruits de l'union de tous, et la pratique de la solidarité, qui atténue les effets désastreux du chômage, sont les seuls remèdes à opposer aux inconvénients qui résultent de cet état de choses.

Ici nous sommes amenés à dire un mot d'une innovation qui a été introduite dans le régime de notre industrie ; nous voulons parler de la liberté de l'imprimerie. Quelques-uns de nos confrères ont pu craindre que cette mesure n'entraînât à sa suite l'avilissement des prix de main-d'œuvre en facilitant la création de nombreux ateliers ; cette crainte était exagérée. Si, plus tard, il devait en être autrement, si de nouveaux industriels voulaient rompre la tradition de nos tarifs protecteurs, le sentiment de solidarité qui unit tous les typographes lyonnais deviendrait, nous l'espérons, une garantie pour nos légitimes intérêts.

Mais si l'imprimerie, à Lyon, jouit d'une sécurité relative quant à la concurrence et quant aux innovations hasardeuses dans le genre de celle que nous venons de signaler, cela devient une raison pour que le niveau de l'art typographique s'élève au lieu de s'abaisser, et, à ce sujet, il faut soulever ici la question de l'apprentissage, qui est la pierre d'achoppement de notre industrie comme de beaucoup d'autres.

DES APPRENTIS.

En entrant dans l'examen de cette question, nous croyons devoir nous placer sous l'égide d'une autorité reconnue. On lit dans le *Traité de la Typographie*, de M. Henri Fournier, cette phrase qui résume toute la question :

« L'apprentissage est une œuvre capitale, irrémédiable si elle n'a pas été « bien accomplie. »

Eh bien ! cette œuvre *capitale*, nous le savons tous, est souvent traitée dans la pratique avec un sans-façon qui fait école ; il y a une clameur universelle contre ce système de laisser-faire, qui cependant est continué avec un entrain digne d'une meilleure cause.

Il serait fastidieux de répéter ici ce que tout le monde sait déjà sur l'insuffisance de l'instruction chez le plus grand nombre des apprentis et sur le rôle de commissionnaires qu'on leur fait jouer. Il est évident qu'un apprentissage prolongé (six ou huit ans) comme en Angleterre serait pour l'apprenti un moyen certain de devenir un bon ouvrier ; mais, en France, il n'y a guère lieu de compter sur l'introduction de cet usage. En attendant qu'une meilleure organisation du travail permette de faire mieux, il y aurait cependant à employer un moyen qui est dans la nature même des choses. En effet, quoi de plus simple que de pratiquer ce qui est inséré dans le Tarif typographique : « L'ap- « prenti devra avoir au moins quatorze ans et posséder une *instruction suffi- « sante* pour exercer fructueusement sa profession ! » Si, avec cela, on évitait de faire de l'apprenti une sorte de Juif-Errant ou quelque chose comme un employé du Factage lyonnais, il y aurait lieu d'espérer de meilleurs jours pour tous ceux qui sont les victimes de cette contrefaçon de l'apprentissage. Nous parlons de victimes ! Qui est-ce qui ne l'est pas dans cette affaire ? Sans parler de l'apprenti devenu mauvais ouvrier, n'y a-t-il pas encore les parents, le patron, le public et jusqu'aux ouvriers eux-mêmes, si l'on se place à un point de vue spécial ? Relativement à ces derniers, les délégués parisiens à l'Exposition de Londres ont avancé, en effet, dans leur rapport, que si le système de la commandite est beaucoup plus usité en Angleterre qu'en France, cela tient à ce que, chez les typographes anglais, les capacités sont beaucoup mieux équilibrées que chez nous, ce qui est la conséquence d'un apprentissage beaucoup plus sérieux.

Nous ne saurions trop insister sur l'importance de cette question, sur laquelle la Délégation de 1867 avait déjà appelé l'attention de tous les intéressés. Nous sommes profondément convaincus que si MM. les patrons et MM. les protes veulent contrôler sérieusement les aptitudes des apprentis avant de les admettre dans l'atelier, et si l'on restreint le nombre de courses qu'on leur fait effectuer, on pourra s'attendre à une amélioration notable dans les détails de la main-d'œuvre, dont la mauvaise exécution donne lieu aujourd'hui à tant de réclamations.

C'est dire que, pour nous, MM. les protes ont dans leurs mains la question des apprentis. Ces messieurs savent bien, du reste, que fonction oblige, et ayant le pouvoir de sauver le prestige de l'imprimerie lyonnaise, ils ne voudront pas être au-dessous d'une mission si importante.

Il est bien entendu que nos observations concernent seulement MM. les protes qui ne prendraient pas à la lettre les prescriptions si judicieuses du Tarif typographique, relativement à l'incapacité des apprentis. Et dans le cas d'une violation, d'un oubli grave de ces prescriptions, nous sommes persuadés que, grâce à l'existence et au fonctionnement régulier de la Chambre syndicale, patrons et ouvriers sauraient s'entendre pour redresser des abus qui, en définitive, ne peuvent que porter atteinte aux intérêts de toute la typographie lyonnaise.

Au risque de nous répéter, nous dirons que plus nous réfléchissons sur cette question de l'apprentissage, et plus nous sommes convaincus que la solution en est simple et pratique par le choix intelligent des apprentis. On dit, et nous aimons à le croire, que l'instruction est plus répandue aujourd'hui que jamais ; il s'ensuit donc que l'on aurait la main bien... malheureuse si l'on ne voyait dans nos ateliers que des apprentis ignorants. Mais non, il nous semble facile de procéder au recrutement d'apprentis aptes à notre profession. Dans tous les cas, facile ou non, la chose vaut la peine d'être examinée sérieusement, et, sous ce rapport, nous voulons tout espérer de la vigilance de MM. les protes et de MM. les patrons.

§ IV. — *S'enquérir des nouveaux moyens de production.*

Ce n'est pas sans un sentiment de pénible surprise que nous avons constaté l'abstention complète des constructeurs de machines typographiques. Aux précédentes Expositions de 1862 et 1867, tout l'outillage d'imprimerie était largement représenté : fondeurs, mécaniciens, fabricants d'encre et de papier avaient tenu à honneur de rivaliser pour le fini et la bonne exécution de leurs produits. La France, l'Allemagne, l'Angleterre, les Etats-Unis concouraient dignement à ces tournois du travail. Les constructeurs de tous pays faisaient fonctionner sous les yeux du public leurs diligentes, nous serions tentés de dire leurs intelligentes machines, aux combinaisons variées, les unes imprimant les vignettes sur bois avec ce soin délicat visant presque à la perfection de la gra-

vure sur acier , les autres tirant les journaux avec une rapidité vertigineuse ;
notre inimitable artiste fondeur Derriey exposait le chef-d'œuvre qui lui a valu
la croix d'honneur; les imprimeurs de Paris, Londres, Berlin, Strasbourg,
Lyon, montraient leurs splendides éditions, supérieures dans bien des cas aux
Elzévirs pourtant si estimés de nos bibliophiles.

Au lieu de toutes ces merveilles, on rencontrait à l'Exposition lyonnaise
quelques rares machines microscopiques pour cartes de visite, d'autres à pé-
dale, ou la machine la *Minerve*, reproduction à peu près identique de celle
exposée à Paris, en 1867, par M. Dégener, de New-York.

Certes, nous sommes loin de nier l'ingéniosité mécanique qui a présidé à
leur construction, seulement nous doutons du service qu'elles sont appelées à
rendre dans une imprimerie sérieuse.

Ces petites presses seront peut-être utiles à certaines administrations ayant
toujours les mêmes impressions à faire et à nombre restreint, mais elles nui-
ront à l'art typographique en ce qu'elles pourront tenter les personnes étrangères à l'imprimerie. En effet, dans les maisons de banque elles peuvent servir
au timbrage des effets de commerce ou à la confection des cahiers de chèques
sur lesquels on appose le nom du client, et dans les grandes administrations à
des circulaires spéciales ou feuilles journalières. En dehors de cela, elles
échoueront toujours entre des mains inhabiles sous le rapport typographique.
Pour obtenir quelque succès avec ces nouvelles machines, il faudrait être à la
fois conducteur, compositeur et correcteur au besoin ; nous estimons que l'ouvrier réunissant toutes ces qualités sera toujours difficile, sinon impossible, à
trouver. Les grandes administrations seules pourraient se donner ce luxe, et
encore, si c'était par économie, elles devraient y regarder de près : le gaspillage des fournitures, la fréquence des réparations causées par l'inexpérience
des personnes employées à la surveillance du tirage augmenteraient considérablement le prix de revient, sans compter la défectuosité de l'exécution.

Nous avons sous les yeux des imprimés sortis de ces presses, et si nous parlons de l'impression, elle est loin de satisfaire les moins exigeants ; quant à la
composition, elle dénote la plus grande inaptitude. Car, il ne faut pas l'oublier,
l'art typographique est soumis à certaines règles, l'arrangement des caractères
a besoin de certaines proportions; leur disposition dans un titre doit avoir
certaine graduation que le premier venu ne peut connaître, fût-il libraire, pa-
petier ou lithographe.

Si, d'un autre côté, nous nous plaçons au point de vue de l'industrie typographique, nous dirons que là on préférera toujours une grande machine tirant
depuis la carte de visite jusqu'au journal. Elle coûtera plus cher, il est vrai, mais
elle rendra de plus grands services.

Les nouvelles presses, gracieuses et mignonnes, peuvent servir de jouet,
elles orneront un salon, un magasin de papeterie, mais là doit se borner leur
mission. Nous admettons, sans conteste, qu'elles tirent la carte de visite, mais
non les prospectus, pour ne pas parler d'autre chose. Ce genre de travail, à

notre époque de publicité, s'imprime d'habitude par centaines de mille ; on ne parvient à les livrer à bon marché que par l'emploi du clichage ou de plusieurs compositions, moyens impossibles à employer avec les nouvelles machines.

Quant aux médailles que le jury leur a décernées, elles n'ont aucune importance à nos yeux, précisément à cause du petit nombre de machines exposées. Cette distinction flatteuse perd donc tout son mérite, puisqu'elle n'est pas établie sur la comparaison faite entre tel ou tel système.

§ V. — *Signaler les noms des ouvriers qui auraient exécuté les travaux les plus remarquables.*

Nous nous empressons de reconnaître combien ce paragraphe doit être attrayant pour tout homme qui désire que chacun soit récompensé selon ses œuvres ; mais un sentiment que vous apprécierez à sa juste valeur nous porte à dire que, pour les produits de l'imprimerie, il convient de ne citer que les auteurs de travaux tout à fait exceptionnels. Le motif de cette restriction est facile à comprendre : si nous en venions à désigner à votre attention les noms des ouvriers qui ont coopéré à des travaux d'une bonne exécution, sans être pour cela des ouvrages hors ligne, nous croirions blesser les ouvriers tout aussi capables, sinon davantage, dont les patrons n'auraient pas cru devoir se présenter à l'Exposition. En agissant comme nous le faisons, nous évitons de donner prise à ces railleries d'atelier qui pourraient atteindre les personnes que nous aurions désignées, lesquelles seraient fort peu contentes de recevoir, à l'occasion, une épithète désagréable par ci, une allusion transparente par là, ce qui irait tout à fait à l'encontre de ce que nous devons rechercher : l'union, l'entente complète des travailleurs.

Toutefois, nous le répétons, il n'en serait pas de même si, au lieu de travaux bien soignés, nous eussions trouvé devant nous des travaux exceptionnels. Dans ce cas, les craintes que nous avons énumérées ci-dessus n'eussent eu aucune raison d'être, car le talent transcendant réussit généralement à imposer l'admiration et le respect. Nous devons ajouter que, n'ayant pas trouvé de ces travaux exceptionnels qui, du reste, sont fort rares dans notre profession, nous avons cru devoir nous tenir dans la réserve la plus complète. Vous apprécierez, chers confrères, si notre théorie est acceptable, et vous voudrez bien remarquer que nous ne cessons pas d'être d'accord, au fond, avec les prescriptions de notre programme.

En définitive, quand on voudra savoir, à l'avenir, quels sont les coopérateurs d'un travail hors ligne, il n'y aura pas d'autre moyen à employer que celui qui consiste à imprimer leurs noms dans ce même travail, ainsi que l'a fait M. Vingtrinier, auquel nous réitérons nos remerciments pour cet acte dont nous recommandons la pratique à tous les intéressés.

Avant d'aborder le résumé que nous avons à faire sur la question sociale, nous devons faire savoir à nos confrères qu'un avis avait été adressé par la Délégation lyonnaise, par l'intermédiaire des journaux, aux corporations ouvrières françaises, les invitant à envoyer leurs délégués visiter l'Exposition et promettant à ceux-ci un accueil fraternel.

Différentes corporations de Paris, Bordeaux, Nantes, Nimes et Châlon-sur-Saône ont répondu à cet appel ; mais la ville de Bordeaux seule nous a envoyé deux délégués typographes. L'un de ces délégués était notre compatriote et ami M. Rousset. Il va sans dire qu'échange a été fait avec eux des renseignements qui pouvaient être utiles à tous sur l'organisation des typographes à Lyon et à Bordeaux.

Nos confrères ont bien voulu nous envoyer leur Rapport sur l'Exposition, qu'ils ont fait insérer dans le journal la *Gironde*. Nous le tenons à la disposition de ceux de nos confrères qui désireraient le consulter.

QUESTION SOCIALE.

Tous les paragraphes qui composent la seconde partie du programme de la Délégation peuvent se résumer dans le paragraphe suivant, que nous allons traiter sommairement :

Rechercher les moyens de maintenir les salaires à la hauteur des besoins du travailleur sans recourir aux grèves, et en général tous les moyens qui peuvent améliorer son sort.

Nous entrons sans préambule dans notre sujet, et nous croyons devoir féliciter tout d'abord la typographie lyonnaise (patrons et ouvriers) d'avoir adopté et pratiqué le principe de la Chambre syndicale, dont le but le plus saillant est la création et le maintien de tarifs professionnels (1). Cette institution, que nous avons empruntée aux typographes parisiens, est en faveur aujourd'hui dans les classes populaires. A Paris surtout, les sociétés ouvrières se sont presque toutes transformées en chambres syndicales. Il est évident que cette forme de

---

(1) Nous ne savons pourquoi notre Société ne porterait pas le titre officiel de Chambre syndicale, qui lui appartient légitimement, au lieu de celui d'Annexe. Nous soumettons cette réflexion à nos confrères.

société peut mieux que les autres faciliter l'entente et la conciliation entre les intérêts des ouvriers et des patrons. Si, par ce moyen, on arrive à diminuer le nombre des grèves, ce sera autant de gagné pour tout le monde.

Avant de nous engager davantage dans le sujet que nous traitons, il est juste de signaler le bon vouloir ordinaire des chefs de l'industrie typographique lyonnaise en matière de salaires ; nous formulons le vœu que l'entente qui existe entre eux et nous se continue indéfiniment. Toutefois, nous ne saurions nous désintéresser de la situation faite aux ouvriers en général, d'autant plus que la sécurité et la liberté d'une corporation sont liées intimement à la sécurité et la liberté de toutes les autres, puisque certaines lois restrictives qui nous régissent ont les mêmes conséquences pour la classe entière des travailleurs. La communauté de leur situation doit donc amener forcément leur solidarité dans la recherche de l'indépendance.

Nous disions plus haut que la chambre syndicale est appelée à diminuer le nombre des grèves ; mais on doit être persuadé qu'elle ne peut pas les supprimer, car tant que le salariat sera la base des rapports entre le travail et le capital, il est malheureusement vrai que l'antagonisme subsistera entre ces deux éléments de la production.

Malgré cette perspective peu rassurante, les ouvriers n'ont guère eu, jusqu'à présent, d'autre idéal que le salariat avec la hausse progressive des salaires. Cependant, les économistes nous disent avec une grande apparence de raison que si le prix de la main-d'œuvre s'élève pour la confection d'un produit, le prix de ce produit lancé dans la consommation s'élèvera d'autant. D'où il suit que l'élévation progressive des salaires amènera logiquement l'enchérissement progressif de toutes les choses nécessaires à la vie.

Ainsi, nous tournerions dans un cercle vicieux, et, en conséquence, il faudrait renoncer à poursuivre l'augmentation des salaires. Cela est bientôt dit ; mais nous ferons remarquer que si l'objection des économistes est vraie, il n'est pas moins vrai aussi que l'augmentation progressive des salaires a pour but d'amener, non pas le nivellement absolu entre le gain des patrons et des ouvriers, mais, du moins, une disproportion moins grande entre leurs bénéfices ou salaires respectifs. Et ici, nous le répétons, nous n'avons pas en vue l'imprimerie spécialement, mais l'industrie en général, car il y a certaines industries qui, bien plus que l'imprimerie, enrichissent promptement ceux qui les exploitent, et c'est à cette catégorie d'industriels qu'il convient surtout d'appliquer nos réflexions ci-dessus.

Nous avons fait remarquer ce qu'il y a au fond de l'augmentation progressive des salaires, et, quoi qu'on fasse, cette augmentation est fatalement destinée à se poursuivre. Mais les ouvriers ne doivent pas oublier que, en définitive, le salariat, même amélioré, n'est pas un but, mais un moyen : il n'est qu'un acheminement à l'association sous toutes ses formes : crédit, consommation, production. A cet égard, nous citerons en exemple les ouvriers anglais qui, à force de réclamations, ont obtenu le droit de réunion et d'association

dont ils ont profité pour s'organiser de façon à faire augmenter leurs salaires
et à faire diminuer le nombre de leurs heures de travail. Actuellement, par le fait
de la bonne organisation de leurs sociétés, ils sont pourvus de sommes considérables qu'ils utiliseront certainement bientôt à créer de nombreuses associations (cela est déjà commencé), dont la réussite sera assurée, parce qu'il y
aura pour elles deux conditions de succès : elles seront composées d'hommes
pleins de foi et de ténacité, habituer à discuter utilement leurs intérêts ; d'autre
part, l'argent ne leur fera pas défaut.

Pour nos lecteurs qui voudraient avoir sur ce sujet de nombreux et utiles
renseignements, nous les engageons vivement à lire le nouvel ouvrage de
Martin Nadaud, l'*Histoire des classes ouvrières en Angleterre*.

Suivons l'exemple qui nous est donné, combattons de toutes nos forces les
lois qui peuvent faire échec à l'application de nos idées, et au nombre de ces
lois, nous vous signalons les articles 291 à 294 du Code pénal et la loi de 1834,
qui déclarent illicite et punissable toute réunion non autorisée de plus de vingt
personnes. Si nous voulons que la liberté s'établisse parmi nous, soyons una-
nimes à la demander, et nous l'obtiendrons incontestablement. Dans notre conviction, les travailleurs ne seront jamais assez persuadés que, si le progrès rencontre des obstacles, ils viennent surtout de l'apathie et de l'insouciance que
les ouvriers mettent eux-mêmes à revendiquer leurs droits.

Portons maintenant nos regards sur un champ qui est libre, celui-là, et que
nous pouvons cultiver plus à notre aise; nous voulons parler de l'association
de production. Vous savez, chers confrères, que l'épreuve en a été tentée et
qu'elle se poursuit avec succès dans la typographie lyonnaise. Eh bien ! si un
appel était fait plus tard par cette Association à ceux qui n'en font pas partie,
pourquoi ne lui donnerait-on pas une adhésion générale? Pourquoi ne com-
prendrait-on pas que l'association a pour but d'affranchir les ouvriers du salariat, progressivement et sans secousse? Pour cela, nous avons à fournir la
preuve que nous sommes capables d'organiser, de faire mouvoir un atelier et
de négocier tout comme le font des industriels quelconques? Voulez-vous que
cette preuve, qui est déjà en partie faite, soit plus décisive encore? Réunissons
en commun notre part de capital, de contrôle et de bons conseils, et nous aurons en même temps préparé l'augmentation de notre bien-être matériel et de
notre valeur morale et intellectuelle.

Après le résumé très-succinct que nous avons fait de la question sociale, si
vous voulez, chers confrères, avoir un aperçu plus complet des obstacles de
toute nature qui sont encore sur le chemin de notre émancipation, et si voulez,
comme c'est votre devoir, vous unir dans une pensée et dans une action communes avec ceux qui luttent contre lesdits obstacles, nous vous engageons à
lire, au commencement de ce volume, le Rapport social qui traite plus longuement du rôle actif que doivent remplir les travailleurs s'ils veulent prétendre
à une place meilleure dans la société.

A ce sujet, nous devons ici à nos commettants une confidence désagréable, mais nécessaire : on est trop porté généralement, parmi nous, à ne prendre aucun intérêt au mouvement général des idées politiques et sociales. A notre avis, cette indifférence est très-blâmable. Oublie-t-on que les institutions libérales et économiques que pourrait avoir notre pays dépendent absolument de nous mêmes, de la majorité, avec le régime du suffrage universel ? Les travailleurs sont le nombre ; ils peuvent, par leur volonté, leur intelligence, avoir une part importante dans la confection des lois, grâce aux représentants qu'ils auront su choisir pour défendre leurs intérêts. Mais il ne suffit pas que le représentant soit zélé et capable, il faut encore que l'électeur travaille à acquérir lui-même ces qualités.

Il ne faudrait donc pas croire bénévolement que lorsqu'on a jeté son bulletin dans l'urne électorale, on a accompli tous ses devoirs de citoyen ; il faut encore étudier au jour le jour les hommes et les choses au point de vue politique ; car la politique envahit tout actuellement, et ce sera forcément ainsi pendant longtemps encore. Tout le monde devrait savoir aujourd'hui que les institutions politiques d'un pays ont une grande influence sur la solution du problème social ; donc il appartient aux ouvriers surtout de travailler à fonder le gouvernement qui seul peut donner la liberté dans les institutions et l'économie dans les finances ; nous avons nommé la République (républicaine).

Tout en poursuivant ce but général, nous devons nous occuper activement d'améliorer le mécanisme de nos associations syndicales ; et, comme il est prouvé que l'isolement des individus, comme des sociétés, peut être désastreux pour tous à un moment donné, il est urgent de chercher quel lien pourrait être créé entre les diverses corporations pour sauvegarder, dans une juste mesure, les salaires respectifs des unes et des autres.

Bien qu'à Lyon les typographes aient le mérite d'avoir compris l'urgence de l'union, puisqu'ils font presque tous partie de la Société protectrice du tarif, nous prendrons néanmoins la liberté de leur rappeler qu'il ne suffit pas de payer régulièrement ses cotisations dans cette Société pour en être un membre tout à fait actif : il faut, entre autres choses, pour mériter plus complètement cette qualification, assister aux réunions de délégués auxquelles on est convoqué ; il faut même, au besoin, provoquer des réunions générales, trop rares dans la typographie. En effet, pendant que toutes les autres corporations se réunissent en assemblée générale dans des circonstances importantes, les typographes s'abstiennent religieusement d'employer ce procédé ; ils ont simplement recours à des délégations par ateliers, lesquelles sont toujours fort incomplètes et parfois stériles.

Nous formons donc le vœu que des assemblées générales soient pratiquées chez nous comme ailleurs ; il serait peut-être impossible d'infliger une amende aux absents, mais nous espérons que la majorité de nos confrères s'habituerait parfaitement peu à peu à fréquenter des réunions qui, en somme, fournissent le seul moyen de prendre des décisions éclairées ; oui, éclairées, car la pratique suivie des réunions saura rendre nos discussions sages et opportunes, et elles deviendront ainsi fructueuses pour nos intérêts.

Sans doute, chers confrères, ce n'est pas à vous qui nous lisez que ces réflexions s'adressent ; vous êtes mieux que nous fixés sur l'importance des observations que nous croyons devoir soumettre à la typographie en général, mais alors permettez-nous de compter sur votre zèle pour propager nos idées si, bien entendu, elles sont en même temps les vôtres.

Dans tous les cas, et quelle que soit votre opinion sur notre travail et sur les vœux que nous y avons exprimés, veuillez croire à notre bonne volonté et au vif désir que nous avons eu de remplir pour le mieux le mandat que la typographie a bien voulu nous confier.

Lyon, le 28 novembre 1872.

REGARD, PERRÉAL.

CERCLE DES TRAVAILLEURS

Délégués du Cercle des travailleurs du cours Vitton (Brotteaux), nous devons à nos mandataires de dire quelques mots sur l'amélioration de la classe productrice, malmenée par les institutions et les hommes providentiels.

En effet, et sans rechercher d'autres exemples, nous avons vu les associations de 1848 démolies par le bandit du 2 Décembre, qui a reçu à Sedan le châtiment, insuffisant selon nous, que méritaient son orgueil et ses crimes.

En 1862, les délégations ouvrières à l'Exposition de Londres nous apportèrent l'idée de former des associations de consommation et de production ; mais comme nous étions sous le régime de la tyrannie, nous ne pouvions rien faire sans le soumettre à ce gouvernement corrupteur qui nous donnait l'autorisation de nous unir dans le seul but de mieux nous dominer. Donc, au retour des délégués, le socialisme reprit son cours, et des associations de consommation et de production furent formées sous le protectorat des préfets.

Mais le principe de l'association était faussé par cette intervention officielle et officieuse du pouvoir. Quelques sociétaires soucieux de leur indépendance s'en aperçurent et firent de l'opposition à ceux qui cherchaient probablement une position sociale. Il arriva que les premiers, qui étaient en minorité, mais qui voulaient que les travailleurs fissent leurs affaires tout seuls pour qu'elles fussent bien faites, il arriva que ces hommes furent traités de brouillons, ce qui ne les a pas empêchés de maintenir toujours leur opinion, à laquelle le temps, qui est un grand juge, a donné raison. On comprend aujourd'hui que les associations doivent être complètement indépendantes, et, d'autre part, quelques-unes des associations dont nous avons parlé se sont transformées selon les vrais principes en capitalisant les bénéfices.

Et le jour où tous les hommes auront compris que là est la solution du grand problème social, on pourra dire que le producteur marche à l'émancipation de son travail et que bientôt il pourra se passer des capitalistes.

Du reste, les corporations ont une grande facilité pour mettre en pratique le principe coopératif, puisqu'elles sont généralement organisées en société de prévoyance et en syndicats. Il faut donc qu'elles se fédéralisent pour augmenter leurs forces ; puis, une fois organisées de cette façon, il faut former la banque des travailleurs, où chaque société viendra déposer ses fonds ; on aura ainsi constitué une grande force au profit de l'idée ouvrière ; on pourra ainsi sauvegarder les salaires sans arrêter ni ralentir la production. La banque des travailleurs devra naturellement faciliter toutes les corporations qui auront adhéré à la fédération.

A ce sujet, nous faisons appel à tous les hommes d'initiative et de bonne volonté et nous leur disons : Du zèle et du courage, il y a déjà quelque chose de fait, mais il reste beaucoup à faire ; le progrès ne s'arrête pas. Il y a des obstacles à vaincre, cela est vrai ; mais notre énergie et le bon droit de notre cause nous les feront surmonter.

JAS, F. MICHALOUD.

CERCLE DES CHEFS D'ATELIER

DE LA VILLE DE LYON.

———

Messieurs et chers Collègues,

Nous venons soumettre à votre appréciation le résultat de nos observations sur l'Exposition de Lyon et les déductions que, selon nous, on peut en tirer.

Etant délégués par une Société dont les membres appartiennent à toutes les branches du tissage, nous sommes en quelque sorte obligés de vous faire un rapport d'ensemble.

Conformément au programme de la Délégation ouvrière, nous traiterons d'abord la partie industrielle, et nous vous présenterons ensuite quelques considérations d'économie sociale.

On a dit avec raison que les expositions industrielles sont les assises du travail. Cette définition nous paraît très-juste, mais elle serait plus vraie encore si les diverses nations qui composent la grande famille européenne étaient moins divisées entre elles par des raisons d'intérêt ou de suprématie politique, et cela est si vrai que chaque fois que nous avons eu à parler personnellement de l'Exposition de Lyon avec des fabricants lyonnais, ils nous ont généralement répondu que celles de Paris et de Londres, qui ont eu tant de succès, leur ont coûté bien cher et ne leur ont procuré que des imitateurs et par conséquent des concurrents; de là leur peu d'empressement à prendre part à celle de Lyon.

Ce raisonnement, parait-il, n'a pas été tenu que par nos fabricants, car ceux de l'étranger n'ont brillé à notre Exposition que par leur absence.

Selon nous, ce système d'abstention ne peut qu'être préjudiciable aux intérêts généraux des nations et surtout au progrès industriel, par cette raison que le spectacle de toutes ces merveilles dues au génie de l'homme ne peut que stimuler le goût de ceux qui se consacrent à l'industrie.

Permettez-nous, messieurs, une petite réflexion à ce sujet; nous vous dirons que chaque fois que nous avons parcouru ces immenses galeries, nous avons été saisis d'admiration pour ces cerveaux féconds qui, tout en cherchant à faire fortune, rendent d'incontestables services à l'industrie et contribuent à l'accroissement de la fortune nationale.

C'est surtout dans la galerie des machines où le génie français se produit avec le plus d'éclat.

Toutes ces machines ont un aspect de grandeur, de coquetterie et d'utilité qui réchauffe l'âme et provoque un vif sentiment d'admiration.

Pourtant, quand nous disons toutes, nous ne sommes pas tout à fait exacts, car l'une des premières qui s'offrent aux regards des visiteurs est un énorme engin de guerre du poids de 14,000 kilog. qui n'est pas précisément destiné à aider à vivre aux hommes, mais... honni soit qui mal y pense!!!

Après avoir constaté le caractère d'utilité de toutes ces ingénieuses combinaisons, nous croyons que le temps n'est peut-être pas très-éloigné où la machine remplacera l'homme dans la plupart des travaux pénibles ou courants, et nous ajoutons que le bien-être matériel et la civilisation n'auront qu'à y gagner.

C'est ainsi que la machine à coudre, cette merveille du XIX⁰ siècle, si grandement représentée à l'Exposition, a presque totalement remplacé la couturière, à la satisfaction de tout le monde. Aussi nous ne quitterons pas cette galerie sans nous découvrir avec respect devant le buste de notre compatriote Barthélemy Thimonnier, le véritable inventeur de la machine à coudre, dont l'Américain Elie Howe, qui n'a fait que la perfectionner, voudrait tout de même s'attribuer le mérite de l'invention malgré tous les documents qu'on lui oppose.

Nous ne parlerons que pour mémoire des métiers mécaniques exposés par les constructeurs Salier et Deronzière, parce que les moteurs qui les font mouvoir ne peuvent pas s'adapter à nos petits ateliers lyonnais.

Ainsi que nous l'avons dit en commençant, la plupart des fabricants lyonnais qui traitent la haute nouveauté n'ayant pas exposé leurs produits, de même que la presque totalité des étrangers, notre tâche se trouve, par ce fait, beaucoup simplifiée, car il ne nous est pas possible d'établir de comparaisons sérieuses sur des données aussi incertaines et avec des éléments aussi disparates; néanmoins, nous devons constater par ce que nous avons vu que la fabrique lyonnaise ne dégénère pas, au point de vue du bon goût et de la bonne exécution, car la totalité des soieries exposées est marquée au coin de la perfection; mais le plus beau tour de force que nous ayons remarqué, c'est le taffetas en trois mètres de large de la maison Bonnet.

La marque de fabrique de cette même maison (le cheval) et celle de la maison Tapissier (le vaisseau) ont été fort appréciées; les délégués du tissage ont constaté que, comme dessin et comme harmonie de nuances et conception de montage, ces deux marques de fabrique sont ce qu'il y a de mieux en ce genre à l'Exposition.

La partie ameublement et articles pour voiture est très-bien représentée, surtout par les maisons Boirivent frères, de Lyon, et Levera, de Turin.

Il n'y a que dans cette spécialité qu'il a été possible d'établir des comparaisons sérieuses; il résulte de nos appréciations et de celles des délégués de cette catégorie que les produits de la maison turinoise, notamment les brocatelles et les lampas, ne sont guère inférieurs à ceux de Lyon. Nous y avons néanmoins remarqué quelques petites imperfections d'exécution que l'on ne voit pas aux étoffes de Lyon.

Pour ce qui est de la partie haute nouveauté pour robes, nous avons constaté que c'est la vitrine de la maison *A la Ville de Lyon* qui en renferme les plus beaux spécimens. La plupart de ces étoffes ont certainement été fabriquées à Lyon, ainsi que divers délégués l'ont constaté; mais néanmoins nous ne pouvons pas l'affirmer.

En l'absence de toute comparaison pour cette partie si importante de la fabrique lyonnaise, et en tenant compte de la position qui nous est faite par l'abstention des fabricants qui tiennent le premier rang dans la haute nouveauté pour robes, nous serons circonspects à l'égard des vitrines des maisons Adam et Cⁱᵉ, Sisley et Colleul, Audras et Lions, Rosset, Josserand et Favrot, etc., qui renferment de très-belles étoffes en poult de soie, taffetas et pékin brochés, gaze anglaise, crêpe de Chine, marabout avec bande satin broché, etc.

Nous dirons seulement que toutes ces étoffes sont d'un bel effet et ont ce cachet qui caractérise la haute nouveauté de Lyon.

Nous avons examiné tout particulièrement les articles armures et façonnés pour confection de cols et cravates, par cette raison que c'est la partie que nous traitons personnellement. Nous nous sommes joints pour cela aux délégués de cette spécialité. Voici quelles sont nos communes observations :

Cet article, remarquable par le grand développement dont il est susceptible, a été en partie représenté par la maison Couder, qui a exposé un assortiment de tissus satins, taffetas, pékins, brochés, lancés, rayés, écossais, quadrillés, etc.

Ce que nous avons surtout apprécié, c'est le talent de l'exposant qui a su réunir dans un espace aussi restreint un choix aussi considérable et aussi varié.

Toutes ces étoffes nous ont paru inférieures à celles que nous fabriquons journellement. Cette infériorité ne peut s'expliquer que par l'indifférence qu'ont montrée pour l'Exposition les principales maisons de Lyon qui traitent cette spécialité.

Nous constatons que nous avons reconnu de nos étoffes dans les cols-cravates exposés par les maisons Rodolphe Augier, Merly et Moltes, et Marix-Picard.

L'article châtelaine a été représenté avantageusement par la maison Augier, de Saint-Etienne. Nous y avons remarqué des articles de très-bon genre, lancés, brochés, bayadères, etc. Tous les articles de cette maison sont fabriqués sur des métiers à la barre.

La maison Chambon, de Lyon, se fait remarquer en ce genre par ses variétés de nuances en armures unies et avec franges.

La maison Girodon et la maison Bonneton et Richarme ont également des châtelaines unies, des ceintures moirées et autres étoffes riches.

A toutes ces vitrines françaises, on ne peut opposer que celle de la maison David Evans, de Londres, qui renferme des châtelaines, des foulards à coins imprimés, cravates, fichus, etc., en tissus très-légers et qui ne peuvent soutenir la concurrence que par la modicité des prix.

La partie châles est brillamment représentée, surtout par les maisons Rivoiron, Chanel, Grillet, etc. Cette dernière a des châles indiens-français magnifiques et des dentelles très-remarquées, mais nous n'en connaissons pas l'origine. MM. les délégués de cette spécialité vous en parleront avec beaucoup plus d'autorité que nous ; nous nous bornerons à constater que, par une combinaison d'ourdissage et d'armure, MM. les fabricants sont parvenus à imiter très-bien le châle indien, c'est-à-dire à avoir des nuances pures.

Nous terminerons cette partie de notre rapport par une note toute spéciale à l'égard de nos regrettés compatriotes d'Alsace et de Lorraine.

Ils ont exposé un beau choix de barège imprimée ou rayée et de toiles de Mulhouse pour robes et ameublements qui justifie pleinement la réputation universelle dont elles jouissent.

Sarreguemines a, en outre, un genre de fleurs en porcelaine qui ont été très-appréciées et qui peuvent rivaliser avec les mêmes produits de Paris et de Limoges.

Tel est, messieurs et chers collègues, le résumé de nos observations en ce qui concerne la partie industrielle de ce rapport.

Pour ce qui est de l'économie sociale, notre insuffisance nous oblige à beaucoup de réserve ; néanmoins nous dirons, avec la généralité de nos collègues, que le meilleur moyen de soutenir la concurrence étrangère, sans que ce soit au détriment de l'ouvrier, consiste surtout à nous surpasser, si c'est possible, dans la bonne exécution du travail qui nous est confié, afin que la consommation ne puisse trouver nulle part, ou tout au moins difficilement, ce qu'elle peut trouver à Lyon, ce qui permettra toujours à nos fabricants de tenir la dragée haute à l'acheteur.

Quant à présent, cette position nous est acquise, mais nous ne devons pas perdre un instant de vue les efforts que font nos voisins pour rivaliser avec nous.

Il faut tout d'abord bien nous convaincre que celui dont l'intelligence est développée par l'instruction devient plus facilement un habile ouvrier que celui qui reste ignorant ; de là la nécessité qui s'impose à nous, pères de famille et chefs d'atelier, de tenir la main à ce que nos enfants et nos élèves fréquentent assidûment non-seulement les écoles où l'on apprend à lire et à écrire, mais encore les écoles professionnelles.

Nous disons, en outre, que l'organisation des tisseurs lyonnais en vue de maintenir les prix établis est le meilleur moyen d'éviter que cette concurrence qui, dit-on, est l'âme du commerce, se fasse à nos dépens ; aussi faisons-nous des vœux pour que cette organisation, qui a déjà donné de si bons résultats, se propage dans tous les pays où il y a des tisseurs, car nous sommes convaincus que le jour où les ouvriers seront assez fortement organisés pour résister à l'abaissement des salaires, la concurrence qui se fait à leur détriment aura pour jamais disparu.

Cette organisation doit-elle s'opérer par la fédération, ainsi que quelques-uns le pensent? Ce n'est point notre avis, parce qu'il y a des raisons politiques et sociales qui s'y opposent et dont il faut tenir compte, sous peine de tout compromettre. Nous croyons donc, pour notre part, que toute organisation de ce genre, pour qu'elle soit efficace et viable, doit être locale.

On a beaucoup abusé du mot question sociale, il a servi de thème à une foule d'orateurs plus ou moins éloquents. On a mis en avant une foule de combinaisons devant régler les rapports existant entre le capital et le travail, sans que jamais elles aient pu sortir d'une manière sérieuse du domaine des théories, par cette raison que les mêmes causes produisent toujours les mêmes effets.

Quant à nous, nous pensons que, pour résoudre ce problème, il faudrait que les travailleurs, par leur bonne organisation et leur sagesse, par l'ordre et l'économie qui en sont les corollaires obligés, parvinssent à se réaliser un capital suffisant pour l'exploitation de leur travail, et que nous nous inspirassions assez de confiance les uns et les autres pour pouvoir mettre en œuvre toutes nos ressources ; alors, capital et travail étant dans les mêmes mains, il n'y aurait plus de raisons pour qu'ils ne s'accordent pas.

Telle est, à notre avis, la solution pratique de ce problème que l'on appelle la *question sociale*.

Les délégués :

FRÉDÉRIC BRUNET, JEAN-BAPTISTE POULLET.

FIN DES RAPPORTS DES DÉLÉGUÉS.

INTRODUCTION

Dans le tableau que nous publions ci-après, il faut s'attendre à un certain nombre d'omissions et d'erreurs. Pour se rendre compte de cet état de choses, il suffira de savoir que, pour cette question des récompenses aux ouvriers méritants, la Délégation a rencontré des obstacles nombreux et persistants. Du reste, l'historique des travaux de la Délégation a dû éclairer le lecteur sur ce point. Nous rappellerons seulement ici que, pour nous venir en aide, l'administration municipale envoya des circulaires à tous les exposants, les invitant à faire connaître les noms des ouvriers qui avaient participé à l'exécution des produits exposés.

A ce moment-là, malheureusement, on procédait à la fermeture de l'Exposition ; il fut donc très-difficile de contrôler le mérite des coopérateurs signalés ; c'est ce qui explique les omissions et erreurs probables pour lesquelles nous demandons leur indulgence aux coopérateurs qui auront à en souffrir. Oubliant leur intérêt particulier lésé bien involontairement, ils ne manqueront pas de considérer que nous avons apporté tous nos efforts à la solution de ce problème si intéressant : faire ressortir au grand jour l'intelligence et l'habileté d'ouvriers qui restent toujours pauvres et inconnus, pendant que leurs travaux rapportent à ceux qui les exposent, réputation, gloire et profit.

Si, dans cette question, nous n'avons pas réussi au gré de nos désirs, il nous reste du moins la satisfaction d'avoir préparé aux Délégations futures les voies de la Justice et de la Solidarité.

TABLEAU DES COOPÉRATEURS

ARTISTES ET OUVRIERS

Désignés par la Délégation ouvrière organisée en jury pour l'obtention de médailles de bronze offertes par le Conseil municipal de la ville de Lyon.

Dressé, d'après les renseignements fournis par les délégués des diverses corporations, par M. Dupré, secrétaire permanent de la Délégation lyonnaise.

NOMS DES PATRONS	INDUSTRIE OU OBJETS EXPOSÉS	NOMS DES COOPÉRATEURS
Murat et Constantin, à Lyon.	Machines à vapeur.	Perrin, Louis, tourneur. Mandon, Antoine, ajusteur.
Victor Mancey, Lyon.	*id.*	Plantier, tourneur. Labaume, ajusteur.
Duvergier, Lyon-Vaise.	*id.*	Rochette, Pierre, monteur. Poméon, François, » Rochelard, Antoine, ajusteur. Labie, Jacques, tourneur. Charorry, Benoît, » Dusser, Jean, modeleur. Pivot, Louis, chaudronnier.
Gabet frères, Lyon.	Construction de machines à vapeur.	Boyer, mécanicien. Guinard. Deschamps.

NOMS DES PATRONS	INDUSTRIE OU OBJETS EXPOSÈS	NOMS DES COOPÉRATEURS
C⁰ des Dombes, Lyon.	Machines à vapeur pour river les tubes des chaud⁰ˢ.	Dubiet, Auguste, outilleur.
Samain et C⁰, Paris.	Machines à vapeur.	Bulteau, Louis.
Eugène Imbert et C⁰, St-Chamond (Loire).	Chaudières à vapeur.	Fréland, Pierre, forgeron.
Louis Deny, Paris.	Usine à vapeur pour pour la perforation des tôles, fer, zinc, cuivre.	Berry, outilleur. Maillet, tourneur. Deny, Louis, fils.
Ferdinand Del, Vierzon-Forges (Cher).	Construction de machines à vapeur.	Normand, Antoine.
Buffaud frères, Lyon.	Constructeurs mécaniciens.	Jersan, ajusteur-outilleur. Chapelle, tourneur. Descure, ajusteur.
Louis Combe et C⁰, Lyon.	id.	Chon, Louis, mécanicien. Pellene, Joseph, »
Triquet, Lyon.	id.	Sohm, Jean,
Chevalier et Cheilus, Paris.	Construct. de matériel de chemins de fer.	Louis Collin.
Fauvel, Paris.	Mécanicien.	Motley, Félix.
Jouffray aîné, Vienne (Isère).	id.	Barnier, Adolphe. Seguin, Charles.
Jouffray cadet, Vienne (Isère).	id.	Bonnet, Germain. Greffe, Antoine.
Sallier aîné, Lyon.	id.	Dumas, Antoine.
Vieux, Lyon,	id.	Pernodet, Claude.
Castrogiovanni, Jean, Turin (Italie).	id.	Bufcaglione, Joseph. Hemmer, Jean-François.
Edouard Bourdon, Paris.	Ingénieur mécanic.	Piat, Charles.

NOMS DES PATRONS	INDUSTRIE OU OBJETS EXPOSÉS	NOMS DES COOPÉRATEURS
Léon Blot, Paris-Batignolles.	Ingénieur-construct. mécanicien.	Pitout, Adolphe-Stanislas. Robin.
Hermann, Paris.	Ingénieur mécanic.	Paul Coursier.
Sage, Lyon.	Outilleur mécanic.	Vagner, mécanicien.
Braul et Béthouard, à Chartres (Eure-et-Loir).	Ingénieur mécanic.	Hugues, ingénieur. Lavo, ingénieur-représentant.
François Delamarre, de Bouteville (Rouen).	id.	Boulard, ajusteur. Jules Dubos.
Laurent aîné, à Dijon (Côte-d'Or).	Fondeur mécanicien, turbines perfect.	Collot, Amédée.
Brossier, Lyon.	Horloger mécanicien.	Bailly, Anthelme.
Eiffel et Cᵉ, Levallois-Perret, près Paris.	Ingénieur mécanic.	Guyennet, ingénieur.
Cercellat, Bernard et Jougnet, Lyon.	Machines-outils.	Cavalier, Auguste, chef-ouvrier.
Genez, Besson et Bernard, Lods (Doubs).	Machines à clous.	Jaquette, Clovis, ajusteur.
Chevalier et Grenier, Lyon.	Ajustage, forges, chaudronn. en cuivre.	Passinge, Pierre, ferrailleur. Viennois, Louis, forgeur. Ferrand, Henri, ferrailleur. Franc, Jean, chaudronnier. Bassac, Pierre, poseur de tubes. Coquillot, Ives, tourneur. Griffou, Jean, forgeur. Geulet, Louis, traceur.
Félix Eldin, Lyon.	Fonderie en cuivre.	Buffard, Claude, ajusteur.
Godin Lemaire, Guise.	Fonderies.	Barbet, sculpteur.
Gérard, Vierzon (Cher).	Fonderie de fer.	Merlin, Louis. L'huillé, Alexandre.
Mage aîné, Lyon.	Toiles métalliques.	Berrard, Jean-Marie-Louis.

NOMS DES PATRONS	INDUSTRIE ou objets exposés	NOMS DES COOPÉRATEURS
Gaillou et Perret, Lyon.	Toiles métalliques.	Boissat, Pierre.
F. Adeline, Paris.	Courroies en tissus métalliques.	Pous, Antoine.
Dérayaut, Dijon.	Instrum. de pesage.	Blanchère.
Léonard Paupier, Paris.	id.	Varenne, Jules.
Bréhier fils, Paris,	Spécialité pour distillateurs.	Georges Frère.
Robert et Ce, Lyon.	Spécialité de pioches.	Jourde, Pierre.
Alexis Prat, Paris.	Spécial. de découpoirs.	Payet, Claude.
Duport, Lyon.	Foyers calorifères.	Danguin, Louis, modeleur.
Eletti, Lyon.	Fourneaux.	Sibuet, Antoine.
Baudon et fils, Paris.	id.	Beauvois, mécanicien.
Chenaillier, Paris.	Évaporateur universel.	Edouard, Frédérich.
Brunt et Ce, Paris.	Comptoirs à gaz et à eau.	Mercier, Hippolyte.
Savalle fils et Ce, Paris.	Appar. distillatoires.	Duriez, Augustin.
Maldiné, Paris.	Siphons et appareils.	Bailly.
P. Brun et Ce, Lyon.	Appareils de chauffage et d'aérage.	Vernier, Louis, forgeur-ajusteur. Paillon, Georges, ajusteur. Déligny, Auguste, tôlier.
Louet frères, Issoudun (Indre).	Poteaux raidisseurs.	Coupat, Jules.
Marck Antoine, Lyon.	Essieux patents fer ou bois.	Lacollonge, Henri, tourneur.
Boudin, Paris.	Paliers double graisseur.	Alory, Barthélemy.
Marchand fils, à Tours (Indre-et-Loire).	Pressoir mécanique.	Deslande-Armand, ajusteur. Ferrand, Joseph. »
Colas, Paris.	Charronnage.	Muller, Joseph-Dominique.

NOMS DES PATRONS	INDUSTRIE OU OBJETS EXPOSÉS	NOMS DES COOPÉRATEURS
Frangin, Lyon.	Pour la trempe de l'acier fondu.	Vincent, Jean.
Brignon et Patry, Givors (Rhône).	Boulons, rivets.	Giraud, Jacques.
Défontaine, à Vernon (Eure).	Nouveau système de sabots de pieux.	Farand, Louis.
Millon Guiet, Paris.	Canon de gros calibre.	Voruz, de Nantes, tourneur-ajusteur.
		Albigés, charron.
		Ecole professionn. du Rhône (Lyon).
Société de la Vieille-Montagne.	Zinc.	Barnier, Emile, zingueur.
		Filliatre, Pierre, lamineur.
	Baignoire avec chauff.	Roudil, de Lyon.
Nicolas, Lyon.	Zingueurs.	Montada.
		Cuzeler.
		Girard.
		Bailly, architecte.
Goffinon et Barhas, Paris.	Plombier.	Bourgois.
Vᵉ Gilbert, Lyon.	Ferblantier.	Chabert, de Lyon.
Savy, maître-charpentier, Lyon.	Charpentier.	Larrouil, Pierre.
Vassivière fils, Lyon.	Fumisterie.	Vassivière, Léonard.
		Tronchet, François.
Mᵐᵉ veuve Brossette, représentant la maison Secrétan, Paris.	Métaux.	Cuvelier, chef de fabrication.
Marlie fils, Lyon.	Bronze et orfévrerie d'église.	Martin, Louis, statuaire.
		Evrard, E., monteur en bronze.
		Volland, »
		Dérieux, Régis.
		Chapas, Paul.
Alexandre Bouchard, à Lyon.	Bronzes et pompes.	Colomb, tourneur-ajusteur.

NOMS DES PATRONS	INDUSTRIE OU OBJETS EXPOSÉS	NOMS DES COOPÉRATEURS
Lambert et Cᵉ, Vuilla-fans (Doubs).	Fontes malléables, clou-terie, pompes.	Planet, Théodore.
Pernollet, Lyon.	Orfèvrerie.	Hugonnet, Hippolyte. Michel.
Hirchs, Paris.	Bijouterie.	Housselle, contre-maître.
Mongin et Prévot, Lyon.	Bijouterie imitation.	Poyet, Antoine. Cuvré, François, contre-maître.
Madinier et Emery, Lyon.	id.	Martoud, Thomas. Jacquet, Joseph. Burel, Joseph.
Rœchs et fils, Lyon.	Carrosserie.	Kustener, Pierre, forgeron.
Eug. Guérin, Grenoble.	id.	Lafraisne, Eugène, forgeron.
Riégel frères, Paris.	id.	Chevry, ferreur.
Dailly, Lyon.	Maroquinerie.	Belous, maroquinier.
	Mégisserie.	André, Jean, mégissier.
Chevalier, Paris.	Peausserie.	Récompense collective pour les ou-vriers de l'atelier.
Troutet et Thevenet, à Lyon.	Corroierie lyonnaise.	Roussel, corroyeu.
Flachat, Lyon.	Marbrerie.	Begard, Louis, modeleur. Paguy, statuaire.
Textor, marbr.-statuaire, Lyon.	id.	Royier, statuaire.
Société coopérative de la marbrerie, Paris.	id.	Dufrasne, sculpteur. Fraissard, tourneur. Récompense collective pour les so-ciétaires.
	Liseurs de dessin.	Gauthier frères.
Gabriel Gras, Lyon.	Peignes à tisser.	Lambert. Roumier.

NOMS DES PATRONS	INDUSTRIE OU OBJETS EXPOSÉS	NOMS DES COOPÉRATEURS
Durand et Souton, Lyon.	Peignes à tisser.	Bouvier.
		Bonnet, François.
Larpin, Lyon.	Teinture.	Martin.
Corond et Vignat, St-Etienne.	id.	Vial, Maurice, chef de poste.
		Rey, Pierre.
		Béraud, Pierre.
		Perrot.
		Réveillé, Antoine.
		Bertrand, Pierre.
		Badol, Laurent, contre-maître.
		Jalabert, Laurent, »
Buener Dubois, Lyon.	id.	Perrin, Jean.
Puthod et Richard, St-Chamond.	id.	Bugnard, Francisque.
E. Rivoiron, Lyon.	Châles, cachemire Bengaler. Tapis de table. Métier pour tapis exposé. Métier pour châles exposé. Linge exposé.	Rougemont, François. Décombe, Claude, dessinateur. Combet, » Lebre, Charles, tisseur chef d'atelier.
J. Chanel, Lyon.	Métier exposé. Châles brochés.	Bavet, Jean-Baptiste. Héraut, Alex., employé de service.
Pin fils et Cluguet, Lyon.	Châles, cachemires.	Guérin, Hubert, dessinateur. Chassague, employé de service. Chamberland, Pierre, chef d'atelier. Durand, Louis, » Cazand, Antoine, » Mille, Pierre, » Bruny, Alexandre, » Alig, ouvrier tisseur. Bonnet. » Naquin. »
Cade et Valentin, Nîmes.	Fabrique de châles.	Poinso, dessinateur. Combe, André, liseur. Bouverol père, tisseur. Chazard, » Assier ou Astier, »

NOMS DES PATRONS	INDUSTRIE OU OBJETS EXPOSÉS	NOMS DES COOPÉRATEURS
Ducros et Robert, Nîmes.	Châles brochés.	Roudil, Jean, dessinateur. Ménard, Maurice, contre-maître. Daviès, Charles, tisseur. Rebuffat père, » Dupuy, Nicolas, » Coulet, »
Gamot et Delahaye, Lyon.	Tapis de table et ameublement.	Bergeret, dessinateur. Imbert, » Melleton, Jacques. Serre jeune, tisseur-chef d'atelier. Rampignon, » Renouard, contre-maître.
André Lafon et Goudronnier, Lyon.	Tapis de Lyon.	Pion, Jules, contre-maître. Gayet, Jean-Marie.
Mazade et Cᵉ, Lyon.	Gaze damassée. Gaze grenadine.	Bonheur, tisseur. Picard, » Fritz, »
A. Rosset, Lyon.	Grenadines unies.	Morand, tisseur.
Sigaud Gondard, Lyon.	Velours unis.	Lhopital, à Sainte-Foy. Courbière, à Saint-Martin-en-Haut Dussud, » Clapisson, à Soucieux.
Gelot Vermorel, Lyon.	id. Velours bosselés. Peluches duvet astrak.	Pellet, à Lyon. Guy aîné, ouvrier hors ligne.
Troubat, Lyon.	Velours unis.	Auray, J., à Chassieux. Jacquet, à Soucieux. Mᵐᵉ Varet, Benoît, à Jonage.
	Velours façonnés	Mercier, François. Bouchacourt.
Tassinari et Chatel.	id.	Bois.
	Robes façonnés.	Toussaint.
Aⁿᵉ maison Bonnet, Lyon.	Articles unis soieries	Braissand, chef d'atelier.
Tapissier fils et Debry, Lyon.	id.	Dumarest, chef d'atelier.
Mayet et Thevenet, Lyon.	id.	Allemand (Vᵉ), chef d'atelier.

NOMS DES PATRONS	INDUSTRIE ou objets exposés	NOMS DES COOPÉRATEURS
Lachard et Besson, Lyon.	Artic. réunis soieries.	Mme Pizay, chef d'atelier. Mlle Caillau.
J.-M. Mantoux et Ce, à Lyon.	id.	Guttin, Joseph, chef d'atelier.
H. Adam, Lyon.	Soieries unies et nouveautés.	Laverrière, Édouard, dessinateur.
Boryvent frères, Lyon.	Soieries nouveautés.	Bouillet, dessinateur. André, »
Rendu et Moise, Lyon.	id.	Michallet, dessinateur.
Tassinari et Chatel, à Lyon.	Ameublement et articles pour le Levant.	Mésonniat, dessinateur. Baudin, »
Dognin et Ce, Lyon.	Dentelles et tulles.	Dangon, Antoine, dessinateur. Peysson, Joseph, tulliste.
L. Tofflin, Caudry (Nord).	Fabrique de tulles.	Rey, Martial-Eugène, dessinateur. Caron-Bracq, François, contre-mait.
William Hugues, Saint-Pierre-les-Calais.	Tulles.	Aubry, dessinateur. Lamarre, » A. Butez, contre-maître.
Robert Maxton, à Saint-Pierre-les-Calais.	Manufacture de blondes et dentelles.	Perry, Frédéric-James, dessinateur. Herneté, Louis-Gaspard, mécanicien.
Eugène Gabet, à Saint-Pierre-les-Calais.	Fabrique de dentelles.	Aubry, Adolphe, dessinateur. Déprez, Léon, contre-maître.
Germain fils, Nimes.	Tulles et bonneterie.	Causse, Charles, contre-maître.
Tholozan et Ce, Nimes.	id.	Rouland, François.
Rochet, Lyon.	Passement. à la main.	Rochet fils aîné. Rochet fils jeune.
Gay, Lyon.	id.	Renaud. MM^{lles} Jacquiot, sœurs, enjoliveuses.
Henry, Lyon.	Passementerie dorure.	Janet, passementier.
Girerd, Lyon.	id.	Bruchon, passementier.
Lara, Lyon.	id.	Rabilloud et son ouvrier. Poncin, tisseur.
Antoine Denis, à Saint-Etienne.	Passementerie haute nouveauté.	Bufferne, dessinateur.

NOMS DES PATRONS	INDUSTRIE OU OBJETS EXPOSÉS	NOMS DES COOPÉRATEURS
Augier, St-Etienne.	Rubans brochés.	Gras, dessinateur.
Henry et Cᵉ, Lyon.	Broderies. Dorures. Guimperie.	Mᵐᵉ Leroudier, brodeuse. — Denis, » Mlle Paulet, »
Girerd frères, Lyon.	Broderies. Dorures. Guimperie.	Mlle Murat, brodeuse. — Chardon, » MMᵉˢ Faure et Deville, » Mlle Jacoton, » — Sorlin, »
Fiard, maître ébéniste.	Ebénisterie.	Genin, Clément.
Hoffert, Lyon.	id.	Lalemand, Pierre. Dufour, Honoré.
Sicard, Lyon.	id.	Koch, Joseph.
Dufin, Lyon.	id.	Tiné, Jacques.
Lemoine, Paris.	id.	Fournel, Joanny.
Sicard, Lyon.	Tapissier.	Dugaujard, Nicolas. Crouzel.
Menu Hoffer, Lyon.	Tapissier. Tapissière.	Paret, tapissier. Mᵐᵉ Menu.
Patard, Lyon. Monget, Lyon.	Encadrements artistiques, 36ᵉ section	Baroche, Jean. Baroche, Jean.
L. Bousquet et Cᵉ, Lyon-Vaise.	Céramiques, cormes et terre émaillée.	Peyret, Julien. Blin, Jules.
Société coopérative de Bourganeuf, Pelaudeix et Cᵉ.	Céramique.	Récompense collective pour la Société des travailleurs et capitalistes réunis.
Tournier, Lyon.	Imprimerie, éditeur d'images.	Perrachon.
Nublat, Saint-Etienne.	Imprimerie.	Bayon, Pierre.
Cayer et Cᵉ, Marseille.	Lithographie.	Berg, Camille, dessinateur. Monnet, imprimeur.
Moreteau aîné, Lyon.	Tailleurs d'habits.	Bézia.
Sylvestre et Moreteau, Lyon.	id.	Mlle Aigret.

NOMS DES PATRONS	INDUSTRIE OU OBJETS EXPOSÉS	NOMS DES COOPÉRATEURS
Marcerole, Lyon.	Tailleurs d'habits.	Lyonnet Mme Valler. Mlle Psalmon. — Vagnery.
Bouvier frères, Vienne (Isère.)	Draperie.	Gallon-Fabien, contre-maître. Besson, Jean-Louis.
	Battant exposé.	Lallemand.
Martinier, St-Etienne.	Fabrique d'armes.	Dupré aîné, inventeur du filigrane. Bobillon.
Goutelle Berne, Saint-Etienne.	id.	Bobillon, Barthélemy.
Badinand frères, Saint-Etienne.	id.	Bobillon. Dupré. Chevet, sculpteur. Royet, pistonneur.
Fayard frères, St-Etienne.	id.	Faure, Jean.
Greffe, Lyon.	Coiffures.	Trumel, Antoine. Mathieu, Eugène. Mlle Baudrand, Annette.
Société des ouvriers provençaux à Roussillon (Vaucluse).		Bertrand, Emile, gérant de la Cie provençale.
L. Vénèque, Paris-Ivry.	Bougies perfectionnées	Urbain, Joseph.
Souffrice et Ce, St-Denis (Seine).	Fonte de suifs.	Jourdin, Théodule. Nadoux, François.
Anderson et Son, Belfast.	Feutre.	Sterlin.
Société anonyme des houillères d'Épinac (Saône-et-Loire).		Marionnet. A. Joédé.
Conventz, Lyon.	Papeterie et registres.	Brosse, Paul.
Laurent et Godard, Lyon.	Papeterie.	Dassier. Dubiet.
Lecomte, Paris.	Instrum. de musique.	Rousseau, Louis, facteur.

TABLE DES MATIÈRES

FIN.

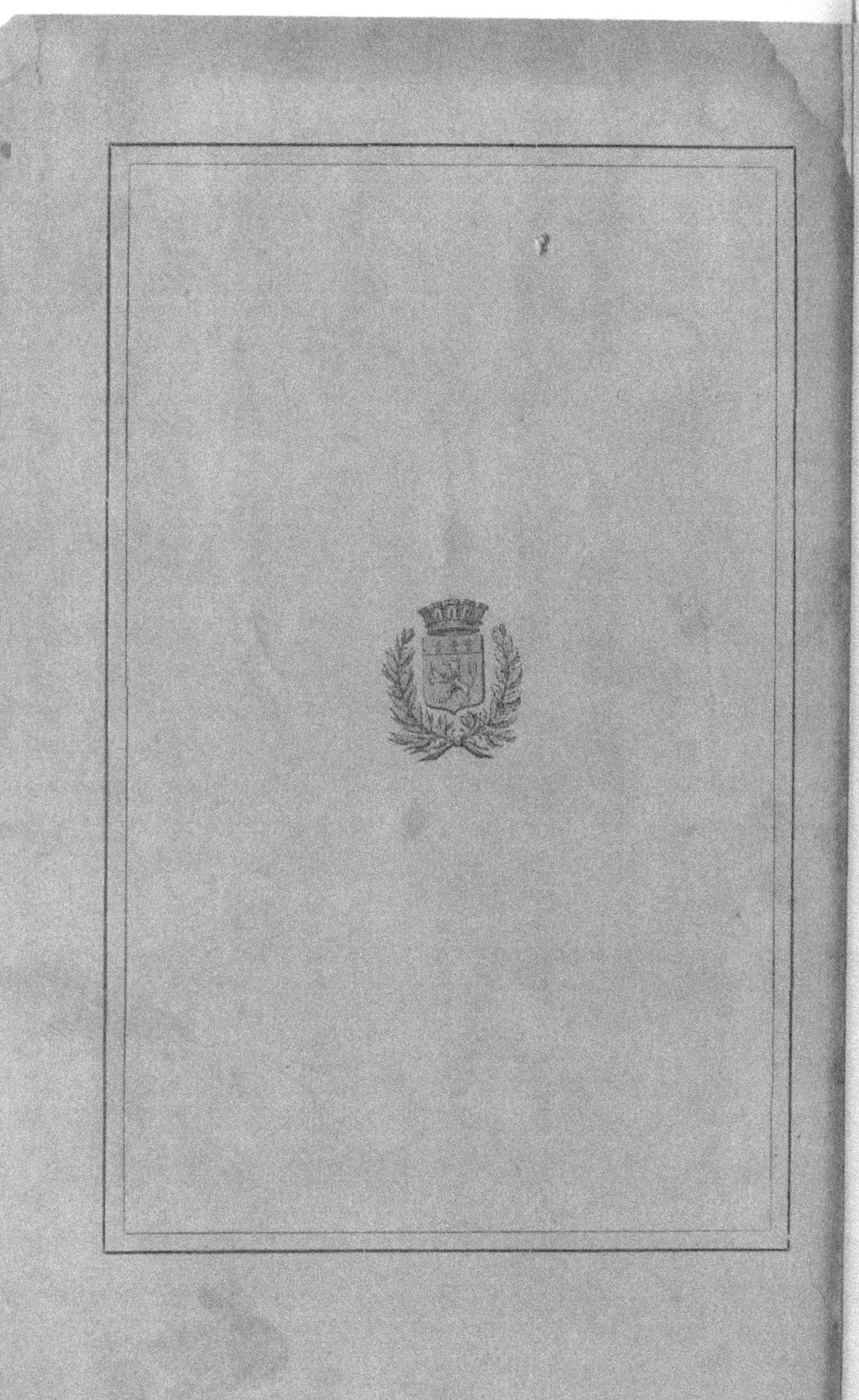